Sina Beerwald

22 Touren auf Föhr, die man gemacht haben muss

111

emons:

Bibliografische Information der Deutschen Nationalbibliothek
Die Deutsche Nationalbibliothek verzeichnet diese Publikation in der Deutschen Nationalbibliografie; detaillierte bibliografische Daten sind im Internet über http://dnb.d-nb.de abrufbar.

Covergestaltung: Karolin Meinert
Lektorat: Saskia Römer
Gestaltung: Editorial Design & Artdirection, Conny Laue, Bochum, nach einem Konzept von Lübbeke | Naumann | Thoben und Nina Schäfer
Kartografie: altancicek.design, www.altancicek.de
Kartenbasisinformationen aus Openstreetmap,

Druck und Bindung: CPI – Clausen & Bosse, Leck
Printed in Germany 2024
ISBN 978-3-7408-2082-4

Unser Newsletter informiert Sie regelmäßig über Neues von emons:
Kostenlos bestellen unter
www.emons-verlag.de

Vorwort

Ich freue mich, dass Sie dieses Buch in Händen halten und sogar das Vorwort lesen. Also nehme ich an, es interessiert Sie, warum ich dieses Tourenbuch geschrieben habe. Ich lebe seit 2008 auf Sylt, weil es meine Herzensheimat ist – doch Föhr ist meine Herzensinsel. Oft wurde ich belächelt, weil ich so gern Urlaub auf Föhr gemacht habe (acht Kilometer Luftlinie von meinem Heimatort entfernt) – also blieb mir ja nichts anderes übrig, als auf Föhr zu arbeiten.

Das Ergebnis meiner Recherchen war zunächst mein Buch »111 Orte auf Föhr, die man gesehen haben muss«. Darin finden Sie spannende Hintergründe und neue Erkenntnisse zu bekannten Sehenswürdigkeiten sowie die Beschreibung versteckt gelegener Kleinode, die selbst so mancher Insulaner nicht auf dem Zettel hatte. Nun habe ich mich erneut auf den Weg gemacht und möchte Sie einladen, zu Fuß oder mit dem Fahrrad meine 22 Touren zu erleben, die so abwechslungsreich sind wie die Insel selbst. Küstenpfade mit Meerblick, einsame Marschlandschaften, Wattwanderungen durch das UNESCO-Weltnaturerbe und bezaubernde Friesendörfer mit historischen Reetdachhäusern warten darauf, von Ihnen entdeckt zu werden. Wenn Sie sich für einzelne Stationen näher interessieren, so schauen Sie doch in »111 Orte auf Föhr, die man gesehen haben muss« nach, dort finden Sie bestimmt noch ein paar wissenswerte Hintergründe.

Wenn Sie zum ersten Mal Urlaub auf Föhr machen, so hoffe ich, dass die Insel auch für Sie eine Herzensinsel wird. Und wenn Sie bereits »föhr-liebt« sind, wünsche ich mir, dass Sie durch diese Touren vertraute Wege mit neuen Pfaden verbinden, die Geheimnisse hinter scheinbar bekannten Sehenswürdigkeiten entdecken und viele »Ach, wie schön, das kannte ich auch noch nicht!«-Momente erleben.

Sina Beerwald

22 Touren

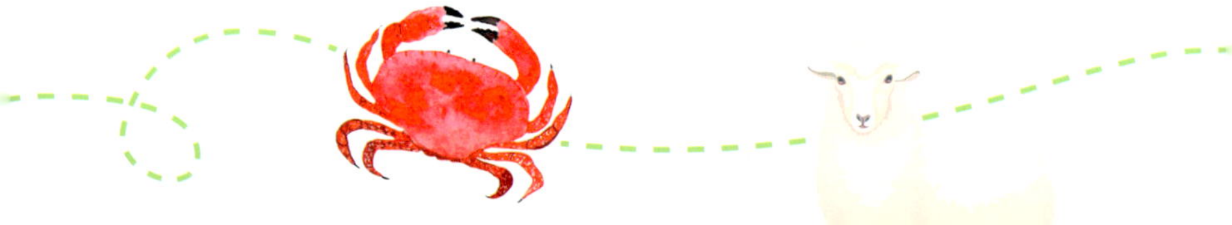

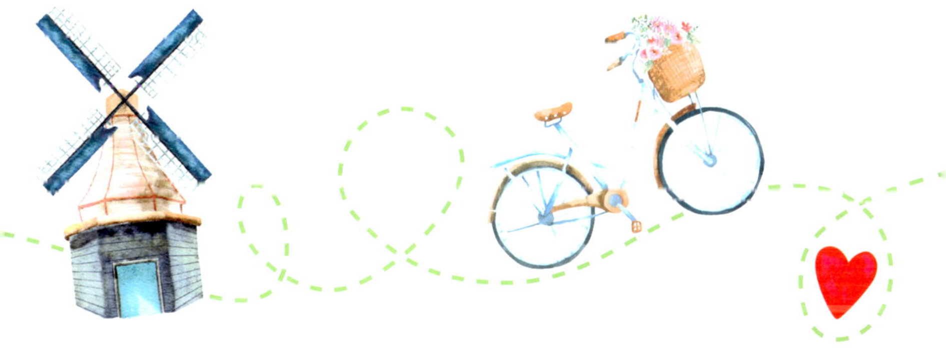

Ein paar wichtige Tipps vorab, damit die Touren zum Genuss werden:

Aufgrund der besonderen Inselvegetation finden Sie auf den Touren wenig Sonnenschutz und nur selten eine Unterstellmöglichkeit bei Regen, ebenso ist der Wind gern mal Ihr Begleiter. Achten Sie darum auf eine entsprechende Kopfbedeckung, wetterfeste Kleidung und Sonnenschutz. Gutes Schuhwerk versteht sich von selbst, das Flickzeug für den Radreifen sollte ebenfalls parat sein – oder wenigstens die Telefonnummer des Fahrradverleihs.

Wie in den Bergen, so kann das Wetter auch auf einer Insel rasch umschlagen. Behalten Sie das Wetter also immer im Blick und nehmen Sie auch im Hochsommer eine leichte Wind-/Regenjacke mit ins Gepäck. Kleiner Trost: Auf Regen folgt Sonne, und falls Sie in einen veritablen Regenschauer geraten sind, werden Sie auch schnell wieder trocken.

Doch ganz gleich, wie die Wettervorhersage lautet, es gilt stets Artikel 3 des norddeutschen Grundgesetzes: Der Wind kommt immer von vorn.

Auf einer Wattwanderung ist eine Windjacke sogar im Sommer empfehlenswert, denn selbst wenn am Strand »Grilltemperaturen« herrschen, ist es »da draußen« im Watt bei frischem Wind deutlich kühler. Unternehmen Sie eine Wattwanderung ausschließlich mit einem kundigen Wattführer, denn es erscheint nur auf den ersten Blick ungefährlich, auf dem Meeresboden, den die Gezeiten für ein paar Stunden begehbar gemacht haben, weit hinaus zu spazieren.

Und wo wir schon bei den Gefahren sind: Föhr ist bei Radfahrern sehr beliebt, allerdings sind nicht alle ausgewiesenen Radwege gut ausgebaut. Manche sind schmal, bitte achten Sie gut auf den Gegenverkehr und reduzieren Sie Ihre Geschwindigkeit, insbesondere wenn Sie mit einem geliehenen Fahrradanhänger unterwegs sind, dessen Breite häufig unterschätzt wird. Achten Sie auch auf

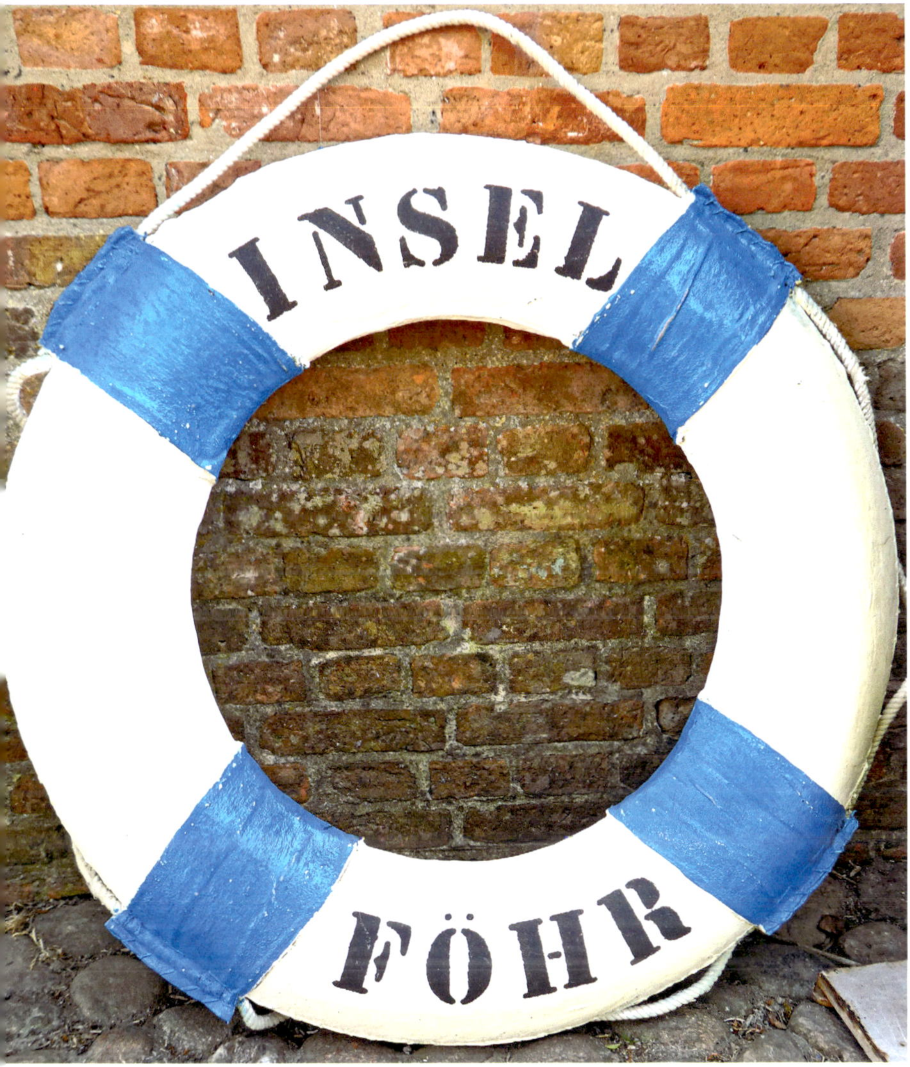

Oben: »Föhrl-liebt« und rettungslos verloren? Urlaub hilft immer!

Wurzeln, die besonders rund um Wyk und Richtung Nieblum den Asphalt anheben, und fahren Sie auf Kopfsteinpflaster langsam, insbesondere bei Nässe. So helfen Sie mit, Unfälle zu vermeiden.

Grundsätzlich gilt: Bleiben Sie auf den Wegen, und schützen Sie die Natur, damit sich die Insel auch in Zukunft immer von ihren schönsten Seiten zeigen kann, die Sie auf den folgenden Touren entdecken werden.

1 Von Wyk nach Dunsum

Deichschafe und Wattenmeer

BESTE ZEIT: zu den Öffnungszeiten der Ihnen wichtigen Stationen, Naturbadestelle nur bei Flut (Gezeitenkalender)
LÄNGE: circa 34 Kilometer
ROUTE: Die Strecke ist aufgrund der Länge nur für Radfahrer mit guter Kondition oder E-Bike geeignet.

Auf dieser Tour in den Nordwesten der Insel dreht sich alles um Schafe und andere tierisch spannende Begegnungen. Bevor Sie jedoch die Wolllieferanten auf dem Deich bei Dunsum besuchen, schauen Sie beim 1 WOLLFLUR LADEN von Gaby Brandt in Wyk vorbei. Hier erfahren Sie alles über den mühsamen Herstellungsprozess echter Föhrer Wolle, denn darin sind Gaby Brandt und ihr Ehemann Klaus seit über 30 Jahren Experten. Alles fing mit zwei Lämmchen an, daraus ist mittlerweile eine eigene kleine Schafzucht geworden, um die sich hauptsächlich Klaus Brandt kümmert. Nachdem die Schafe geschoren wurden, muss die Wolle grob gereinigt und sortiert werden, dann wird gekämmt, gekämmt und noch mal gekämmt, bis auch der letzte Knoten raus ist. Anschließend folgen ungezählte Stunden am Spinnrad, dann muss die Wolle von der Spule auf die Haspel, und schließlich folgt die Waschprozedur, ganz vorsichtig, damit die feinen Wollfasern nicht verfilzen. Jetzt noch ein paar Tage die Trocknung abwarten und fertig ist die Naturwolle, mit der gestrickt werden kann. Ziemlich aufwendig, nicht wahr?

Doch jeder Arbeitsgang wird mit Liebe zu den Tieren und dem Handwerk erledigt, das merkt man schon allein daran, dass zu jeder handgesponnenen Wolle im Laden der Name des vierbeinigen Lieferanten und ein Foto dazugehören. Wie wäre es also mit einem Schal von Gundula oder einer Weste von Lisbeth?

Gegenüber: Zugang zur Naturbadestelle

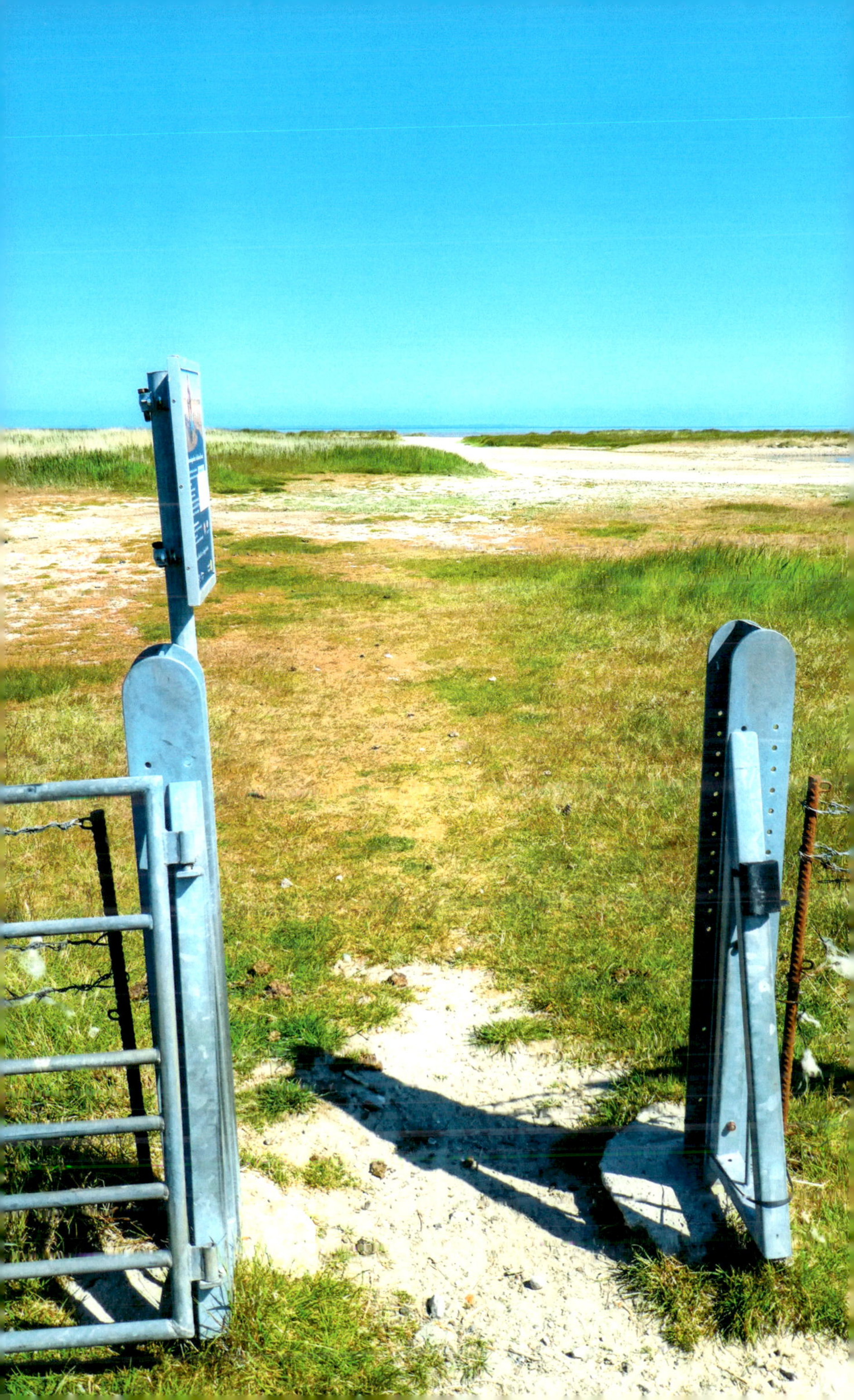

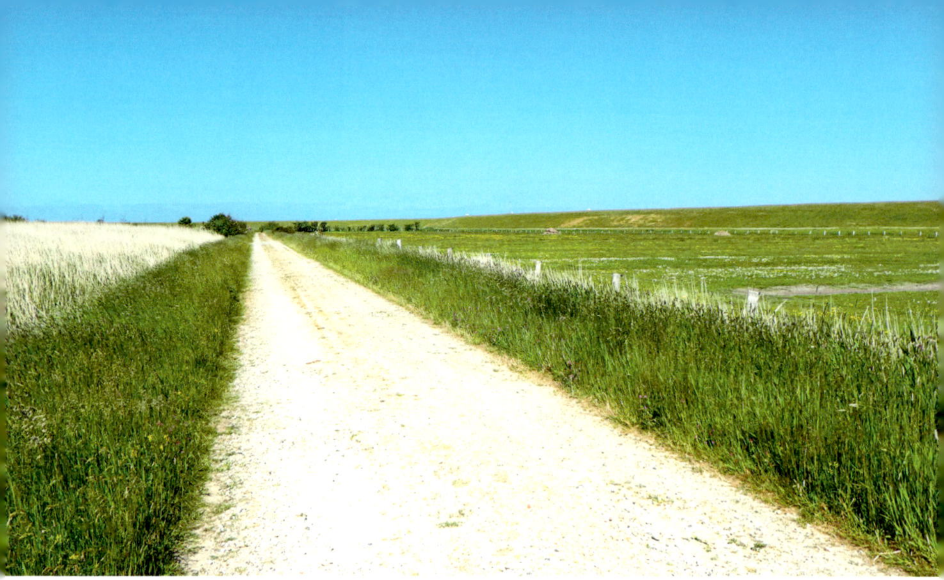

Oben: Ganz schön viel Gegend hier rund um Dunsum

Doch damit nicht genug: Wolle in allen erdenklichen Farben, Schaffelle in unterschiedlichen Größen und Farben, Bekleidung und Accessoires sowie Seifen und Pflegeprodukte aus Schafsmilch vervollständigen das Angebot – und Sie haben die Qual der Wahl.

Fahren Sie nach dem Besuch bei Wollflur über die Johannesstraße, die Feldstraße und dann über den Rebbelstieg aus Wyk hinaus. An der großen Kreuzung in Boldixum biegen Sie links in den Nieblumstieg und fahren bis nach Nieblum, wo Sie Tour 6 anschließen können.

Nachdem Sie Nieblum verlassen haben, folgen Sie stets dem Radweg. Hinter Goting geht es in eine leichte Rechtskurve (nicht nach links Richtung Hedehusum abbiegen) und weiter die Rundföhrstraße auf dem Radweg entlang, bis Sie den Ortseingang von Borgsum erreichen. Dort haben Sie die Möglichkeit, Tour 13 zu unternehmen.

Andernfalls fahren Sie durch Borgsum und nach dem Ortsausgang weiter der Rundföhrstraße auf dem Fahradweg folgend bis nach Utersum. Dort angekommen, haben Sie mit Tour 16 die Möglichkeit, das Dorf zu erkunden.

Um nach Dunsum zu gelangen, verlassen Sie Utersum über den Lung Jaat, der in den Dunsem Stich übergeht. Folgen Sie der abknickenden Vorfahrtstraße und biegen bei der nächsten Kreuzung links ab.

Sie erreichen ❷ HINRICHSENS FARM, wo auf dem Erlebnishof für Groß und Klein jede Menge Vergnügen geboten wird. Wer kann schon von sich behaupten, in einem durchsichtigen, aufblasbaren Ball gesteckt und zugleich Fußball gespielt zu haben? Rangeln und schubsen sind beim »Funballz« ausdrücklich erlaubt und machen so richtig Spaß. Wer es ruhiger liebt, ist beim Fußballgolf genau richtig – hier geht es darum, den Ball im weitläufigen Hindernisparcours möglichst geschickt »einzulochen«.

Aus dem STREICHELZOO oder dem SIKU-MODELL-SPIELLAND im Maßstab 1 zu 32 wollen die Kinder sicher gar nicht mehr raus. Und natürlich gibt es noch viel mehr zu entdecken, in der Scheune auch witterungsunabhängig.

Wer sich einfach nur stärken möchte, ist hier ebenfalls goldrichtig. Bei schönem Wetter draußen im CAFÉGARTEN sitzen, den Kindern zuschauen, selbst gebackenen Kuchen, Eis oder Milchreis schlemmen, einfach herrlich! Für den großen Hunger gibt es Burger aus Fleisch vom hofeigenen Weiderind mit Burgerbrötchen vom Föhrer Bäcker Hansen. Auch bei Schietwetter im liebevoll eingerichteten Hofcafé und -Restaurant ein Genuss!

Für eine Führung durch die WHISKYDISTILLERY sollten Sie sich eigens Zeit nehmen und vorab einen der möglichen Termine buchen. Erfahren Sie, wie der Whisky vom hofeigenen Feld ins Glas kommt – tatsächlich ein weltweit seltenes Erlebnis, das Ihnen hier im Norden der Insel geboten wird, denn die meisten Brennereien arbeiten mit Zulieferern.

Fahren Sie zurück zur abknickenden Vorfahrtstraße Dunsum Stich und biegen dort nach rechts in den Ort Dunsum ein. Folgen Sie der Straße bis zum Deichparkplatz, dort befindet sich das ❸ CAFÉ ZUM WATTENLÄUFER. Hausgemachte Kuchen und Torten sowie herzhafte Speisen sind im windgeschützten Cafégarten im Strandkorb in dieser ruhigen Idylle ein besonderer Genuss. Der Name Wattenläufer ist übrigens Programm, denn vom Parkplatz vor dem Lokal aus starten die geführten (!) Wattwanderungen. Weshalb Sie keinesfalls ohne Wattführer loswandern sollten, welche Angebote es gibt und warum Sie ein solches Erlebnis nicht verpassen sollten, erfahren Sie auf Tour 2.

Nun ist es nicht mehr weit bis zu den Schafen von Dunsum, vielleicht stehen schon welche auf dem Deich und gucken neugierig zu Ihnen herunter.

Für Fußgänger ist die TREPPE ZUM WATTENMEER ein schönes Erlebnis. Wenn Sie sich langsam der Deichkrone annähern, spannt sich nach dem letzten Schritt unversehens die atemberaubende Weite des Wattenmeers vor Ihnen auf, als ob ein Vorhang aufgehen würde.

Wenn Ihnen hier der Atem fehlt, könnte das zum einen an den Stufen liegen, zum anderen weht auf dem Deich oft ein kräftiger Wind, der Ihnen die salzige Luft in die Lungen drückt. Doch mit der richtigen Kleidung ist es ein Genuss, entlang des asphaltierten Wegs am Deichfuß zu radeln – das Wattenmeer immer im Blick.

Mit dem Fahrrad gelangen Sie vom Parkplatz durch das Schafgatter (bitte immer darauf achten, dass dieses wieder geschlossen ist, damit die vierbeinigen Deichpfleger an ihrem Arbeitsplatz bleiben) über eine asphaltierte Schräge auf den Deich und auf der anderen Seite ebenso wieder hinunter.

Im Verlauf Ihres Wegs treffen Sie auf die DEICHSCHAFE. Im Gegensatz zu ihren Kollegen auf dem Festland, die meist nur als Woll- oder Fleischlieferanten dienen, sind diese vierbeinigen Mitarbeiter hochgeschätzte Deichpfleger. Rund 1.100 Mutterschafe sind mitsamt ihren Lämmern vom 15. März bis in den Herbst bei Wind und Wetter in ihren atmungsaktiven, nässe- und schmutzabweisenden Wollpullis auf dem 22,5 Kilometer langen Föhrer Deich unterwegs. Sie treten die Erde fest, stopfen dabei Mauselöcher und halten mit ihrem kräftigen Appetit das Gras kurz. Durch den regelmäßigen Verbiss wurzelt das Gras nämlich tiefer und der Deich wird gefestigt. Somit leisten die Schafe einen wichtigen Beitrag zum Küstenschutz.

Bitte nehmen Sie Ihren Hund an die Leine und versuchen Sie nicht, die Schafe zu streicheln, das mögen sie nämlich nicht. Stören Sie die Schafe nicht bei ihrer Arbeit, halten Sie Abstand. Es sei denn, Sie treffen im Verlauf der Tour auf ein Schaf, das komplett auf dem Rücken liegt, die Beine in die Luft gestreckt. Dann ist »SCHAFESCHUBSEN« angesagt, indem Sie sich nähern und beherzt in die

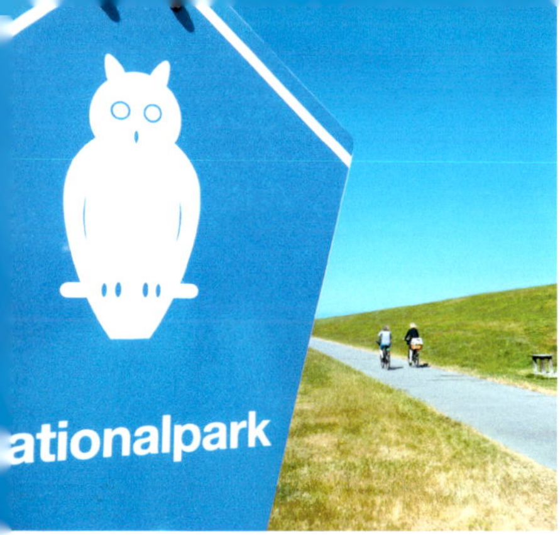

Im Uhrzeigersinn von oben links: Willkommen im Nationalpark, vierbeinige Deichpfleger bei der Arbeit, Wassersport allerorten, Picknickplatz am Deich, Hinrichsens Farm, die Treppe zum Wattenmeer

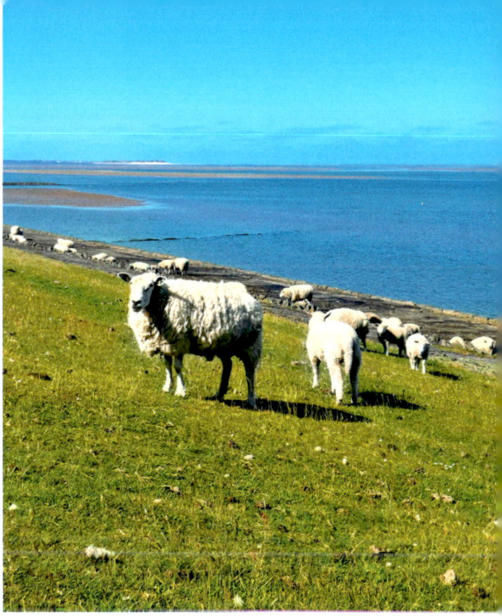

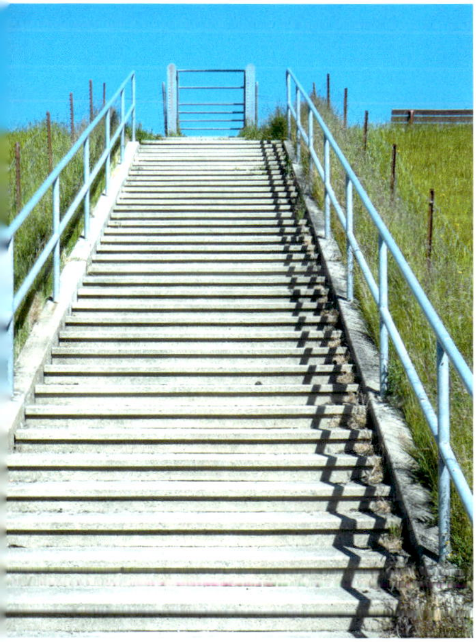

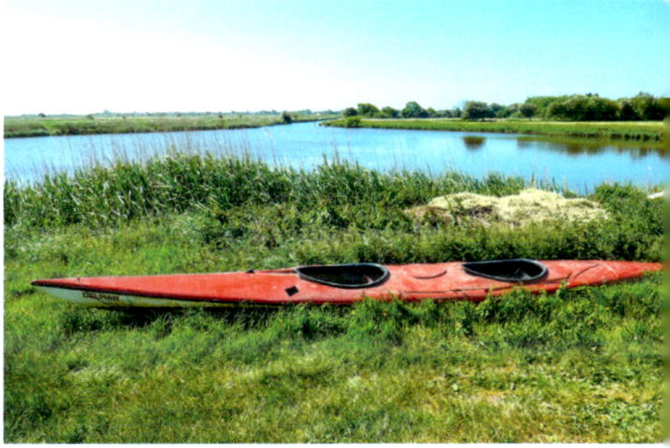

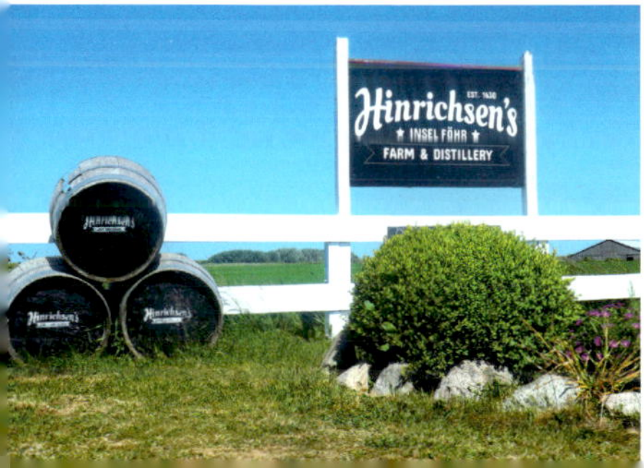

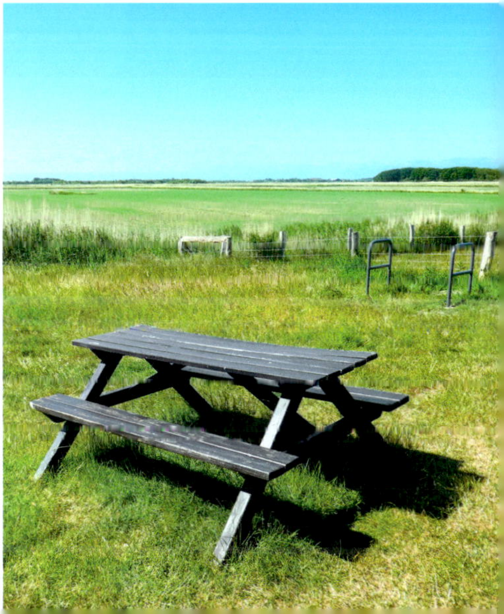

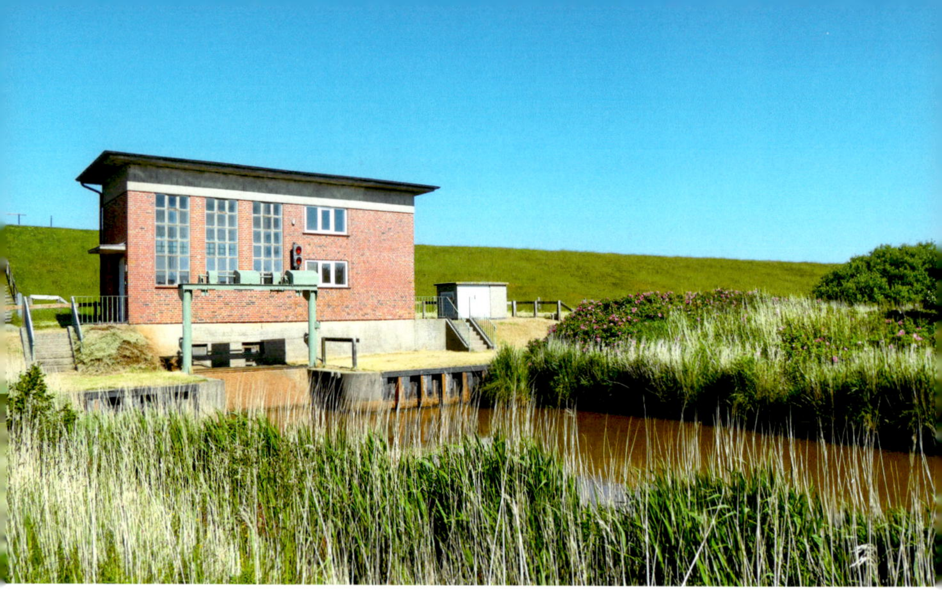

Oben: Ent- und Bewässerung der Marsch: das Schöpfwerk Föhr-Mitte

Wolle greifen, um das Tier wieder aufzurichten. Denn die korpulenten Vierbeiner kommen allein aus so einer misslichen Rückenlage nicht mehr auf die Hufe und sterben an Herz-Kreislauf-Versagen. Das sogenannte »Schafe-Schubsen« kann also Leben retten.

Nach rund drei Kilometern verwandelt sich die Landschaft hinter der Biegung sichtlich. Nun befinden Sie sich im 4 SÖRENSWAI-VORLAND, das sich im Schutz eines Strandwalls gebildet hat. Der östliche Teil ist ein wichtiges Brutgebiet für Vögel. Ein Brutgebiet ohne Hecken und Bäume? Man lernt doch schon in der Schule, dass Vögel ihre Nester zum Schutz vor Fressfeinden möglichst weit weg vom Boden und versteckt errichten. Nicht so die Strandbrüter wie zum Beispiel Austernfischer, Sandregenpfeifer und die vom Aussterben bedrohte Zwergseeschwalbe. Die Nester sind im Sand perfekt getarnt – manchmal so gut, dass sie von Menschenfüßen zertreten werden.

Und damit sind wir beim Problem, denn im Sörenswai-Vorland befindet sich zugleich eine offizielle und meist einsame NATURBADESTELLE, die Sie durch ein Gatter und über einen sandigen Weg erreichen. Wenn Sie baden möchten, ist vorher ein Blick in den Gezeitenkalender ratsam, bei Ebbe kann man sonst nur Trockenschwimmübungen machen. Vor allem sollten Sie jedoch auf die Vögel achten, deren Brutgebiet mit Pflöcken gekennzeichnet ist. Vernünftige betreten kein ausgewiesenes Brutgebiet – den anderen ist es verboten. Machen Sie sich bewusst, dass jede Störung den Bruterfolg schmälert. Nach kurzer Weiterfahrt entlang des Deiches (der Wind kommt immer von vorn) erreichen Sie das 5 SCHÖPFWERK FÖHR MITTE.

Dass Deiche vor Überflutungen schützen, war den Föhrern schon im 15. Jahrhundert klar, als sie entsprechende Bauten errichteten, die immerhin im Sommerhalbjahr halfen, die Felder und damit die Ernte zu schützen. Doch was tun gegen Überflutungen im Landesinneren durch Regenwasser, das aufgrund der Deiche nicht mehr abfließen konnte? 300 Jahre lang herrschte auf Föhr Streit über diese Frage.

Erst seit Sommer 1952 fließt das Wasser über ein 163 (!) Kilometer langes Netz von Sielzügen zu den Schöpfwerken Dunsum, nach Föhr-Mitte und zum Deichsiel Laglum, wo allein 13,9 Millionen Kubikmeter Wasser jährlich ohne Pumpen bei Ebbe in die Nordsee abfließen. Über Pumpen und Rohrleitungen befördern die beiden Schöpfwerke acht Millionen Kubikmeter Wasser pro Jahr durch den Deich in die Nordsee. Umgekehrt verhindern Stauanlagen das Austrocknen der Marsch in regenarmen Zeiten. Ohne Entwässerung stünde die Föhrer Marsch innerhalb eines Winterhalbjahrs komplett unter Wasser. Oder anders ausgedrückt: Man bräuchte zwei Lastkraftwagen à 20 Kubikmeter Fassungsvermögen, die minütlich die Insel verlassen – Tag und Nacht –, um die Wassermenge von der Insel zu schaffen.

Fahren Sie auf dem Deichweg auf der Landseite weiter, dann entdecken Sie kurz darauf einen 6 BAUWAGEN DER SCHUTZSTATION WATTENMEER E.V. inmitten der weiten Landschaft. Es handelt sich um die Außenstelle des Vogelwarts und des Gebietsbetreuers, deren Aufgabe die Rastvogelzählung, Brutvogelkartierung, Kennzeichnung der Seevogelbrutplätze und Kartierung der Wattbodentiere ist. Die Naturschutzgesellschaft Schutzstation Wattenmeer e.V., deren interaktive Ausstellung Sie auf Tour 11 besuchen, wurde 1962 gegründet, um mit Hilfe eines Netzwerks von Stationen rund um das Wattenmeer diesen einmaligen Lebensraum zu schützen und bei den Besuchern Verständnis für dieses fragile Ökosystem zu entwickeln. Sprechen Sie die Mitarbeiter ruhig an, die meist im

Rahmen des Bundesfreiwilligendienstes oder des Freiwilligen Ökologischen Jahres auf der Insel unterwegs sind, denn Sie geben gern Auskunft über ihre Arbeit und beantworten Fragen.

Durch die Marsch, eine einzigartige Naturlandschaft, geht es über die Straßen Aussiedlungshof und Siedlerweg bis nach Oldsum. Fahren Sie über den Sarkstigh durch den Ort und biegen Sie beim Parkplatz links ab und geradeaus über die nächste kleine Kreuzung. Dann erreichen Sie Haus Nummer 61, wo 7 FÖHRER WOLLE von Föhrer Schafen und Lämmern, aber auch von Alpakas handgesponnen und handgefärbt wird, damit Sie tolle Kleidungsstücke daraus stricken können – die Beratung ist selbstverständlich inklusive. Und falls Sie nicht stricken können, bietet Heike Müller auch fertige Unikate wie Mützen, Schals, Socken, Pullover und vieles mehr an.

Und wo Sie schon mal hier sind, können Sie auch dableiben und mit Tour 14 einen Rundgang durch das sehenswerte Kapitänsdorf Oldsum anschließen.

Nach dieser letzten Zwischenstation verlassen Sie den Ort über die Rundföhrstraße in Richtung Alkersum, und weiter über Wrixum kehren Sie mit vielen Eindrücken rund um das Schaf nach Wyk zurück.

1 WOLLFLUR – ALLES RUND UMS SCHAF
Wilhelmstraße 8
25938 Wyk auf Föhr

2 HINRICHSENS FARM
Haus 23
25938 Dunsum
www.hinrichsens-farm.de

3 CAFÉ ZUM WATTENLÄUFER
Haus 25
25938 Dunsum

4 SÖRENSWAI-VORLAND
Deichübergang am Ende des Olersem Miadwai
25938 Oldsum

5 SCHÖPFWERK FÖHR MITTE
beim Olersem Miadwai
25938 Oldsum

6 BAUWAGEN DER SCHUTZSTATION WATTENMEER E.V.
am Deich, Ende der Straße Aussiedlungshof
25938 Oldsum

7 FÖHRER WOLLE
Haus 61
25938 Oldsum
www.foehrer-wolle.de

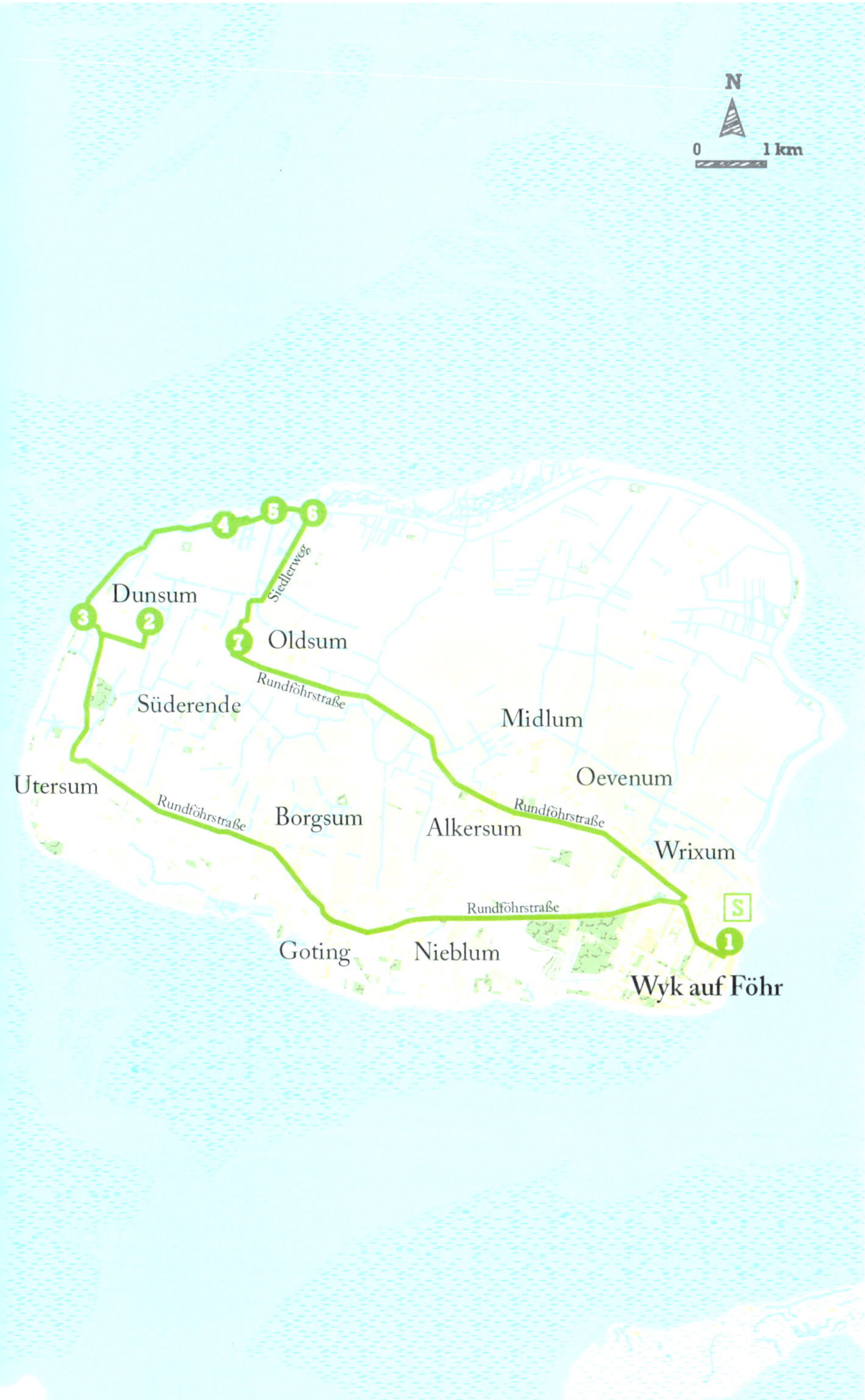
N
0
1 km
Dunsum
Oldsum
Siedlerweg
Süderende
Rundföhrstraße
Midlum
Oevenum
Utersum
Rundföhrstraße
Borgsum
Alkersum
Rundföhrstraße
Wrixum
Rundföhrstraße
S
Goting
Nieblum
Wyk auf Föhr

2 Die Wattwanderung

Das Weltnaturerbe entdecken

BESTE ZEIT: mit einem Wattführer bei Ebbe
LÄNGE: variiert, bitte beim Anbieter der Wattwanderung erfragen, Dauer meist zwischen 2 und 3 Stunden (mit Ausnahme der Touren ab Dunsum), kürzere Touren für Kinder ab Wyk
ROUTE: Diese Touren sind nur für Wanderer geeignet.

Watt für Schuhe ziehe ich an? Gummistiefel, Wattschuhe oder barfuß? Das ist die Gretchenfrage.

Naturliebhaber gehen mit nackten Füßen, um das Wattenmeer im doppelten Sinne hautnah zu erleben. Gummistiefel sind vor allem bei kühlen Temperaturen zu empfehlen, und wer seine Füße grundsätzlich gern schützen möchten, kann sich spezielle Wattschuhe besorgen oder einfach ausgediente Socken aus dem eigenen Kleiderschrank nehmen. Warum ausgedient? Nun ja, wer einmal mit schwarzen Füßen aus dem Schlickwatt kam, weiß warum.

Es ist in jedem Fall ratsam, sich vorab beim Wattführer zu erkundigen, ob Sand, Schlick oder scharfkantige Muscheln der vorherrschende Untergrund auf der jeweiligen Tour sind.

Niemals jedoch sollten Sie eine Wattwanderung ohne ortskundigen Wattführer unternehmen, denn so eine Tour erscheint nur auf den ersten Blick harmlos, die **GEFAHREN** sind groß.

Das Wasser ist weit weg, die Sandfläche erstreckt sich scheinbar bis zum Horizont – doch die Idylle ist trügerisch. Die Priele, die Wasseradern des Wattenmeers, füllen sich bei auflaufend Wasser schnell, werden zu unüberwindbaren Strömen, die den Rückweg abschneiden. Lebensgefahr droht!

Eine weitere Gefahr ist selbst in den Sommermonaten der Seenebel, der von einer Minute auf die andere aufziehen kann und eine Orientierung unmöglich macht. Immer wieder müssen Menschen

Gegenüber: Hier gibt es Watt zu entdecken …

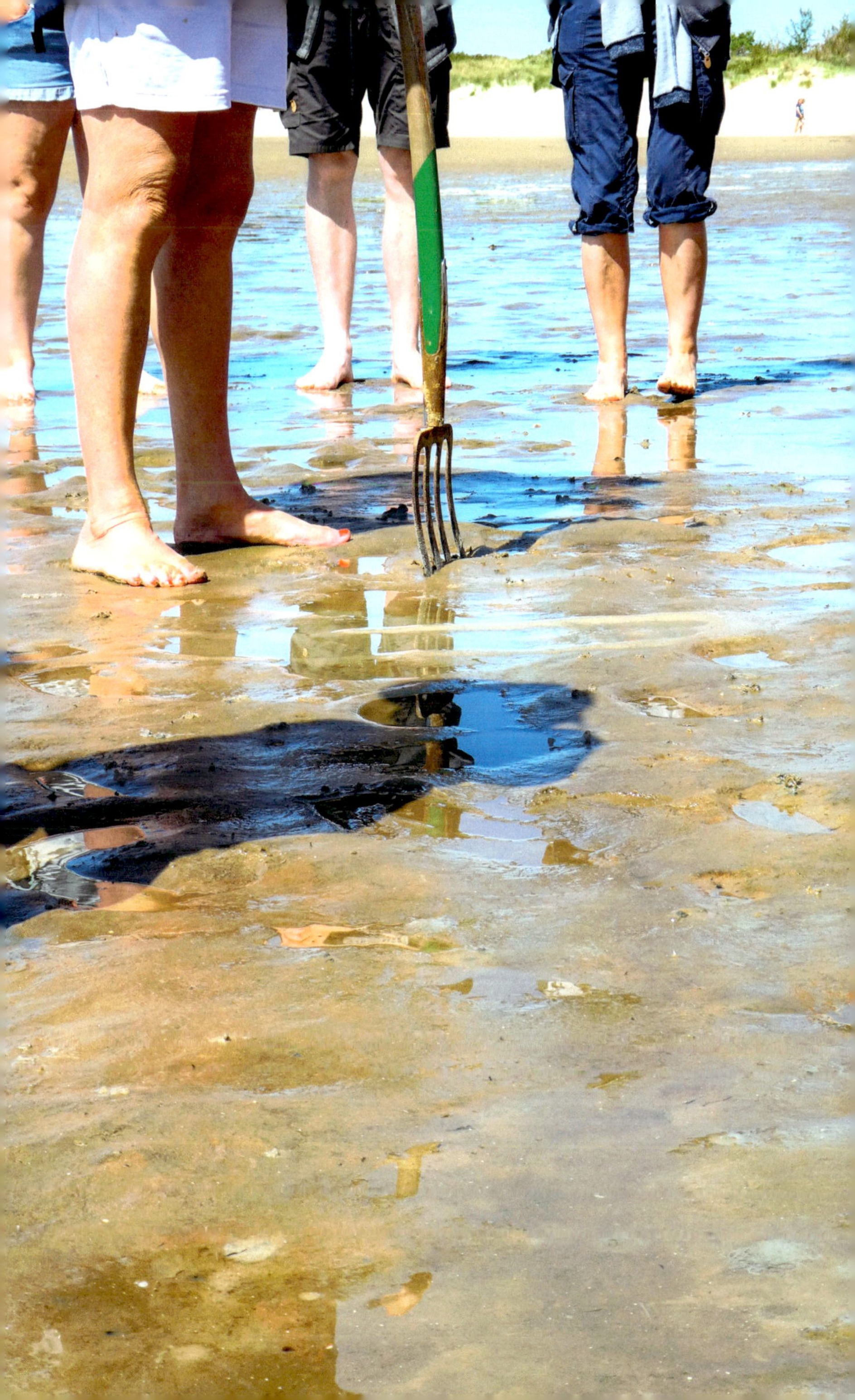

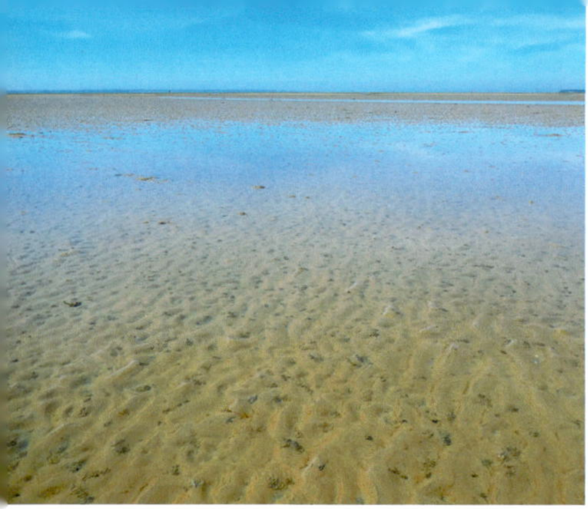

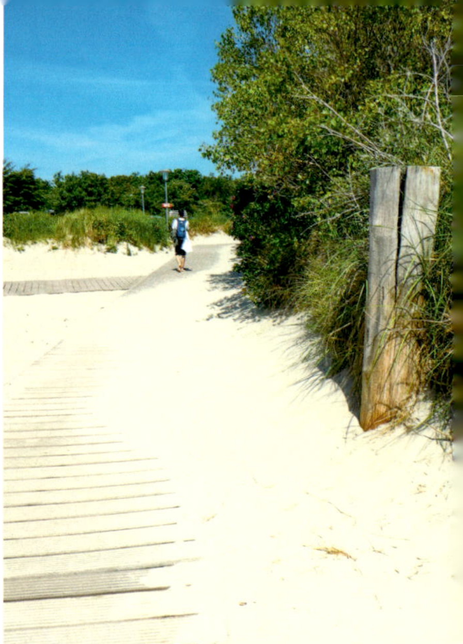

Im Uhrzeigersinn von oben links: Watt'n Meer!, hier geht's lang zur Wattführung, Wattwürmer bei der Arbeit, immer die Augen offenhalten – Strandkrabbe voraus, Watt'n Marsch vor Nieblum, Blasentang zwischen großen Findlingen

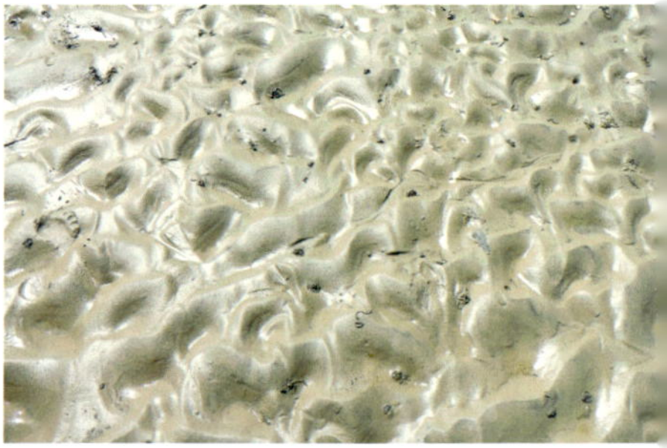

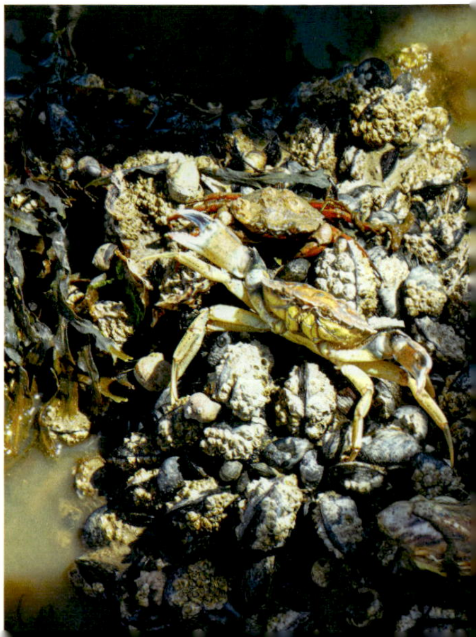

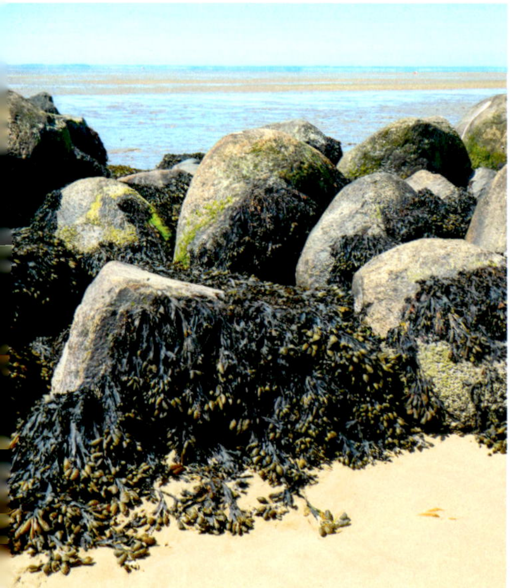

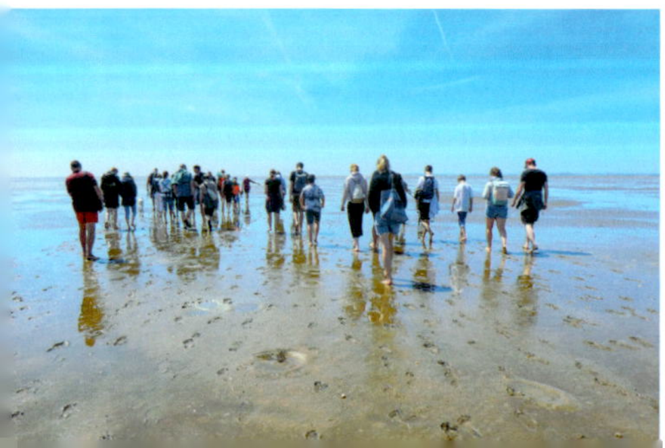

vor der Flut gerettet werden, weil sie die Gefahren unterschätzt haben – und leider kommt manchmal jegliche Hilfe zu spät.

Mit einem KUNDIGEN WATTFÜHRER erwartet Sie jedoch ein besonderes Naturerlebnis auf der Wanderung durch eine weltweit einzigartige Naturlandschaft, ein Ökosystem mit unglaublicher Artenvielfalt. Willkommen im Weltnaturerbe!

Zur richtigen AUSRÜSTUNG für eine Wattwanderung zählen eine entsprechende Kopfbedeckung und Sonnenschutzmittel, denn der feuchte Wattboden reflektiert das Sonnenlicht. Wichtig ist zudem eine winddichte Jacke, auch wenn Sie eben noch im Badeoutfit am Strand lagen, denn »da draußen« weht doch immer ein frischer Wind, den man gern mal unterschätzt – und Sie wollen ja nicht als Eiszapfen zurückkehren. Wechselkleidung kann nie schaden, besonders bewährt haben sich die sogenannten Zipp-off-Hosen, sodass man per Reißverschluss schnell zwischen langer und kurzer Hose wechseln kann.

Tückisch sind die Muschelfelder, die zwar schön anzusehen sind, doch die Schwertmuschel (und nicht nur die) hat messerscharfe Kanten – ihr Name ist Programm. Darum sollten Sie zudem stets wasserfeste Pflaster dabeihaben.

Gut ausgerüstet, zusätzlich noch mit einem kleinen Snack und Trinkvorrat im Rucksack, kann es mit einem ortskundigen Wattführer losgehen. Eine Wattwanderung gehört schließlich zu einem Föhr-Urlaub dazu wie das obligatorische Fischbrötchen im Strandkorb.

Insgesamt 9.500 Quadratkilometer Fläche umfasst der NATIONALPARK SCHLESWIG-HOLSTEINISCHES WATTENMEER. Und es handelt sich dabei keineswegs um eine leblose, sandgraue Wüste, die rund alle sechs Stunden überflutet wird! Ganz im Gegenteil, im Wattenmeer leben auf einem Quadratmeter rund zwei Millionen Organismen. Für die Wasservögel ein wahres Futterparadies.

Auf einer Wattwanderung gibt es viel zu entdecken und zu begreifen, mit allen Sinnen. Spätestens dann versteht man, warum es diesen wertvollen Lebensraum zu erhalten gilt, der seit 2009 zum UNESCO-WELTNATURERBE gehört und damit in einem Atemzug mit dem Great Barrier Reef in Australien und dem Grand Canyon in den USA zu nennen ist.

Unterwegs auf einer Wattwanderung machen Sie Bekanntschaft mit den Flying Five, den Small Five und den Big Five.

Eine Musikband? Eine Künstlergruppe? Weit gefehlt. Angelehnt an die BIG FIVE in Afrika handelt es sich um die fünf typischen Bewohner des Wattenmeers, die sich hervorragend an ihren Lebensraum angepasst haben: Seehund, Kegelrobbe, Schweinswal, Seeadler und Stör. Die ganz Kleinen, die SMALL FIVE, spielen eine große Rolle im Wattenmeer. Salzhaltiger Untergrund, regelmäßige Überflutung, sengende Hitze bei Ebbe und Fressfeinde – gegen all das können sich Wattwurm, Herzmuschel, Wattschnecke, Strandkrabbe und Nordseegarnele erfolgreich zur Wehr setzen.

Der WATTWURM ist der Maulwurf des Wattenmeeres, rein rechnerisch gräbt er mit seinen Kumpels einmal im Jahr das gesamte Watt um, er filtert Bakterien und Pflanzenreste aus dem Sand. Was hinten rauskommt, sind die sichtbaren Spaghetti-Häufchen, die den Boden übersäen. Doch keine Angst, sie laufen nicht durch rektale Hinterlassenschaften der ekligen Art, die »Wattwurm-Kacke« ist also das genaue Gegenteil von dem, was man denkt, nämlich reinster, gefilterter Sand.

Auf einem Quadratmeter leben circa 40 Wattwürmer, und jeder von ihnen produziert 25 Kilogramm dieser Ausscheidungen im Jahr und dort, wo gerade Sand-Spaghetti produziert werden, picken die Austernfischer mit ihren langen roten Schnäbeln zu – in der Hoffnung, ein Wattwurm-Hinterteil zu erwischen. Doch gemäß dem Prinzip, dass eine Strandkrabbe ein Bein abwerfen kann, wenn sie von einer Möwe geschnappt wird, um sich zu befreien, so stößt der Wattwurm sein hinteres Glied ab. Der Vogel zieht mit einem Bruchteil seiner Beute ab und der Wattwurm überlebt.

Zu den FLYING FIVE zählen die Vögel, die diesen besonderen Lebensraum für sich erobert haben: Silbermöwe, Ringelgans, Brandgans, Austernfischer und Alpenstrandläufer, dessen ungewöhnliche Namensgebung darauf beruht, dass sein Brutgebiet in den lappländischen Alpen liegt.

Mit den bekanntesten Bewohnern des Wattenmeers haben Sie sich nun vertraut gemacht – die Namen aller 10.000 Arten werden

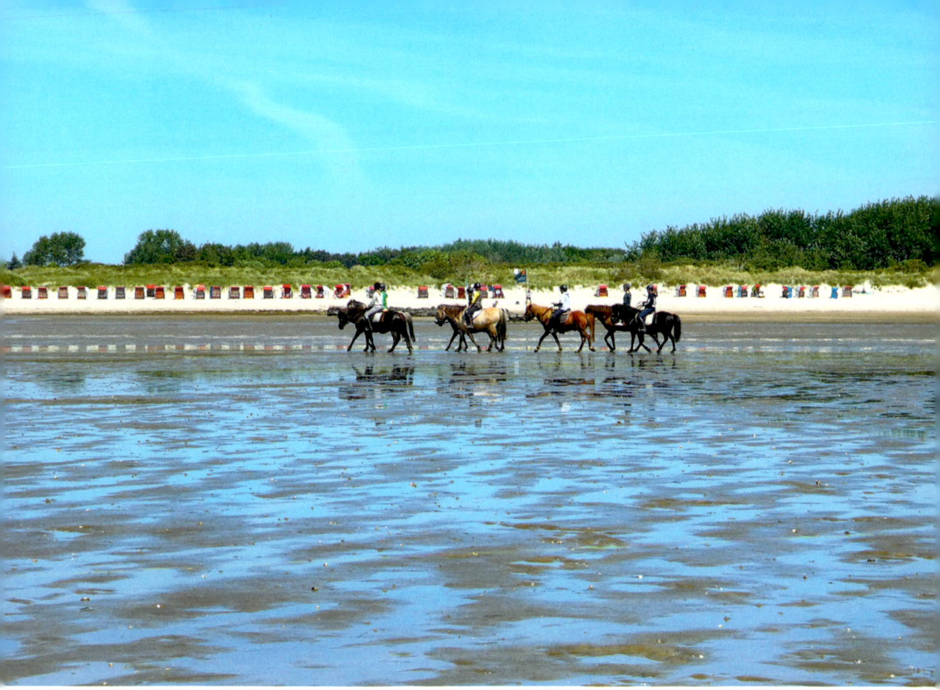

Oben: Auch hoch zu Ross ist eine Wattwanderung möglich. Einige Reiterhöfe bieten dieses Highlight an

Sie sich vermutlich nicht merken können – und deshalb wollen wir uns nun auf den Weg machen.

Wo starten GEFÜHRTE WATTWANDERUNGEN und welche Touren gibt es auf Föhr?

FÜR KINDER werden verkürzte Wattwanderungen in Strandnähe angeboten, auf denen ihnen das Naturphänomen Ebbe und Flut sowie die wichtigsten Tiere des Wattenmeers nähergebracht werden. Die Schutzstation Wattenmeer, ein gemeinnütziger Naturschutzverein, bietet für Familien mit Kindern eine 1,5-stündige Tour an, deren Startpunkt am Ende der Strandstraße in Wyk beim öffentlichen Toilettenhaus ist. Nach der Tour sind aus den kleinen Landratten echte Wattpiraten geworden, die mit einer Schatzkarte das Wattenmeer erkundet und eine Schatztruhe gefunden haben. Darüber hinaus haben sie die Prüfung zum Wattpiraten bestanden und dürfen sich Mitglied im Wattpiraten-Club nennen, denn sie wissen nun, wie man das Wattenmeer beschützt und verteidigt.

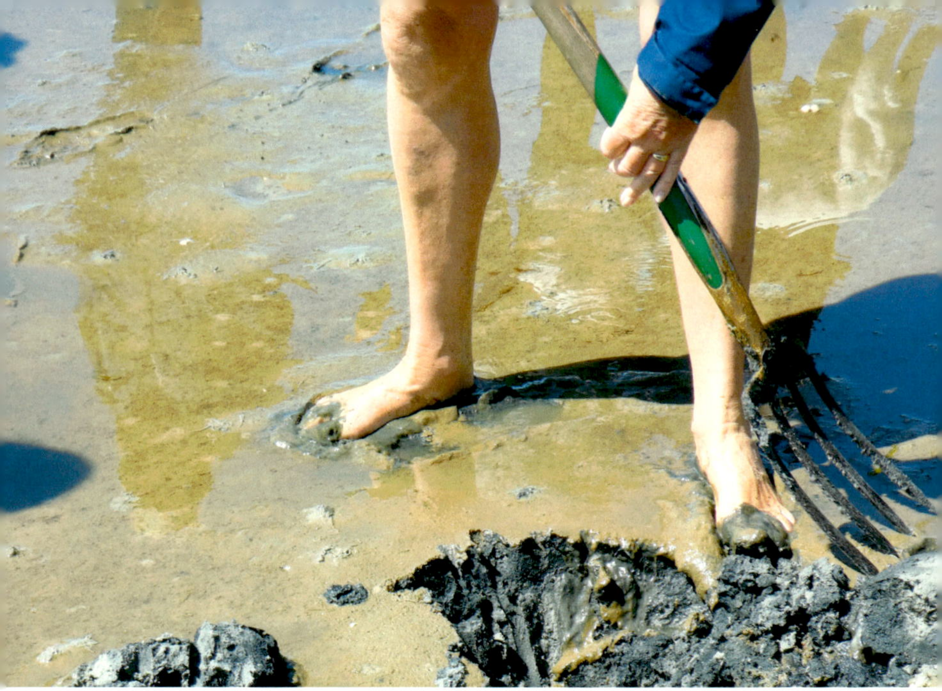

Oben: Kundige Ausgrabungsarbeiten im Watt: Mal schauen, wie gut sich der Wattwurm versteckt hat

Wer kein Kind mehr ist und dennoch keine lange Wattwanderung unternehmen möchte, für den hat die Schutzstation Wattenmeer eine VERKÜRZTE, ZWEISTÜNDIGE FÜHRUNG im Programm, die am selben Startpunkt wie die Wattpiraten-Führung beginnt. Selbstverständlich sind auch auf dieser Tour Kinder willkommen, sie richtet sich jedoch in erster Linie an Erwachsene, die alles Wissenswerte über Ebbe und Flut, Strandkrabbe und Bäumchenröhrenwurm auf einer interaktiven Führung erfahren möchten.

Auch außerhalb von Wyk gibt es Wattwanderungen. In Nieblum startet am Hauptbadestrand, beim Parkplatz am Lokal WATT's UP am Ende der Strandstraße, eine etwa zweistündige Tour mit Carl und Sesle Lambertsen, auf der Sie nicht nur alles über Flora und Fauna des Wattenmeers erfahren, sondern auch ein bisschen Fering lernen, das Föhrer Friesisch, das noch heute auf der Insel von rund 3.000 Menschen auch im Alltag gesprochen und an die nächste Generation weitergegeben wird.

Etwas weiter hinaus ins Wattenmeer geht es mit dem Wattführer Max Braren, nämlich auf einer Wanderung von rund vier Stunden und insgesamt acht Kilometern, die vom Deichparkplatz »Zum Wattenläufer« in Dunsum über gut begehbaren Wattboden bis zur MUTTERBANK DER SEEHUNDE führt. Das ist eine Sandbank im Hörnumtief, wo Sie Seehunde bei der Rast und im Wasser beobachten können. Natürlich mit gebührendem Abstand, denn der Naturschutz steht immer an erster Stelle. Deshalb ist die Mitnahme eines Fernglases empfehlenswert. Unterwegs erfahren Sie selbstverständlich alles Wissenswerte über das Wattenmeer, bekommen die Bewohner des Wattbodens zu Gesicht, und bestimmt finden Sie eine besonders schöne Muschel oder ein leeres Schneckenhaus als Andenken.

Ein besonderes Highlight ist eine elf Kilometer lange, etwa dreistündige WATTWANDERUNG VON FÖHR NACH AMRUM – Inselhopping mal anders.

Von Dunsum aus wandern Sie über Sandbänke hinweg zunächst auf die Insel Sylt zu und nehmen dann die nördliche Spitze von Amrum als Ziel ins Visier. Unterwegs erfahren Sie Wissenswertes über das Weltnaturerbe Wattenmeer – und als ob die Tour nicht ohnehin schon etwas Besonderes wäre, kommen Sie an den Überresten des Schiffswracks der »City of Bedford« vorbei, die am 2. Februar 1825 in einem Sturm gesunken ist. Teile der Bordwand ragen aus dem Wasser, sodass man den Umriss des einstigen Schiffes erkennen kann, das auf dem Weg von England nach Dänemark manövrierunfähig geworden war.

Bevor Sie die herrliche Amrumer Dünenlandschaft erreichen, müssen Sie einen etwa 50 Meter breiten Priel durchqueren, der Ihnen bei durchschnittlicher Größe bis zum Oberschenkel reicht – denken Sie also an das Unterziehen von Badekleidung oder die Mitnahme von Wechselkleidung, falls Sie nicht in knapper kurzer Hose losmarschieren möchten.

Nach Ankunft auf Amrum wandern Sie von der Odde durch die Norddorfer Marsch, über Bohlenwege und über plötzlich seltsam ungewohnten Asphalt unter den Füßen bis nach Norddorf, von wo aus die Busrück(rund)fahrt zum Hafen Wittdün erfolgt, wo man noch bummeln kann, bis das gewählte Schiff fährt. Da der Hafen rund zehn Kilometer entfernt liegt, ist es ratsam, den Bus zur Fähre zu nehmen, mit der Sie zurück nach Föhr gelangen. Auf dieser Bustour von Nord nach Süd gewinnen Sie zugleich erste schöne Eindrücke von Amrum. Zurück in Wyk auf Föhr gibt es einen Bustransfer nach Dunsum, falls Sie auf dem Deichparkplatz Ihr Fahrzeug abgestellt haben.

Übrigens: Nach Absprache mit den Wattführern dürfen Sie Ihren Hund mit auf eine Wattwanderung nehmen. Grundsätzlich jedoch nur, wenn er angeleint bleibt, und bitte bedenken Sie, dass es unterwegs keinen Schatten gibt und scharfkantige Muscheln die Pfoten des Tieres verletzen könnten.

Ganz gleich, für welche geführte (!) Wattwanderung Sie sich entscheiden, sie wird ein unvergessliches Urlaubserlebnis sein.

ANBIETER VON WATTFÜHRUNGEN:

Die konkreten Veranstaltungstermine erfahren Sie unter www.foehr.de/veranstaltungskalender unter dem Stichwort Wattführung.

1 WATTFÜHRUNGEN WYK

Schutzstation Wattenmeer – Föhr
Strandstraße 60
25938 Wyk auf Föhr
Tel. 04681/1313

2 WATTFÜHRUNG NIEBLUM

Treffpunkt: auf dem Parkplatz vor dem Lokal WATT's UP
Wattführer: Carl und Sesle Lambertsen
Tel. 04681/4338 oder 0151/16961681

3 GROSSE NATURKUNDLICHE WATTWANDERUNG ZU DEN SEEHUNDSBÄNKEN

Treffpunkt: am Deichparkplatz »Zum Wattenläufer« in Dunsum
Je nach Termin wechselnd mit den Wattführern: Max Braren, Tel. 0171/5445894, l.braren@gmx.de oder Carl und Sesle Lambertsen, Tel. 04681/4338 oder 0170/6165982 oder Susanne Blank, Tel. 0151/40031423, fotogarten@t-online.de
Ausfall der Wanderung (witterungsbedingt oder wegen zu geringer Teilnehmerzahl) wird morgens am Treffpunkt bekanntgegeben!

4 WATTWANDERUNG VON FÖHR NACH AMRUM

Treffpunkt: am Deichparkplatz »Zum Wattenläufer« in Dunsum
Wattführer Hermann Hinsberger, Tel. 04681/4537 oder 0175/9982039, fotogarten@t-online.de
Ob die Wattwanderung witterungsbedingt zum Termin möglich ist, wird auch auf https://fotogarten-foehr.de/wattwanderung/nach-amrum bekanntgegeben.

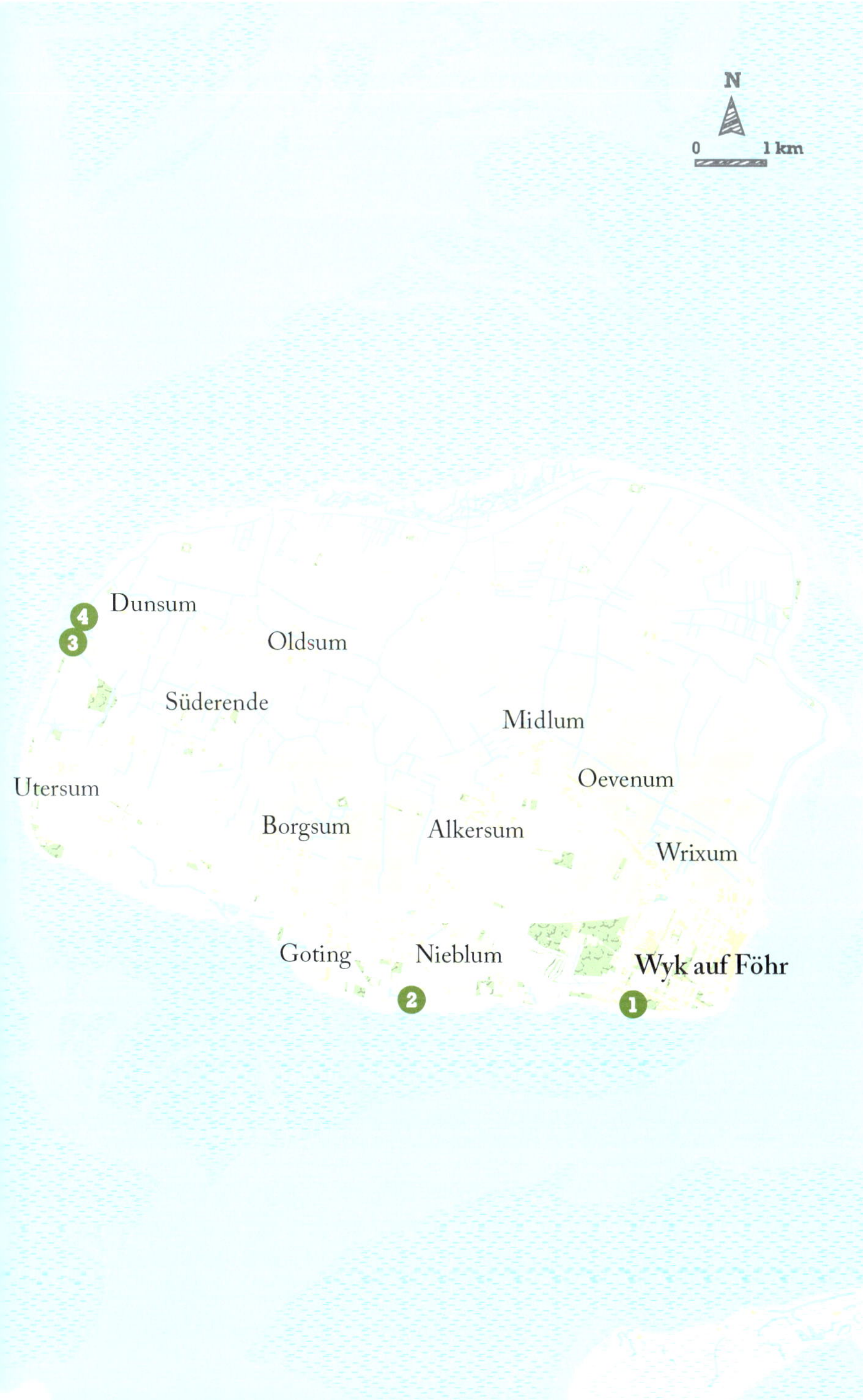
N
0
1 km
Dunsum
Oldsum
Süderende
Midlum
Oevenum
Utersum
Borgsum
Alkersum
Wrixum
Goting
Nieblum
Wyk auf Föhr
1
2
3
4

3 Der Südstrand

Auf den Spuren des Südstrand-Entdeckers Gmelin

BESTE ZEIT: zu den Öffnungszeiten der Strandlokale, der Windsurfschulen und des Pfannkuchen-Hauses
LÄNGE: circa 3 Kilometer
ROUTE: Diese Tour ist am besten für Fußgänger geeignet, da Sie Ihr Fahrrad auf der Promenade schieben müssen.

Die Tour beginnt am 1 LEUCHTTURM OLHÖRN, der mit seinen acht Metern Höhe kaum größer ist als der niedliche reetgedeckte Leuchtturm der benachbarten Hallig Oland, der es auf 7,45 Meter bringt – die Stellen hinter dem Komma nicht zu vergessen!

»Das neue Olhörn-Leuchtfeuer macht einen sehr soliden und zweckentsprechenden Eindruck«, befand der Insel-Bote 1953. Seither wacht der kleine Leuchtturm über das Fahrwasser der Norderaue, wo ein reger Schiffsverkehr zwischen den Inseln herrscht. Die heutige Halogenglühlampe bringt es auf 250 Watt und eine Tragweite von 13 Seemeilen, was rund 24 Kilometern entspricht. Klein, aber oho!

Beim Leuchtturm gehen Sie die Treppen hinunter auf die Promenade und dort nach rechts weiter. Schon bald sehen Sie den 2 OLAND-STEIN, der vom Steinmetzmeister Markus Thiessen erschaffen wurde, dessen Kunstwerken Sie noch öfter auf der Insel begegnen. Der Stein wurde so aufgestellt, dass Sie durch den Umriss der Hallig Oland in Richtung der gleichnamigen Insel blicken. Den großen Ausschnitt aus diesem Stein in Form der Hallig finden Sie übrigens im Gezeitenbrunnen, den Sie auf Tour 21 besuchen.

Als Nächstes erreichen Sie das wellenförmige Kunstwerk 3 DE GROTE MANDRÄNKE. Es erinnert an die Jahre 1362 und 1634, als das »große Menschenertrinken« zunächst mit der gewaltigen Marcellusflut die bisherige Landkarte der Insel- und Halligwelt vollkommen veränderte. Die verheerende Burchardiflut ereignete sich

Gegenüber: Klein, aber oho! Der Leuchtturm Olhörn

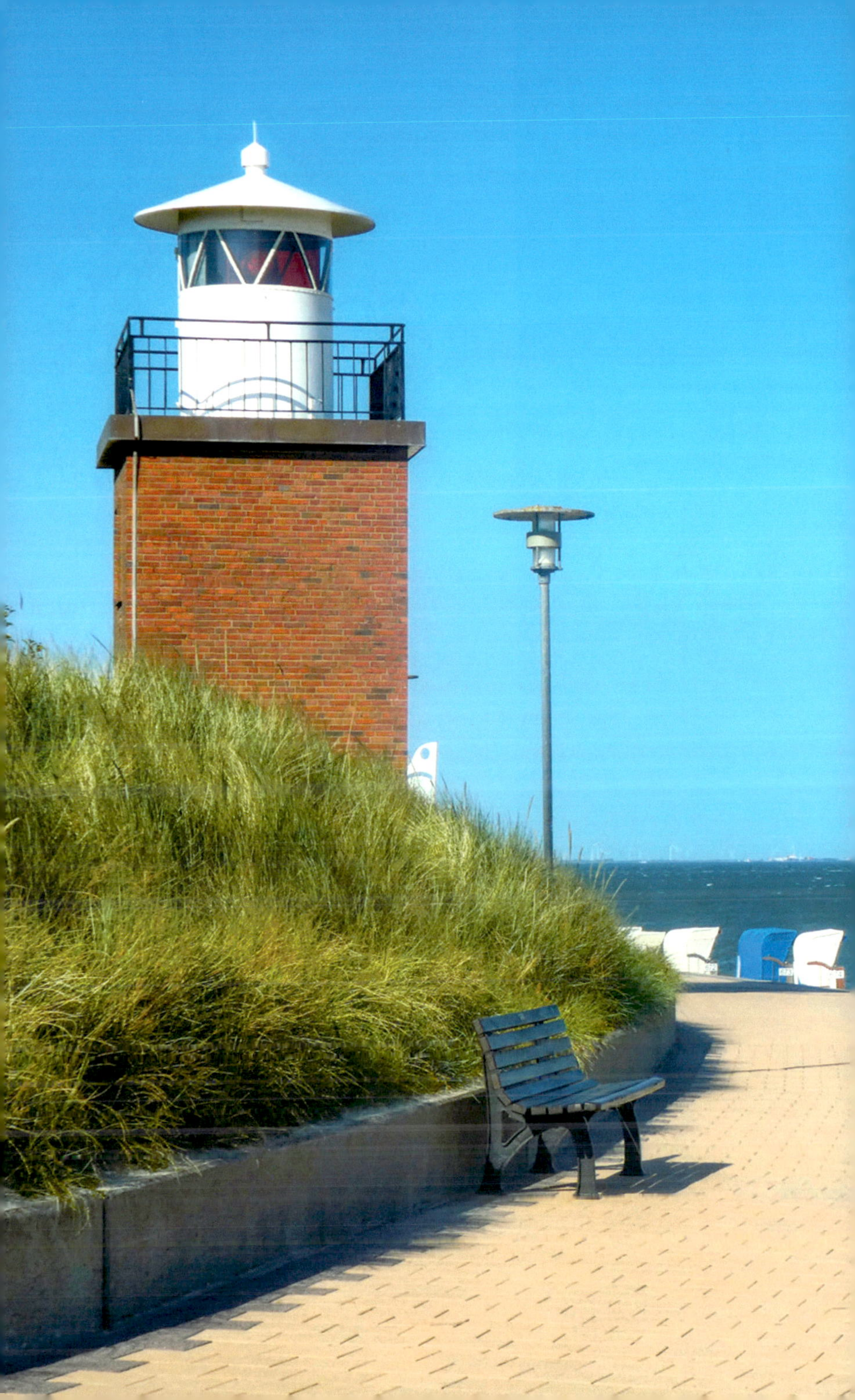

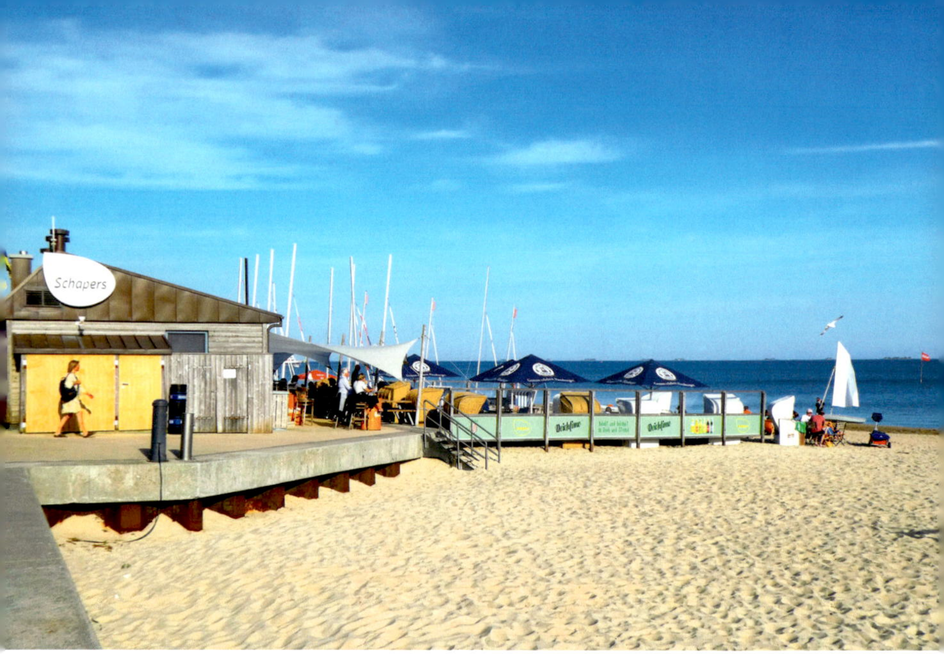

Oben: Ein beliebtes Lokal am Südstrand: das Schapers

vom 11. auf den 12. Oktober 1634, und die inzwischen laienhaft errichteten Deiche sorgten immerhin dafür, dass sich die Menschen rechtzeitig in Sicherheit bringen konnten, sie verloren jedoch Häuser, Land und Vieh.

Sie erreichen das ❹ PITSCHIS, das für Spaß am Strand in verschiedenster Form steht. Strandbar, Beachpartys, Wassersportschule und Trampolinanlage für die Kids – da ist für jeden etwas dabei. Aber Achtung, die Strandbar Pitschis ist so beliebt, dass Sie in der Hochsaison schon mal in der Schlange stehen müssen, bis ein Tisch frei wird. Dann aber sitzen Sie gemütlich im Strandkorb, genießen Ihren Kaffee, Drink oder leckeres Essen mit Meerblick und haben gleichzeitig Ihre Kids auf dem Trampolin im Blick.

Die WINDSURFING FÖHR bietet als Wassersportschule neben dem klassischen Windsurfen zahlreiche weitere Kurse für Anfänger und Fortgeschrittene an: Stand-up-Paddling, Kitesurfen, Katamaran- und Optimistensegeln. Profis dürfen sich gegen Nachweis das Material selbstverständlich einfach ausleihen, und los geht's aufs Wasser – sofern nicht gerade Ebbe herrscht.

Der Südstrand wird auch Windsurfstrand genannt – weil hier die Windbedingungen sehr gut sind und das flache Wasser für Anfänger hervorragend geeignet ist. Kein Wunder, dass sich nur wenige Meter weiter das 5 WASSERSPORTCENTER SCHAPERS angesiedelt hat, auch hier mit der beliebten Kombination aus Bistro, Café und Bar sowie Beachparty und Live-Musik als Events. Sie haben also die Qual der Wahl!

Auf dem Weg dorthin sehen Sie die Reste der SÜDSTRAND-BRÜCKE, die im Februar 2020 einer Sturmflutserie zum Opfer fiel. Zum Wiederaufbau sollen die verwertbaren Pfähle und Bretter der Mittelbrücke, die Ende 2022 abgerissen wurde, verwendet werden.

Während Sie am Südstrand entlanggehen, schauen Sie mal genauer hin, vielleicht entdecken Sie ja einen STRANDBRÜTER.

Hockt da tatsächlich ein schwarz-weißer Vogel mit signalrotem langem Schnabel zwischen Strandkörben und rührt sich nicht? Der ist doch nicht echt? Oh doch! Es handelt sich um einen brütenden Austernfischer, und die Umfriedung dieses Bereichs mit einem orangeroten Seil signalisiert: »Bitte nicht nähern«. Selbstredend müssen nicht zuletzt aus diesem Grund Vierbeiner an die Leine genommen werden – das ist ohnehin Vorschrift, selbst am Hundestrand.

Doch warum sucht sich ein Austernfischerpaar ausgerechnet dieses belebte Gebiet aus, noch dazu Jahr für Jahr? Leider wählt der Vogel, dessen auffälliges Aussehen ihm den Beinamen Halligstorch eingebracht hat, seinen Neststandort nicht nach Sicherheit, sondern nach Nahrungsangebot aus. Wobei er so gesehen ohnehin unter falschem Namen lebt, denn es stehen weder in der Hauptsache Austern auf seinem Speisezettel, noch fischt er wie eine Möwe nach seiner Nahrung, denn er ernährt sich von Ringelwürmern, Krebs- und Muscheltieren sowie Larven und Insekten.

Wenn Sie also einen Brutvogel bei der Arbeit entdecken, halten Sie großräumig Abstand, um ihn nicht zu stören. Ansonsten wird dieser seltsame Vogel immer seltener.

Vor dem Schapers kommen Sie auf der Promenade auch am LANGENESS-STEIN vorbei, der einen fotogenen Durchblick zur Hallig Langeneß bietet.

Nach dem Schapers gehen Sie auf der Promenade bis zu der Sonnenuhr weiter, die der Insel-Steinmetz Markus Thiessen erschaffen hat. Die windgeschützten Sitzbänke auf den Treppenstufen sind eine gute Gelegenheit, eine Pause mit Meerblick zu machen – es sei denn, der Wind kommt an diesem Tag von vorn.

Wenige Meter zurück und links die Treppe hoch geht es zum **AUSSICHTSPUNKT** über den Südstrand, wo Sie ebenfalls auf einer der Bänke eine kleine Pause einlegen können.

Als Entdecker des Südstrands gilt der aus Tübingen stammende Arzt Dr. Carl Gmelin, dessen Frau Alice Mensendieck Föhr bereits aus Kindertagen kannte und ihm von der Schönheit der Insel und deren besonderen klimatischen Vorzügen vorschwärmte. Mit großen Plänen reiste Gmelin zu Ostern 1898 mit seinem Schwager, dem Pädagogen Otto Mensendieck, nach Föhr und kaufte ein 50 Hektar großes Grundstück für heute umgerechnet rund 3 Cent (!) pro Quadratmeter. Dort wurde am 6. August 1898 der Grundstein für sein Nordsee-Sanatorium gelegt, dessen medizinische Grundpfeiler luftige Reformkleidung, Abstinenz, vegetarische Ernährung, Bewegung, Luft- und Lichtbäder sind.

Mehr über sein Wirken erfahren Sie beim folgenden Spaziergang durch den **6 NORDSEE-KURPARK,** dessen gemauertes Eingangstor sich hinter Ihnen befindet.

Der Kurpark ist einer der ältesten von Schleswig-Holstein und seit 1983 im Besitz der Stadt Wyk. Im September 2019 wurde der Förderverein Nordsee-Kurpark ins Leben gerufen, um das wertvolle historische Erbe aus dem Dornröschenschlaf zu wecken. Zurück zu den Wurzeln – im wahrsten Sinne des Wortes. Kaum zu glauben, dass hier, wo heute fast nur noch Wald zu sehen ist, einst ein Mix aus heimischen, seltenen und subtropischen (!) Gewächsen prächtig gedieh, unter anderem Libanon-Zedern, Bambus, Seidenbäume, Feigen und japanische Sicheltannen.

Folgen Sie dem Weg links im Bogen bis zu den **HISTORISCHEN BLOCKHÄUSERN,** die vom Architekten August Endell entworfen wurden. Dessen Bauwerke werden heute als »Inkunabeln der Jugendstilarchitektur« bezeichnet und seit 2023 sukzessive fach-

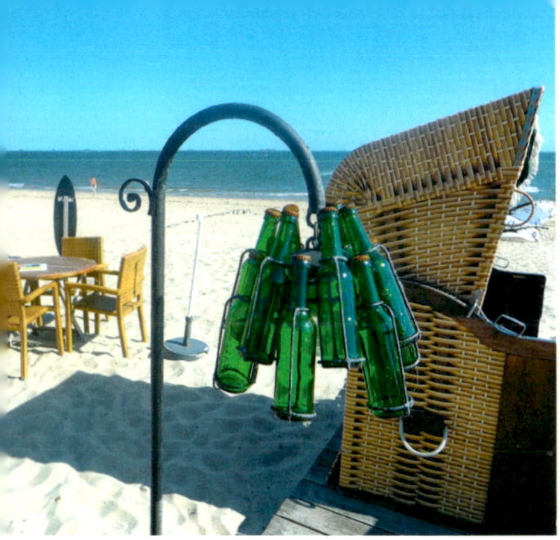

Im Uhrzeigersinn von oben links: Kreative Lampenkunst im Strandlokal Pitschis, historische Allee in der Gmelinstraße, Erinnerungskunstwerk an der Promenade, der Windsurfstrand, Ausblick und kreativer Durchblick

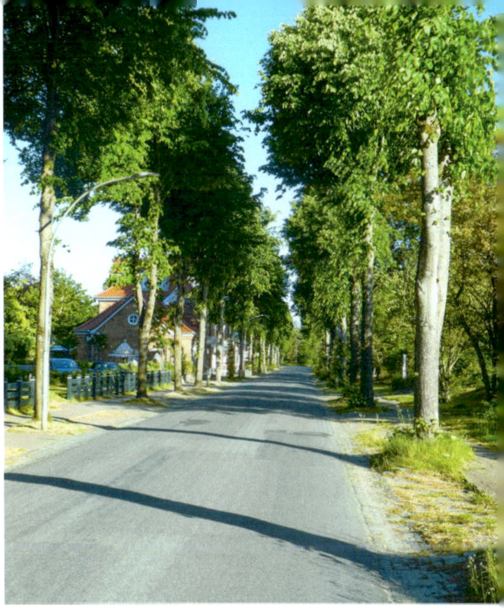

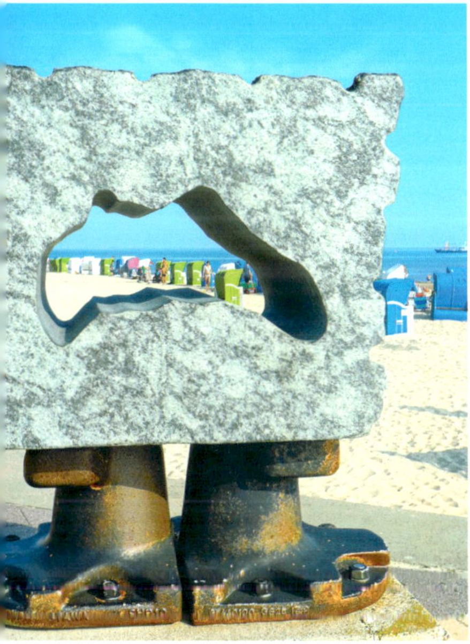

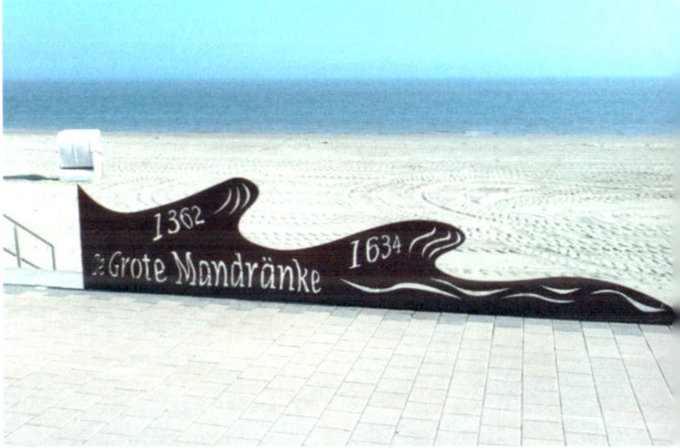

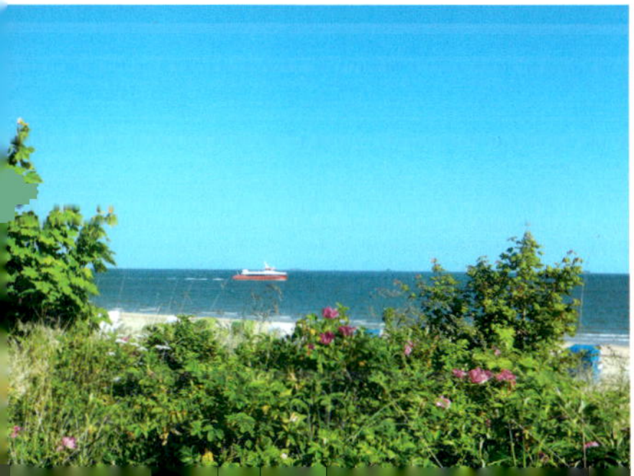

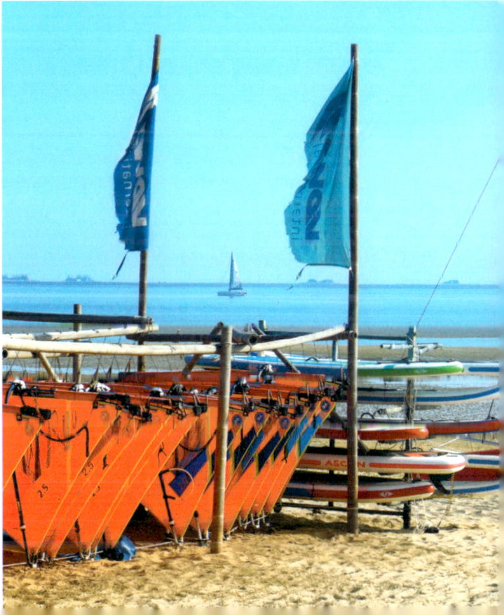

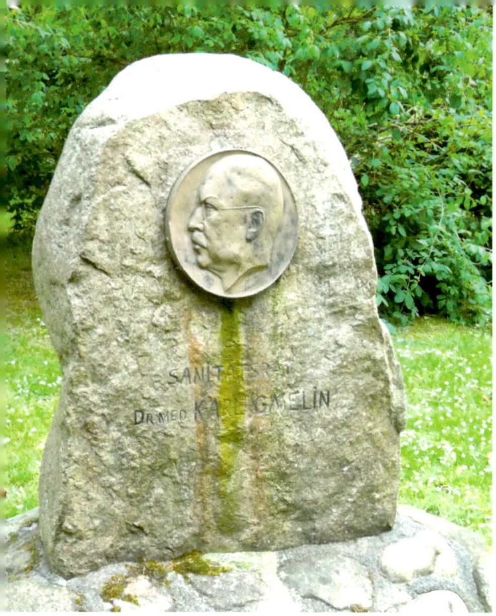

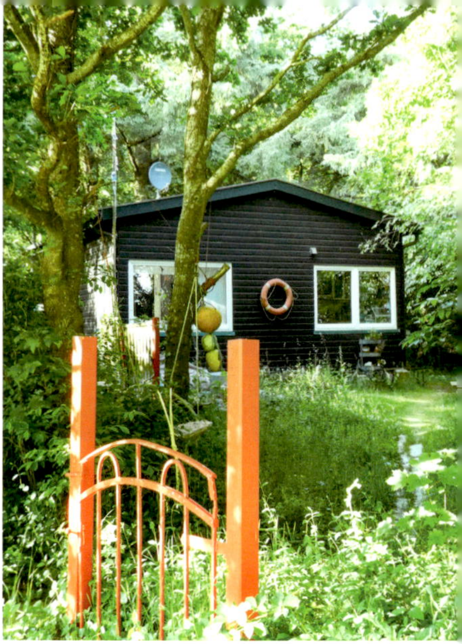

Links: Gedenkstein für den »Entdecker des Südstrands«;
rechts: Inkunabeln der Jugenstilarchitektur: die historischen Blockhäuser

männisch restauriert, wofür sich der Nordsee-Kurpark e.V. in Kooperation mit der Stadt Wyk und mit Hilfe von Spendengeldern, Unterstützern und Partnern intensiv einsetzt. Das historische Erbe soll erhalten und gepflegt werden und künftig ganz im Sinne von Gmelin zu einem Ort der Begegnung werden, wie am Beispiel der Eröffnung eines Kulturzentrums in der Villa Ludwig zu sehen sein wird.

Bei der ersten Waldweg-Kreuzung machen Sie einen kurzen Abstecher nach links, der Sie über den Waldweg in den Ginsterweg zum Haus Nummer 5 führt. Es ist das ebenfalls von August Endell entworfene 7 HAUS OTTO, dessen ungewöhnliche Architektur noch heute auffällt. Es kann leider nur von außen besichtigt werden, in dem Haus stehen jedoch Ferienwohnungen zur Verfügung.

Zurück auf der Waldweg-Kreuzung gehen Sie links im Bogen weiter bis zu den ersten Wohnhäusern, vor denen Sie rechts abbiegen. Sie gelangen zu einer Wiese, wo sich die GEDENKSTEINE für August Endell und den Sanitätsrat Dr. med. Karl Gmelin (die Schreibweise seines Vornamens variiert) befinden. Der schwere Granit-Findling stammt aus dem Nieblumer Watt, die in Bronze gegossene Bildnis-Platte von Heinz Weddig, Professor an der Kunstgewerbeschule in Flensburg – und an dem Denkmal ist noch etwas Besonderes: das »Denkmal für einen Lebenden« wurde in Anwesenheit von Gmelin am 21. August 1931 enthüllt und Bürgermeister Dr. Meyer hielt eine emotionale Rede über den Arzt, Meeresheilkundler, Visionär und »Entdecker des Südstrands«.

Gegenüber der Denkmäler führt Sie ein Weg durch das Gebiet, wo bis 1991 das Nordsee-Sanatorium mit Haupthaus, Küchenhaus, Wirtschaftshaus, Luftbad für Damen und Herren und dem Haus Tübingen als Gästehaus stand, bevor es nach Stilllegung des Kurbetriebs 1976 nach langem wirtschaftlichem Kampf der Abrissbirne zum Opfer fiel.

Gehen Sie den Weg zwischen den neu gebauten Häusern entlang zu einem der letzten historischen Gebäude des Kurpark-Ensembles.

Das 8 PFANNKUCHEN-HAUS hieß damals natürlich noch nicht so, denn wo Sie heute leckere Pfannkuchen in allen Variationen schlemmen, befand sich die Wäscherei des Sanatoriums, was am großen Schornstein gut zu erkennen ist.

Als das Ehepaar Prinzen 1976 das Gebäude erwarb, betrieben sie die Wäscherei weiter und nannten das weitläufige Haus folgerichtig »Prinzenhof«. 1995 erfolgte dann die nicht minder erfolgreiche Neuorientierung als Restaurant und Café, das mittlerweile mehrfache Auszeichnungen erhielt. Und nun ist auch klar, wie das Pfannkuchen-Haus zu seinem traumhaft schönen Märchengarten unter anderem mit Karussell und Wasserspielen kam, wo Sie sich ein lauschiges Plätzchen aussuchen können – und wie der gekrönte Frosch ins Logo kam. Denn vom Frosch zum Prinzen ist es schließlich nicht weit, und im Pfannkuchen-Haus wird man einfach märchenhaft gut bewirtet.

Verlassen Sie das Gebäude durch den Ausgang zur Gmelin-Straße. Sollten Sie nicht einkehren wollen, gehen Sie den August-Endell-Weg rechts um das Gebäude herum.

Von dieser Seite aus erkennen Sie einen mit Scheiben versehenen Tor-Durchgang, wo man einst dem Nachtwächter des Sanatoriums Rede und Antwort stehen musste. Weiter rechts ist der mittlerweile verglaste Tordurchgang für die Pferde zu sehen, die gleich nebenan auf der Weide standen, wo heute der Parkplatz ist.

Mit Blick auf das historische Gebäude wenden Sie sich nach links und gehen die Gmelin-Straße zurück in Richtung Strand. Die Allee, das Kopfsteinpflaster und die sehenswerten **HÄUSER IM SEEBÄDERSTIL** geben Ihnen ein Gefühl dafür, wie es zu Zeiten Gmelins hier ausgesehen hat.

Am Ende der Gmelinstraße erreichen Sie einen hübsch gestalteten **AUSSICHTSPUNKT,** wo Sie sich einen Augenblick niederlassen können, dann gehen Sie entweder auf der Promenade zurück zum Leuchtturm oder im Sinne einer neuen Perspektive oberhalb den Stocksmannsweg entlang, wo Ihnen der Blick aufs Meer jedoch auf der zweiten Hälfte der Strecke durch einen begrünten Wall verdeckt wird. Aber Sie können an dieser Stelle über eine Treppe wieder auf die Promenade wechseln, und dann kommt auch schon Ihr Ausgangspunkt ins Sicht.

1 LEUCHTTURM OLHÖRN
Promenadenweg, Höhe Olhörnweg
25938 Wyk auf Föhr

2 OLAND-STEIN
Promenadenweg,
Höhe Stockmannsweg 10
25938 Wyk auf Föhr

3 DE GROTE MANDRÄNKE
Promenadenweg
am Strandabschnitt 12/13,
auf Höhe Stockmannsweg 11
25938 Wyk auf Föhr

4 PITSCHIS UND WINDSURFING FÖHR
Promenadenweg 13
25938 Wyk auf Föhr
https://windsurfing-foehr.com/pitschis

5 SCHAPERS BISTRO, CAFÉ, BAR UND WASSERSPORTCENTER
Promenadenweg 20
25938 Wyk auf Föhr
https://www.schapers.net

6 NORDSEE-KURPARK
zwischen Promenadenweg
und Gmelinstraße
Zugang beim Schapers/
Aussichtspunkt Südstrand
25938 Wyk auf Föhr
https://nordsee-kurpark.org

7 HAUS OTTO
Ginsterweg 5
25938 Wyk auf Föhr

8 PFANNKUCHEN-HAUS
Gmelinstraße 29
25938 Wyk auf Föhr
www.prinzen-hof.de

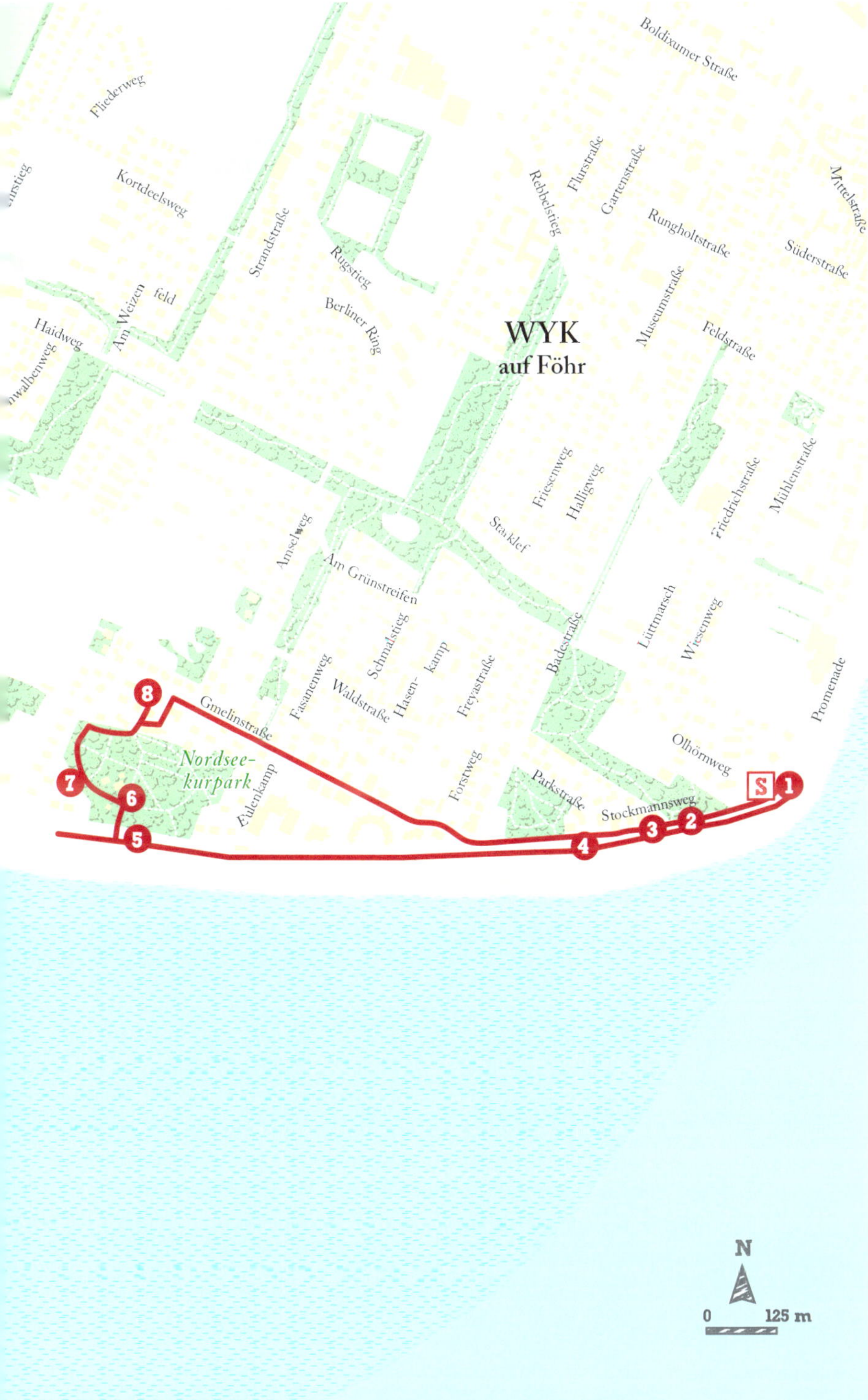

WYK
auf Föhr
Nordsee-
kurpark
Boldixumer Straße
Fliederweg
Kortdeelsweg
Strandstraße
Rugstieg
Berliner Ring
Am Weizenfeld
Haidweg
Rebbelstieg
Flurstraße
Gartenstraße
Rungholtstraße
Mittelstraße
Süderstraße
Museumstraße
Feldstraße
Friesenweg
Halligweg
Friedrichstraße
Mühlenstraße
Amselweg
Am Grünstreifen
Schmalstieg
Fasanenweg
Waldstraße
Hasen-
kamp
Freyastraße
Badestraße
Lüttmarsch
Wiesenweg
Promenade
Gmelinstraße
Eulenkamp
Forstweg
Parkstraße
Stockmannsweg
Olhörnweg
S
1
2
3
4
5
6
7
8
N
0
125 m

4 Von Wyk nach Alkersum

Kunst und Kultur. Von Musen und Museen

BESTE ZEIT: zu den Öffnungszeiten der Museen und Cafés
LÄNGE: circa 10,5 Kilometer
ROUTE: Für Radfahrer und Wanderer auf dem geteilten Fuß- und Radweg ist diese Tour gleichermaßen geeignet.

Ausgangspunkt der Tour ist das 1 FRIESEN-MUSEUM IN WYK, das bereits 1908 eröffnete und auf die Sammlungen und die Tatkraft des schwäbischen Arztes und Heilklimatologen Dr. Carl Häberlin zurückgeht, der ab 1902 in Wyk praktizierte. »Menschenskind, was haben Sie denn da?« war ein häufiger Ausruf, wenn er Hausbesuche machte – allerdings meinte er damit nicht ein besonderes Krankheitsbild, vielmehr hatte er altes friesisches Heimatgut entdeckt, das den Hausbewohnern oft wertlos und unbedeutend erschien. Schnell reifte in ihm der Gedanke, diese Gegenstände in einem Museum auszustellen, das am 1. April 1927 den Namen seines Gründers erhielt: Dr.-Carl-Häberlin Friesen-Museum.

Heute umfasst das sehenswerte Museum die sehr gut und abwechslungsreich präsentierten Abteilungen Erdgeschichte und Archäologie, Seefahrt, Geschichte des Seebads Wyk, Föhrer Trachten, handwerkliche Gerätschaften, Baukultur und Auswanderung. Nehmen Sie sich Zeit für einen Besuch dort!

Das AUSSENGELÄNDE DES MUSEUMS ist aufgrund seiner Vielzahl an Exponaten fast schon ein Freilichtmuseum und jederzeit ohne Eintritt zugänglich. Zu entdecken gibt es dort auch ein Steinzeitgrab, Steinsärge und einige Walfang-Exponate.

Rund um das Friesen-Museum entstand auf Initiative der Wykerin Gundula Haack der 2 ROSENGARTEN, der bis heute auf rund 100 Rosensorten angewachsen ist. Das Friesen-Museum bietet Führungen durch den Rosengarten und im Frühjahr Rosenschnittkurse

Gegenüber: Walkiefer-Tor als Eingang zum Friesen-Museum

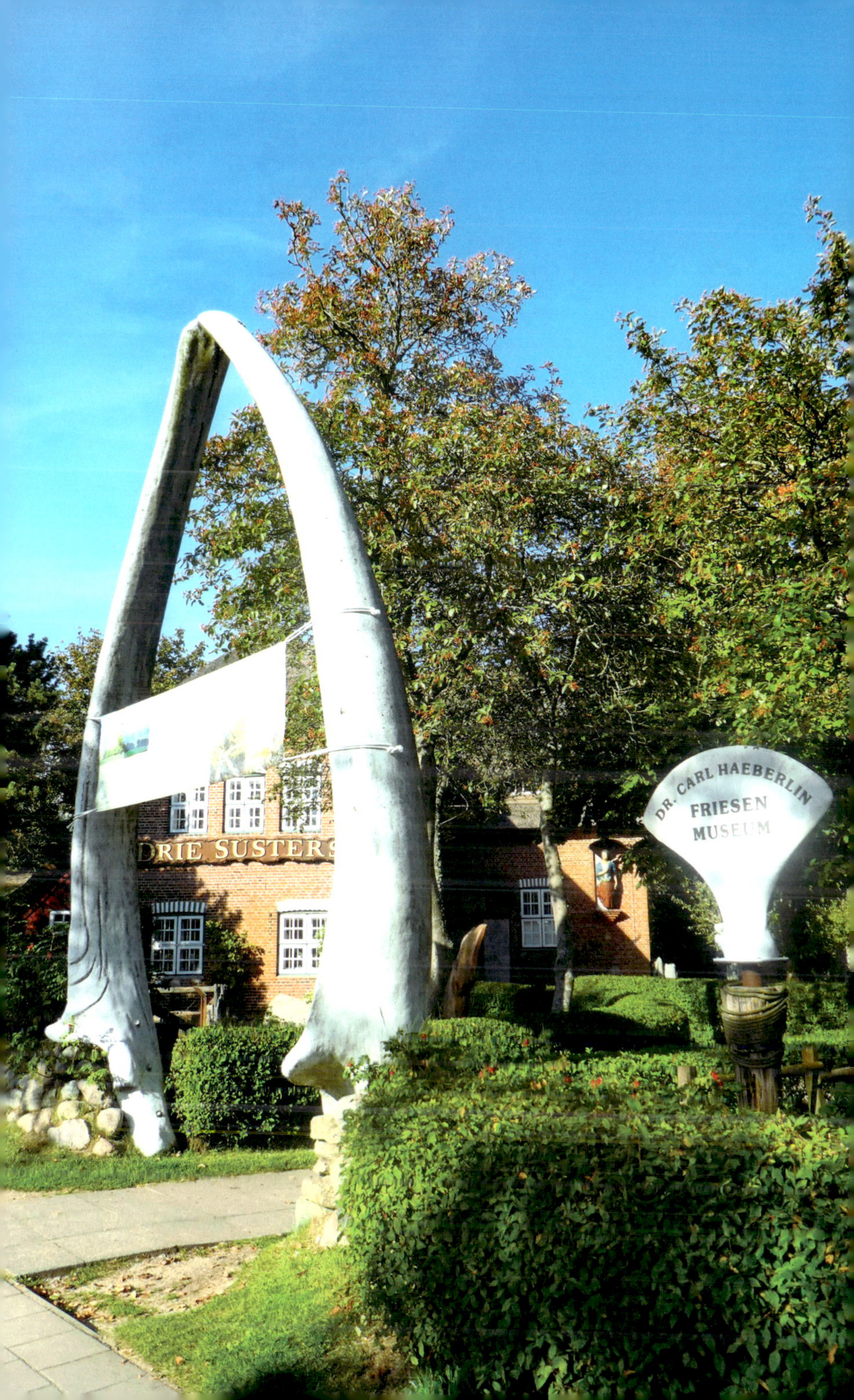
DRIE SUSTERS
DR. CARL HAEBERLIN
FRIESEN
MUSEUM

durch den Fachmann Thorsten König an. Oder Sie begeben sich auf eigene Faust auf Entdeckungstour und studieren die Schilder mit den Beschreibungen im Catherinen-Garten, wie er auch genannt wird. Neben seltenen und historischen Arten wie der stachellosen, stark duftenden Gallica-Rose finden Sie auch Neuzüchtungen, wie zum Beispiel die hellviolette, ebenfalls stark duftende Rose mit dem Namen »Föhr«, getauft 2014 von Friede Springer, als sie ihre Heimat besuchte. Tour 14 führt Sie zum Elternhaus der bekannten Verlegerin, das sich noch heute in Besitz der Familie Riewerts befindet. Die Baum- und Rosenschule wird von Familie Riewerts in der vierten Generation in Süderende betrieben.

Im Garten des Friesen-Museums steht ein uthlandfriesisches Haus mit einem tiefgezogenen Reetdach. Es ist das HAUS OLESEN, das älteste Haus der Insel, erbaut 1617. Allerdings stand es ursprünglich in Alkersum, wo es 1927 nach dem Tod seiner letzten Bewohnerin wegen Baufälligkeit abgerissen werden sollte. Dr. Carl Häberlin ließ es Stein für Stein abtragen und mitsamt Inventar im Garten des Friesen-Museums sorgfältig wieder aufbauen. Wenn Sie heute dieses wertvolle Dokument Föhringer Wohn- und Wirtschaftsgeschichte betreten, erweckt die Einrichtung den Eindruck, die Bewohner seien nur eben mal zum Markt gegangen.

Gleich nebenan steht die MIDLUMER SCHEUNE aus dem 18. Jahrhundert, die noch bis zum Jahr 2000 in Midlum stand. Sie ist deshalb eine Besonderheit, weil die Scheunen auf der Insel normalerweise ans Haus angebaut und nicht freistehend waren. Die Midlumer Scheune besitzt zwei Tore, sodass eine Durchfahrt mit dem Erntewagen möglich war. Auf Tour 11 sehen Sie den ehemaligen Standort der Scheune.

Etwas versteckt, hinter dem Hauptgebäude, liegt der GALGENHÜGEL, die ehemalige Richtstätte der Osterlandföhrer. Es ist schon ziemlich schauerlich, wie gut man sich angesichts des erhaltenen Hügels vorzustellen vermag, dass hier viele Leben auf grausame Weise beendet wurden.

Der Außenbereich des Friesen-Museums wartet darüber hinaus noch mit weiteren spannenden Exponaten auf. Nachdem Sie alle entdeckt haben, lohnt sich eine Pause im 3 MUSEUMSCAFÉ,

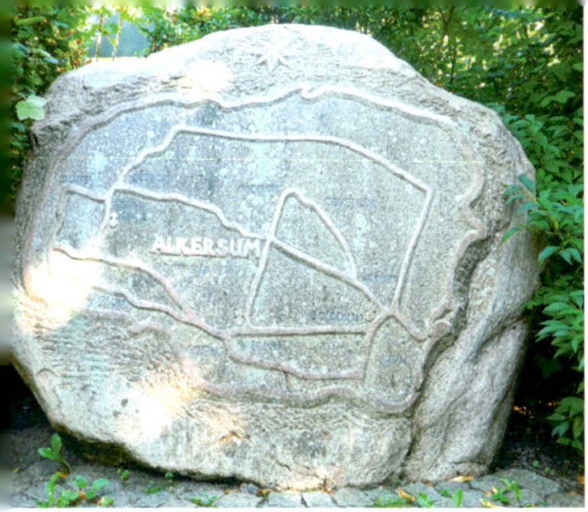

Im Uhrzeigersinn von oben links: Der Alkersumer Ortsstein, Leckereien im Hofladen Hartmann, im Rosengarten des Friesen-Museums, das Museum Kunst der Westküste, Humor am Haus neben dem Kunstmuseum, das Haus Olesen im Garten des Friesen-Museums

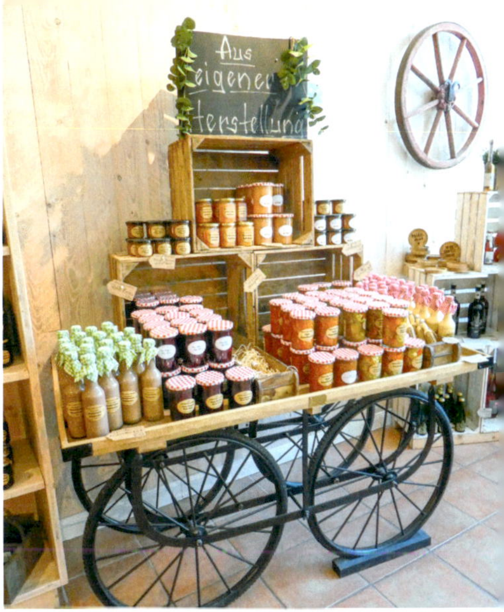

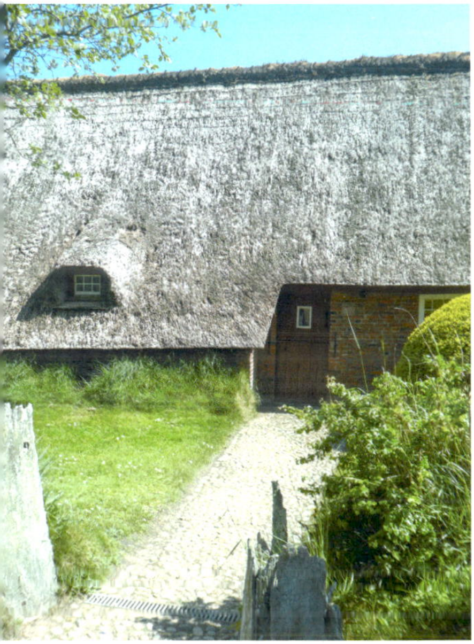

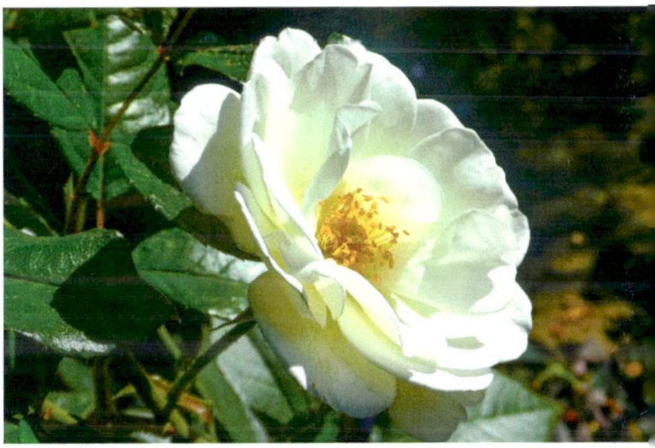

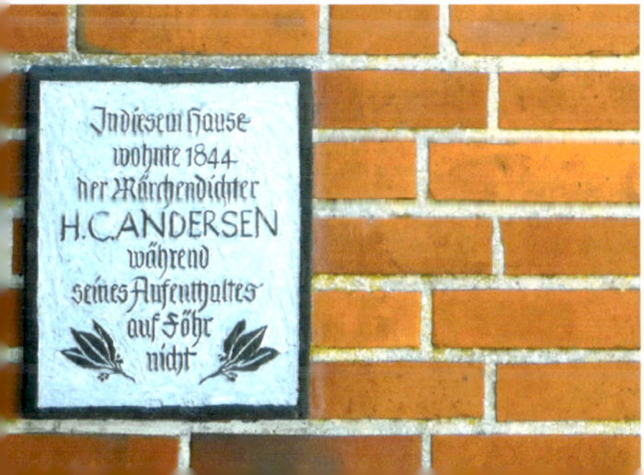

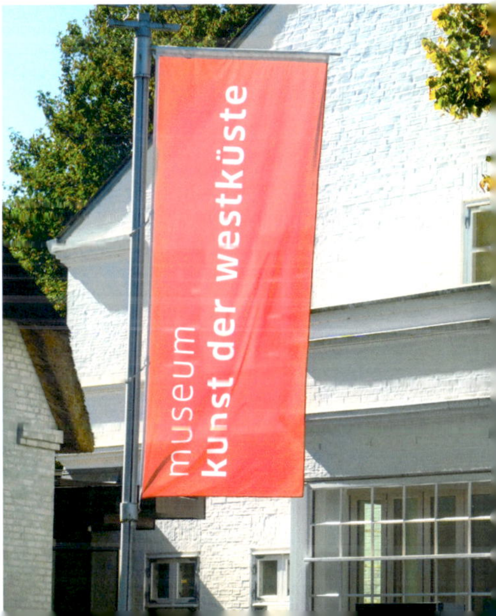

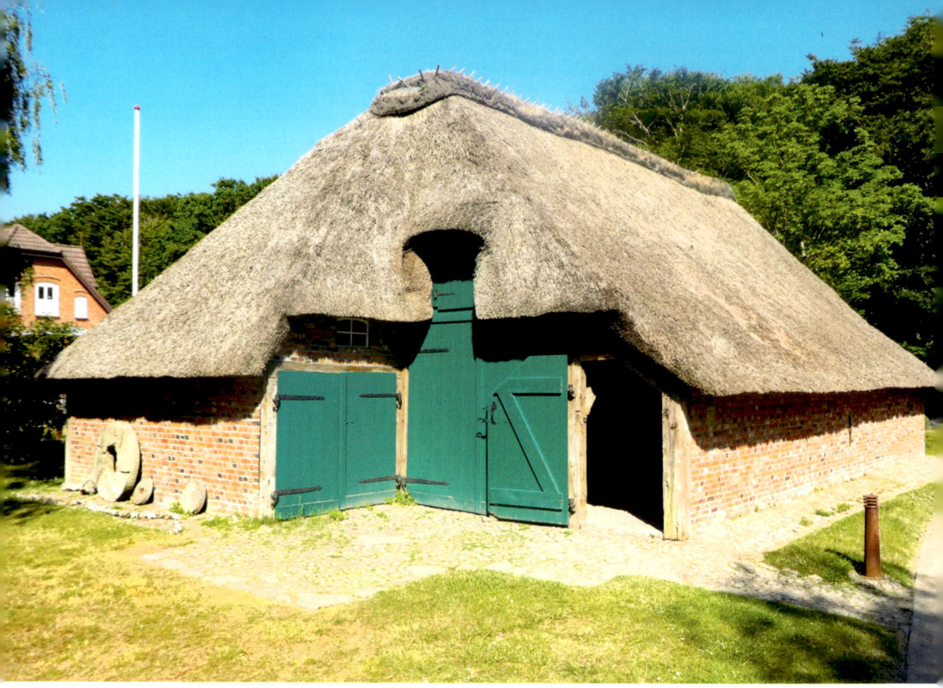

Oben: Die Midlumer Scheune aus dem 18. Jahrhundert im Garten des Friesen-Museums

das sich in einem gesonderten Haus neben dem Museum befindet. Dort sitzen Sie bei schönem Wetter im Außenbereich, der an den Museumsgarten angebunden ist, mit Blick auf das Haus Olesen und genießen hausgemachte Kuchen sowie Speisen und Getränke aus regionalen Produkten.

Nachdem Sie sich ein wenig ausgeruht haben, lohnt sich unbedingt noch ein Blick in die Dauerausstellung »Inselleben – Föhr zwischen Tradition und Moderne« im Obergeschoss des Cafés. Sie zeigt das Leben auf der Insel abseits des Tourismus und lässt zehn Insulaner im Alter zwischen neun und 93 Jahren in Wort und Bild davon erzählen. Weitere Themen in den vier Ausstellungsräumen sind Tourismus, Immobilienmarkt, Natur und Landwirtschaft – wobei auch kritische Töne nicht fehlen. Zum Abschluss haben Sie die Möglichkeit, Ihren Lieblingsplatz auf einem Inselmodell zu markieren.

Danach machen Sie sich auf den Weg nach ALKERSUM. Es geht stadtauswärts Richtung Westen den Rebbelstieg entlang bis zu dessen Ende, wo Sie an der großen Kreuzung links abbiegen und auf dem Radweg, gesäumt von Hecken, Bäumen und Feldern, aus dem Ort hinausfahren.

Der Hardesweg geht nun in den Oberweg über, der Sie immer geradeaus über den Hochstieg bis nach Alkersum und damit zum 4 MUSEUM KUNST DER WESTKÜSTE führt, das hochkarätige Kunst mit Schwerpunkt auf dem 19. bis 21. Jahrhundert rund um das Thema »Küste und Meer« in jährlich wechselnden Ausstellungen präsentiert. Der Fokus liegt hierbei auf Norwegen, Dänemark, den Niederlanden und Deutschland. Das Museum wendet sich insbesondere mit spannenden Workshops an alle Altersstufen, sogar für Kinder ab 4 Jahren und an Demenz erkrankte Personen gibt es Angebote, um Zugang zur Kunst zu finden.

An das Museum angegliedert ist 5 GRETHJENS GASTHOF, der auf die Namensgeberin Margaretha Dorothea Hayen (1824–1910) zurückgeht, die von allen nur Grethjen genannt wurde. Nach dem frühen Tod ihres Ehemannes lenkte die allseits beliebte Wirtin die Geschicke des Dorfgasthofs, der zugleich Tanzlokal, Festsaal und Austragungsort des alljährlichen Kinderfests war – Letzteres inspirierte übrigens den bekannten Maler Otto Heinrich Engel zu seinem gleichnamigen Gemälde, als er bei Grethjen ein Zimmer gemietet hatte.

Er wollte eigentlich lieber auf den Halligen malen, und die resolute und mittlerweile alt gewordene Wirtin wollte partout keinen Maler beherbergen. Sie begrüßte Engels mit den Worten: »Nee, wie hebb'n eenmol en Maler hatt. Nie wedder wüll'n wie en Maler hebb'n.« Kein einfacher Start, als Engel völlig durchnässt in Alkersumer Gasthof ankommt. Doch bald freundet er sich mit Grethjen und der Insel an. »Unsere Wirtin, die 87-jährige Grethjen, sieht eher wie eine Sechzigerin aus. Sie scheint ›die Probezeit‹ nicht länger ausdehnen zu wollen, denn sie verpflegt uns glänzend und ist sehr bemüht, uns den Aufenthalt im Hause angenehm zu machen.«

Der heutige Restaurant und Café Grethjens Gasthof ist im Stil eines Herrenhauses erbaut, und obwohl die Wirtin schon seit über 100 Jahren nicht mehr lebt, ist die Erinnerung an sie noch lebendig. Nicht zuletzt durch das Zitat in verschnörkelter Schrift an der

Wand des neuen Gasthofs, in dem sie ihre schlechte Meinung über Maler kundtut – was bestimmt auch Ihnen an diesem Ort ein Schmunzeln entlockt, während Sie im Café zum Beispiel eine hausgemachte Trümmertorte oder eine Friesische Pflaume verspeisen. Aber auch das wechselnde Angebot an frischen und regionalen Speisen, ganz gleich ob friesisch, klassisch deutsch oder mediterran, lädt zum Verweilen im idyllischen Garten oder im modernen Innenraum des Restaurants ein.

Links vom Eingang des Museums liegt der 6 ALKERSUMER DORFPLATZ, wo ein alter Brunnen steht. Bänke rundum laden dazu ein, dieses bunt blühende Kleinod zu betrachten, das in Eigenleistung von Alkersumer Bürgern unter Leitung von Hermann Hinsberger erschaffen wurde, der auch für den Entwurf und die Planung verantwortlich war. Ihm haben wir außerdem den wunderschön gestalteten Park an der Mühle zu verdanken, den Sie auf Tour 18 besichtigen.

Der Inselsteinmetz Markus Thiessen hat für den Dorfplatz zwei liegende Heu- und einen stehenden Strohballen mit dem Zifferblatt einer SONNENUHR gestaltet, bei der eine Heugabel als Zeiger dient. Dieses Kunstwerk ist ein Symbol für das landwirtschaftlich geprägte Alkersum, das auch als Pferdedorf bezeichnet wird, denn in keinem anderen Inseldorf kommt dem Pferd so große Bedeutung zu, was sich auch in zahlreichen Veranstaltungen zeigt.

Am Rande des Dorfplatzes steht der ORTSSTEIN VON ALKERSUM, das als ältestes Dorf der Insel gilt. Wenn Sie Ihren Blick auf das reetgedeckte Dach des Wartehäuschens mit öffentlichen Toiletten lenken, dann entdecken Sie dort die ALKERSUMER SCHULGLOCKE, eine Schiffsglocke aus dem Jahr 1877. Bis 1956 befand sich diese auf dem First des Schulhauses, dann wurde die einklassige Volksschule zu klein und zugunsten einer größeren Schule in Midlum aufgelöst und zum Privathaus umfunktioniert.

Gehen Sie weiter bis zur Hauptstraße 7, nicht weit vom Museum entfernt, dort befindet sich das Gebäude der 7 FERRING STIFTUNG, die Wissenswertes über die friesischen Sprachen der Insel Föhr und Amrum, Genealogie und Seefahrt sowie Brauchtum, Geschichte und Kultur vermittelt. Das Archiv, die Bibliothek

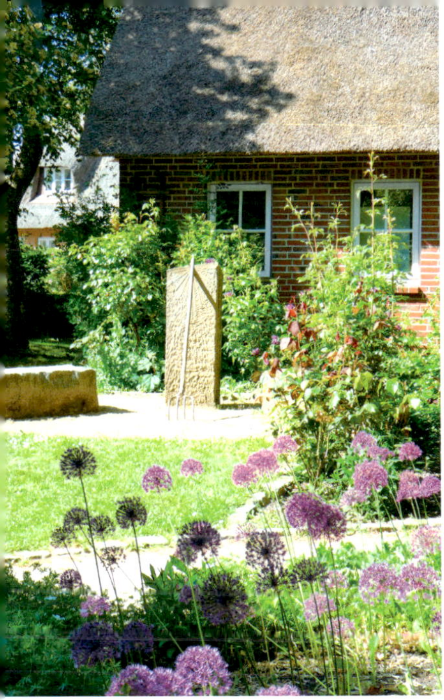

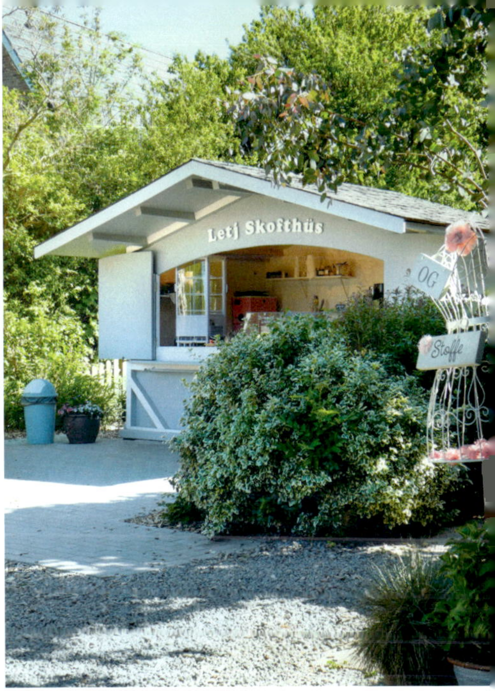

Links: Der idyllische Alkersumer Dorfplatz; rechts: Köstlichkeiten im lauschigen Garten des Hofladens Hartmann

und das Bildarchiv stehen Interessierten zur Nutzung zur Verfügung, und im Friisk Shop finden Sie Postkarten, Kinderbücher, Sachbücher, CDs sowie weitere Andenken, die die friesische Kultur und Sprache näherbringen.

Gleich nebenan, beim 8 HOFLADEN HARTMANN gibt es den berühmten Föhrer Inselkäse aus eigener Herstellung, den Sie unbedingt probieren müssen, aber natürlich noch viel mehr. Denn auf dem Bauernhof, der in der siebten Generation betrieben wird, entstehen eigene Hofmolkerei-Produkte wie Quark, Joghurt und Butter, außerdem gibt es Marmelade, Eierlikör, Wurst und vieles mehr. Der Hofladen umfasst zwei Etagen, wo auch Artikel von weiteren Produzenten auf der Insel angeboten werden, wie zum Beispiel Föhrer Gemüse, Wein und Erzeugnisse aus Lammfell. Nachhaltigkeit wird großgeschrieben, deshalb ist auch unverpacktes Einkaufen von Nudeln bis hin zu Waschmittel möglich. Hier werden Sie angesichts des vielfältigen Angebots bestimmt nach Ihrem Geschmack fündig.

Einige der Spezialitäten gibt's übrigens auch rund um die Uhr am Regiomaten direkt neben dem Hofladen. Mit der »MILCHTANKSTELLE«, wo Sie ebenfalls rund um die Uhr frische Milch erhalten, bietet der Hof eine weitere Besonderheit.

Bevor Sie sich auf den Rückweg nach Wyk machen, ist das kleine HOFCAFÉ perfekt für eine Auszeit bei Kaffee und selbst gemachten Torten, herzhaften Käsebrötchen oder Frozen Joghurt, eine selbst hergestellte Spezialität.

Wenn Sie sich direkt auf den Rückweg machen wollen, geht es immer geradeaus über den Oberweg und Hardesweg bis zur großen Kreuzung an der L214, die Sie überqueren, dann biegen Sie rechts in den Rebbelstieg ein, der Sie auf direktem Weg zurück zu Ihrem Ausgangspunkt führt.

1 DR.-CARL-HÄBERLIN FRIESEN-MUSEUM
Rebbelstieg 34
25938 Wyk auf Föhr

2 CATHARINEN-GARTEN/ROSENGARTEN
Haus Olesen, Midlumer Scheune, Galgenhügel im jederzeit zugänglichen Außenbereich des Friesen-Museums
Rebbelstieg 34
25938 Wyk auf Föhr

3 MUSEUMSCAFÉ/-KAFFEEWERKSTATT MIT AUSSTELLUNG
Badestraße 50
Eingang über den Garten des Friesen-Museums
25938 Wyk auf Föhr
www.friesen-museum.de/museumscafe

4 MUSEUM KUNST DER WESTKÜSTE
Hauptstraße 1
25938 Alkersum
www.mkdw.de

5 GRETHJENS GASTHOF
Hauptstraße 1, separater Eingang
25938 Alkersum
www.mkdw.de

6 ALKERSUMER DORFPLATZ MIT ORTSSTEIN UND SCHULGLOCKE
Hauptstraße, Ecke Nieblumweg
25938 Alkersum

7 FERRING-STIFTUNG MIT FRIISK-SHOP
Hauptstraße 7
25938 Alkersum
https://ferring-stiftung.de

8 HOFLADEN HARTMANN/FÖHRER INSELKÄSE
Mit Milchtankstelle, Regiomat und Hofcafé
Hauptstraße 9
25938 Alkersum
https://foehrer-inselkaese.de

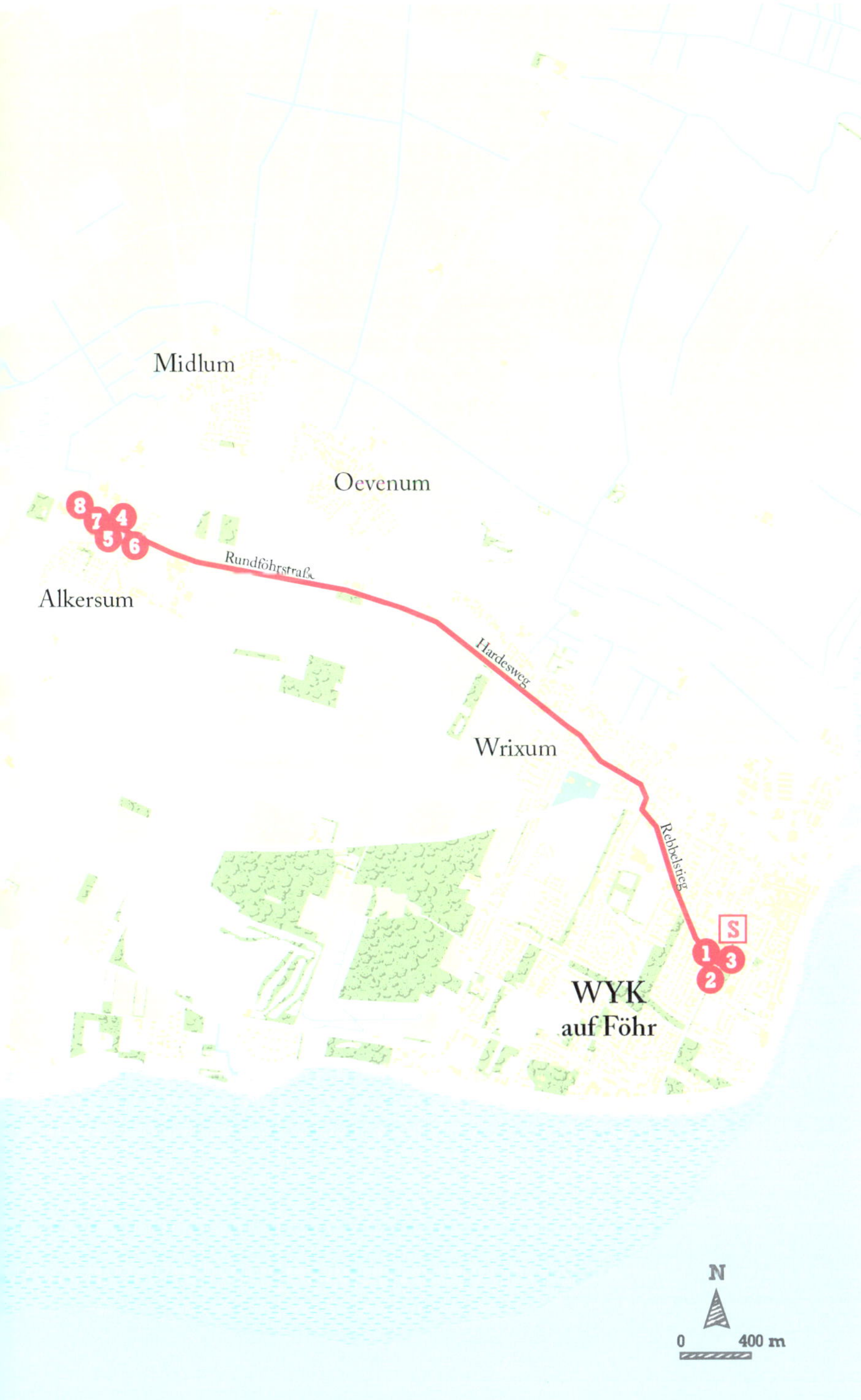
Midlum
Oevenum
Alkersum
Rundföhrstraße
Hardesweg
Wrixum
Rebbelstieg
S
1
2
3
4
5
6
7
8
WYK
auf Föhr
N
0
400 m

5 Von Wyk zum Friesendom nach Nieblum

Inselgeschichte(n) und sprechende Grabsteine

BESTE ZEIT: Besichtigung des Friesendoms außerhalb von Gottesdienstzeiten und Konzerten möglich, siehe www.friesendom.de/gottesdienste und www.friesendom.de/konzerte
LÄNGE: circa 18 Kilometer
ROUTE: Diese Strecke ist für Wanderer mit guter Kondition und Radfahrer gleichermaßen geeignet. Unterwegs stellenweise holpriger Untergrund. Eine Ausweichmöglichkeit ist vorhanden, falls radfahrende Kinder mit dabei sind.

Sie starten die Tour bei 1 BÄCKER HANSEN, wo Sie Ihren Picknickkorb mit Brot oder frischen Brötchen füllen können, zum Beispiel mit dem unübertroffenen Käsebaguette, den Buttercroissants oder einem Franzbrötchen – eine süße Spezialität aus Plunderteig mit einer Zucker-Zimt-Füllung, die in Hamburg erfunden wurde.

Aber Achtung, die Backwaren der Traditionsbäckerei im modernen Outfit sind legendär, und in der Saison sind manche Sorten daher schnell ausverkauft – also rechtzeitig da sein.

Oder Sie planen bei der Rückkehr am Nachmittag die Einkehr ins Café, denn schon allein der Kaffee schmeckt richtig gut, und dann haben Sie die Qual der Wahl aus dem wöchentlich wechselnden Kuchenangebot. Das Motto »Echter ist das« steht nicht nur in großen Buchstaben über dem Laden, sondern wird auch bei den verwendeten Zutaten großgeschrieben: weidefrische Milch von Föhrer Kühen, auf der Insel gewachsener und zu Mehl verarbeiteter Roggen, sowie die Vermeidung von künstlichen Aromen und Backpulver. Das schmeckt man!

Gegenüber: Der Friesendom St. Johannis in Nieblum

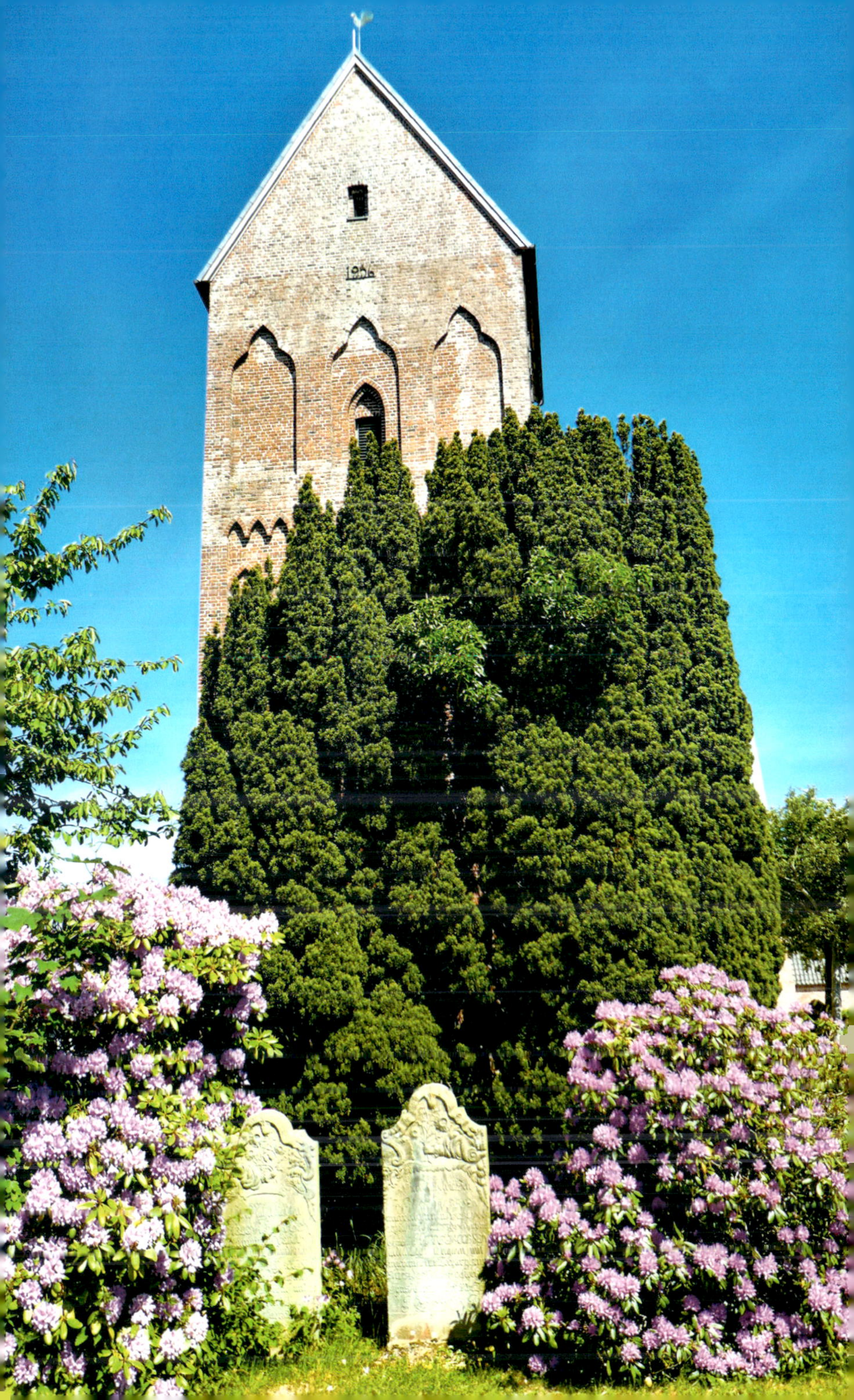

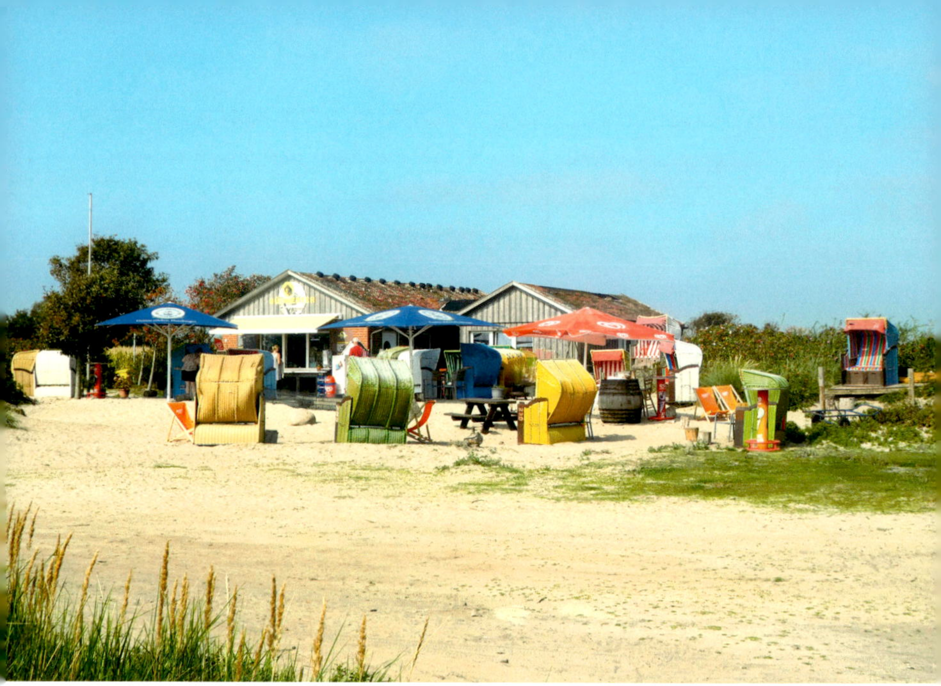

Oben: Der Südwester-Kiosk mit lässiger Beach-Atmosphäre am Goting-Kliff

Nach dem Besuch beim Bäcker fahren Sie auf der Strandstraße nach Südwesten und biegen nach rund 50 Metern rechts in den Haidweg ein, an dessen Ende Sie links auf den Fehrstieg wechseln. Nach etwa 100 Metern geht es rechts in den Lindenweg, der auch als Fußweg nach Nieblum gekennzeichnet ist (nicht zu verwechseln mit dem schmalen Weg nach etwa 50 Metern, der allein als Fußweg gekennzeichnet ist).

Der Lindenweg führt Sie in ein schönes Waldgebiet, wo Sie am **2** AUSSICHTSPLATZ AUF DEN FLUGHAFEN FÖHR vorbeikommen und unterwegs durch die Informationstafeln des WALD- UND NATURLEHRPFADES viel Wissenswertes über die insulare Tier- und Pflanzenwelt erfahren, zum Beispiel auch, dass es erst seit 1935 Rehe auf Föhr gibt, als diese hier ausgesetzt wurden.

Am Ende des Lindenwegs biegen Sie nach links ab und dann gleich wieder rechts auf den Weg, der Sie entlang des Golfplatzes und schließlich parallel zum Boldixumstieg führt, dann fahren Sie im Bogen nach links und dann im Zickzack-Kurs auf einer schönen Strecke zum Ortseingang von Nieblum weiter.

Die Wege sind von unterschiedlicher Beschaffenheit, jedoch grundsätzlich mit dem Rad gut befahrbar, für Fahranfänger allerdings etwas schwieriger zu meistern. Mit Kindern empfiehlt es sich, bei der ersten Möglichkeit auf den asphaltierten Radweg parallel des Boldixumstiegs zu wechseln, der später in die Jens-Jacob-Eschel-Straße übergeht und ebenfalls zum Ortseingang von Nieblum führt.

Dort kommen Sie auch an, nachdem Sie die ruhige Umgehungsstrecke durch die Natur genommen haben. Biegen Sie beim Ortseingang gleich rechts in den Drunken-Manns-Stieg, dem sie im Linksbogen folgen, weiter geradeaus bis zum 3 **FRIESENDOM ST. JOHANNIS.**

Ein Dom auf einer kleinen Insel? Ja, denn diese Kirche war im 12./13. Jahrhundert Sitz eines Bistums und hatte im Jahr 1864 laut Kirchenstuhlbuch Platz für rund 1.000 Personen. Bis heute ist sie die größte der drei Föhrer Pfarrkirchen, die alle erstmals 1240 in einem Kirchenverzeichnis erwähnt werden. Der sehenswerte Friesendom wurde vermutlich auf den Grundmauern eines Vorgängerbaus errichtet, besonders auf der Ostseite erkennbar an den auffällig großen Granitquadern im unteren Teil des Mauerwerks. Das romanische Taufbecken wurde um das Jahr 1200 aus einem Granitfindling gehauen und ist somit das älteste und zugleich kunsthistorisch bedeutendste Ausstattungsstück des Friesendoms. Nehmen Sie sich Zeit für eine Besichtigung des Innenraums, über dessen weitere Besonderheiten der ausliegende Kirchenführer ausführlich Auskunft gibt.

Gleich beim Eingang zum **FRIEDHOF,** vom Drunken-Manns-Stieg her kommend, fallen zwei nebeneinander liegende **RELIEFGRABSTEINE** der Familie Arfsten ins Auge. Aufgrund der Reliefs könnte man annehmen, es handle sich um die Ruhestätte von Eheleuten. Der Stein mit dem Frauenbildnis berichtet tatsächlich von der goldenen Hochzeit, der Grabstein mit dem männlichen Relief in Uniform und mit Bewaffnung ist jedoch dem Sohn Johannes gewidmet, der mit 23 Jahren zu Beginn des Ersten Weltkriegs verstarb. Seine Gebeine liegen nicht unter diesem Grabstein, sondern »in einem Massengrab mit vielen Kameraden, nachdem er die siegreichen Gefechte in Belgien glücklich überstanden hat«. Ein zweifelhaftes Glück.

Gehen Sie geradeaus weiter. Gegenüber dem Kirchturm befindet sich der GRABSTEIN DES DEICHVOGTS VOLKERT ADYS, gut erkennbar an dem Familienstammbaum, wobei die Tulpen für männliche und die sternförmigen Blüten für weibliche Familienmitglieder stehen. Wenn die Blüten geknickt sind, so sind diese Personen bereits vor dem an dieser Stelle zu Grabe getragenen Menschen verstorben.

Zwischen dem Turm und dem Pastorat befindet sich die durch einen Obelisken mit stumpfer Spitze gekennzeichnete KRIEGERDENKMALSTÄTTE, wo an die Gefallenen des Ersten und Zweiten Weltkriegs erinnert wird.

Gehen Sie nun um den Turm herum, dann sehen Sie an der Kirchenmauer unter einem schützenden Vordach weitere »sprechende Grabsteine« sowie den WITWEN-GRABSTEIN von Antje Arfsten (1742–1823), die eine – wie man heute sagen würde – alleinerziehende Mutter von fünf Kindern war. Auf dem Grabstein, der uns ihre Lebensgeschichte erzählt, liest sich das so: »Schon früh verlor sie diesen ihren Broderwerber. 1791 verunglückte derselbe auf der See und hinterließ sie mit 5 unerzogenen Kindern. Durch Gottes Segen gelang es ihr, dieselben alle groß u. wohlgebildet zu erziehen.« Beim Stichwort »unerzogene Kinder« hat man heutzutage sofort gewisse Bilder im Kopf, zu Lebzeiten von Antje Arfsten waren damit jedoch schlicht noch nicht volljährige Kinder gemeint.

Schließen Sie jetzt noch Ihre eigenen Erkundungen an oder, wenn Sie noch viel mehr erfahren wollen, nehmen Sie an einer der regelmäßig stattfindenden Friedhofsführungen teil, deren Termine Sie dem Veranstaltungskalender des Tourismus-Service entnehmen.

Verlassen Sie nach Ihrem Rundgang den Friedhof und fahren Sie über die Straße Karkstieg, die am Friedhof entlangführt und noch einmal schöne Blicke auf den Friesendom erlaubt, bis zur Kreuzung, wo Sie links in die Straße De gröne Eck einbiegen. Fahren Sie an deren Ende links in die Strandstraße bis zum Dorfteich De Meere, wo es einen Fahrradabstellplatz gibt.

Sollten Sie den Ort Nieblum auf einem Rundgang erkunden wollen, so ist hier der Startpunkt zur Tour 6, auf der Sie auch einige Vor-

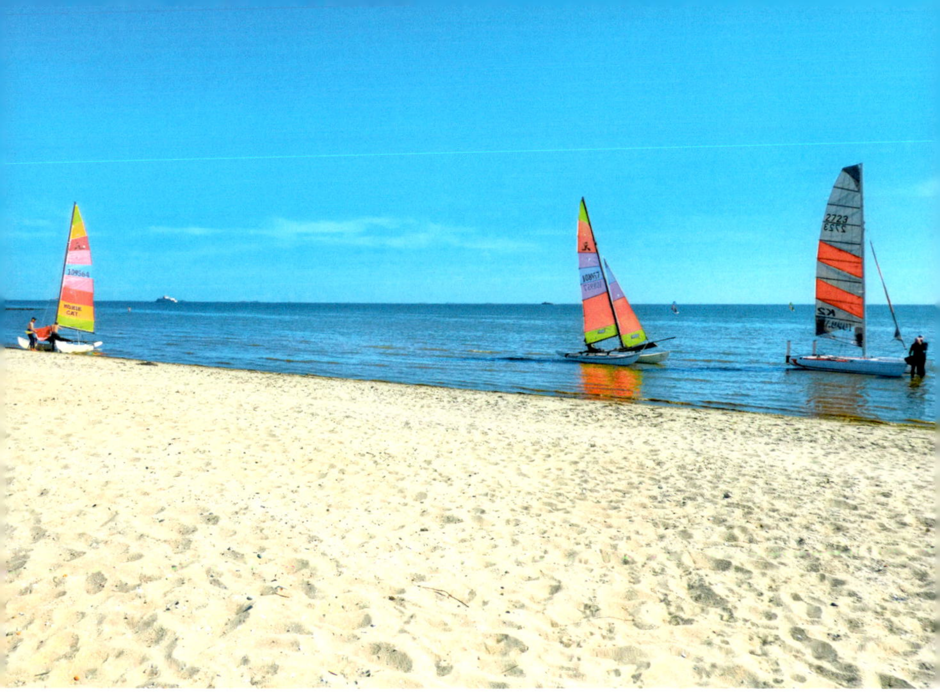

Oben: Wassersport am Strand von Nieblum

schläge zur Einkehr finden. Andernfalls ist der idyllisch gelegene Dorfteich die ideale Gelegenheit für eine kleine Rast vor der Weiterfahrt – sogar Strandkörbe stehen bereit.

Zur Weiterfahrt wählen Sie die Strandstraße. Beim vierten Abzweig biegen Sie rechts ab, um auf der Strandstraße zu bleiben, und fahren weiter, bis Sie den Parkplatz am Strand von Nieblum erreichen.

Daran angrenzend befindet sich das 4 WATT's UP! – eine tolle, familienfreundliche Strandbar mit passend modernem, maritimem Ambiente und Meerblick. Hier gibt's zu reellen Preisen neben den typischen Snacks und Getränken, die zu einem Strandtag einfach dazugehören, für die Jüngsten auch noch einen kleinen Sandkasten im großen Sandhaufen – und Windeln, Feuchttücher und verschiedene Babygläschen zu kaufen. Wenn das mal kein besonderer Service ist!

Vom Parkplatz aus starten übrigens die geführten Wanderungen ins Nieblumer Watt, die Termine entnehmen Sie dem Veranstaltungskalender des Tourismus-Service. Beim Parkplatz befinden sich öffentliche Toiletten, Strandduschen und ein Spielplatz mit Sanduntergrund.

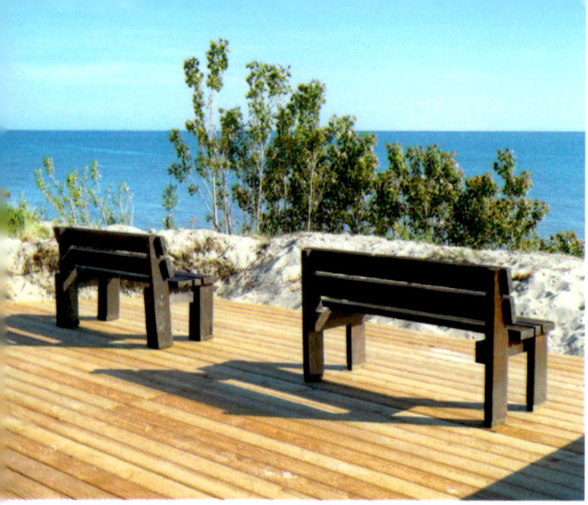

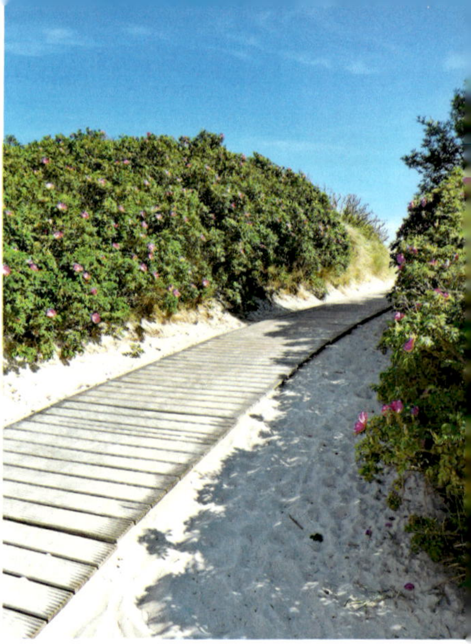

Im Uhrzeigersinn von oben links: Aussicht über dem Goring-Kliff, diesen Holzweg geht man gern, Kunst zum Nachdenken am Goting-Kliff, der Leuchtturm Nieblum, sprechende Grabsteine, das Leben kann so einfach sein

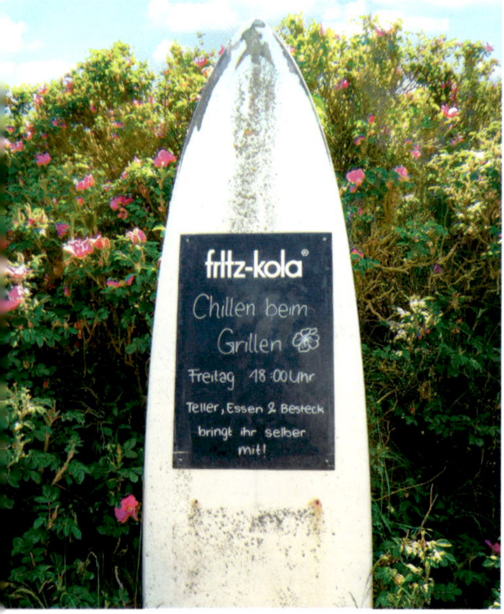

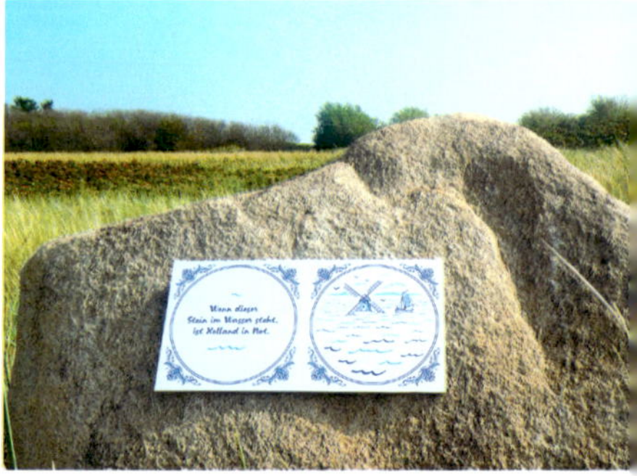

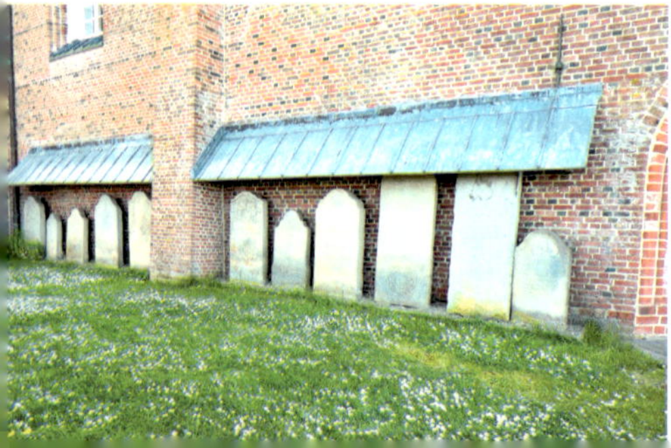

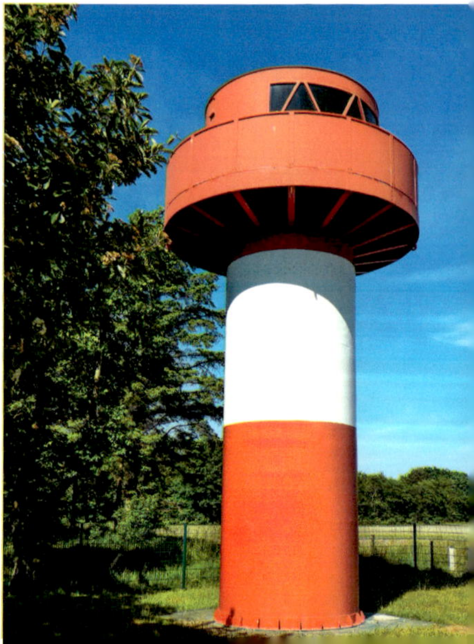

Verlassen Sie den Parkplatz in westliche Richtung über den sandigen Radweg, und nach kurzer Strecke erreichen Sie auch schon die ❺ NIEBLUMER WASSERSPORTSCHULE, die hier 1977 (!) als Windsurfschule vom Ehepaar Hückstädt gegründet wurde. Damals steckte der Surfsport noch in den Kinderschuhen und schwappte gerade erst aus Amerika herüber. Heute werden hier sämtliche Wassersportarten bis hin zum Catsegeln angeboten, das Revier ist für Anfänger und Fortgeschrittene bestens geeignet, und einen Materialverleih gibt es auch. Doch bei aller Professionalität hat sich die Wassersportschule etwas von ihrer Ursprünglichkeit und Ungezwungenheit bewahrt – was nicht zuletzt auch bei den regelmäßig stattfindenden Grillabenden zu spüren ist, denn Teller, Essen und Besteck bringt jeder selbst mit. Getränke gibt es selbstverständlich am Kiosk, und der Grill steht auch bereit.

Verlassen Sie den Parkplatz in nördliche Richtung und fahren Sie auf den Heidweg, der zurück nach Nieblum führt.

Auf halbem Weg stehen Sie plötzlich vor dem zehn Meter hohen ❻ LEUCHTTURM NIEBLUM, der zuvor nicht sichtbar war. Man kennt ja Leuchttürme an der Küste, aber rund 400 Meter vom Wasser entfernt, allein auf weiter Flur? Der ungewöhnliche Standort wurde jedoch mit Bedacht gewählt, denn das Licht der Lichtkanone mit 250 Watt starker Halogenglühlampe reicht 19 Seemeilen, also rund 35 Kilometer weit. So erfüllt der Nieblumer Leuchtturm seine wichtige Funktion als Sektorenleitfeuer seit seiner Inbetriebnahme 1981 zuverlässig.

Nach diesem Abstecher fahren Sie zurück und kurz vor der Wassersportschule biegen Sie rechts in den Breitlandsweg. Bei der nächsten größeren Kreuzung geht es geradeaus weiter in den Weg Bobdikem, und an dessen Ende biegen Sie links auf den Uasteranjstich.

Auf der nächsten Kreuzung steht der ❼ GOTING-STEIN auf einer Verkehrsinsel.

Halten Sie sich im Linksbogen weiter auf dem Uasteranjstich und folgen Sie sich links haltend dem Deelswai, der Sie zum ❽ AMRUM-AUSSICHTSPUNKT führt, wo Bänke zu einer Pause einladen.

Sie befinden sich nun auf dem ❾ GOTING-KLIFF, das mit einer Höhe von neun Metern vielleicht nicht ganz den gängigen Vorstellungen von einem Kliff entspricht. Doch diese durch Naturkräfte entstandene Abbruchkante ist ein einzigartiger Querschnitt durch die Föhrer Geest. Noch dazu wurden hier zwischen 1976 und 1986 insgesamt 87 Münzen gefunden, die aus der ersten Hälfte des 8. Jahrhunderts stammen. Darunter waren auch Sceattas, frühmittelalterliche Münzen aus England und Friesland, eine karolingische Münze und merowingische Denare – eine Sensation, da sie ansonsten kaum jenseits der Grenzen des Merowingerreichs auftauchen und hier somit als nördlichster Fundbeleg gelten.

Fahren Sie über den Klafwai weiter bis zum ⑩ KLIFF-CAFÉ, wo Sie bei schönem Wetter auf der Terrasse mit Meerblick oder im Garten sitzen und ein Stück Kuchen oder Torte aus der großen Auswahl genießen, selbstverständlich hausgemacht, ebenso wie die frisch gebackenen Waffeln und gefüllten Windbeutel. Oder Sie stärken sich mit einem leckeren Eisbecher für die Weiterfahrt.

Wer noch genug Energie hat, spielt gleich nebenan eine Runde MINIGOLF unter den schattenspendenden Tannen. Für Kinder gibt es außerdem noch gleich gegenüber des Klafwais einen Spielplatz mit Sanduntergrund. Am Rand des Parkplatzes steht die wohl EINSAMSTE BUSHALTESTELLE DER INSEL, die ein lustiges Fotomotiv abgibt. In der Verlängerung des Parkplatzes finden Sie den ⑪ SÜDWESTER-KIOSK, der direkt beim Strandzugang in den Dünen liegt und mit Strandkörben und ungewöhnlichen Sitzmöbeln eine lässige Beach-Atmosphäre zaubert. Dazu gibt's zum Beispiel Pommes, Burger, Fischbrötchen und natürlich leckere Getränke bei cooler Musik.

Gehen Sie auf dem Platz noch weiter in östliche Richtung, dann stoßen Sie auf einen versteckt gelegenen FINDLING MIT EINER BEMALTEN KACHEL, auf der steht: »Wenn dieser Stein im Wasser steht, ist Holland in Not« – und die Insel natürlich auch. Vorstellen mag man sich das nicht, erst recht nicht, wenn man an dieser Stelle steht.

Fahren Sie beim Südwester-Kiosk in den Großbergweg und dann rechts auf den geschotterten Greewhuug und beim nächsten Abzweig links auf den sogenannten Zwischenweg, der wiederum asphaltiert ist und Sie entlang von Feldern und blühenden Rosenhecken immer geradeaus zurück zur Rundföhrstraße führt.

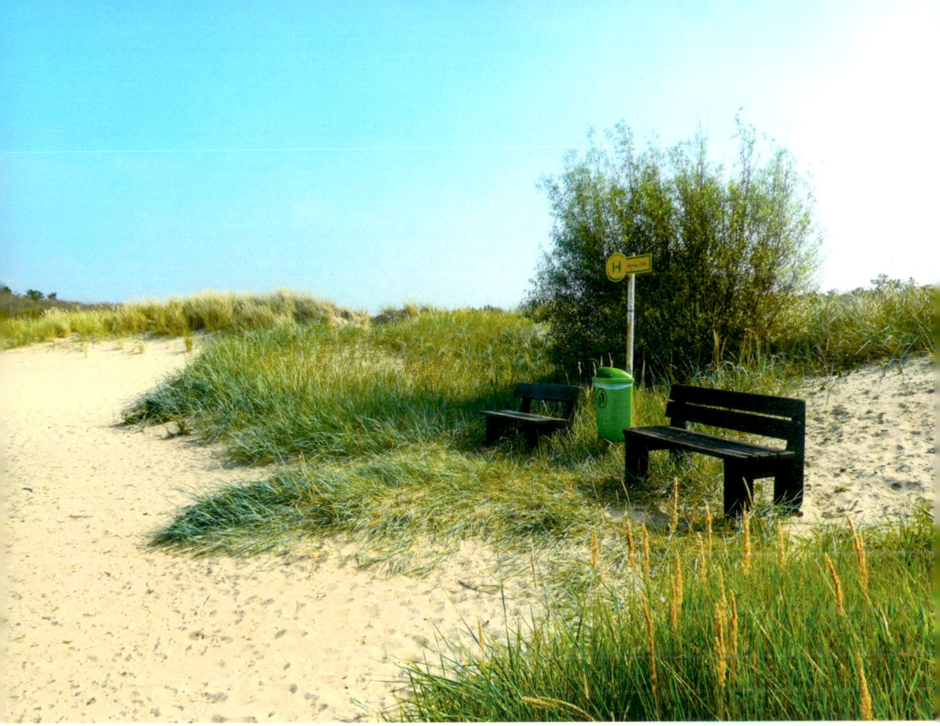

Oben: Die wohl einsamste Bushaltestelle der Insel am Goting-Kliff

Biegen Sie rechts auf den Radweg ein und folgen Sie der Straße bis nach Nieblum. Durch den vielbefahrenen Ort führt leider streckenweise kein Radweg, noch dazu ist das Kopfsteinpflaster eine Herausforderung. Alternativ wählen Sie zur Umfahrung ab der Tankstelle den Weg über De gröne Eck, den Karkstieg und den Drunken-Manns-Stieg, den Sie vom Hinweg kennen. Nach dem Ortsausgang geht es immer geradeaus entlang des Radwegs in Richtung Wyk.

Ziemlich genau nach der Hälfte der Strecke sehen Sie auf der gegenüberliegenden Straßenseite das 12 MONUMENT ZU EHREN DES DÄNISCHEN KÖNIGS FRIEDRICH VI., von den Insulanern kurz »das Monument« genannt. »Zum Andenken der Anwesenheit unseres allgeliebten Königs auf der Insel im Sommer 1824 ward im August [1826] ein Monument errichtet, welches aus einem hohen, in Copenhagen gearbeiteten Stein besteht.« Das ist in den Provinzialberichten von 1826 nachzulesen, denn der König hat sich nach der verheerenden Sturmflut ein persönliches Bild von den Schäden auf der Insel gemacht und großzügige finanzielle Hilfe in Form eines Steuernachlasses von 4.000 Reichsbankthalern gewährt. Die dänische Inschrift auf dem Denkmal lautet korrekt übersetzt: »Der Stein bewahrt seinen Namen, die Herzen (nicht ›das Herz‹) sein Andenken.«

Fahren Sie weiter auf dem Radweg, kurz darauf erreichen Sie das WASSERWERK FÖHR-OST. Es wurde 1971 erbaut und übernimmt heutzutage ergänzend zum Wasserwerk Föhr-West bei Hedehusum 80 Prozent der Wasserversorgung der Insel. Brunnen und Grundwasserentnahmestellen sind mit informativen Erklärungstafeln versehen, unter anderem im Gebiet hinter dem Flugplatz (das Sie über den Fehrstieg und den Lindenweg auf Tour 5 erkunden).

Sobald Sie die ersten Häuser von Wyk erreichen, biegen Sie bei der ersten Kreuzung scharf rechts in die Strandstraße ein, falls Sie noch beim Bäcker Hansen zum Abschluss der Tour einkehren möchten.

1 BÄCKER HANSEN
Strandstraße 61
25938 Wyk auf Föhr
www.baeckerhansen.de

2 AUSSICHTSPLATZ AUF DEN FLUGHAFEN FÖHR
Lindenweg
25938 Wyk auf Föhr

3 FRIESENDOM ST. JOHANNIS UND FRIEDHOF MIT »SPRECHENDEN GRABSTEINEN«
Karkstieg
25938 Nieblum

4 WATT's UP!
Ende Strandstraße
25938 Nieblum

5 NIEBLUMER WASSERSPORTSCHULE
Am Ende des Heidweg
25938 Nieblum
https://nws-foehr.de

6 LEUCHTTURM NIEBLUM
Heidweg 14
25938 Nieblum

7 GOTING-STEIN
Kreuzung Guatingwai/Uasteranjstich
25938 Nieblum (Goting)

8 AMRUM-AUSSICHTSPUNKT
Ende Deelswai
25938 Nieblum (Goting)

9 GOTING-KLIFF
Zugang am Klafwai
25938 Nieblum (Goting)

10 KLIFF-CAFÉ
Zugang Klafwai, auf dem Kliff
25938 Nieblum (Goting)

11 SÜDWESTER-KIOSK
Parkplatz Ende Klafwai, auf dem Kliff
25938 Nieblum (Goting)

12 DAS MONUMENT
an der L214 (Boldixumstieg)
25938 Oevenum
(zwischen Boldixum und Nieblum)

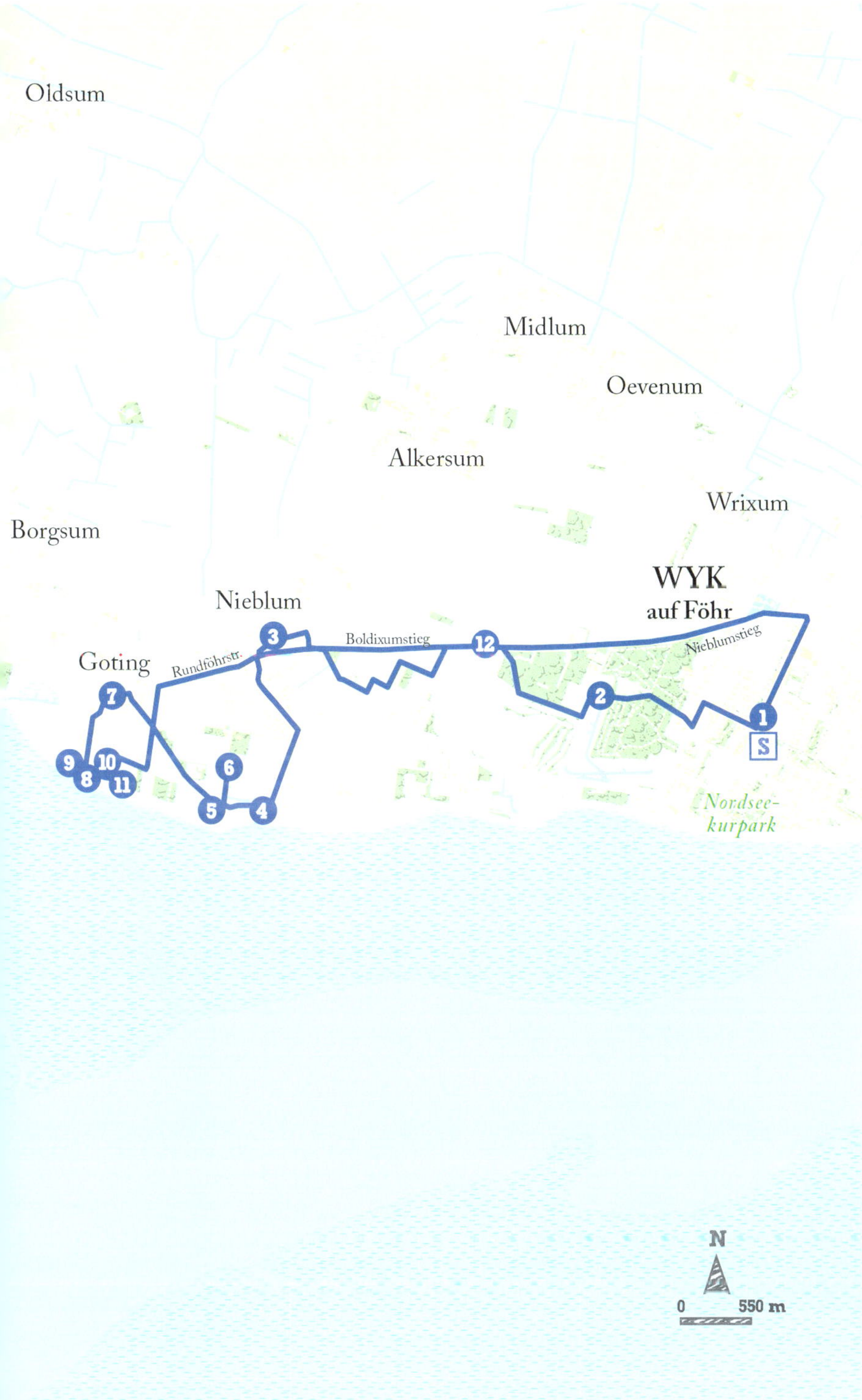
Oldsum
Midlum
Oevenum
Alkersum
Wrixum
Borgsum
WYK
auf Föhr
Nieblum
Goting
Rundföhrstr.
Boldixumstieg
Nieblumstieg
Nordsee-
kurpark
1
2
3
4
5
6
7
8
9
10
11
12
S
N
0
550 m

6 Nieblum Rundgang

Das Kapitänsdorf entdecken

BESTE ZEIT: zu den Öffnungszeiten der kleinen Lädchen und kulinarischen Verwöhnorte und dann noch einmal in den frühen Morgen- oder Abendstunden das ruhige Flair genießen; Nieblum kann man gar nicht oft genug besuchen
LÄNGE: circa 2 Kilometer
ROUTE: Das alte Kapitänsdorf erkunden Sie am besten zu Fuß, um mehr Zeit für die kleinen Entdeckungen am Wegesrand zu haben. Allerdings sollten Sie in Anbetracht des unebenen Kopfsteinpflasters sicher zu Fuß sein. Ein Fahrradabstellplatz befindet sich am Startpunkt.

Im Kapitänsdorf Nieblum trifft Moderne auf Geschichte. In den schmucken historischen Reetdachhäusern aus dem 17. oder 18. Jahrhundert haben Künstler, kleine Lädchen und kulinarische Verwöhnorte Einzug gehalten, und dennoch scheint an vielen Ecken die Zeit stehen geblieben zu sein. Man glaubt, jederzeit könne ein stattlicher Kapitän aus einer der schmucken Türen treten, und stellt sich vor, wie die Kutschen entlang der prächtigen Lindenalleen oder durch die schmalen Straßen über das unebene Findlingspflaster rumpelten. Hauptsächlich durch den Walfang vor Grönland und im 18. Jahrhundert durch die Handelsschifffahrt gelangten die Kapitäne zu Reichtum, den sie natürlich auch im Dorf zeigen wollten. Dieses »Goldene Zeitalter« ist noch heute in Nieblum sicht- und spürbar.

Ihr Startpunkt ist ❶ **DE MEERE** am südlichen Ortsrand von Nieblum, wobei mit »Meere« nicht der Plural von »Meer«, sondern der Name des idyllisch gelegenen Grundwassersees gemeint ist, in dem sich das nahe liegende Reetdachhaus, das Haus des Gastes, spiegelt. An diesem See kann man übrigens den Grundwasserstand erkennen, da er in einer Senke liegt, die tiefer als der Grundwasser-

Gegenüber: Das schmucke Kapitänsdorf Nieblum

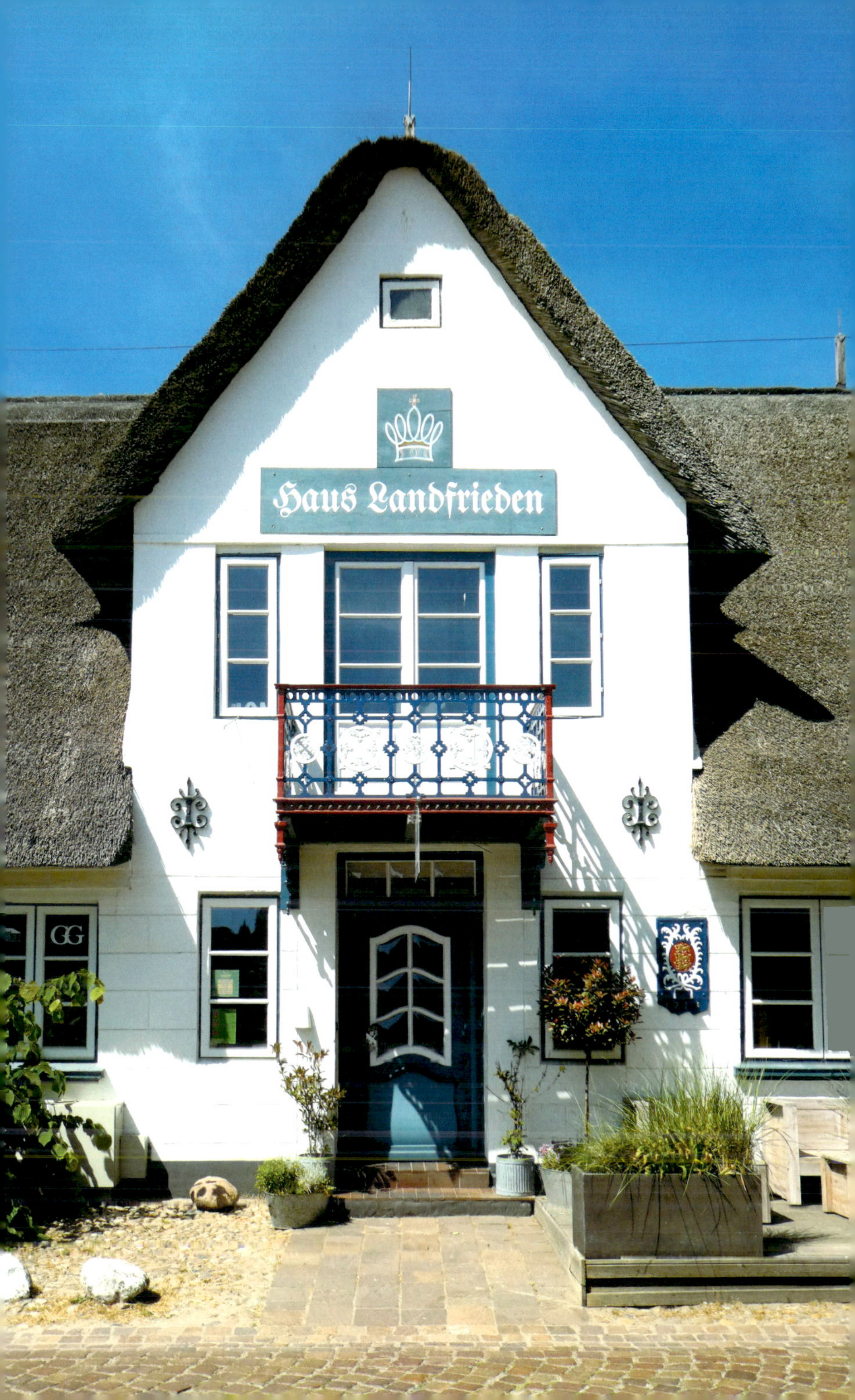
Haus Landfrieden
GG

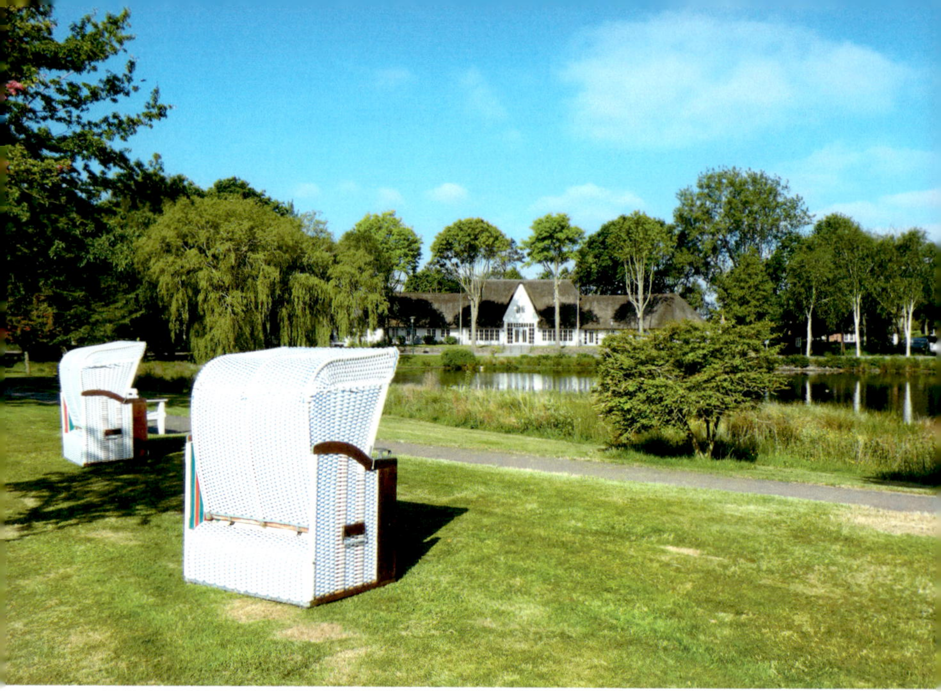

Oben: Idyllischer Ruheplatz an »De Meere«

spiegel ist. Früher diente der See als Viehtränke, Löschwasservorrat und dem Vergnügen der Dorfjugend beim »op Schotten«, wenn nach dem Düngen der Felder die Ackerkarren an der Meere auseinandergenommen und gewaschen wurden. Die Dorfjugend nutzte die Wagenbretter als Floß, und wenn einer ins Wasser fiel, war das Gelächter groß, denn ein unfreiwilliges Bad ist immer lustig, aber wenn gerade Mistwagen gewaschen werden, kann man das schon als sau-komisch bezeichnen.

Heute ist die Wiese rund um De Meere mit Bänken und Strandkörben ein wunderschöner Platz zum Ausruhen und bestens für ein Picknick geeignet, während die Kinder den **SPIELPLATZ** erkunden oder die Enten beobachten. Denken Sie jedoch daran, dass das Füttern den Tieren nur schadet – sie finden genug Nahrung.

Sollten Sie mit dem Fahrrad gekommen sein, schließen Sie es hier beim Fahrradparkplatz ab. Gehen Sie die Strandstraße weiter Richtung Norden bis zur Kreuzung, an der die Strandboutique steht. Sie kommen am **ALTEN STANDESAMT** vorbei, dessen auffällig rot gestrichene Fassade sich von den meist weiß getünchten Häusern im Ort abhebt und ein schöner Hingucker ist.

Achten Sie bei der ❷ **STRANDBOUTIQUE** auf die drei Steintafeln an der Fassade. Die erste Tafel gehört in die Zeit um 1637, als das erste Haus an dieser Stelle erbaut wurde, vermutlich als Gastwirtschaft oder Wohnsitz eines Händlers, denn sie zeigt einen Mann mit einem Bier- oder Weinkrug, neben ihm zwei Fässer.

Auf der zweiten Tafel ist ein Ehepaar zu sehen: Elsabe, die als Witwe einen Sohn mit in die Ehe brachte, und Nickels Thayen (1702–1755), genannt Cornelius Kroon, der Kapitän und Ostindienfahrer war und früh an einer »Brustkrankheit« verstarb. Seine Frömmigkeit spiegelt sich in den Worten, die fast prophetisch anmuten, an der Haustafel wider: »Gott auff den ich alzeit Trau Wolle behüten diesen Bau So offt die Thür sich wend O Mensch bedenck das end.«

Auf der dritten Tafel reichen sich Christian Adolf Petersen (1772–1829) und seine Frau Nonne die Hände mit der Unterschrift: »Das Dein und Mein soll ein Hertz seyn.« Anstelle des »NP« stand hier zunächst »IP«, das waren die Initialen seiner ersten Frau Ing, die bei der Geburt des ersten Kindes verstorben war. Die Steintafel-Originale hängen seit 1925 im Friesen-Museum (siehe Tour 4).

Gleich nebenan befindet sich der **FRISCHEMARKT HÜCKSTÄDT** in einem Reetdachhaus aus dem Jahr 1637. Der Frischemarkt selbst schreibt bereits seit 1898 Geschichte, seitdem Wilhelm Heinrich Carstens in diesem Haus sein Lebensmittelgeschäft eröffnete, das mittlerweile in vierter Generation geführt wird.

Gegenüber blickt ❸ **KOPP'S SCHINKENKATE** auf eine Tradition als Schlachterei seit 1891 zurück, beheimatet in einem sehenswerten Reetdachhaus aus dem Jahr 1799. Drinnen fühlt man sich in die Zeit versetzt, als man noch direkt beim Metzger und nirgendwo sonst seine Fleisch- und Wurstwaren einkaufte. Machen Sie das doch auch mal wieder!

Und wer lieber Fisch möchte, der wird gleich eine Tür weiter bei ❹ **KÄPT'N NOLTE FISCH & FEINKOST** fündig. Zur Mittagszeit gibt es hier auch vielfältige warme Fischgerichte mit Beilagen zum Mitnehmen oder zum Verzehr gegenüber im idyllischen Garten, zum Beispiel bei einem leckeren Glas Wein. Fischbrötchen dürfen natürlich ebenso wenig fehlen wie haltbare Souvenirs in Dosen, zum Beispiel die Fischsuppe oder hausgemachtes Labskaus.

Sie befinden sich nun bei De gröne Eck. Die grüne Ecke macht ihrem Namen alle Ehre und ist mit Strandkörben und Bänken ein beliebter Platz für eine kleine Pause. Aber stellen Sie sich vor, bis in die 1960er Jahre befand sich hier Kopp's Pool, wie der künstlich angelegte, mannstiefe Löschteich im Volksmund genannt wurde. Ebenso wie die Meere musste der Pool in aufwendiger Handarbeit mit Schaufeln regelmäßig entschlickt werden, und nachdem die Zeit der Löschteiche vorbei war, wurde der Pool zugeschüttet und das grüne Eck gestaltet.

Ehe Sie weitergehen, statten Sie doch der 5 **GALERIE** von Gregor Swoboda gegenüber dem grünen Eck noch einen Besuch ab, die Ausstellung und Atelier-Werkstatt in einem ist. Hier finden Sie maritime Bilder in unterschiedlichen Formaten – und für ein kleines Kunstwerk hat man doch immer Platz an der Wand, nicht wahr?

Gehen Sie auf dem Wohldsweg an der Pension Haus Agge aus dem Jahr 1761 vorbei bis zum Nieblumer Pastorat, wo Sie rechts in den Karkstieg einbiegen.

Das 6 **ELTERNHAUS** des bekanntesten Seefahrers der Insel finden Sie dort unter der Nummer 7. Hier hat Jens Jacob Eschels (1757–1842) das Licht der Welt erblickt. Bereits als Elfjähriger fuhr er als Schiffsjunge auf einem Grönlandschiff zur See, und schon auf dieser ersten Walfang-Fahrt erlitt er Schiffbruch im Eis, was Eschels zum Glück überlebte und ihn nicht daran hinderte, noch weitere fast 30 Jahre zur See zu fahren, zuletzt als erfolgreicher Kapitän. Seine Lebenserinnerungen hat er aufgeschrieben und damit die erste vollständige Föhrer Kapitänsautobiografie geschaffen, die uns noch heute Auskunft über sein abenteuerreiches Leben gibt.

Vor Ihnen befinden sich nun der **FRIESENDOM** und der Friedhof mit den »sprechenden« Grabsteinen. Falls Sie jetzt gleich einen Rundgang dort machen wollen, sehen Sie bei Tour 5 nach, dort sind die interessanten Stellen zusammengefasst, denn zwischen Friesendom und Friedhof gibt es viel zu entdecken.

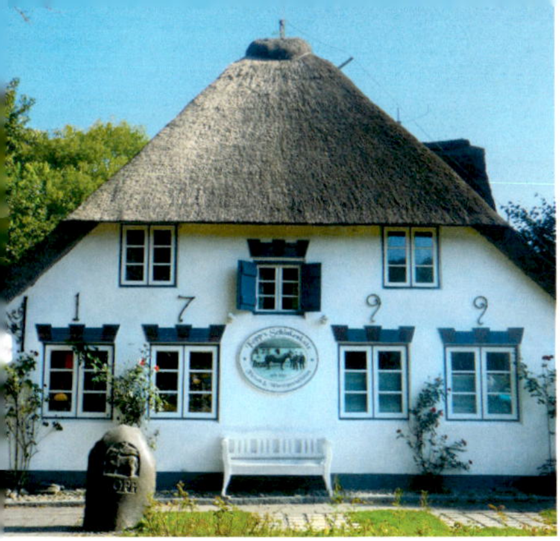

Im Uhrzeigersinn von oben links: Kopp's Schinkenkate, stöbern im LandART Föhr, Tradition wird gepflegt, kulinarisch hat Nieblum viel zu bieten, ein Frischemarkt mit Geschichte, Kapitän Ahoi in der Jens-Jacob-Eschels-Straße

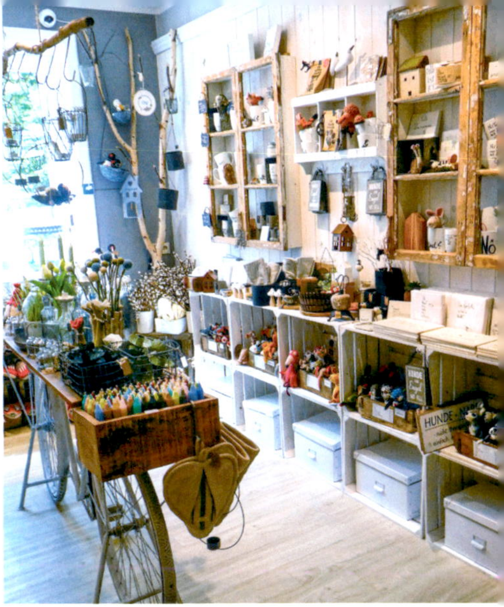

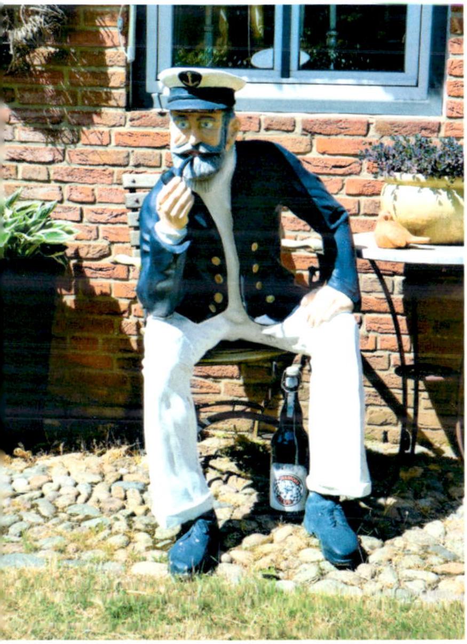

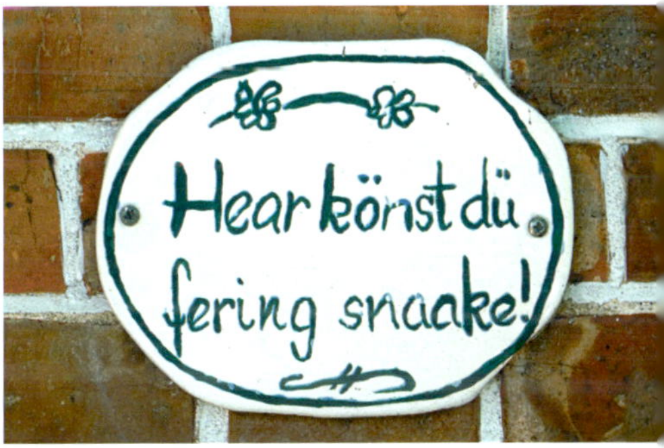

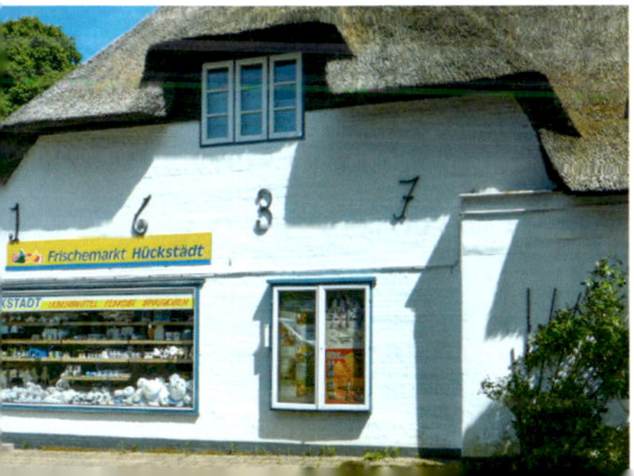

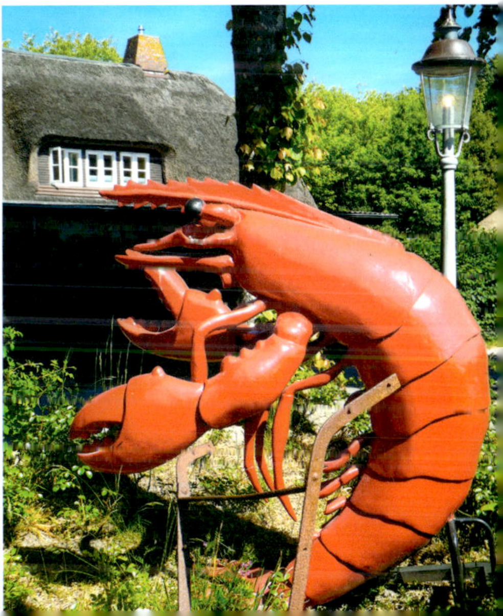

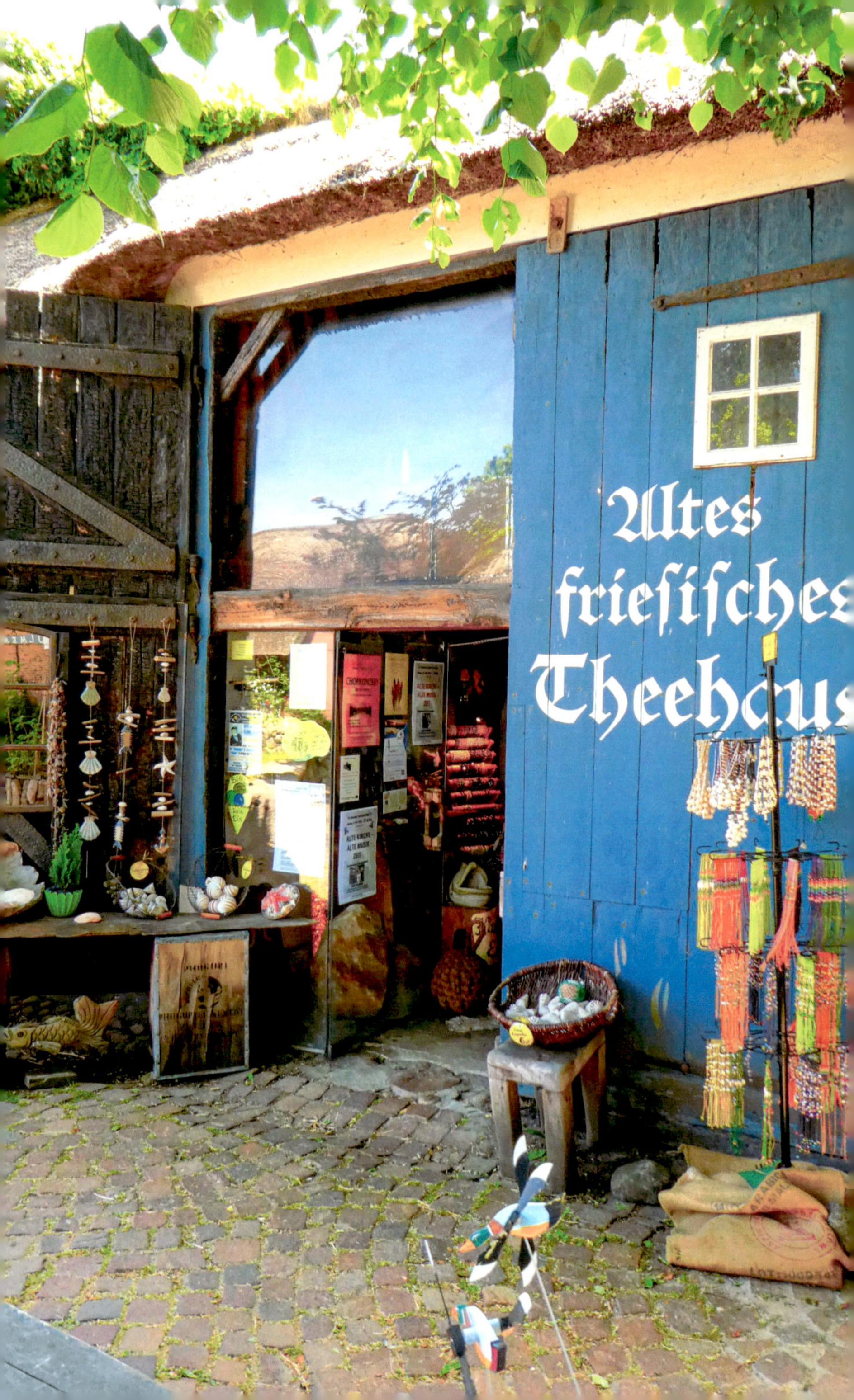
Altes
friesisches
Theehaus

Folgen Sie dem Karkstieg bis zu seinem Ende. Vor sich sehen Sie das 7 **RESTAURANT NAMINE WITT,** das Abendessen vom Feinsten bietet, wobei Sie sich im Bistro ohne Reservierung (diese ist hier jedoch empfohlen) auch nur eine Kleinigkeit schmecken lassen oder einen hervorragenden Wein trinken können, was im Sommer auf der Terrasse mit Blick auf den kleinen Seerosenteich besonders schön ist.

Namine Witt ist ein ungewöhnlicher Name für ein Restaurant, der aufhorchen lässt. Er geht jedoch nicht auf einen aktuellen Geschäftsführer oder Inhaber zurück, wie man vielleicht meinen könnte, sondern auf eine Frau, die am 5. Juni 1843 als Kapitänstochter in Oevenum geboren wurde. Ihr Elternhaus besichtigen Sie von außen auf Tour 9.

Gemeinsam mit ihrem Mann führte Namine Witt den beliebten Gasthof trotz aller Schicksalsschläge, die das Leben für sie bereithielt: der frühe Tod von zwei ihrer drei Kinder, der Brand des Gasthofs und der Freitod ihres Vaters. Ihre beiden Kinder wurden auf dem Friedhof gegenüber beerdigt – wie schlimm muss es für sie gewesen sein, aus dem Fenster ihrer Gastwirtschaft tagtäglich auf die Gräber zu blicken?

Kaum bekannt ist, dass Namine Witt zahlreiche Gedichte (der teilweise verschollene Nachlass ist bis nach Amerika verstreut) schrieb, Sprichwörter sammelte und Dr. Carl Häberlin beim Aufbau des Friesen-Museums unterstützte (siehe Tour 4).

Links, beim Friedhofseingang, beginnt der **DRUNKEN-MANNS-STIEG.** Diese Straßenbezeichnung entlockt ein Schmunzeln, und böse Zungen behaupten, die Namensgebung sei darauf zurückzuführen, dass schon zu jener Zeit der Gasthof gleich ums Eck lag. Es könnte allerdings auch damit zusammenhängen, dass die Oevenumer jeden Sonntag den Kirchenweg bei Wind und Wetter nutzen mussten, um am Gottesdienst teilzunehmen. Eben dieser Weg ist auf den letzten Metern in Drunken-Manns-Stieg umbenannt – und bekanntlich hilft ja so manch hochprozentiger Schluck dabei, Kälte (und vielleicht auch manche Predigt) besser zu ertragen. Die Wahrheit liegt wohl, wie immer, irgendwo dazwischen.

Gegenüber: Ein Paradies zum Stöbern, nicht nur für Teeliebhaber

Folgen Sie dem Drunken-Manns-Stieg bis zur nächsten Kreuzung, biegen Sie dort nach rechts und dann wieder nach rechts in die Jens-Jacob-Eschel-Straße. Grüßen Sie im Vorbeigehen die **KAPITÄNSFIGUR** vor dem Reetdachhaus, die freundlich lächelnd als Symbol für das historische Dorf steht.

Sie erreichen das ❽ **ALTE FRIESISCHE THEEHAUS,** dessen großes blaues Scheunentor zu einem Besuch einlädt – und Sie werden aus dem Staunen nicht mehr herauskommen. Gefühlt 1.000 Teesorten- und Mischungen aus aller Herren Länder warten darauf, von Ihnen entdeckt zu werden. Damit Ihnen die Auswahl leichter fällt, gibt es selbstverständlich neben fachkundiger Beratung auch verschiedene Kostproben. Am schönsten sitzt man natürlich auf der lauschigen Gartenterrasse, wo es üppig blüht und grünt.

Wobei das üppige Teeangebot längst nicht alles ist. Kaffeetrinker kommen angesichts der Auswahl, die von Amaretto-Kaffee über Schokoladen- und Eierlikör-Kaffee bis hin zu Zimt-Kaffee reicht, ins Schwärmen – für sämtliche Zubereitungsvorlieben kann der Kaffee von der Bohne bis hin zum feinen Mahlgrad erworben werden. Und als ob das nicht schon genug wäre, runden zum Beispiel Edelsteine, Gewürze, Seifen und Dekoartikel das unglaublich vielfältige Angebot ab - und bei jedem Besuch entdeckt man noch etwas Neues.

Das Alte Friesische Theehaus trägt seinen Namen jedoch nicht nur aufgrund der angebotenen Ware, denn das Uthländische Haus steht als Kulturdenkmal unter Denkmalschutz.

Beim ❾ **CAFÉ CAPPUCCINO** schräg gegenüber müssen Sie unbedingt einen Zwischenstopp einlegen, denn die Kreationen in diesem Eis- und Waffelhaus sind legendär. Selbst wenn die Schlange bis vor das Reetdachhaus reicht, ist man fix an der Reihe, und plötzlich erscheint die Zeit viel zu knapp, um sich zu entscheiden. Falls auf der Terrasse mit Strandkörben kein Platz mehr ist, so sitzt man nur einen Steinwurf entfernt am Seerosenteich gegenüber vom Restaurant Namine Witt auch sehr schön.

Gehen Sie gegenüber vom Waffelhaus in die Post Straat.

Dort befindet sich gleich rechts die **TOURIST-INFORMATION.** Hier erhalten Sie neben Prospekten und Veranstaltungstickets auch

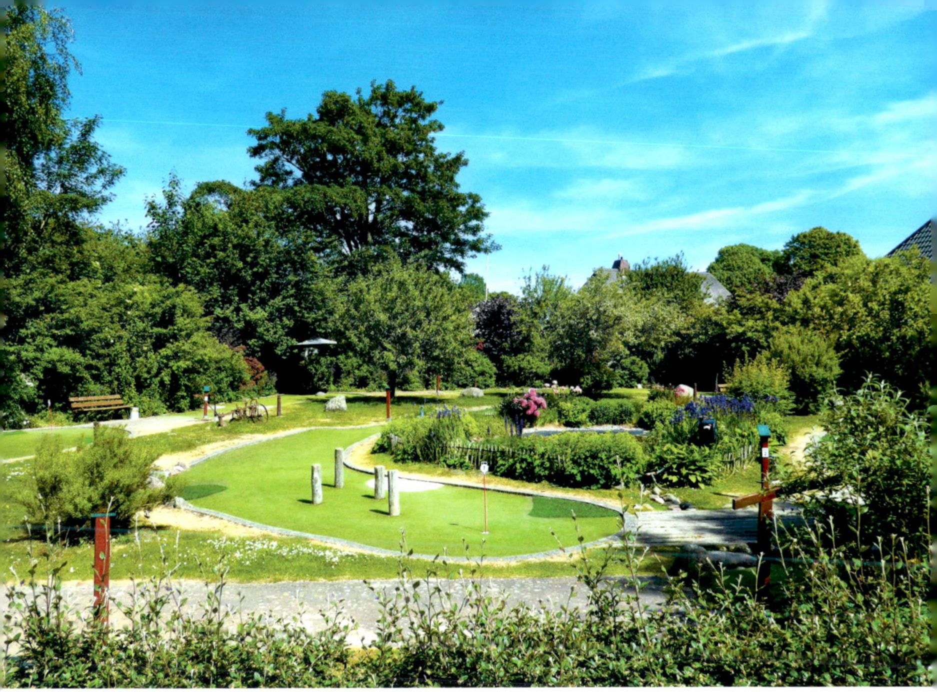

Oben: Minigolf mal anders beim Spiel!Golf

Föhr-Artikel als Souvenirs. Im DÖRPSHUS eine Tür weiter finden wechselnde Ausstellungen statt – hier lohnt sich ein zweiter Blick.

Am Ende der Post Straat treffen Sie auf den ⑩ HOF PERGANDE, wo Sie zunächst in die KERZENSCHEUNE gehen. Hier haben Sie die Möglichkeit, Kerzen selbst zu ziehen und kreativ zu verzieren. Der Docht wird zunächst immer wieder in das flüssige Wachs getaucht, bis eine Kerze entstanden ist. Ein Erlebnis, das in der gemütlichen Atmosphäre unglaublich entschleunigt und fast schon meditativen Charakter hat. Die selbst gezogene Kerze muss mindestens eine Stunde aushärten, ehe sie verziert werden kann. Wenn es schneller gehen soll, gibt es natürlich auch fertige Kerzenrohlinge, die Sie nach Ihrem Wunsch und vielleicht auch einem Anlass entsprechend gestalten können. Und für den Fall, dass Sie gar keine kreative Ader in sich spüren, aber Lust auf schöne Dinge haben, gibt es in der Kerzenscheune selbstverständlich auch fertige handgezogene Kerzen und andere hübsche Dekoartikel zu kaufen.

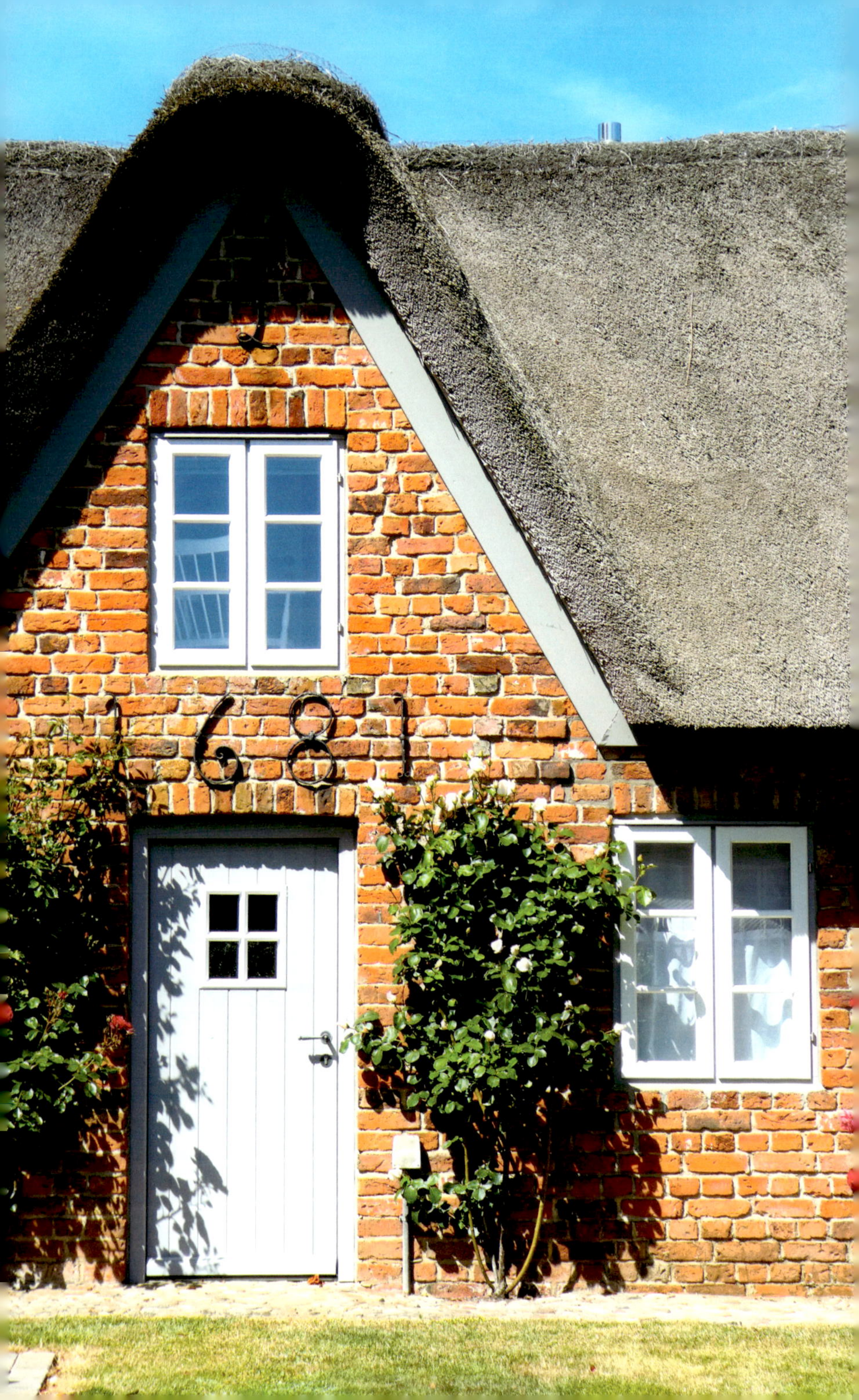
1681

Die Wartezeit lässt sich hervorragend gleich nebenan in der FÖHRER TEESTUBE & CAFÉ überbrücken. Hier haben Sie die Wahl zwischen hausgemachten Kuchen nach Omas Rezepten sowie Waffeln und herzhaften Kleinigkeiten. Das Besondere: Fast alle Kuchen sind aus Dinkelmehl hergestellt, zudem gibt es stets glutenfreie und vegane Kuchen im Angebot.

Wenn Ihnen der Sinn (anschließend) nach etwas sportlicher Betätigung steht, dann gibt es die wunderschön angelegte SPIEL!GOLF-ANLAGE gleich nebenan. Mit bis zu 16 Metern sind die Bahnen deutlich länger als beim Minigolf und ziehen sich über Hügel und Mulden hinweg, ähnlich wie auf einem Golfplatz – deshalb spielen Sie auch mit Original-Golfbällen und nach Regeln, die an den Golfsport angelehnt sind. Aber keine Angst, das ist nicht kompliziert, der Spaß steht immer im Vordergrund, und so ist Spiel!Golf für Kenner und Neulinge immer ein spannendes Vergnügen.

Biegen Sie danach am Ende der Post Straat scharf rechts in die BERNHARD-FARWER-STRAT ab. Diese wurde nach Bernhard Arnold Lorenzen (1863–1930) benannt, der als Färbermeister in Nieblum lebte und den Beinamen Farwer trug. Sein Grab mit der Aufschrift »Himmelan geht unsere Bahn / Wir sind Gäste nur auf Erden« befindet sich auf dem Nieblumer Friedhof.

In dieser schmalen Straße stehen mit Rosenstöcken gesäumte Reetdachhäuser aus dem 18. Jahrhundert, die die bezaubernde Atmosphäre des Dorfes unterstreichen.

Am Ende der Bernhard-Farwer-Strat sehen Sie gegenüber die ⓫ INSELWEBEREI UND -POLSTEREI, die angesichts der leuchtend bunten Farben im Schaufenster unwillkürlich ins Auge fällt. Fransenschals aus Mohair und Wolldecken aus Föhrer Schafswolle werden unter anderem an dem traditionellen Kontermarsch-Webstuhl vor Ort zu handgefertigten Unikaten erarbeitet. Dabei kann man der Ladeninhaberin Ines Hansen sogar zusehen.

Seit 2016 ist auch ihre Tochter Svea mit der POLSTEREI an Bord und das Angebot, und Tochter Lotta Hansen komplettiert mit

Gegenüber: Niedrige Türen – große Geschichte(n) dahinter

ihrem Inselschmuck aus der GOLDSCHMIEDE das Angebot, außerdem finden kleine wechselnde Kunstausstellungen statt.

Werfen Sie auch unbedingt einen Blick in das ⓬ LANDART FÖHR – ein liebevoll gestalteter Laden, in dem Sie sich beim Bummeln entlang der geschmackvoll ausgewählten Geschenk- und Dekoartikel verlieren oder Ihr Lieblingsstück unter der Kleidung aussuchen können, die ganz unter dem Motto »natürlich und nordisch« steht. Dazu gibt es passende Accessoires aus natürlichen Materialien und dank der Zusammenarbeit mit kleinen regionalen Manufakturen auch ausgefallene Souvenirs – da werden Sie so manches Highlight und vielleicht auch Ihr Lieblingsstück entdecken. Nur eines finden Sie hier ganz sicher nicht: seelenlose Ware von der Stange.

Gehen Sie die Jens-Jacob-Eschel-Straße links weiter bis zum ⓭ HAUS LANDFRIEDEN, das seit seiner Erbauung 1799 verschiedenste Besitzer ein- und ausgehen sah. Den Anfang machte der ehemalige Kapitän Pay Bohn, der sich als Landmann und Händler in Nieblum niederließ. Allerdings war er bereits 1811 derart hoch verschuldet, dass er sein Haus in die Auktion geben musste. Der Land- und Gerichtsvogt von Osterlandföhr lebte mit seiner Familie bis 1852 in dem Haus. Der Taufpate seiner 1824 geborenen Tochter war kein Geringerer als Seine Königliche Majestät von Dänemark, Frederik VI. Somit können Sie sich nun auch einen Reim auf den Namen des Hauses und die darüberstehende Krone machen.

Heute befindet sich darin das RESTAURANT SAIMONS mit dem Beinamen »Föhrs kleines Restaurant«, in dem es »regional und anders, entspannt und locker« zugeht und »Genuss mit Leichtigkeit« großgeschrieben wird, wobei Simon als Küchenchef und Namensgeber den Fokus auf Fischgerichte legt, allerdings sind auch Currywurst und Vegetarisches auf der Karte nebst Tagesempfehlungen zu finden.

Biegen Sie nun links in den KAPITÄN-PAULSEN-WEG ein. Im Haus Nummer 4 wurde am 9. Juni 1889 die erste Poststelle in Nieblum eröffnet, ein Jahr später folgte die erste Fernsprechverbindung nach Wyk. Erst nach einem weiteren Umzug in das heutige Lohdeel zog die Post in die Post Straat – dafür blieb die Poststelle über 100 Jahre und über vier Generationen hinweg in einer Familie.

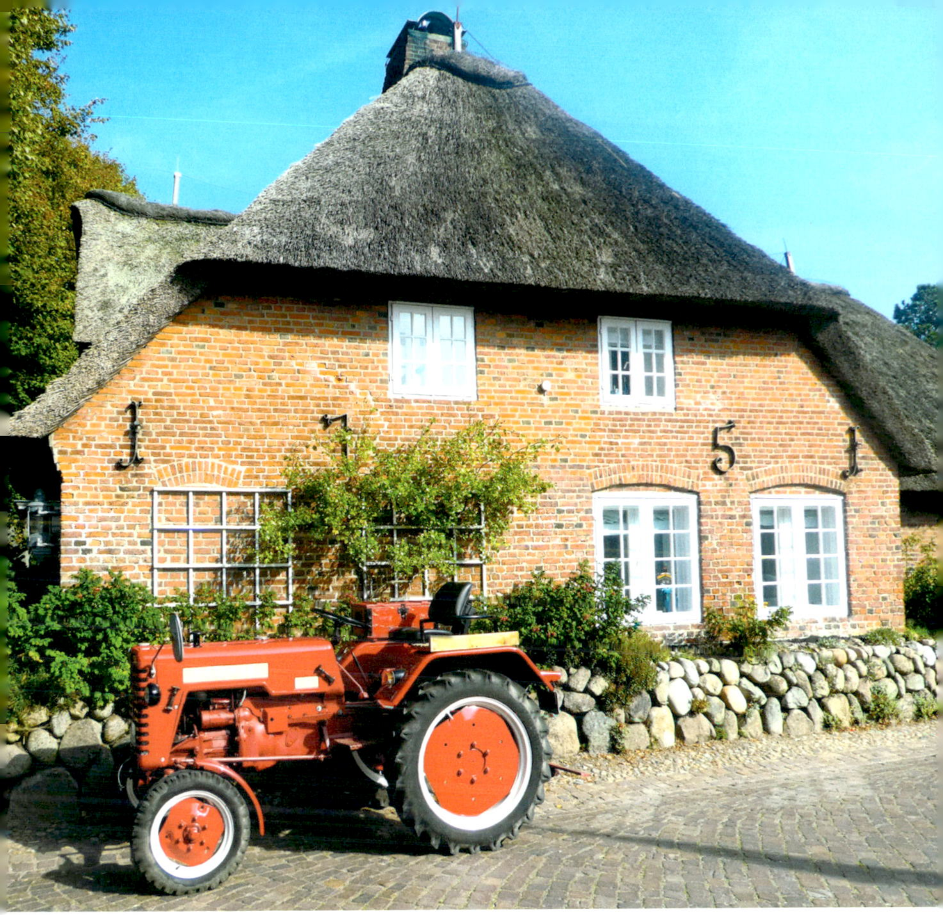

Oben: Landwirtschaft wird auf Föhr noch großgeschrieben

Die Straße ist nach Paul Nickels Paulsen (1812–1882) benannt. Er war Kapitän des ersten Passagierdampfers »Helene Sloman« auf der Linie Hamburg–New York. Bereits mit 43 Jahren konnte er sich sehr wohlhabend zur Ruhe setzen. Sein Haus steht zwei Ecken weiter und wird Sie gleich in Staunen versetzen.

Biegen Sie rechts in die Straße Bi de Süd ein, an deren Ende **14** DAT SCHLOSS steht – das nach allem, was Sie von Nieblum gesehen haben, allein schon aufgrund seiner Eingangstür aus dem üblichen Ortsbild fällt. Paulsen kümmerte sich nicht um die traditionelle friesische Bauweise, obwohl er in Goting auf Föhr geboren worden war. Er hatte auf seinen Reisen genug gesehen, um eine

Vorstellung davon zu haben, wie das Haus aussehen sollte, in dem er alt werden wollte. Dazu sollte es jedoch nicht kommen, da er bereits im Alter von 69 Jahren verstarb.

Bis zu Ihrem Ausgangspunkt gehen Sie nur noch wenige Meter die Strandstraße in Richtung De Meere, wo Sie im Strandkorb sitzend noch ein wenig Ihre vielfältigen Eindrücke Revue passieren und sich eine Nieblum-Spezialität schmecken lassen.

1 DE MEERE
Ecke Bi de Süd/Strandstraße
25938 Nieblum

2 STRANDBOUTIQUE HANSEN MIT STEINTAFELN
Strandstraße 1
25938 Nieblum

3 KOPP'S SCHINKENKATE
De gröne Eck 1
25938 Nieblum

4 KÄPT'N NOLTE FISCH&FEINKOST
De gröne Eck 2
25938 Nieblum

5 GALERIE NIEBLUM SWOBODA
De gröne Eck 2
25938 Nieblum

6 ELTERNHAUS JENS JACOB ESCHELS
Karkstieg 7
25938 Nieblum

7 RESTAURANT NAMINE WITT – BISTRO, RESTAURANT, FEINKOST
Alkersumer Stieg 4
25938 Nieblum
https://naminewitt.de

8 ALTES FRIESISCHES THEEHAUS
Jens-Jacob-Eschel-Straße 13
25938 Nieblum
www.theehaus.de

9 CAFÉ CAPPUCCINO
Jens-Jacob-Eschel-Straße 20
25938 Nieblum

10 HOF PERGANDE
mit Föhrer Kerzenscheune,
Teestube & Café, Spiel!Golf
Poststraat 7
25938 Nieblum
https://hof-pergande.de

11 INSELWEBEREI, -POLSTEREI UND -GOLDSCHMIEDE
Jens-Jacob-Eschel-Straße 24
25938 Nieblum
www.inselweberei.de

12 LANDART FÖHR
Jens-Jacob-Eschel-Straße 24
25938 Nieblum
http://landart-foehr.de

13 HAUS LANDFRIEDEN MIT RESTAURANT SAIMONS
Jens-Jacob-Eschel-Straße 26
25938 Nieblum
https://saimons.de

14 DAT SCHLOSS
Bi de Süd 27
25938 Nieblum
https://datschloss.de

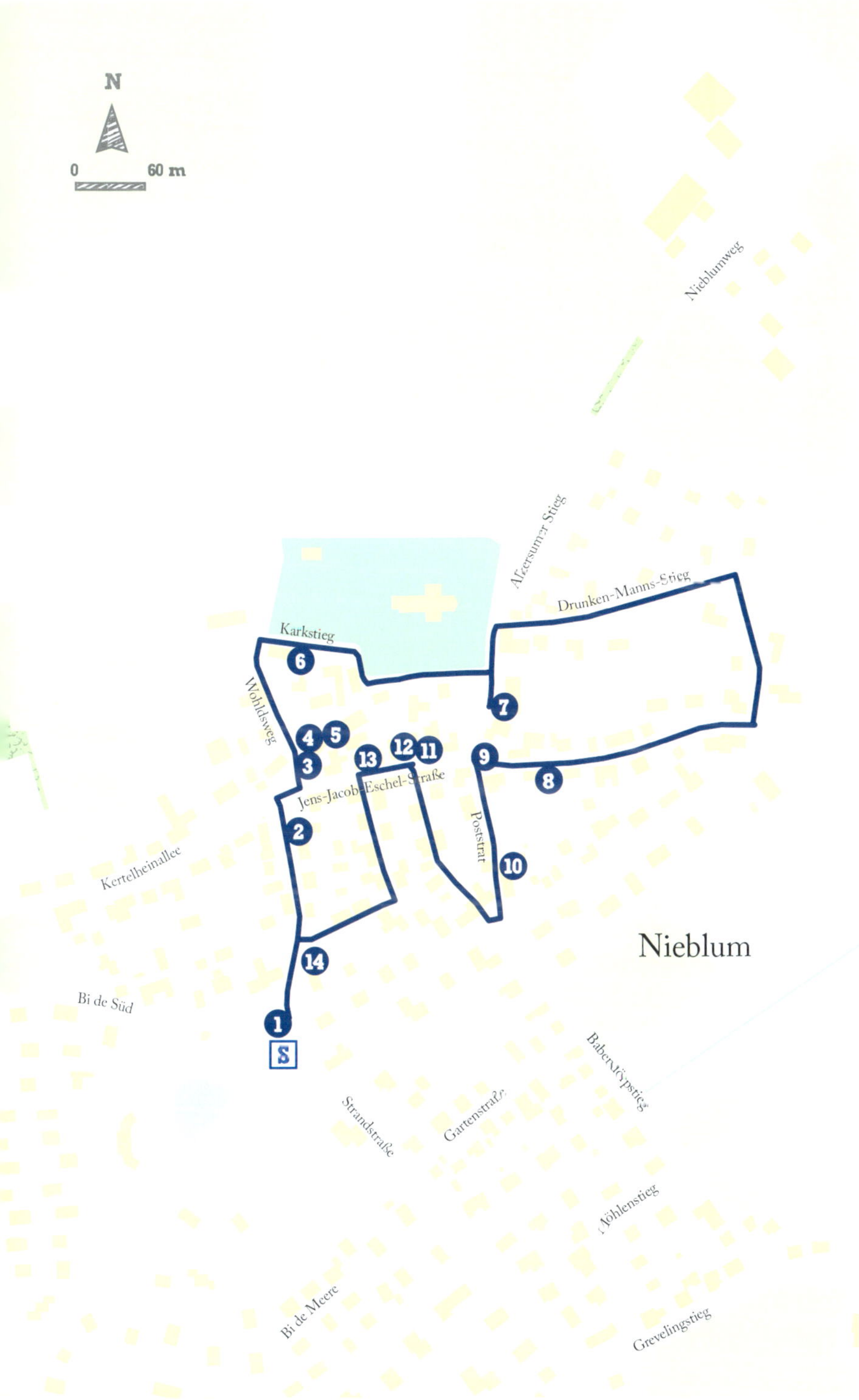
N
0
60 m
Nieblumweg
Drunken-Manns-Stieg
Karkstieg
Wohldsweg
Jens-Jacob-Eschel-Straße
Poststrat
Kertelheinallee
Nieblum
Bi de Süd
Strandstraße
Gartenstraße
Bi de Meere
Grevelingstieg
1
2
3
4
5
6
7
8
9
10
11
12
13
14
S

7 Von Wyk in die Wälder

Von Himmelsbäumen und Störchen

BESTE ZEIT: zu einer Storchenpark-Führung jeden Dienstag um 10.30 Uhr und Donnerstag um 15.30 Uhr, mögliche Abweichungen bitte vorab erfragen: Villa Friede Tel. 04681/59200
LÄNGE: circa 4 Kilometer
ROUTE: Für Radfahrer und Wanderer ist die Strecke gleichermaßen geeignet, im Wald gibt es stellenweise getrennte Rad- und Fußwege.

Waldgebiete auf einer Nordseeinsel? Hat man nicht die Friesenwälle als Zaun rund ums Haus erfunden, weil Holz auf einer Insel als Mangelware galt und das Meer den bauwilligen Insulanern die Steine quasi vor die Füße warf?

Alles begann 1819 mit dem Wunsch des Seebadgründers Landvogt von Colditz, künftigen Gästen neben Strand und Meer auch ein Wäldchen zur Erholung bieten zu können. Also erbat er in einem Brief an König Friedrich VI. »allerhöchstdero allergnädigste Unterstützung zu den beabsichtigten Anpflanzungen mit etwa 1.000 Stück junger Bäume« – unentgeltlich, denn das neu gegründete Seebad verfügte nicht über die dafür erforderlichen Mittel. Und tatsächlich, am 25. Dezember 1819 erfolgte die »Überweisung von 1.000 jungen Bäumen aus dem königlichen Forst zur Anpflanzung um das Bad«.

Was daraus geworden ist und warum auf einer Nordseeinsel Störche wohnen, erfahren Sie ebenfalls auf dieser Tour, deren Start beim 1 STOCKMANNSWEG ist, wo Sie einen tollen Meerblick haben.

Benannt ist dieser Weg, der sich vom Rebbelstieg bis zur Badestraße entlang der Küste erstreckt, nach dem Wyker Apotheker Stockmann, der bereits 1870 erste Versuche mit Tannenanpflanzungen auf Heide- und Sandboden machte und diesen Weg, zu beiden Seiten von Tannen gesäumt, anlegte. Sein Engagement brachte ihm den

Gegenüber: Beim Storchenpark könnte man stundenlang beobachten

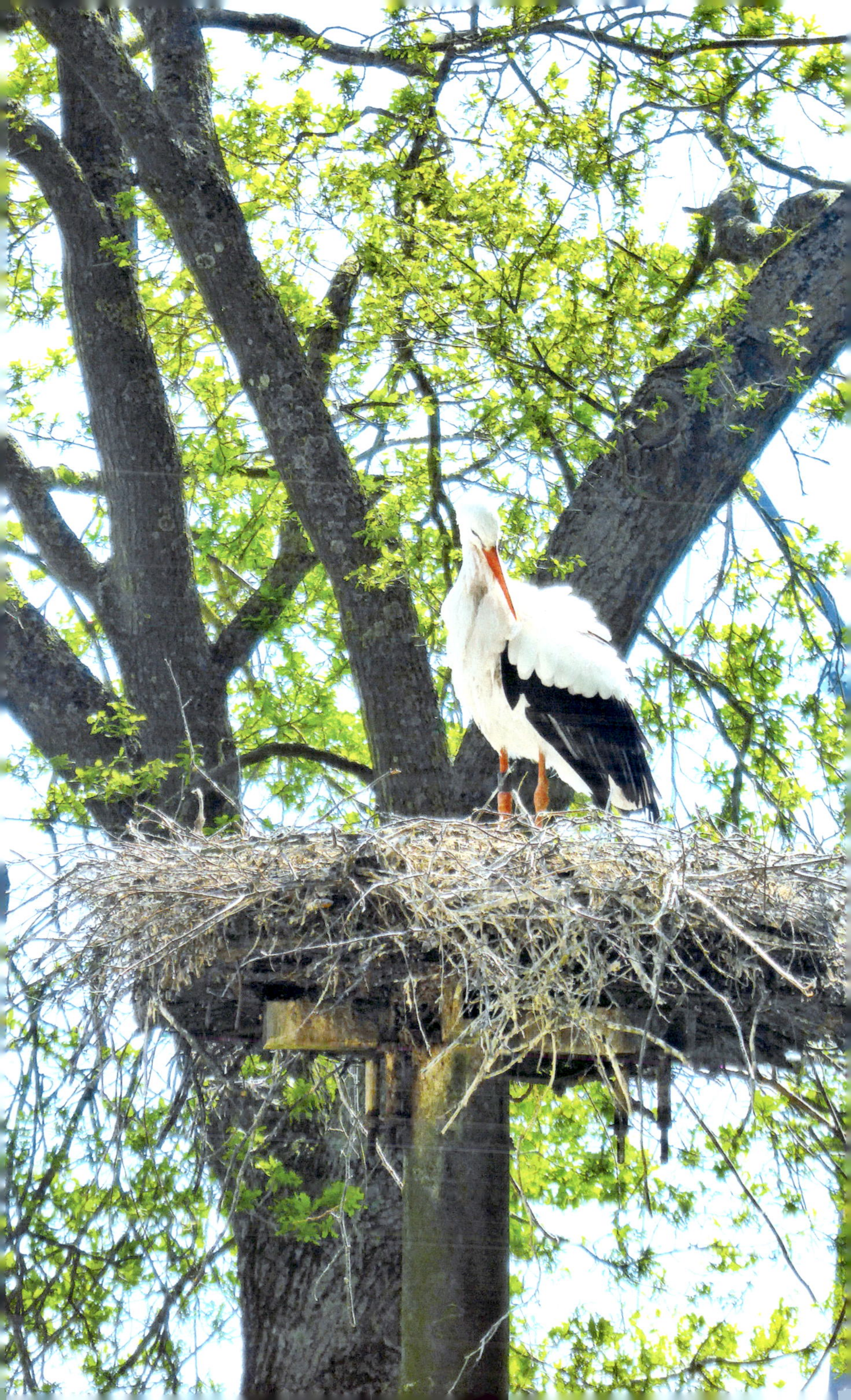

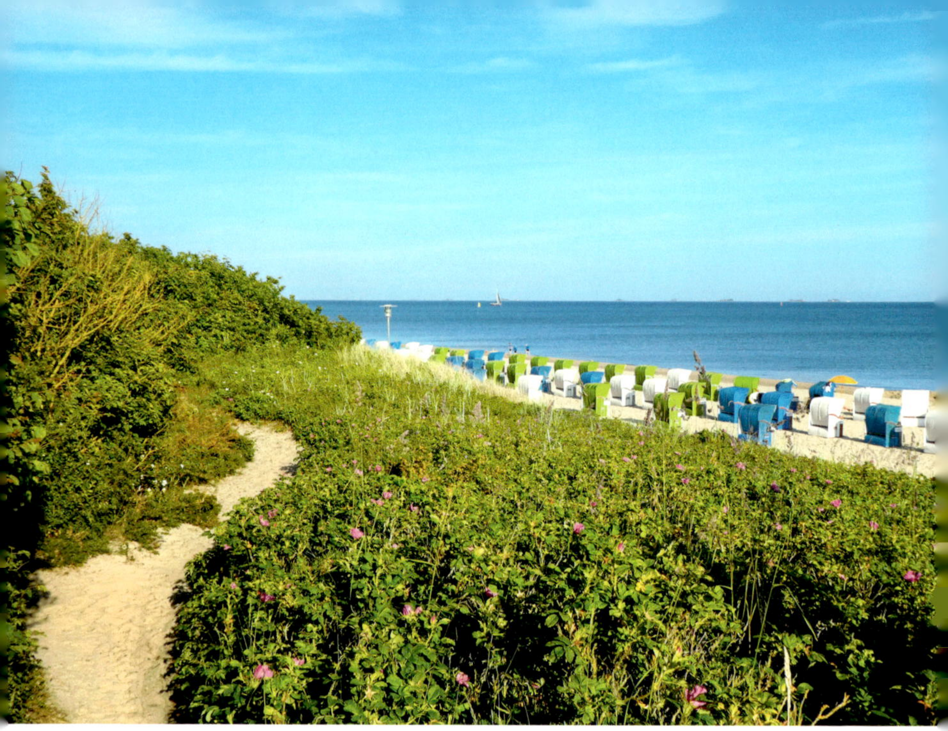

Oben: Küstenpfad beim Stockmannsweg;
unten: Ein freundlicher Löwe bewacht den Spielplatz Löwenhöhle

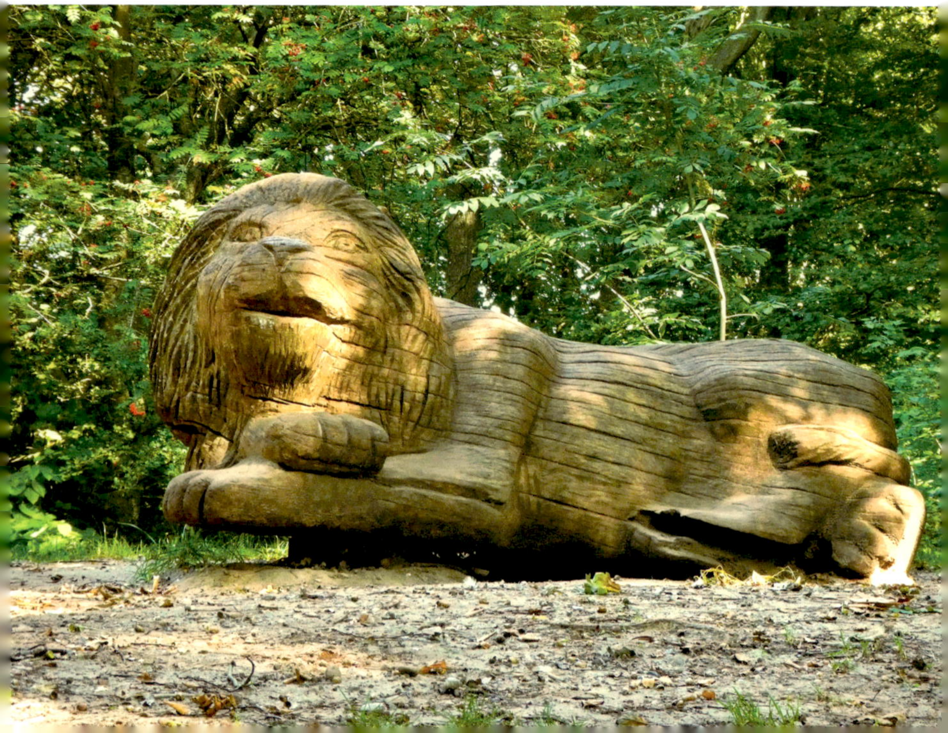

Vorsitz im »Verein für Anpflanzungen« ein und die Ehre, über eine großzügige Spende des Flensburger Kaufmanns Jakob H. Lembke von 2.300 Mark zu verfügen, um ein acht Hektar großes Gelände am Wyker Südstrand mit Bäumen zu bepflanzen – dem Nordseeklima zum Trotz hauptsächlich mit robusten Kiefern.

Der Spatenstich für den ❷ LEMBKE-HAIN, den Sie über den Pfad zwischen Haus Nummer 8 und 10 betreten, erfolgte bereits am 19. November 1889. Apotheker Stockmann verband damit einen innigen Wunsch: »Das Werk, welches wir jetzt beginnen, der Lembke-Hain, er möge blühen, wachsen und gedeihen, den Gesunden eine Herzensfreude, den Kranken sei er ein Trost im Leide.« Und schon vier Jahre später schwärmt der Reiseführer: »Mit Recht darf Wyk auf diese Anpflanzung, die in solcher Schönheit an der ganzen Nordsee nicht zum zweiten Male vorkommt, stolz sein.«

Anfang Juli 1902 wurde der Lembke-Hain feierlich der Öffentlichkeit übergeben und ein Gedenkstein zu Ehren des Stifters gesetzt, auf den Sie gleich am Waldeingang treffen. Damals stand der Granitstein auf einer großzügigen Lichtung, von Parkbänken umrahmt und so idyllisch gelegen, dass es eine Abbildung auf Postkarten wert war. Heute ist diese Lichtung zugewachsen.

Tauchen Sie nun in den Wald ein. Schon nach wenigen Metern löst das Rauschen der Bäume das Meeresrauschen ab, und Sie fühlen sich wie in einer anderen Welt. Folgen Sie dem Weg im Bogen nach links, an dessen Ende wenden Sie sich nach rechts, dann wieder links, und schließlich stoßen Sie am Waldausgang parallel zur Badestraße auf den Olhörnweg. Doch gleich geradeaus gegenüber ist der Eingang in das nächste Waldstück. Wobei Sie den Begriff »Wald« auf Föhr eher großzügig auslegen müssen, denn die Bewohner der Nordfriesischen Inseln neigen dazu, eine Ansammlung von drei Bäumen schon als Wald zu bezeichnen – da ist diese gelungene Anpflanzung auf Föhr allemal diese Bezeichnung wert.

Überqueren Sie den Rebbelstieg und folgen Sie dem Waldweg, bis Sie beim ❸ STORCHENPARK ELMEERE E.V. angelangt sind.

Störche auf Föhr? Ja, sie haben die Insel erneut zu ihrem Lebensraum erklärt, seitdem der Föhrer Dietmar Risse Mitte der 1990er das verletzte Waisenkind Romeo von Hand aufgepäppelt hat. Zuvor gab es bis in die 1950er Jahre schon einmal Störche auf Föhr.

Zu Romeo gehört natürlich Julia, und die beiden begründeten eine Population von mittlerweile rund 25 wild lebenden Störchen, die salziges »Frutti di Mare« anstelle von Fröschen und Würmern aus dem Süßwasser zu ihrer Leibspeise ernannt haben. Die Störche bauen ihre Nester nicht nur im Storchenpark, sondern zum Beispiel auch im Park an der Mühle (siehe Tour 18). Es kann allerdings auch passieren, dass Sie Ihren Stadtbummel plötzlich in Begleitung von Meister Adebar verbringen, der ganz unbeeindruckt von den Menschenmassen über den Sandwall promeniert oder auch mal neugierig in den Strandkorb guckt. Doch bitte füttern Sie die Tiere keinesfalls, Sie tun damit weder dem Magen des Tieres noch Ihren Fingern etwas Gutes.

Beobachten Sie über die Webcams auf www.inselstorch.de die Tiere beim Brüten oder der Aufzucht ihrer Jungen. Vor Ort haben Sie einen guten Blick auf die bodennahen Nester, wobei der Zaun für genügend Abstand sorgt. Falls Sie näher ran möchten, so ist das im Rahmen einer Führung durch das Storchenpark-Gehege möglich.

Das Jugendstilhaus VILLA FRIEDE wurde 1906 bis 1907 vom Dichterehepaar Lisa und Richard Friede erbaut und als Pension geführt. Im Sommer 1921 hielt sich Mileva Maric in der Villa Friede auf und wartet am 16. August auf die Ankunft ihres Exmannes und der beiden gemeinsamen Söhne. Insbesondere ihr Sohn Eduard soll von Dr. Carl Häberlin behandelt werden. Kennern ist Mileva Maric als Physikerin bekannt, die an der Relativitätstheorie geforscht hat, zusammen mit ihrem Mann: Albert Einstein. Ein Jahr nach seinem Föhr-Aufenthalt wird ihm der Nobelpreis am 9. November 1922 vergeben (wobei er bei der Verleihung nicht anwesend ist) – und das Preisgeld erhält, wie in der Scheidungsurkunde festgelegt, Mileva Maric.

Nachdem die Villa Friede zwischendurch zum Mädchenpensionat umgewandelt wurde, ist das Haus heute wieder eine Pension. Wer einen ganzen Urlaub lang jederzeit Störche beobachten möchte, ist bei Bettina und Dieter Risse gut aufgehoben und umsorgt.

Gegenüber: Die Villa Friede, wo Einsteins Frau weilte

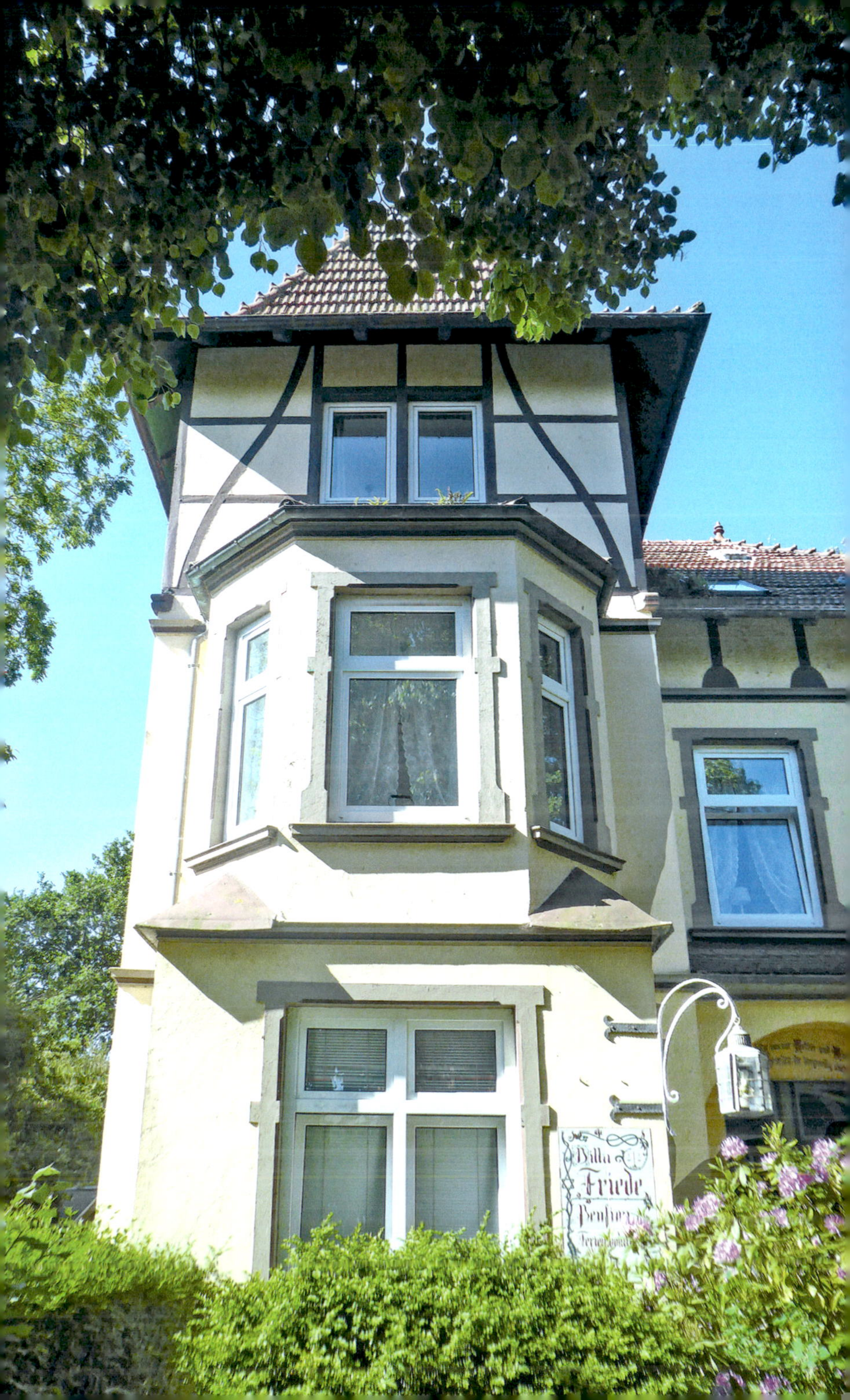
Villa
Friede
Pension

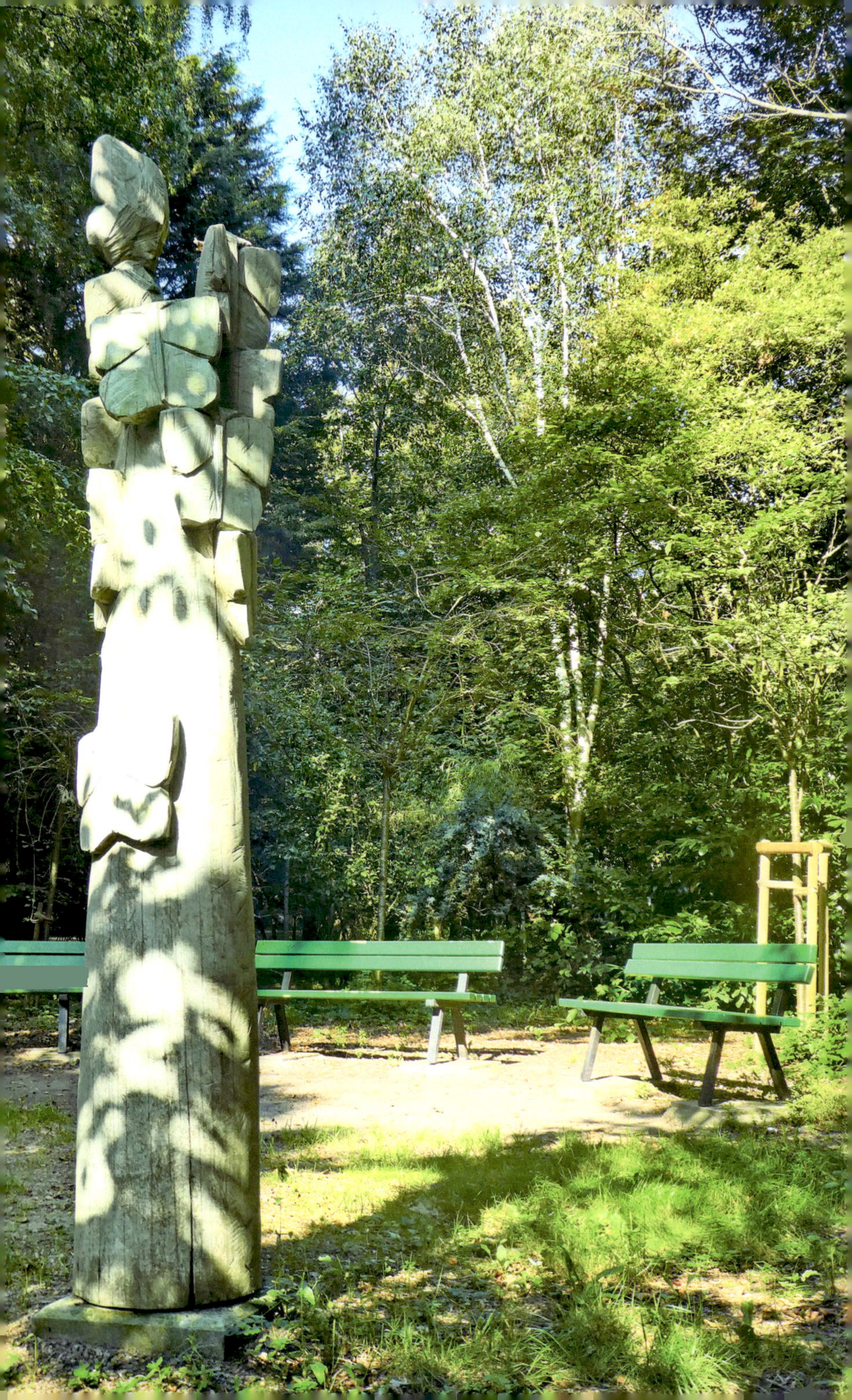

Gehen Sie nun nach links die Feldstraße entlang, bis Sie an der Kreuzung Rebbelstieg auf den nächsten Waldeingang stoßen. Diesem Weg folgen Sie bis zur Gabelung und wählen dort den Fuß- oder Radweg. Beide führen zum beliebten 4 SPIELPLATZ LÖWENHÖHLE mitten im Wald, der auf einer großen Lichtung kleine und größere Kinder mit vielfältigen Spielgeräten begeistert: Kleinkindschaukel, Nestschaukel, Klettergerät, Rutsche, Kletterpyramide, Balancierelemente und als Highlight die lange Seilbahn, die bis zur namensgebenden Löwenhöhle führt. Dort wacht ein hölzerner Löwe in lebensechter Größe auf einem Hügel über der »Höhle«. Er schaut den Kindern jedoch recht freundlich beim Spielen zu, da muss sich niemand fürchten.

Vom Spielplatz aus ist ein Abstecher zu den 5 HIMMELSBÄUMEN ausgeschildert, der ein Ort des Gedenkens und ein Projekt des Schleswig-Holsteinischen Landesverbands »Verwaiste Eltern und trauernde Geschwister e.V.« ist. 2015 wurde dieser Gedenkort mit gleich 30 Setzlingen eingeweiht. Bei den alljährlichen Pflanzaktionen kamen seither viele weitere Bäumchen hinzu, sodass ein Wäldchen im Wald rund um eine Lichtung entstanden ist, mit Bänken zur inneren Einkehr mit Blick auf die Himmelsbäume und den mit Schmetterlingen verzierten Dalben, der das bundesweite Zeichen des Vereins ist, gefertigt vom Flensburger Bildhauer Heinrich Oettinger.

Gehen Sie zurück zum Spielplatz und wählen Sie den Weg, der um das öffentliche moderne Toilettenhaus herum bis zur Kreuzung Am Grünstreifen führt. Sollten Sie mit einem Hund unterwegs sein, wenden Sie sich nach rechts, um den eingezäunten Hundefreilauf der Insel zu erreichen, andernfalls folgen Sie dem Waldweg weiter bis zur Gmelinstraße. Dort gegenüber befindet sich der Nordsee-Kurpark (siehe Tour 3).

Nachdem Sie nun bestimmt den Wald vor lauter Bäumen nicht mehr sehen, wird es Zeit für Meerblick. Biegen Sie also rechts in den Weg Eulenkamp ein, und genießen Sie einen Zwischenstopp im 6 RESTAURANT SYDBAR, das in erster Reihe an der Prome-

Gegenüber: Die Himmelsbäume – ein Ort zum Innehalten

nade liegt. Die häufig wechselnde Karte bietet eine kleine, aber feine Auswahl an kreativen und modernen Gerichten aus aller Welt – eine Weltkarte dient zugleich als Speisekarte. Für den kleinen Hunger ist die Zubereitung der Hauptspeisen als Vorspeise möglich.

Über den Promenadenweg gelangen Sie zurück zum Stockmannsweg. Sollten Sie Fahrräder dabeihaben (die Sie auf der Promenade schieben müssen), können Sie auch den Weg über die Gmelinstraße zurück zum Stockmannsweg nehmen.

Zum Abschluss der Tour gehen Sie beim Parkplatz in das wirklich kleine Wäldchen, in dem sich ein 7 WASSERSPIELPLATZ UND EIN TRIMM-DICH-PFAD befinden – der perfekte Ort für Groß und Klein, um zum Abschluss der Tour überschüssige Energie loszuwerden.

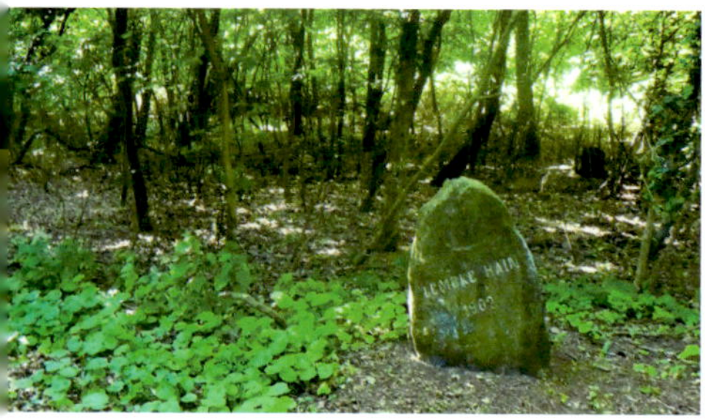

Links: Der Gedenkstein für den Gründer und Namensgeber des Lembke-Hains

1 STOCKMANNSWEG
25938 Wyk auf Föhr

2 LEMBKE-HAIN
Zugang Stockmannsweg
zwischen Haus 8 und 10
25938 Wyk auf Föhr

3 VILLA FRIEDE UND STORCHENPARK ELMEERE E.V.
Feldstraße 11
25938 Wyk auf Föhr
www.villafriede.de
www.inselstorch.de

4 SPIELPLATZ LÖWENHÖHLE
Am Grünstreifen 18B
25938 Wyk auf Föhr

5 HIMMELSBÄUME
nahe Spielplatz Löwenhöhle
ausgeschilderter Waldweg
25938 Wyk auf Föhr
www.vesh.de/himmelsbaeume-2

6 RESTAURANT SYDBAR
Gmelinstraße 11
25938 Wyk auf Föhr
www.resort-suedstrand-foehr.de/sydbar.html

7 WASSERSPIELPLATZ UND TRIMM-DICH-PFAD
Zugang unter anderem Nähe
Stockmannsweg 14
25938 Wyk auf Föhr

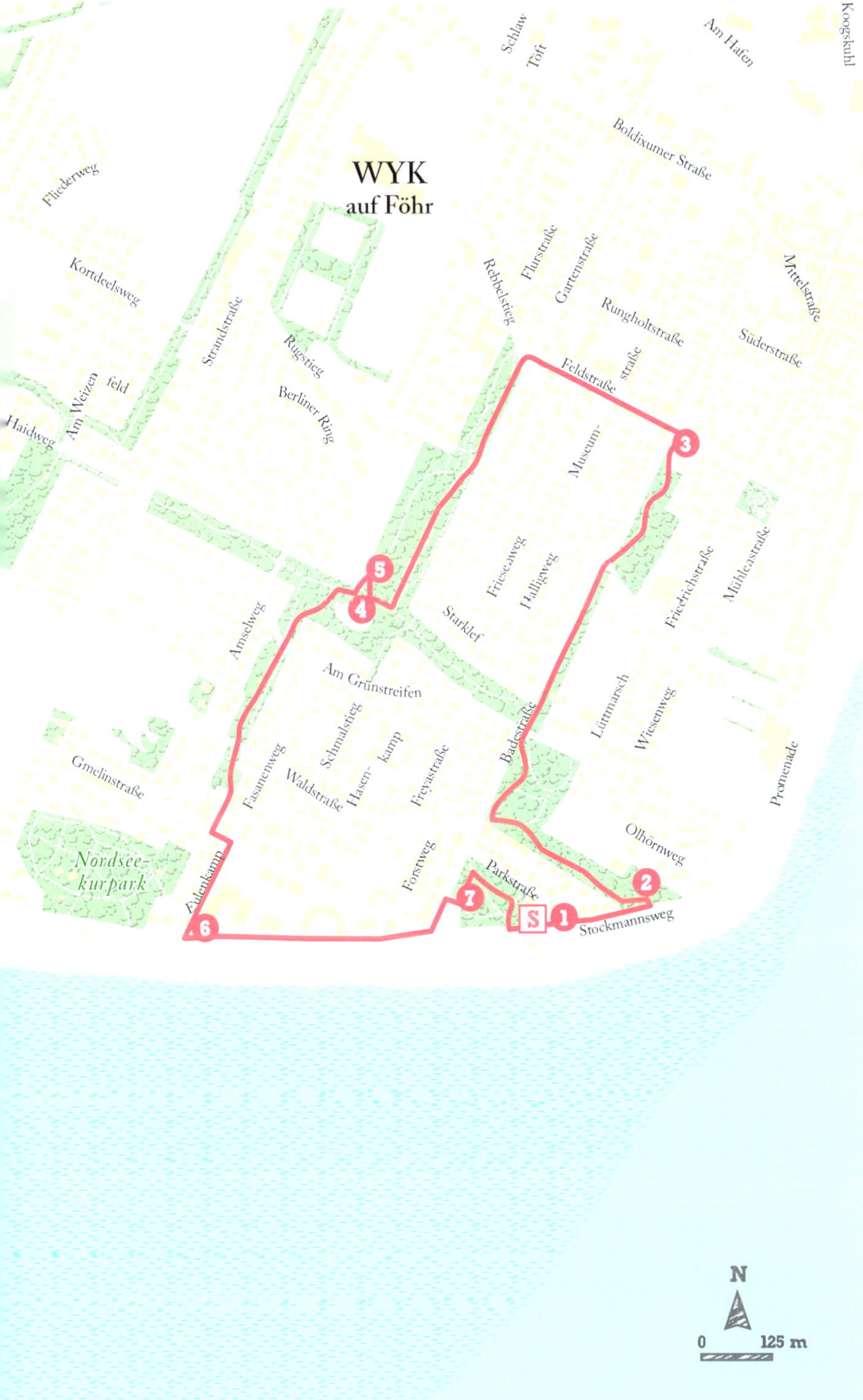
WYK
auf Föhr
Schlaw
Töft
Am Hafen
Koogskuhl
Boldixumer Straße
Fliederweg
Kortdeelsweg
Strandstraße
Rugstieg
Berliner Ring
Rebbelstieg
Flurstraße
Gartenstraße
Rungholtstraße
Mittelstraße
Süderstraße
Feldstraße
straße
Museum-
Am Weizen
feld
Haidweg
Frieseaweg
Halligweg
Friedrichstraße
Mühlenstraße
Starklef
Amselweg
Am Grünstreifen
Schmalstieg
Badestraße
Lüttmarsch
Wiesenweg
Gmelinstraße
Fasanenweg
Waldstraße
Hasen-
kamp
Freyastraße
Promenade
Olhörnweg
Nordsee-
kurpark
Eulenkamp
Forstweg
Parkstraße
Stockmannsweg
S
1
2
3
4
5
6
7
N
0
125 m

8__Von Wyk über den Nieblumsteg nach Greveling

Action, Ausblicke und Einblicke

BESTE ZEIT: während der Öffnungszeiten des Bogenschießens und der E-Kartbahn FöhrRing (dort unbedingt reservieren). Weinliebhaber wählen einen Termin zur öffentlichen Weinführung beim Weingut Waalem
LÄNGE: circa 10 Kilometer
ROUTE: Die Strecke ist für Radfahrer und Fußgänger gleichermaßen geeignet. Mit Kindern die Räder auf dem abschüssigen Deichweg beim Haus Redlefsen schieben.

Sie starten die Tour beim 1 HAUS REDLEFSEN, das aufgrund seiner einsamen und spektakulären Lage auf der Düne, direkt an der Abbruchkante und nur einen Steinwurf vom Meer entfernt, schon öfter als Filmkulisse diente. So zum Beispiel in der Krimikomödie »Reiff für die Insel«, die von 2012 bis 2015 als Serie in der ARD lief, mit der Schauspielerin Tanja Wedhorn als Rechtsanwältin Reiff, die nach der Trennung von ihrem untreuen Freund zu ihrer Mutter in die Ferienpension zieht.

Zuletzt war das Haus, das nur von außen besichtigt und leider nur für besondere Anlässe gemietet werden kann, Drehort für die sechsteilige Mystery-Thriller-Serie »Die Therapie« bei Amazon Prime nach dem gleichnamigen Millionenbestseller von Sebastian Fitzek. Dessen Thriller spielt auf der fiktiven Insel »Parkum«, die jedoch Amrum und Föhr als Vorbild hat.

Gehen Sie weiter am Meer entlang auf dem asphaltierten Grevelinger Deichweg, dem Sie in einer Linkskurve folgen. Von hier oben

Gegenüber: Das Weingut Waalem – Weinanbau mit Meerblick

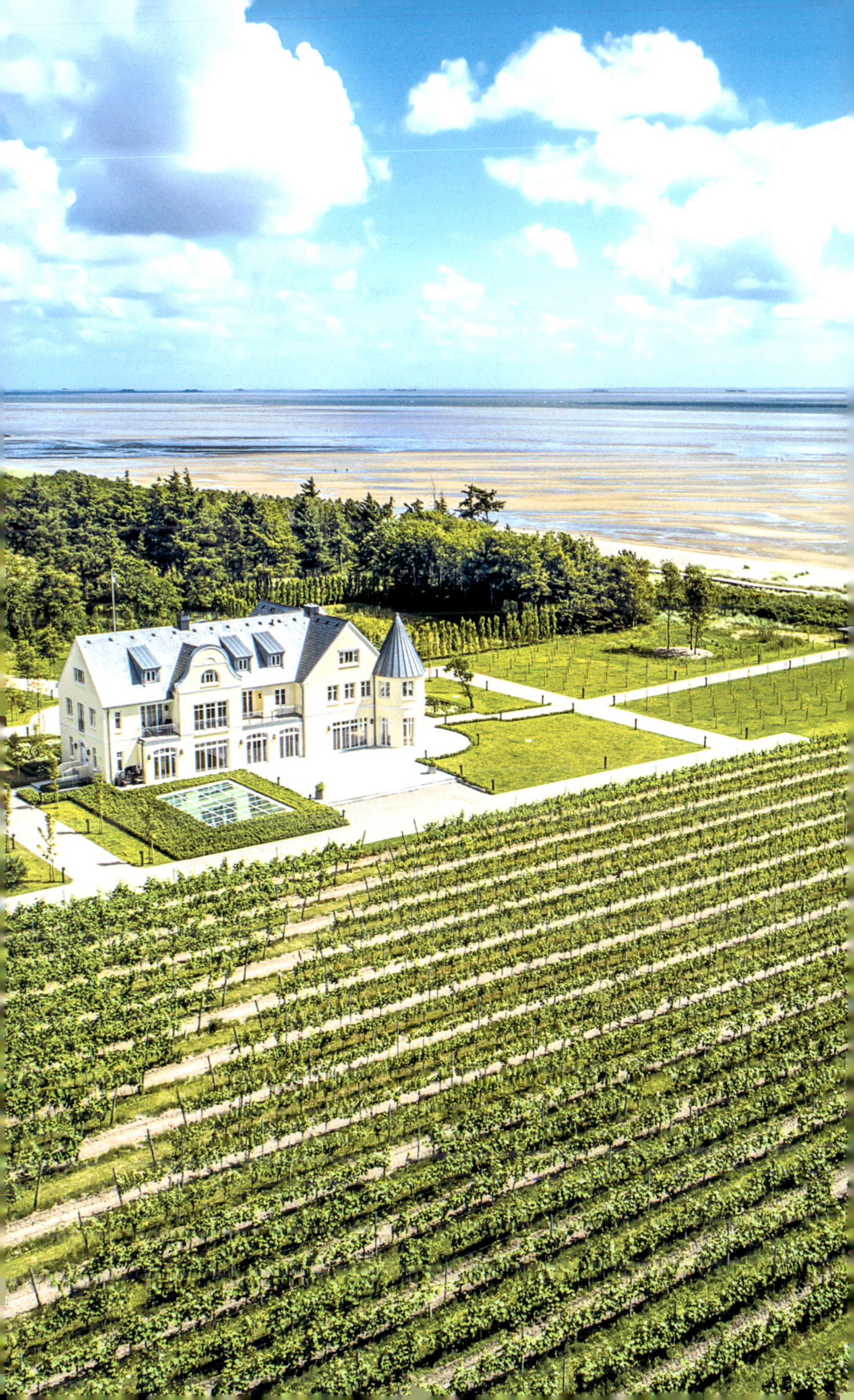

sehen Sie die großen Grundstücke und mondänen Villen der exklusiven ❷ GREVELING-SIEDLUNG, durch die Sie später nach Lust und Laune spazieren. Stünde hier eine Immobilie in erster Reihe zum Verkauf, so käme man unter drei Millionen Euro als Angebot noch nicht mal ins Gespräch.

Lassen Sie sich am Strandzipfel bei Greveling kurz nieder und genießen Sie die Ruhe mit Blick aufs Meer, ehe Sie auf dem Deich weitergehen, bis Sie die großen Anwesen mit hübschen Reetdachhäusern im idyllischen ❸ BREDLAND erblicken. Viele davon sind Ferienwohnungen mit Meerblick, die aufgrund ihrer luxuriösen Ausstattung keine Wünsche offenlassen. Auch diese Siedlung gehört zu den Top-Lagen auf Föhr, was sich in einem entsprechend hohen Immobilienpreis widerspiegelt. Das Bredland erkunden Sie auf dem Rückweg der Tour.

Folgen Sie dem Deichweg weiter oder gehen Sie auch mal parallel dazu barfuß am schmalen Strand entlang, wenn es das Wetter zulässt.

Der STRAND verbreitert sich zum naturbelassenen Strand von Nieblum, wo Sie fernab von Strandkörben und Lokalen in aller Seelenruhe Ihr Picknick genießen oder einfach nur die Füße in den Sand strecken – bei Flut ist ein erfrischendes Bad im seichten Wasser möglich.

Oberhalb des Strandes verläuft der BOHLENWEG auf der Düne, der zum beliebten Fotomotiv avanciert ist. Einige Bänke laden zum Verweilen mit Meerblick ein. Das Dünengras säumt den Bretterweg, und vereinzelte Bäume trotzen dem Wind. Hier atmen Sie durch und genießen einfach die Schönheit der Natur!

Als Radfahrer biegen Sie am Ende des Bohlenwegs in den geschotterten Meetweg ein, achten Sie unterwegs auf die zahlreichen Schlaglöcher und fahren Sie immer geradeaus bis zur Kreuzung, wo Sie rechts in den asphaltierten Grevelingstieg abbiegen. Diesem folgen Sie im leichten Rechtsbogen und biegen dann bei der ersten Möglichkeit rechts in den Stichweg ab, der Sie zum Weingut Waalem führt.

Als Fußgänger verlassen Sie den Bohlenweg kurz vor dem Meetweg über einen Trampelpfad, über den Sie schon nach wenigen Metern eines der eingezäunten Weinfelder des Weinguts erreichen. Ja, ein WEINFELD, kein Weinberg – und das auch noch auf einer Insel. Unmöglich? Ganz im Gegenteil, aber dazu gleich mehr.

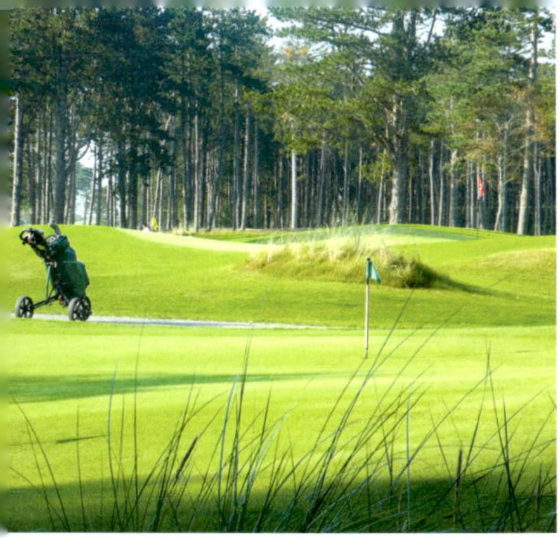

Im Uhrzeigersinn von oben links: Hier fliegen seit 1925 die Bälle, nur vierbeinige Schafe betreten die Dünen, Fahrspaß mit E-Motoren, Durchblick nach Amrum, chillen im Lipsi Beachclub, eine Tour mit viel Meerblick

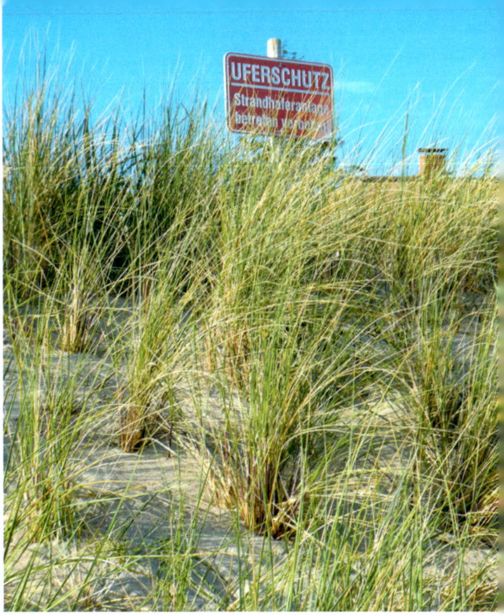

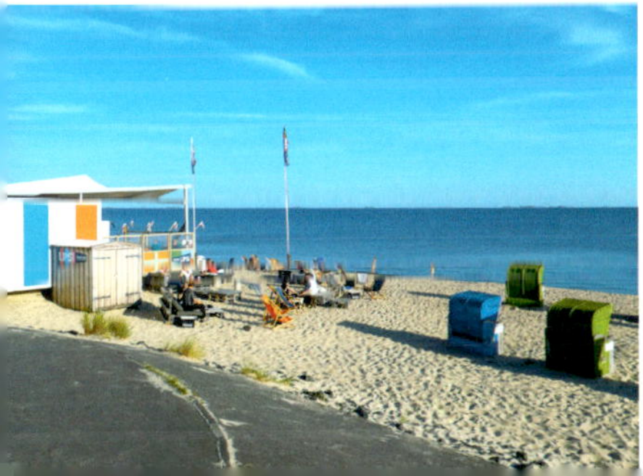

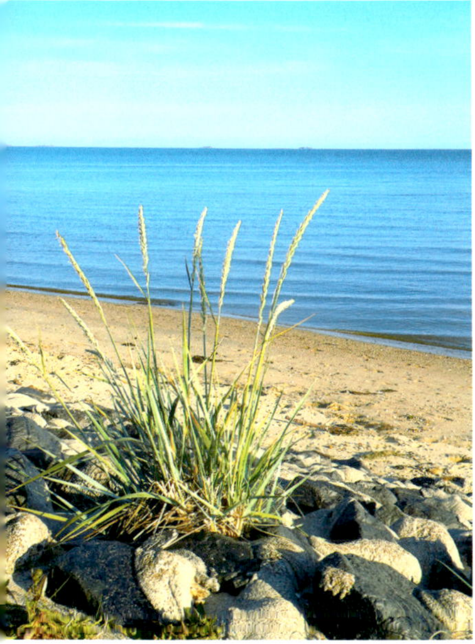

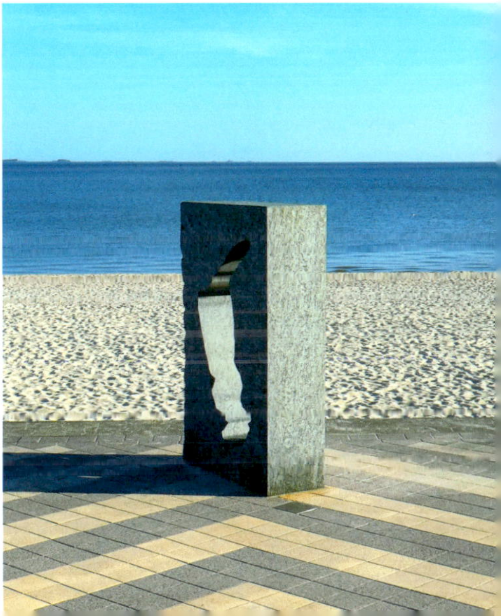

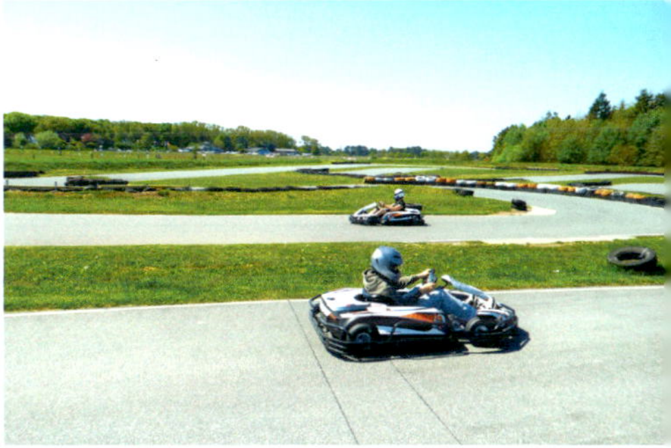

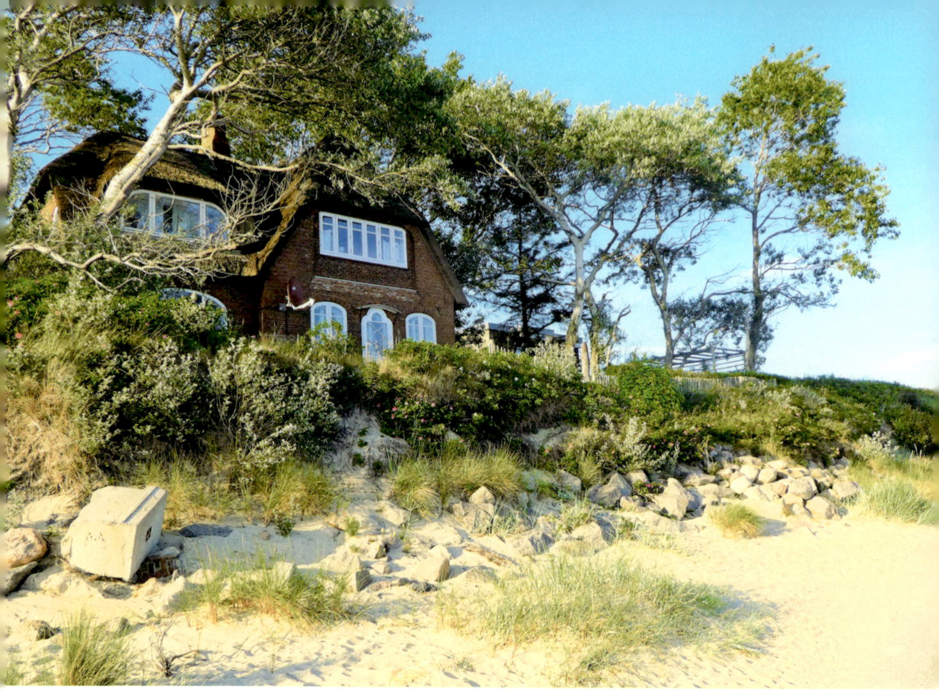

Oben: Das Haus Redlefsen als Filmkulisse

Folgen Sie links dem Trampelpfad und dann dem Fußweg parallel zum eingezäunten Feld bis zu dessen Ende, wo Sie nach rechts biegen und auf dem Fußweg weiter bis zum Weingut gehen.

Das ❹ WEINGUT WAALEM baut mittlerweile auf rund sechs Hektar Land in Nieblum und Alkersum mit großem Erfolg Wein an, wobei die Rebsorten Johanniter, Solaris, Souvignier Gris und Hibernal sowie die rote Rebsorte Pinotin sich besonders unbeeindruckt vom rauen Nordseeklima zeigen.

Doch der Wein wird nicht nur angebaut, sondern auch ausgebaut. Vom Rebstock bis in die Flasche, jeden Arbeitsprozess begleiten Christian Roeloffs und sein Sohn Lenz mit Argusaugen. Sie haben als Weinpioniere bereits 2009 die ersten Reben angebaut – heute bewirtschaften sie mit dem Waalem-Team einen beachtlich großen Teil der schleswig-holsteinischen Weinanbaufläche.

Von Juni bis Mitte September werden öffentliche Weinführungen angeboten. Halten Sie im Veranstaltungskalender des Tourismus-Service danach Ausschau. Und wenn Sie den Föhrer Wein probieren, werden Sie feststellen, dass der frische und fruchtige Geschmack schon beim ersten Schluck überzeugt. Der Wein ist der unter anderem auch bei »Kleine Sünden Föhr« erhältlich, wo Sie auf der Genießertour (siehe Tour 19) vorbeikommen.

Zurück auf dem Weg, der am Weingut vorbeiführt, geht es weiter am Schullandheim Nieblum vorbei bis in die kleine SIEDLUNG BREDLAND, die nur aus dem gleichnamigen Hauptweg besteht. Gehen Sie ihn im Bogen bis zum Ende der Sackgasse und wieder zurück, während Sie die Häuser bestaunen. Eines schöner gelegen als das nächste!

Verlassen Sie die Siedlung beim Grevelingstieg, wo Sie rechts abbiegen und dann die zweite rechts in die Straße GREVELING hineingehen, die Sie durch die gleichnamige Siedlung führt. Auffallend ist hier, dass alle Häuser wie auf einer Hallig auf Warften stehen, zudem tragen die Straßen nur einen Namen, doch wenn Sie diesen im Linksbogen folgen, so erhalten Sie einen guten Eindruck von der luxuriösen Wohngegend und kommen schließlich zur Straße Am Flugplatz.

Schräg links gegenüber führt Sie jetzt ein kleiner Abstecher zum 5 GOLFPLATZ, den sie hinter Bäumen schon erahnen können.

Golfen auf einer sturmerprobten Insel? Das erwartet man nicht unbedingt. Dabei fliegen beim Golfclub Föhr e.V. schon seit 1925 die Bälle, mit dem Ziel, mit möglichst wenig Schlägen in den 27 Löchern zu landen – und das inmitten von Dünen, Sandkuhlen und umgeben von Biotopen und Wald.

Gleich nebenan liegt der 6 FLUGPLATZ, der bereits 1926 in Betrieb genommen wurde und damit zu den ältesten in Schleswig-Holstein gehört. Wer hätte das gedacht? Zum Vergleich: Der Flughafen Hamburg wurde 1911 eröffnet. Erste Linienflüge mit der Lufthansa nach Föhr gab es bereits in den 1930er Jahren, und am 3. Juni 1960 wurde der »Lufttaxi-Dienst Hamburg–Föhr« eröffnet. Die Insel hat sogar einen Flugkapitan hervorgebracht, der mit zahlreichen Orden behängt war: der gebürtige Föhrer Friedrich Christiansen (1879–1972), der noch vor der Eröffnung des Flugplatzes das erste Flugzeug steuerte. Am 21. Juni 1914 landete er auf einer Föhrer Wiese, und am 1. August 1932 lag er mit dem berühmten Flugboot »Do-X« umjubelt bei der Mittelbrücke auf Reede.

Historische Flugzeuge versammeln sich alljährlich beim »FLY-IN« Anfang August auf dem Flugplatz, das der Luftsportclub Föhr veranstaltet. Den ganzen Tag über starten und landen rund 400 Flugzeuge, darunter historische Doppeldecker, geflügelte Oldtimer und andere Schmuckstücke der Fliegerei – da gibt es neben den historischen Gewändern der Pilotinnen und Piloten viel zu bestaunen.

Das CAFÉ/RESTAURANT AM FLUGPLATZ hat fast das ganze Jahr über geöffnet, und von der Terrasse aus haben Sie beste Sicht auf das Geschehen. Auch drinnen sitzt man gemütlich – auf »sprechenden Stühlen«, denn jeder der historischen Stühle, die auf der Insel zusammengetragen wurden, hat seine Geschichte. Die sprechenden Stühle sind eine Anlehnung an die sprechenden Grabsteine auf Föhr (siehe Tour 5 und Tour 17).

Sie haben die Auswahl aus einem wechselnden Angebot deutscher Küche, darunter vegetarische und vegane Gerichte sowie kreative selbst gebackene Kuchen und Torten, deren Anblick allein schon ein Gedicht ist. Hier gibt es auch gluten- und laktosefreie sowie vegane Kreationen.

Entlang der Straße Am Flugplatz geht es auf dem geteilten Rad- und Fußweg weiter, links um die Kurve in den Fehrstieg, wo nach einigen Metern wiederum links ein geschotterter Weg zur flüsterleisen 7 E-KARTBAHN FÖHRRING führt.

Auf Deutschlands nördlichster Kartbahn erwartet Sie ein 560 Meter langer Outdoor-Kurs und Rennspaß mit einer möglichen Spitzengeschwindigkeit von 65 km/h. Dank des Elektroantriebs sind die Karts nicht nur besonders leise, sondern vor allem auch umweltfreundlich. Neben den Erwachsenen haben auch Kinder ab neun Jahren und einer Mindestgröße von 1,45 Metern ihren Rennspaß auf der Bahn.

Selbstverständlich kann die Geschwindigkeit des Karts von außen gesteuert und durch die freundlichen »Rennleiter« Petra und Dierk Clausen samt Team dem Können des Fahrers angepasst werden. Erste Fahr-Erfahrungen sammeln Kinder im Twin-Kart an der Seite eines Elternteils. Eine ausführliche Einweisung gehört natürlich auch mit zum Sicherheitsprogramm. In der Saison ist eine telefonische Re-

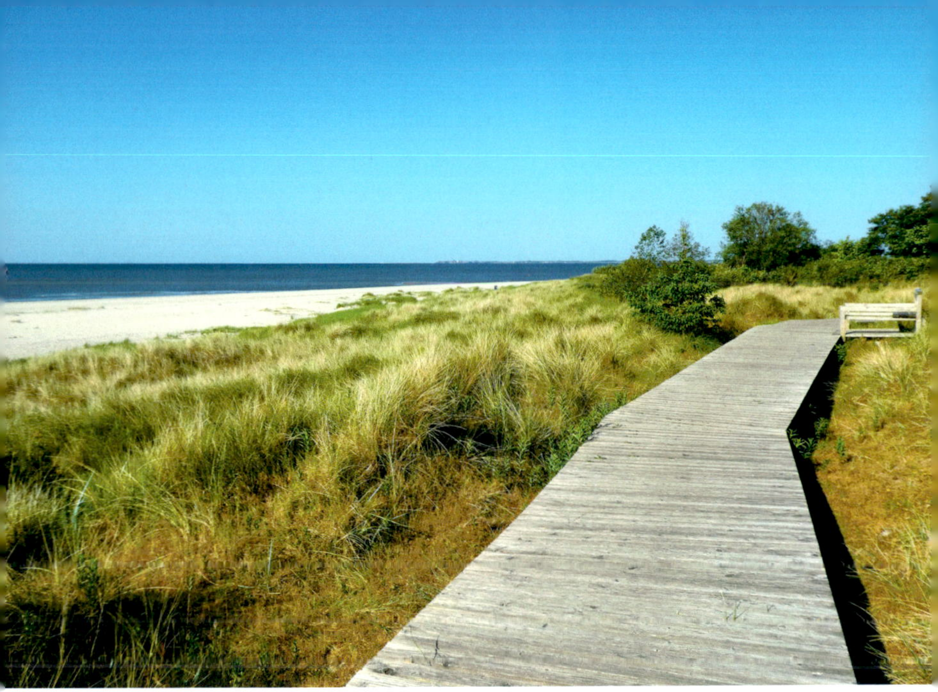

Oben: Der Bohlenweg – hier befindet man sich liebend gern auf dem Holzweg

servierung unbedingt zu empfehlen. Wer nur zuschauen möchte, hat von der Terrasse aus den besten Blick über die Rennstrecke und ist mit Getränken und Snacks bestens versorgt.

Beim 8 BOGENSCHIESSEN NORDPFEIL auf der Wiese nebenan sind Konzentration und Fokus angesagt – wer diesen Sport einmal ausprobiert hat, weiß, wie viel Spaß es macht, sich auf ein Ziel zu fokussieren, die Körperspannung bewusst aufzubauen und kontrolliert loszulassen. Das Nordpfeil-Team zeigt Anfängern gern in einem zehnminütigen Schnupperkurs erste Grundlagen dieses faszinierenden Sports. Wer längst das Bogenschießen für sich entdeckt hat, ist in einem der Workshops bestens aufgehoben, in denen Sie Ihren eigenen Bogens bauen.

Jetzt geht es zurück zum Strand, indem Sie den Fehrstieg ein kurzes Stück in die Richtung zurückverfolgen, aus der Sie gekommen sind. In der Kurve sehen Sie einen geschotterten Stichweg, der zum Strand und damit zum 9 LIPSI BEACHCLUB führt. Hier gibt es leckere Drinks, natürlich auch alkoholfrei, selbst gemachte Waffeln und Snacks bei chilliger Musik und Meerblick. Achten Sie auf regelmäßig stattfindende Live-Musik-Veranstaltungen und andere Events.

Zum Abschluss der Tour gehen Sie ein kurzes Stück über die Promenade zum AMRUM-STEIN, der so aufgestellt wurde, dass er Ihnen durch den Umriss einen Blick auf die Nachbarinsel ermöglicht, die zum Greifen nah erscheint.

Berühmt ist die Insel für den Kniepsand, eine rund 15 Kilometer lange und 1,5 Kilometer breite Sandbank aus feinstem weißen Sand, und für den höchsten begehbaren Leuchtturm an der deutschen Nordseeküste. Ein Tagesausflug nach Amrum lohnt allemal, per Schiff von Wyk aus oder als geführte Wattwanderung wie in Tour 2 beschrieben.

Vielleicht lädt das Wetter ja dazu ein, den restlichen Tag am Strand in der Nähe des Amrum-Steins zu verbringen – wo Sie schon mal da sind. Falls Ihnen der Sinn nach einer weiteren Tour im Anschluss steht, sehen Sie sich Tour 11 an, deren nahegelenener Startpunkt Sie zunächst in die Ausstellung des Nationalpark-Hauses führt.

1 HAUS REDLEFSEN
am Ende des Promenadenwegs
25938 Wyk auf Föhr

2 GREVELING-SIEDLUNG
Zugang über die Straße
Grevelingstieg/Greveling
25938 Nieblum (Greveling)

3 BREDLAND-SIEDLUNG
Zugang über die Straße
Grevelingstieg/Bredland
25938 Nieblum (Bredland)

4 WEINGUT WAALEM
Grevelingstieg 11
25938 Nieblum
www.weingut-waalem.de

5 GOLFPLATZ/ GOLF CLUB FÖHR E.V.
Grevelingstieg 6
25938 Nieblum
www.golfclubfoehr.de

6 FLUGPLATZ MIT CAFÉ RESTAURANT AM FLUGPLATZ
Am Flugplatz 18
25938 Wyk auf Föhr
www.foehr.de/caferestaurant-am-flugplatz

7 E-KARTBAHN FÖHRRING
Fehrstieg 100
25938 Wyk auf Föhr
www.foehrring.de

8 BOGENSCHIESSEN NORDPFEIL
Fehrstieg 98
25938 Wyk auf Föhr
www.nordpfeil-foehr.de

9 LIPSI BEACHCLUB
Promenadenweg / Strandabschnitt 26
25938 Wyk auf Föhr

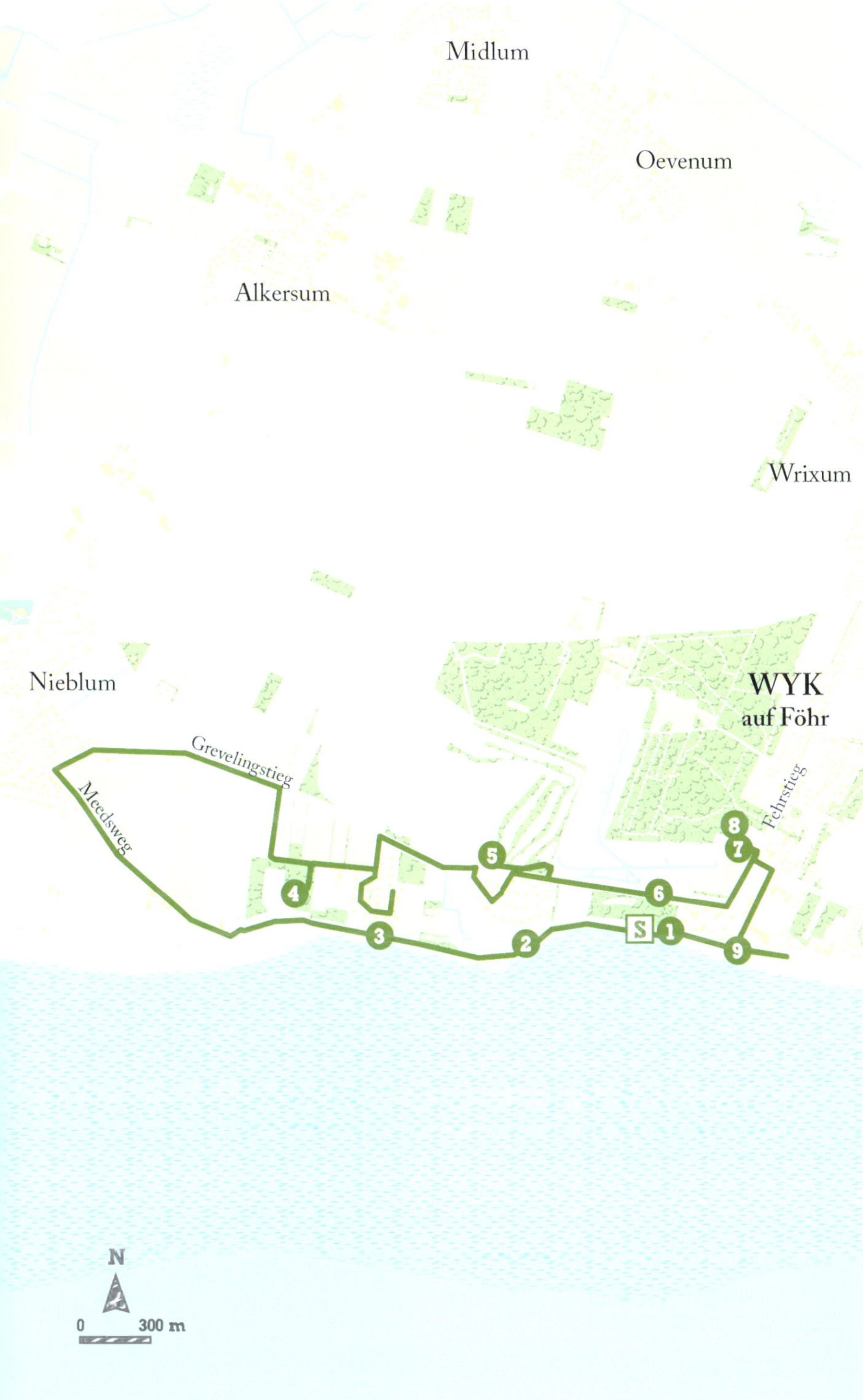

Midlum
Oevenum
Alkersum
Wrixum
Nieblum
WYK
auf Föhr
Grevelingstieg
Meedsweg
Fehrstieg
S
1
2
3
4
5
6
7
8
9
N
0
300 m

9 Von Wyk nach Oevenum

Das charmante Inseldorf entdecken

BESTE ZEIT: Der Bauernmarkt in Wyk findet von Mai bis Mitte Oktober jeweils mittwochs und samstags von 9 bis 12 Uhr auf dem Wyker Rathausplatz statt. Der Wochenmarkt in Oevenum von Ostern beziehungsweise Mai bis Mitte Oktober jeweils donnerstags von 10 bis 13 Uhr.
LÄNGE: circa 10 Kilometer
ROUTE: Diese Strecke ist besonders für Radfahrer geeignet, auf dem Abzweig nach Oevenum gibt es keinen Rad-/Fußweg. Es herrscht jedoch wenig Verkehr – wenn nicht Wochenmarkt ist. Das Dorf lässt sich am besten zu Fuß erkunden.

Die Tour beginnt auf dem 1 RATHAUSPLATZ, nach Möglichkeit mit einem Bummel über den Föhrer Bauernmarkt, auf dem es zum Beispiel den Föhrer Inselkäse, frisches Obst und Gemüse, Marmelade und Schaffelle von der Insel zu kaufen gibt. Der Markt vor dem SEEHUNDBRUNNEN ist klein, aber fein, denn hier finden Sie einige Spezialitäten und Naturprodukte Föhrs auf einem Fleck, ohne über die gesamte Insel fahren zu müssen. Dennoch sind die Hofläden der Erzeuger natürlich immer einen Besuch wert, da es dort noch viel mehr Auswahl gibt – auf dem Markt verschaffen Sie sich einen ersten Überblick.

Fahren Sie auf der Hafenstraße in Richtung Norden und folgen Sie kurz vor dem Kreisverkehr dem Radweg als Umgehung der vielbefahrenen Straße, der Sie zur Boldixumer Straße führt. Folgen Sie dieser aus Wyk hinaus bis zur großen Kreuzung, wo Sie nach rechts in den Hardesweg abbiegen. Fahren Sie auf dem geteilten Fuß- und Radweg durch Boldixum (siehe Tour 12) und Wrixum.

Hinter dem Ortsausgang fahren Sie weiter auf dem geteilten Fuß- und Radweg entlang des Hardeswegs, der nun zwischen Fel-

Gegenüber: Das ehemalige Schulhaus in Oevenum

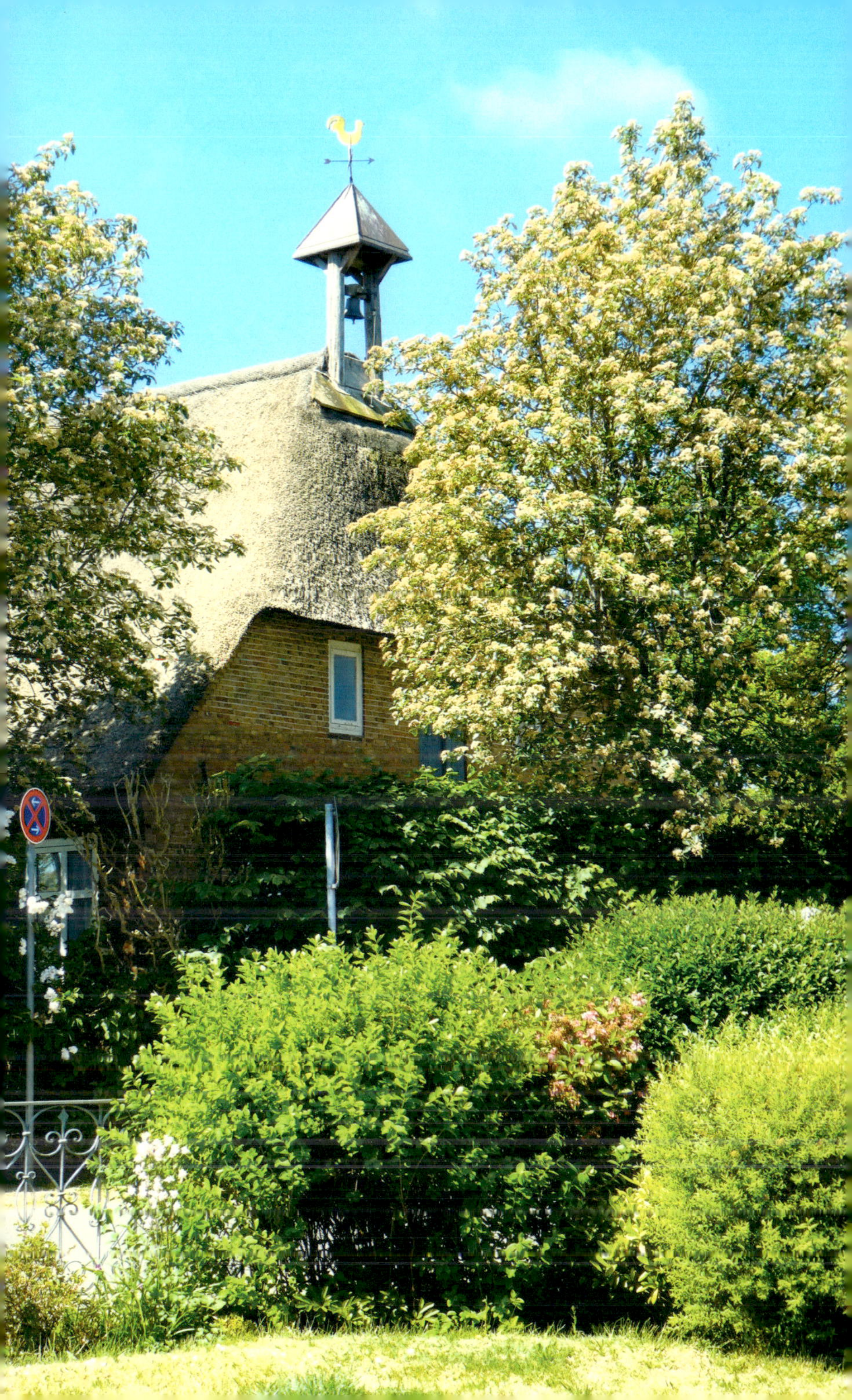

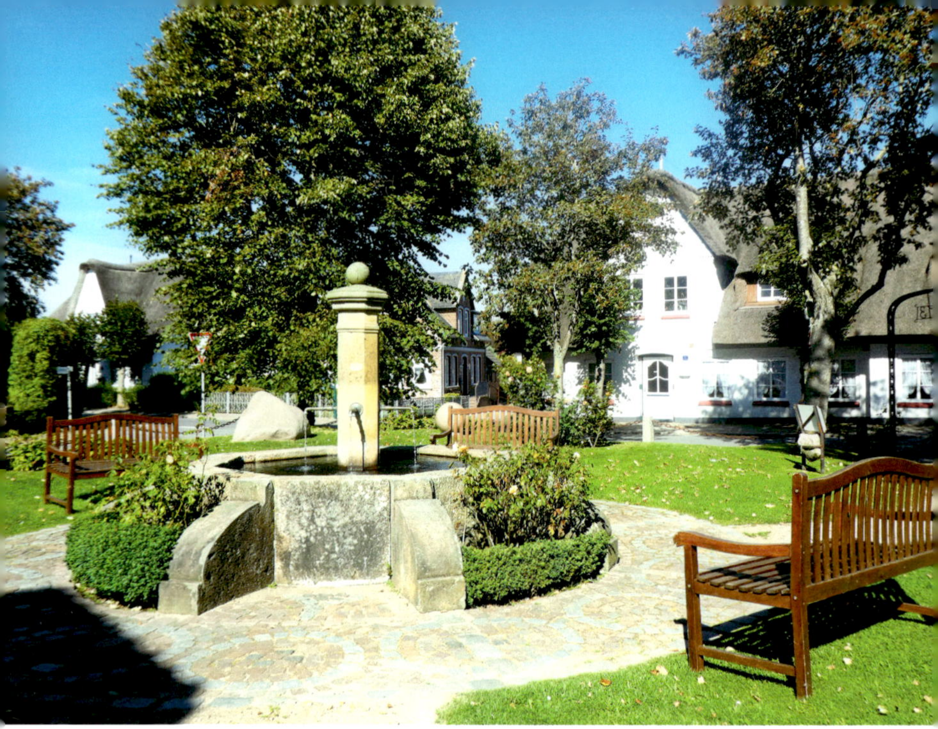

Oben: Der Oevenumer Dorfplatz: Ruhe und Beschaulichkeit; unten: Der Wochenmarkt von Oevenum, auf dem man viele Föhrer Produkte und Handwerkskunst findet

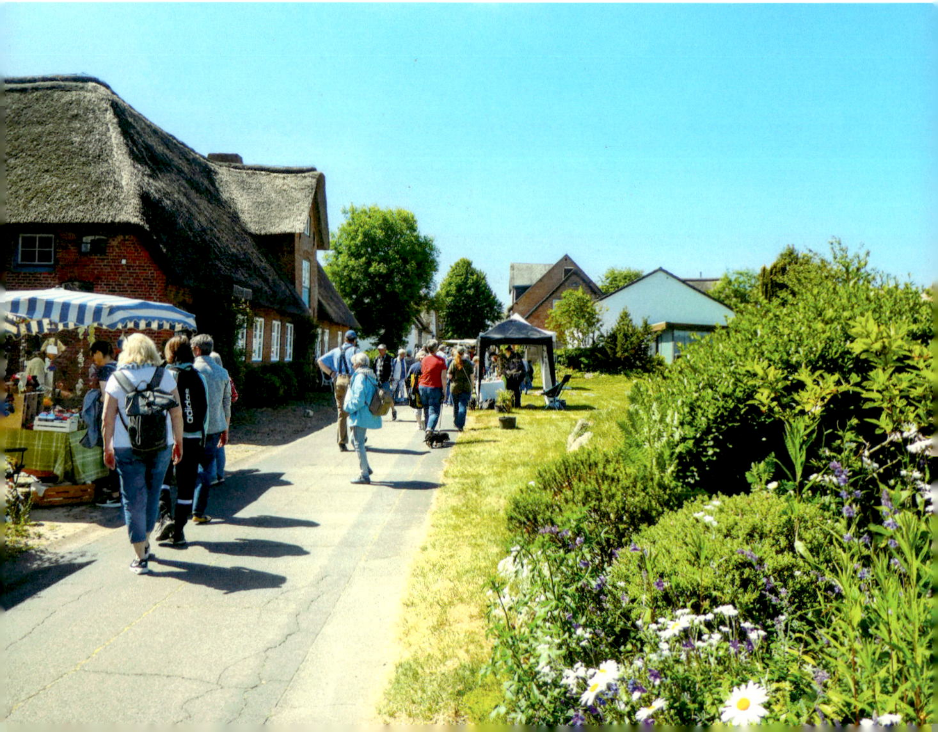

dern und Weiden bis zur nächsten Kreuzung führt, an der ein Schild Richtung Oevenum weist. Hier biegen Sie rechts ab.

Neben Ihnen erstrecken sich WEINREBEN auf einem Feld – ein ungewohnter Anblick, doch da es keine Berge auf der Insel gibt, muss der Weinanbau auch so funktionieren – und das gelingt ganz hervorragend, wie das Weingut Waalem beweist (siehe Tour 8).

Sie erreichen nun Oevenum, ein bezauberndes Dorf mit schmalen Gassen, schönen Gärten und Plätzen sowie historischen Reetdachhäusern und besonderen Läden. Der erste liegt gleich am Ortseingang: ❷ FÖHRER SNUPKROOM, 2012 von Enken Brodersen ins Leben gerufen, als sie eine historische Bonbon-Walzmaschine erwarb und ihre Leidenschaft geweckt war. Seither wird nach alten Rezepten in der Bonbonmanufaktur gekocht, geknetet, gerollt und gezogen, um jede Menge »Snupkroom«, Naschkram auf Friesisch, herzustellen. Ein Paradies, in dem man die Diät schnell vergisst.

Am laufenden Meter, im wahrsten Sinne des Wortes, lässt sich das Team neue Kreationen einfallen. Muster, maritime Symbole und sogar Buchstaben, alles wird handwerklich perfekt in die Bonbons oder Lutscher eingearbeitet – und dann erst der Geschmack! Klassiker wie Zitronenbonbons oder ausgefallene Sorten wie Rose oder Wildapfel, die Vielfalt scheint keine Grenzen zu kennen. Auch Fans von regionalen Produkten kommen auf ihre Kosten, denn in den Honigbonbons ist zum Beispiel Föhrer Hönig verarbeitet. Der Clou sind die Lakritzbonbons oder Erdbeerzuckerstangen, die man mit Wodka oder Korn übergießt, zwei Tage stehen lässt, und fertig ist der Likör für einen lustigen Abend voller Föhr-Erinnerungen.

Gegenüber vom Snupkroom befindet sich der ❸ SPIELPLATZ IM FRIESENTAL, wo Kinder viel Platz zum Toben haben und den Adlerhorst, einen rund sechs Meter hohen Kletterturm, als Highlight erklimmen. An der Straßenecke steht ein kleiner, von Bäumen umsäumter Picknickplatz mit Tischen und Bänken.

Fahren Sie auf der Dörpstrat weiter: Bei Nummer 6 erreichen Sie das ELTERNHAUS von Namine Witt, in dem sie 1843 geboren wurde. Mehr über die bekannte Gastwirtin und Heimatdichterin erfahren Sie auf Tour 6, wo Sie ihre Wirkungsstätte besuchen.

Jetzt ist es nicht mehr weit bis zum schön gestalteten ❹ DORFPLATZ. Spätestens wenn Sie sich hier auf einer der Bänke mit Blick auf den Wunschbrunnen niederlassen, spüren Sie die Entschleunigung. Das Becken des Wunschbrunnens war früher übrigens in der Carolabrücke in Dresden eingebaut und gelangte, da die Neugestaltung des Dorfplatzes 2013 aus Spendengeldern und durch ehrenamtliche Hilfe erfolgte, nach Föhr.

Die Inschrift der ORTSTAFEL am Eingang zum Dorfplatz gibt Rätsel auf: Landwehrbezirk Apenrade? 4Te Compagnie? Kreis Tondern? Tatsächlich gehörte Oevenum zur ehemaligen Harde Osterlandföhr, einem unteren Verwaltungsbezirk, der Teil des Herzogtums Schleswig war und zum Kreis Tondern gehörte, genauer zum Landwehrbezirk Apenrade, dem heutigen dänischen Aabenraa.

Angrenzend an den idyllischen Dorfplatz steht das 2013 neu erbaute ❺ SPRITZENHAUS, in dem sich ein kleines, aber feines Feuerwehrmuseum verbirgt. Noch weniger vermutet man hinter diesem modernen Mauergewand die Geschichte von DEUTSCHLANDS ERSTER JUGENDFEUERWEHR, die am 12. Februar 1882 in Oevenum gegründet wurde. Vermutlich ist sie sogar die älteste Europas, manche sagen, der ganzen Welt, aber das lässt sich nicht beweisen. Sicher ist nur, dass die Oevenumer Dorfjugend kein spielerisches Training hatte, sondern auch bei Bränden ausrücken musste.

Um die Alarmierung zu vereinfachen und die Bewohner zu warnen, wurde 1796 eine FEUERGLOCKE auf das Dach des ❻ SCHULHAUSES gesetzt. Sie sollte zugleich als Schulglocke dienen, was den Kindern weniger gefallen hat, da sie nun keine Ausrede mehr hatten, wenn sie nicht pünktlich zum Unterricht erschienen. Gehen Sie doch mal rüber zu dem roten Backsteingebäude gegenüber des Dorfplatzes aus dem Jahr 1853. Bis 1956 wurde hier unterrichtet – selbstverständlich mit der historischen Glocke auf dem Dach. Heute ist die Alte Schule ein hübsches Feriendomizil.

In Oevenum geht es ruhig und beschaulich zu – es sei denn, es ist ❼ WOCHENMARKT, dann ist hier ganz schön was los, denn die handgemachten Schätze und Inselköstlichkeiten locken viele Besucher aus allen Inselteilen an.

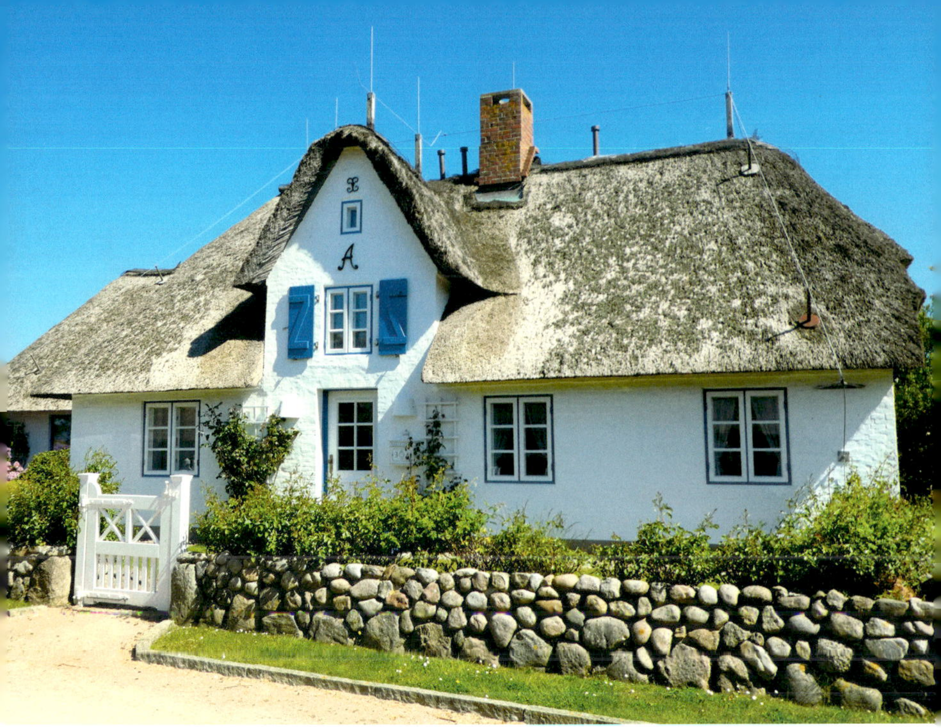

Oben: In Oevenum reiht sich ein sehenswertes Reetdachhaus ans nächste;
unten: Blühende Gärten unterstreichen das bezaubernde Ortsbild

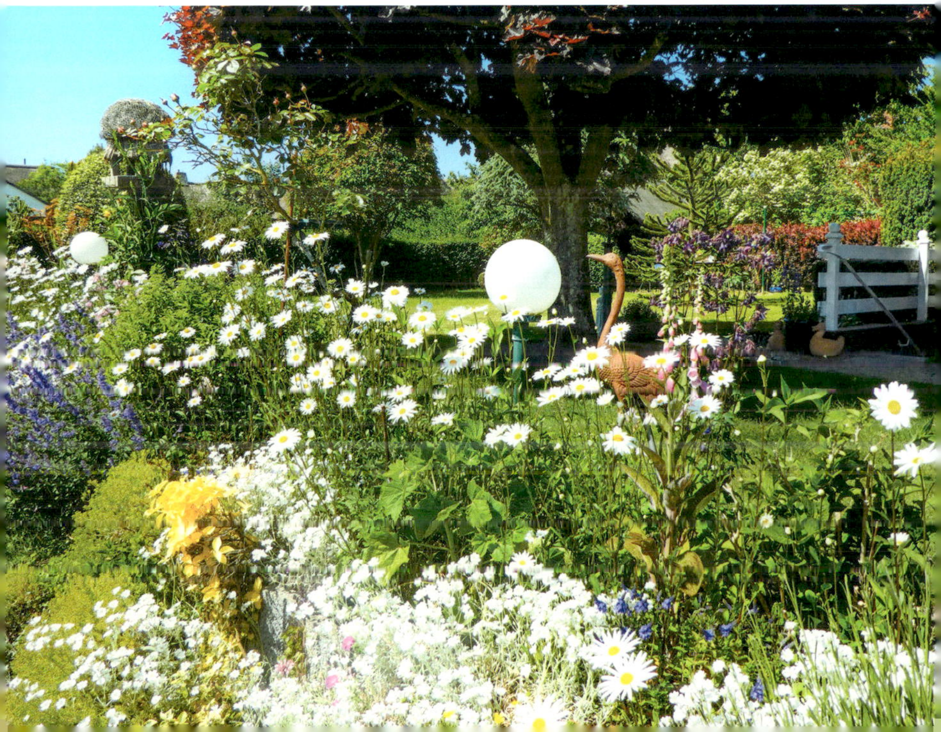

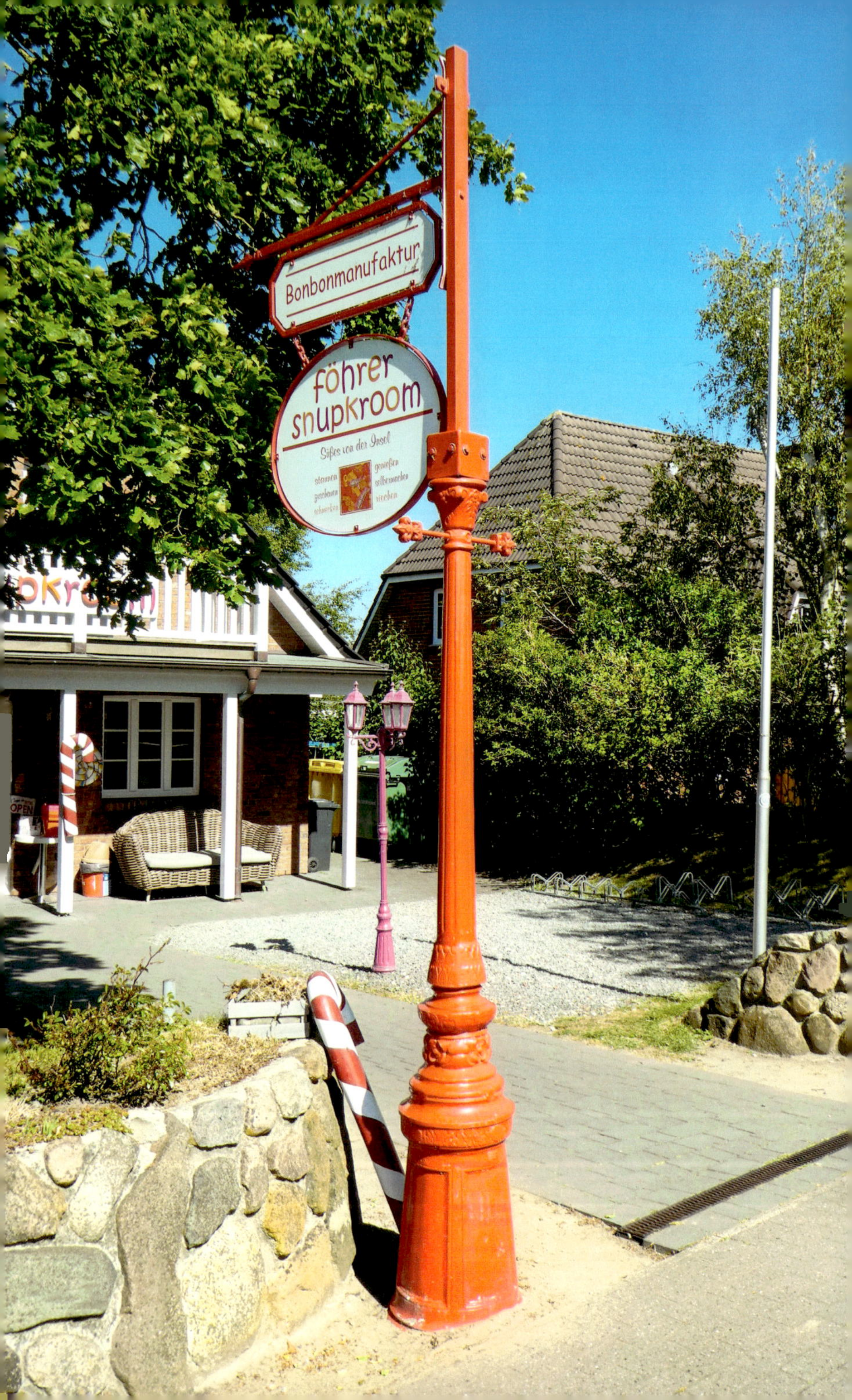
Bonbonmanufaktur
föhrer snupkroom
Süßes von der Insel
staunen
genießen
selbermachen
riechen

Biegen Sie gegenüber der Alten Schule in die Straße Wochenmarkt ein, deren Name Programm ist. Gehen Sie die Straße bis zu ihrem Ende, die an jedem Tag der Woche sehenswerte Gärten zu bieten hat, in denen es bunt blüht.

Sie erreichen den 8 JUISHOF MIT HOFLADEN, in dem Sie rund um die hofeigenen Schafe und Lämmer selbst hergestellte Produkte finden: Käse, Wurst, Felle, aber auch Seifen, verschiedenste Deko-Artikel, schöne Postkarten und vieles mehr, was in angenehm fröhlicher Atmosphäre präsentiert wird. Das Highlight ist (fast) jeden Dienstag in der Saison um 10.30 Uhr die Schafschur nach neuseeländischer Tradition, bei der Sie zusehen dürfen und viele Erklärungen erhalten – und dann gucken auch noch ein paar neugierige Alpakas über den Zaun. Was es nicht alles in Oevenum gibt.

Links vom Hof sehen Sie die 9 FRIEDENSEICHE, ein mittlerweile imposanter Baum, der 1871 aus Freude über den Sieg der Preußen gegen Frankreich im Deutsch-Französischen Krieg von den Oevenumern gepflanzt wurde.

Durchstreifen Sie von hier aus nun die zwischen Buurnstrat und Dörpstrat stets parallel verlaufenden Gassen und halten Sie Ausschau nach den kleinen Details, die Sie entlang der sehenswerten Häuser und Gärten entdecken – verlaufen können Sie sich nicht.

Zurück beim Dorfplatz biegen Sie bei der Freiwilligen Feuerwehr in den Karkstieg ein. Beim Abzweig der Straße Bobklint stoßen Sie auf einen abseits gelegenen 10 FINDLING, der auf eine wichtige Entdeckung hinweist. Denn bei der Erschließung des Neubaugebiets 2015 kamen archäologische Funde zutage – und zwar jede Menge. Insgesamt wurden 1.216 Fundstellen dokumentiert, von Feuerstellen über Keramikscherben bis hin zu einem Grubenhaus. In Summe war klar, dass es sich um eine Siedlung aus dem 4./5. Jahrhundert handeln muss, die hier auf dem Geestkern des heutigen südlichen Ortsrands auf einem Gebiet von rund 2.000 Quadratmetern errichtet worden war.

Biegen Sie nach der Straße Bobklint links in den Feldweg. An seinem Ende erreichen Sie den Oberweg, in den Sie links einbiegen.

Gegenüber: Ein Paradies für Naschkatzen

Dieser geht in den Hardesweg über, der Sie bis zu der Kreuzung führt, an der Sie vorhin nach Oevenum abgebogen sind. Biegen Sie nun erneut links ab, nun fahren Sie jedoch nicht in den Ort hinein, sondern geradeaus, bis Sie auf die Querstraße treffen. Biegen Sie hier rechts in die Straße Ohl-Dörp und fahren Sie auf dieser entlang durch Wrixum und Boldixum, bis Sie auf die L 214 treffen. Diese überqueren Sie und fahren in den Radweg, der als Umgehung der vielbefahrenen Straße dient, und nun auf der vom Hinweg bekannten Route zurück zum Ausgangspunkt.

1 RATHAUSPLATZ/ FÖHRER BAUERNMARKT
Hafenstraße
25938 Wyk auf Föhr

2 FÖHRER SNUPKROOM
Wohlackerum 2
25938 Oevenum
https://foehrersnupkroom.de

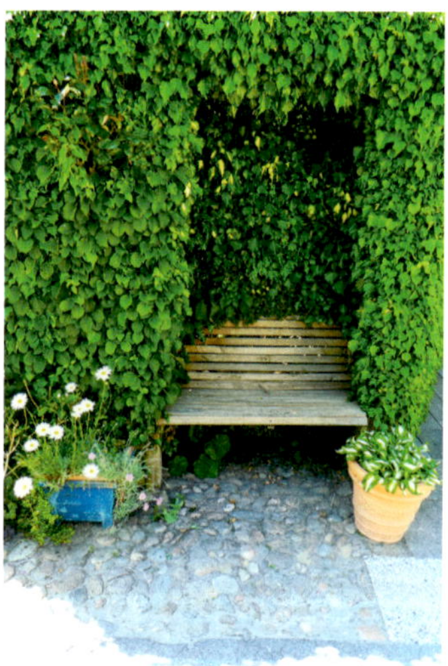

Oben: Lauschiges Plätzchen

3 SPIELPLATZ FRIESENTAL
Am Friesental 2
25938 Oevenum

4 DORFPLATZ
Ecke Karkenstieg/Dörpstrat
25938 Oevenum

5 SPRITZENHAUS/ MUSEUM
Karkenstieg 3
25938 Oevenum

6 ALTE SCHULE MIT FEUERGLOCKE
Karkenstieg 2
25938 Oevenum

7 WOCHENMARKT
Straße Wochenmarkt
25938 Oevenum

8 OEVENUMER HOFLADEN
Buurnstrat 46
25938 Oevenum
www.juishof.de

9 FRIEDENSEICHE
Nähe Buurnstrat 40
25938 Oevenum

10 FINDLING (ARCHÄOLOGISCHE AUSGRABUNGEN)
Ecke Karkenstieg/Bobklint
25938 Oevenum

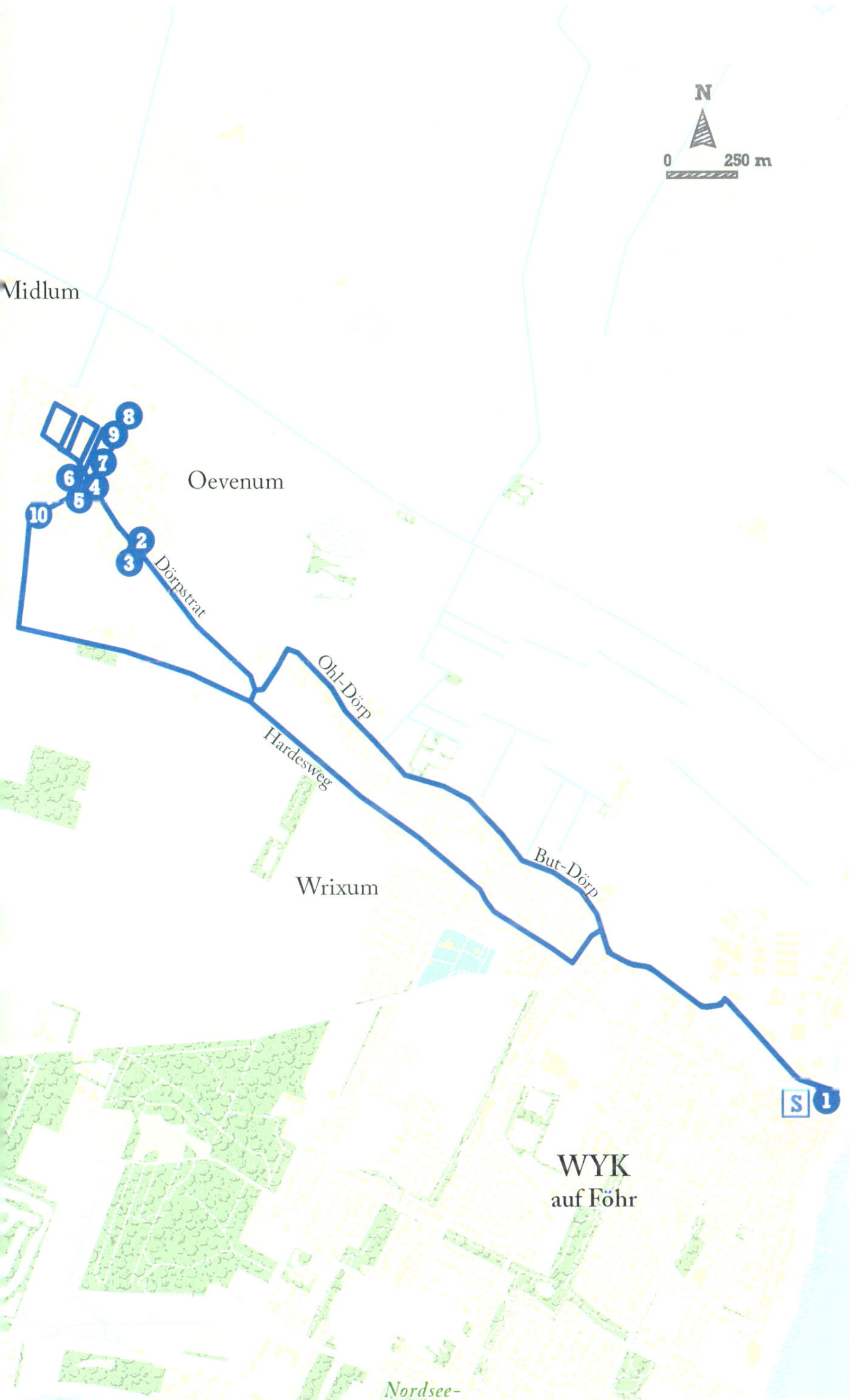

N
0
250 m
Midlum
Oevenum
Dörpstrat
Ohl-Dörp
Hardesweg
But-Dörp
Wrixum
WYK
auf Föhr
Nordsee-
S
1
2
3
4
5
6
7
8
9
10

10__ Von Wyk über Klein-Helgoland zur Vogelkoje

Vom Trubel hinein in die idyllische Einsamkeit

BESTE ZEIT: zu den Öffnungszeiten der Boldixumer Vogelkoje und des Cafés Klein Helgoland, besonders zum Sundowner auf der Sonnenterrasse mit Blick über den Hafen
LÄNGE: circa 11 Kilometer
ROUTE: Die Tour ist für Wanderer geeignet, jedoch für Radfahrer empfohlen. Schließen Sie Ihr Fahrrad zunächst bei den Abstellplätzen in der Nähe des Hafenparkplatzes beim Strandzugang ab, um den Hafen zu Fuß zu erkunden.

Sie starten am ❶ REEDEREI-GEBÄUDE der W.D.R., kurz für Wyker Dampfschiffs-Reederei, die bereits 1885 unter dem Namen »Wyker Rhederei Gesellschaft« gegründet wurde, denn der Bedarf war groß, seit 1819 das Seebad ins Leben gerufen worden war. Die »Nordfriesland III« war das erste Schiff, mit dem neben 740 Passagieren auch Autos transportiert werden konnten. Seit 2010 pendeln Doppelendfähren (von beiden Seiten befahrbar) mit einer Kapazität von bis zu 1.200 Passagieren und 75 Pkws zwischen Dagebüll und Föhr entlang der Zorn-Passage, die ihren Namen übrigens nicht aufgrund widriger Überfahrbedingungen trägt, sondern zu Ehren des ehemaligen Geschäftsführers Conrad Zorn, der 30 Jahre lang die Geschicke der W.D.R. lenkte.

Spazieren Sie entlang des Anlegers 1, der seit 2020 die Alte Mole ersetzt (Kostenpunkt: 11 Millionen Euro) auf den kleinen »Leuchtturm« zu, der seit April 2020 die Inselbewohner und Gäste begrüßt und verabschiedet. Trotz seines Aussehens hat er nicht primär die

Gegenüber: Ein Siel bei der Arbeit

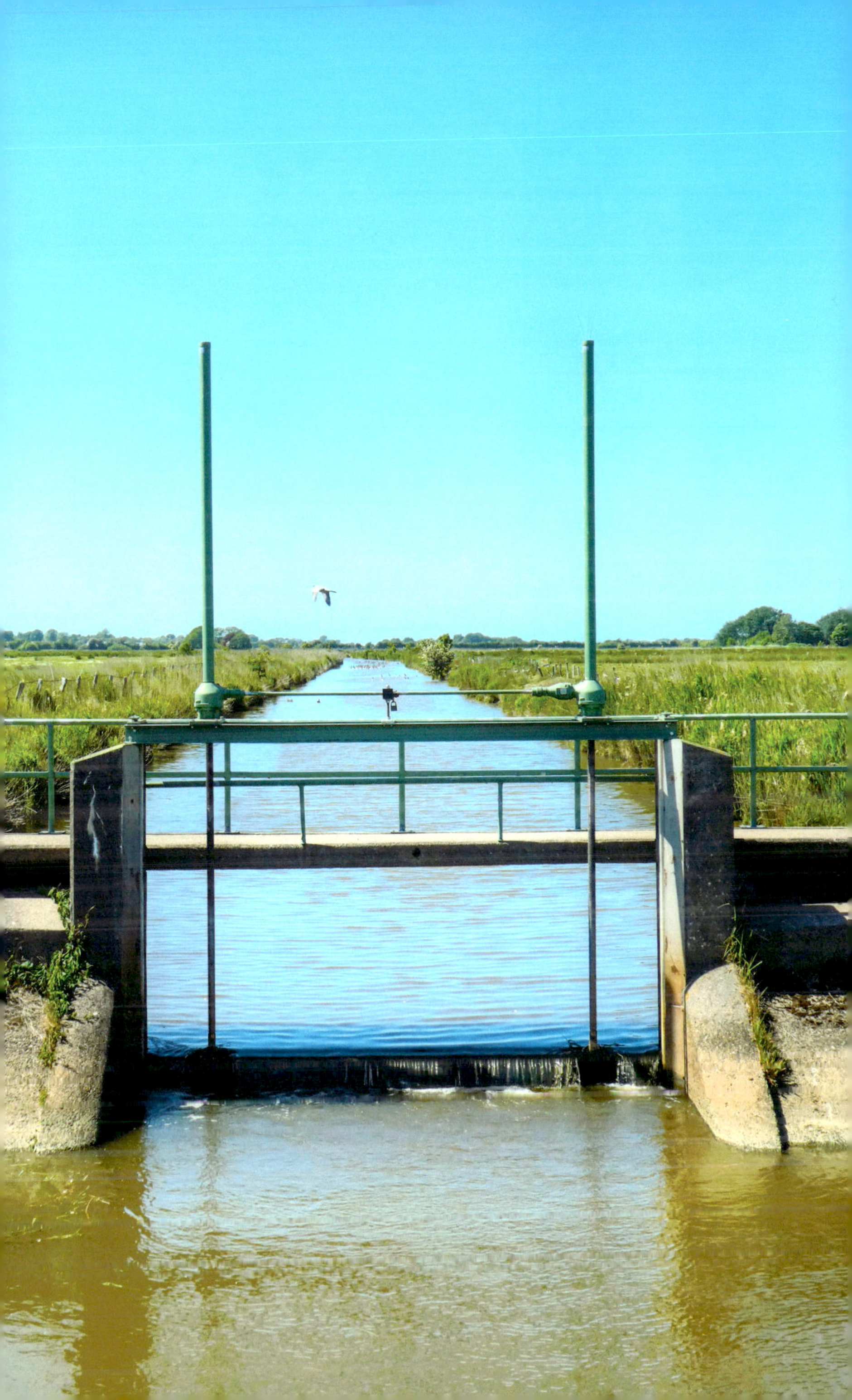

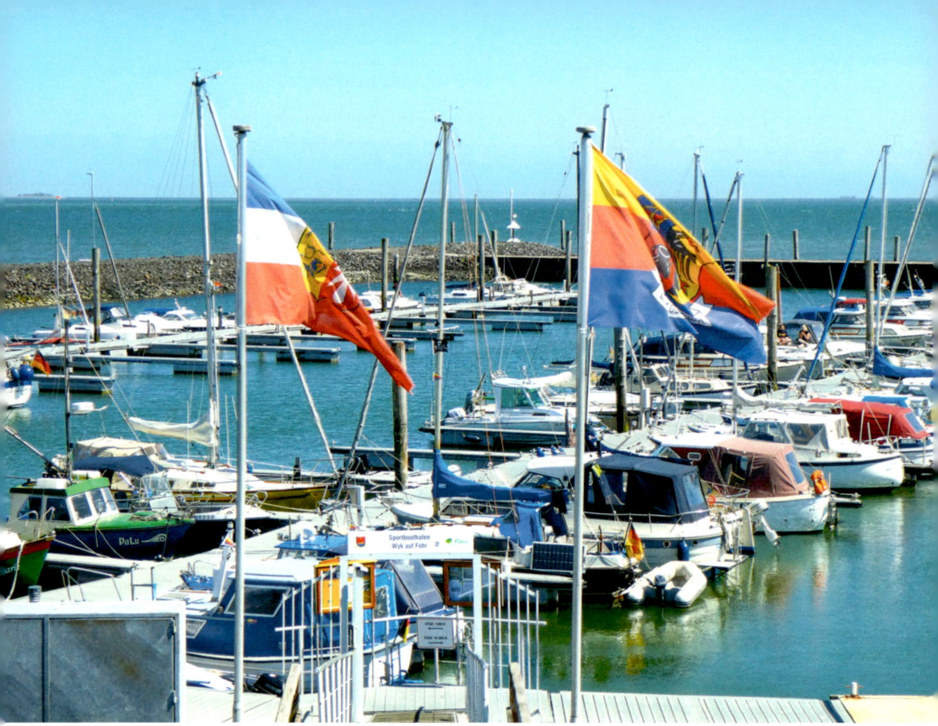

Oben: Der Sportboothafen als beliebter Anlegeplatz in der friesischen Karibik

Funktion eines Leuchtturms. Zwar wird abends und bei Nebel Licht eingeschaltet, doch in erster Linie ist er das PEGELHAUS, wo der Landesbetrieb für Küstenschutz, Nationalpark und Meeresschutz Schleswig-Holstein (LKN) die Pegelstände mithilfe moderner Technik durch einen Schacht zur Nordsee abliest.

Auf dem Rückweg gehen Sie an der Kaimauer hinter dem Reederei-Gebäude entlang, von wo aus Sie einen schönen Blick über die Boote im 2 BINNENHAFEN VON WYK haben, der bereits der dritte Hafen in der Stadtgeschichte ist. Am 31. Oktober 1704 erhielt Wyk die Hafengerechtigkeit und damit die Erlaubnis, einen Hafen anzulegen. Gesagt, getan? Leider nein, denn erst zog sich der Bau hin, und kaum war der Hafen endlich fertig, zerstörte ihn die Dezemberflut von 1720. Mangels Geldes erfolgte keine Instandsetzung, der Hafen verschlickte. 1739 drohte der Amtmann: Wenn Wyk den Hafen nicht instand setzt, wird die Hafengerechtigkeit entzogen. Das saß. Jetzt musste gehandelt werden.

Doch trotz aller Bemühungen, wie zum Beispiel einer Lotterie, konnte nicht genug Geld aufgebracht werden.

In ihrer Not wandten sich die Wyker schließlich an das Königshaus und erhielten eine Anleihe aus der königlichen Kasse. Endlich, im November 1806 wurde der dritte Hafen eröffnet – das Happy End einer mehr als 100 Jahre währenden Baugeschichte.

Sie erreichen nun den ❸ FLUTMARKENPFAHL. Würde man alle Sturmfluten auf Föhr seit der ersten großen Mandränke 1362 (den Erinnerungsort besuchen Sie auf Tour 3) an dem gut vier Meter hohen Flutmarkenpfahl verzeichnen wollen, so hätten längst nicht alle Markierungsringe Platz. Obwohl bereits im 15. Jahrhundert erste Deichbauten auf Föhr errichtet wurden, war man nicht zuletzt bei der schrecklichen Sturmflut-Nacht vom 3. auf den 4. Februar 1825, die der oberste Ring am Pfahl bei knapp vier Metern markiert, gegen die Naturgewalten machtlos. Dreiviertel der gesamten Insel stand unter Wasser, Häuser wurden zerstört, Mauerreste fanden sich noch gut 100 Jahre später im Watt vor Nieblum.

Nach dieser Flut bereiste der dänische König Frederik VI. die Insel und gewährte großzügige finanzielle Hilfen, auch für die nach Föhr geflohenen Halligbewohner. Aus Dankbarkeit errichteten ihm die Insulaner ein Denkmal, das Sie auf der Tour 5 besichtigen.

Wenn Sie an einem Sonntag während der Saison am Hafen sind, dann erleben Sie den FISCHMARKT, zu dem sogar Besucher von den Nachbarinseln und dem Festland kommen. Kein Wunder, bei der Vielzahl an Angeboten und der schönen Atmosphäre entlang der Krabbenkutter und Segelschiffe.

Seit 1987 ist der Fischmarkt am Wyker Binnenhafen Tradition. Hier es gibt wahrlich nicht nur Fisch zu kaufen, sondern eine bunte Auswahl an handgemachten Föhrer Produkten, Keramikartikeln, Wolle und Filzarbeiten, Schmuck und Kunsthandwerk, Spielsachen und maritime Souvenirs, selbst gemachte Fruchtaufstriche und Wurstwaren – warum nicht mal eine Krabbenleberwurst probieren?

Apropos Krabben. Gehen Sie zur Westkaje des Binnenhafens, wo die ❹ KRABBENKUTTER liegen, die Sie an den Fangarmen mit den großen Netzen erkennen. Der Krabbenfang ist eine Wissenschaft für sich, und das fängt schon beim Namen an. Denn was da vor Föhr im Netz landet, wird nur umgangssprachlich als Krabben bezeichnet, streng genommen sind es Nordseegarnelen. Leider fallen die Stichworte Krabbe und Krise mittlerweile in einem Satz. Bis in die 1980er Jahre machten ganze Flotten an Krabbenkuttern im Wyker Hafen fest. Doch diese Zeiten sind längst vorbei, heute schwankt der Krabbenbestand in der Nordsee stark. Mal gibt es wie in der Saison 2016/17 gefühlt keine einzige Krabbe mehr, dann wieder liegt die Fangbeschränkung bei 1.500 Kilogramm pro Woche.

Starten Sie nun mit dem Fahrrad und fahren Sie die Straße Hafendeich entlang bis zu deren Ende, genießen dabei noch einmal die Aussicht auf den Hafen und biegen dann nach links. Oben auf dem Deich angekommen sehen Sie auch schon Ihr nächstes Ziel: das ❺ ROBBENZENTRUM.

Manch einer mag aufgrund des Namens vielleicht vermuten, dass hier lebende Robben zu sehen sind, doch in diesem Zentrum geht es um wichtige Informations- und Aufklärungsarbeit, die sich an Kinder und Erwachsene richtet. In der Ausstellung, bei Filmvorführungen und an den Kindertagen werden die Lebensgewohnheiten von Robben, zu denen die Seehunde gehören, ihre Ernährung und Fortpflanzung erklärt. Schauen Sie dort vorbei!

Grundsätzlich gilt: Halten Sie bei einer unverhofften Begegnung mit einem Seehund unbedingt einen Abstand von mindestens 300 Metern zu dem Wildtier (!), das trotz seines niedlichen Aussehens durchaus kräftig zubeißen kann.

Erwachsene Tiere kommen besonders an stürmischen Tagen an den Strand, um sich auszuruhen. Es ist fatal, wenn sie sich durch den Menschen gestört fühlen und deshalb zurück ins Meer flüchten. Nur Jungtiere (aus gutem Grund als Heuler bezeichnet) und sichtlich geschwächte Seehunde benötigen fachliche Hilfe. Das Robbenzentrum engagiert sich von der veterinärmedizinischen Erstversorgung über die Rehabilitation der Tiere bis hin zur Wiederauswilderung.

Nach dem Abstecher zum Robbenzentrum fahren Sie wieder hinunter zum unteren Deichweg, auf dem Sie den ❻ SPORTBOOTHAFEN erreichen.

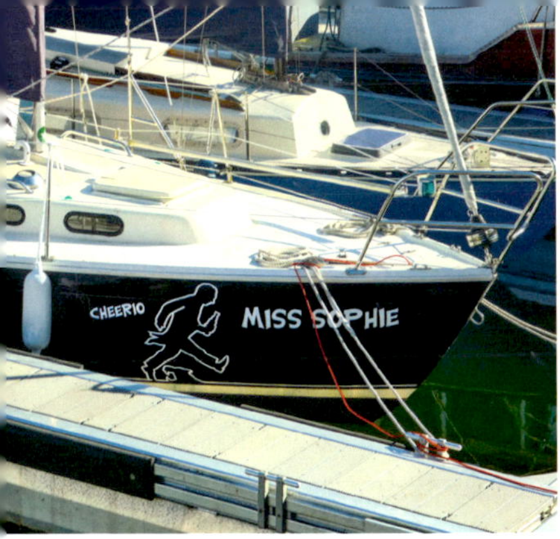

Im Uhrzeigersinn von oben links: Humor im Binnenhafen, vierbeinige Deichpfleger, das Angebot auf dem Wyker Fischmarkt, per Fähre nach Föhr, das Reederei-Gebäude, das Pegelhaus grüßt bei Ankunft

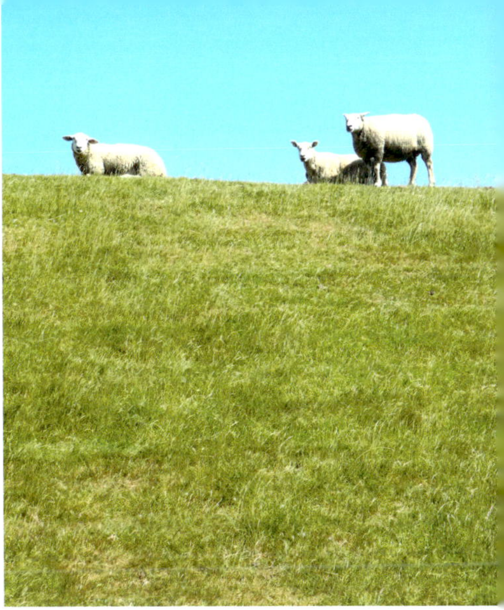

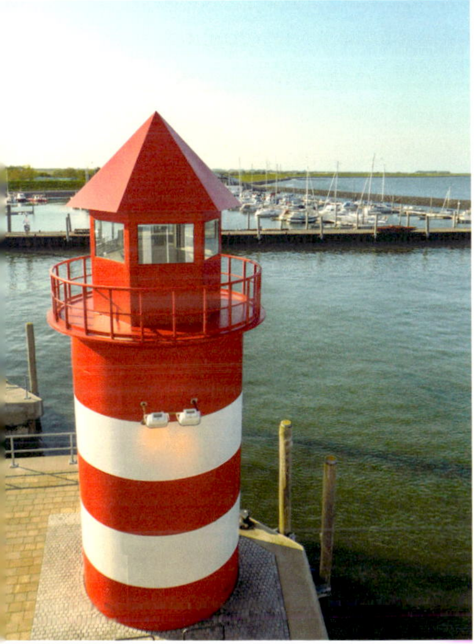

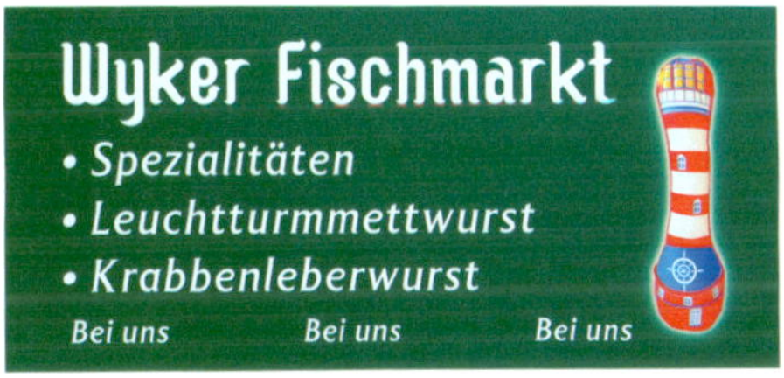

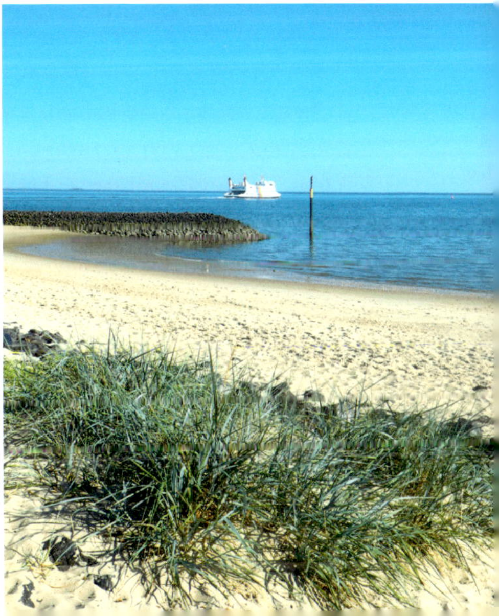

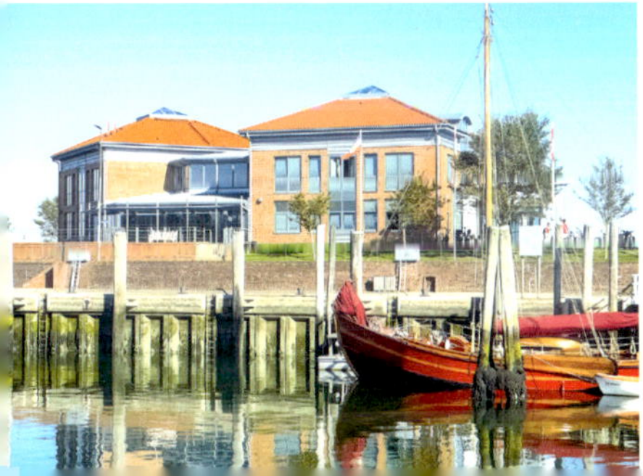

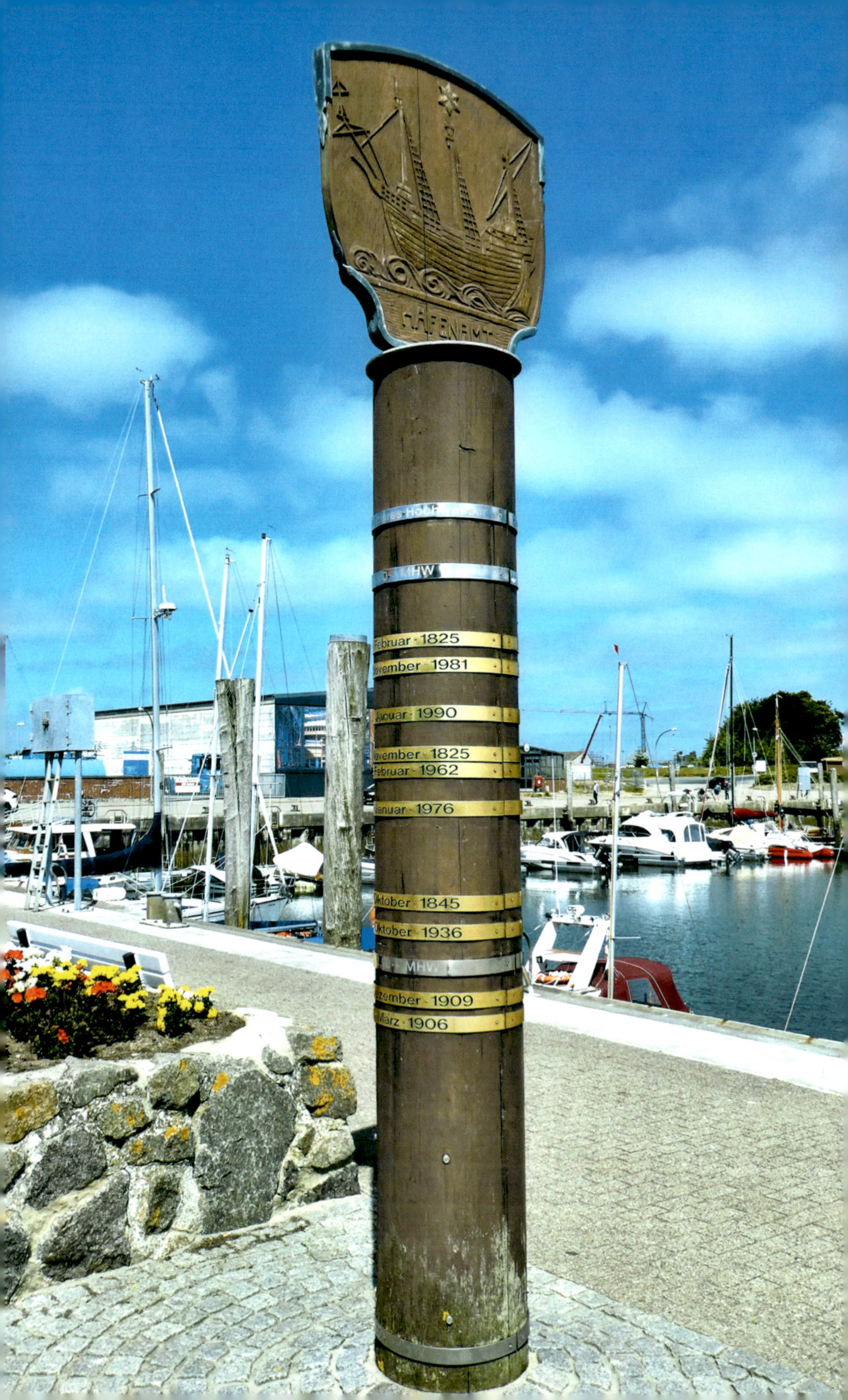
HAFENAMT
MHW
Februar 1825
ovember 1981
Januar 1990
ovember 1825
Februar 1962
anuar 1976
ktober 1845
ktober 1936
MHW
zember 1909
März 1906

»Der Wyker Sportboothafen gilt als einer der schönsten Häfen an der Westküste Schleswig-Holsteins«, so liest man häufig. Mit solchen werbeverdächtigen Superlativen muss man vorsichtig sein, doch angesichts der idyllischen Liegeplätze mit Drei-Sterne-Komfort vor der Kulisse der »friesischen Karibik« ist man schnell überzeugt.

Dass man von der friesischen Karibik, also von Föhr aus, in die echte Karibik und wieder zurück segeln kann, bewies übrigens 2017 der Föhrer Nikolaus von der Lancken, als er nach zehn Monaten und 24 Tagen, sechs Staaten, 24 Anlegeplätzen und rund 10.000 Seemeilen (18.000 Kilometer) mit seiner hochseetauglichen Segeljacht »Lisa« wieder in den Heimathafen zurückkehrte.

Möglicherweise werden Sie durch ein lautes »Mäh« aus der gedankenverlorenen Betrachtung des Sportboothafens geweckt, denn hier sind die Deichpfleger auf vier Beinen unterwegs: die DEICHSCHAFE. Mehr über ihre Arbeit erfahren Sie auf Tour 1. Auf dem unteren Deichweg fahren Sie weiter nach Klein-Helgoland – nun gut, zum 7 CAFÉ KLEIN HELGOLAND. Angekommen in dem abgelegenen Café, fühlen Sie sich angesichts des Rundumblicks auf Hafen, Meer und Deich wie auf einer Insel auf der Insel. Am Ende der Tour kommen Sie hier noch einmal vorbei, doch vor einer Radtour muss man sich doch auch stärken, nicht wahr? Gründe gibt es jedenfalls genug, sich auf der windgeschützten Sonnenterrasse dieses familiären Cafés niederzulassen. Zum Brunch (mit Voranmeldung), zum Mittag- oder Abendessen, zum Kaffee bei hausgemachten Kuchen und Torten, köstlichen friesischen Spezialitäten und nicht zuletzt zum Sundowner, um mit phantastischem Blick auf den Sonnenuntergang den Tag zu beschließen. Bei Schietwetter wiederum ist die Kachelstube genau der richtige Ort, um sich bei einer Toten Tante wieder aufzuwärmen. Nein, das ist weder eine makabre noch eine traurige Angelegenheit, sondern eine heiße Schokolade mit Weinbrand und Sahnehaube. Die vielfältige Speisekarte lässt keine Wünsche offen.

Als Nächstes erreichen Sie den MINI-STRAND AM DEICH, wo sich etwas Sand angesammelt hat. Diese abgelegene Badestelle

Gegenüber: Der Flutmarkenpfahl zeigt die Sturmfluthöhen an

wird meist von Insulanern genutzt. Wenn Sie Ihre Badekleidung dabei haben, dann ab ins Wasser – spätestens auf dem Rückweg ist eine Abkühlung fällig. Denken Sie jedoch daran, dass die Nordsee tückisch sein kann. Achten Sie darauf, dass Sie noch gut stehen können und gehen Sie nie allein baden.

Entlang des Deichwegs erreichen Sie eine GEDENKSTELLE an der steinernen Deichbefestigung mit einem Sterbekreuz, einem rot angemalten Handabdruck und der Angabe »93 P.« Hier ist jedoch kein Badeunfall geschehen, es wird einem jungen Mann gedacht (1986–2009). Sein Vater gibt offiziell darüber Auskunft, wie es zu diesem Ort der Erinnerung kam: »Als 1993 der Deich erneuert wurde, bin ich mit meinem Sohn dort mit dem Fahrrad vorbeigefahren, und er hat seine Hand direkt in dem frischen Mörtel verewigt (die Hand haben wir dann einige Zeit später gemeinsam rot angemalt). Im jungen Alter von 23 Jahren ist Patrick durch ein tragisches Ereignis ums Leben gekommen (es war nicht auf Föhr). Als Erinnerung an Patrick und die gemeinsamen Jahre, die wir als Familie auf Föhr verbracht haben, habe ich dann das Kreuz an dieser Stelle errichtet.« Ein Ort, der vor Augen führt, wie schnell das Leben vorbei sein kann – darum ist gerade in den schönsten Urlaubsstunden das Innehalten wichtig.

Sie fahren weiter den Deich entlang, blicken über das Meer hinweg nach Dagebüll Mole und nehmen den zweiten Abzweig auf den oberen Deichweg. Dieser führt Sie zu einem Parkplatz vor der 8 BOLDIXUMER VOGELKOJE.

Hinter dem anheimelnden Namen verbirgt sich eine mörderische Idylle, eine Wildentenfanganlage – manchmal ist es gut, wenn Traditionen aussterben. Von 1730 bis zum Ende des 19. Jahrhunderts gab es sechs Vogelkojen, die alle noch erhalten, aber nicht mehr in Betrieb sind. Die Boldixumer Vogelkoje von 1879 ist zur Besichtigung geöffnet, hier kann man sich ein Bild davon machen, wie die Wildenten gefangen wurden: Wenn sie während des Flugs Ausschau nach Süßwasserteichen hielten, leisteten die flugunfähigen Lockenten in der Vogelkoje Überzeugungsarbeit, und kaum waren die Wildenten gelandet, schwammen sie in die Fangreusen, die in engen Fangpfeifen endeten. Dort stand der Kojenwärter, eingehüllt in den

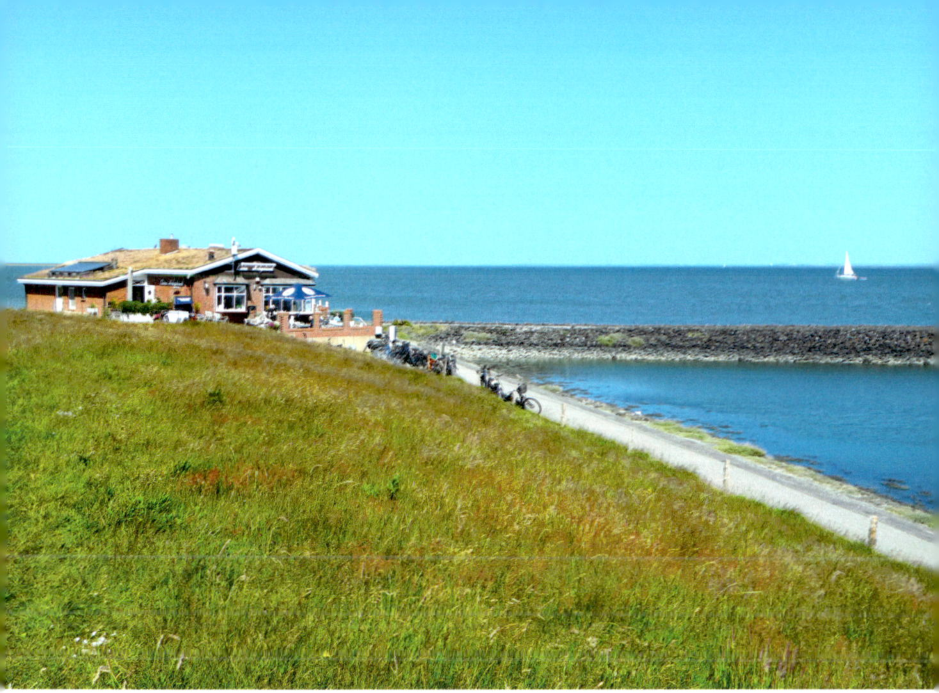

Oben: Bis nach Helgoland müssen Sie zum Glück nicht radeln, um ins beliebte Café Klein Helgoland einzukehren

Rauch eines Kohlefasses, um seinen Eigengeruch zu überdecken, und tötete die Enten mit routiniertem Schleudergriff. 1789 vermeldete die alte Oevenumer Vogelkoje einen fragwürdigen Jahresfangrekord von 66.883 Enten. Krickenten gehörten auf Föhr »zum täglich Brot«, die Weiterverarbeitung in Konservendosen erfolgte seit 1885 mitten in Wyk in der »Wildenten-Konservenfabrik« von Heinrich Boysen in der heutigen Carl-Häberlin-Straße 20 (siehe Tour 21). Bis zu 40.000 Enten wurden dort jährlich von Hand gerupft, eingekocht, in Dosen haltbar gemacht und bis nach Amerika verschifft. 1944 schloss die Fabrik.

Wenn Sie von möglichem Gegenwind noch nicht müde sind, setzen Sie die Tour auf dem meerseitigen Deichweg bis zum nächsten Abzweig auf den landseitigen Deichweg fort. Spätestens auf der einsamen Nordseite ist man in der **DEICHLANDSCHAFT** allein mit sich und der Natur. Lassen Sie Ihre Gedanken übers Meer ziehen und vom Wind in die Ferne tragen. Das macht den Kopf spürbar frei.

Falls Sie sich bereits an der Boldixumer Vogelkoje für den Rückweg entscheiden, so wählen Sie ebenfalls den landseitigen Deichweg, um weitere Eindrücke von der Landschaft zu gewinnen.

Sie kommen beim OSTERLANDFÖHRER SIELZUG vorbei und erkennen, was ein Siel ist, sobald Sie den verschließbaren Durchlass im Deich näher betrachten, der zur Entwässerung der Landseite dient. Bei Wasserdruck von der Landseite und meerseitig niedrigem Wasserstand wird das Siel geöffnet, kommt das Wasser hingegen von der Meerseite, wird das Siel geschlossen. Die Funktion eines Schöpfwerks lernen Sie auf Tour 1 kennen.

Zurück am Ausgangspunkt ist es möglich, einen der Stadtrundgänge (Tour 20–22) anzuschließen oder weiter auf Tour 12 nach Boldixum zu fahren, um sich auf die Spuren einer verarmten Dichterin und einer Goldgräberin zu begeben.

1 WYKER DAMPFSCHIFFS-REEDEREI
Am Fähranleger 1
25938 Wyk auf Föhr
www.faehre.de

2 HAFEN VON WYK
Am Hafen
25938 Wyk auf Föhr

3 FLUTMARKENPFAHL
Hafenstraße
25938 Wyk auf Föhr

4 KRABBENKUTTER
Straße Hafendeich,
an der Westkaje des Binnenhafens
25938 Wyk auf Föhr

5 ROBBENZENTRUM
Achtern Diek 5
25938 Wyk auf Föhr
www.robbenzentrum-föhr.de

6 SPORTBOOTHAFEN
Achtern Diek 13A
25938 Wyk auf Föhr

7 CAFÉ KLEIN HELGOLAND
Achtern Diek 14
25938 Wyk auf Föhr
https://cafe-klein-helgoland.de

8 BOLDIXUMER VOGELKOJE
Siedlerweg
25938 Wyk auf Föhr

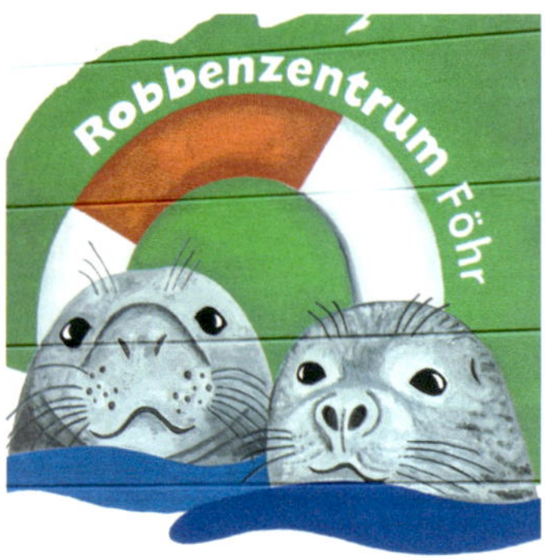

Oben: Eine informative Ausstellung für Groß und Klein

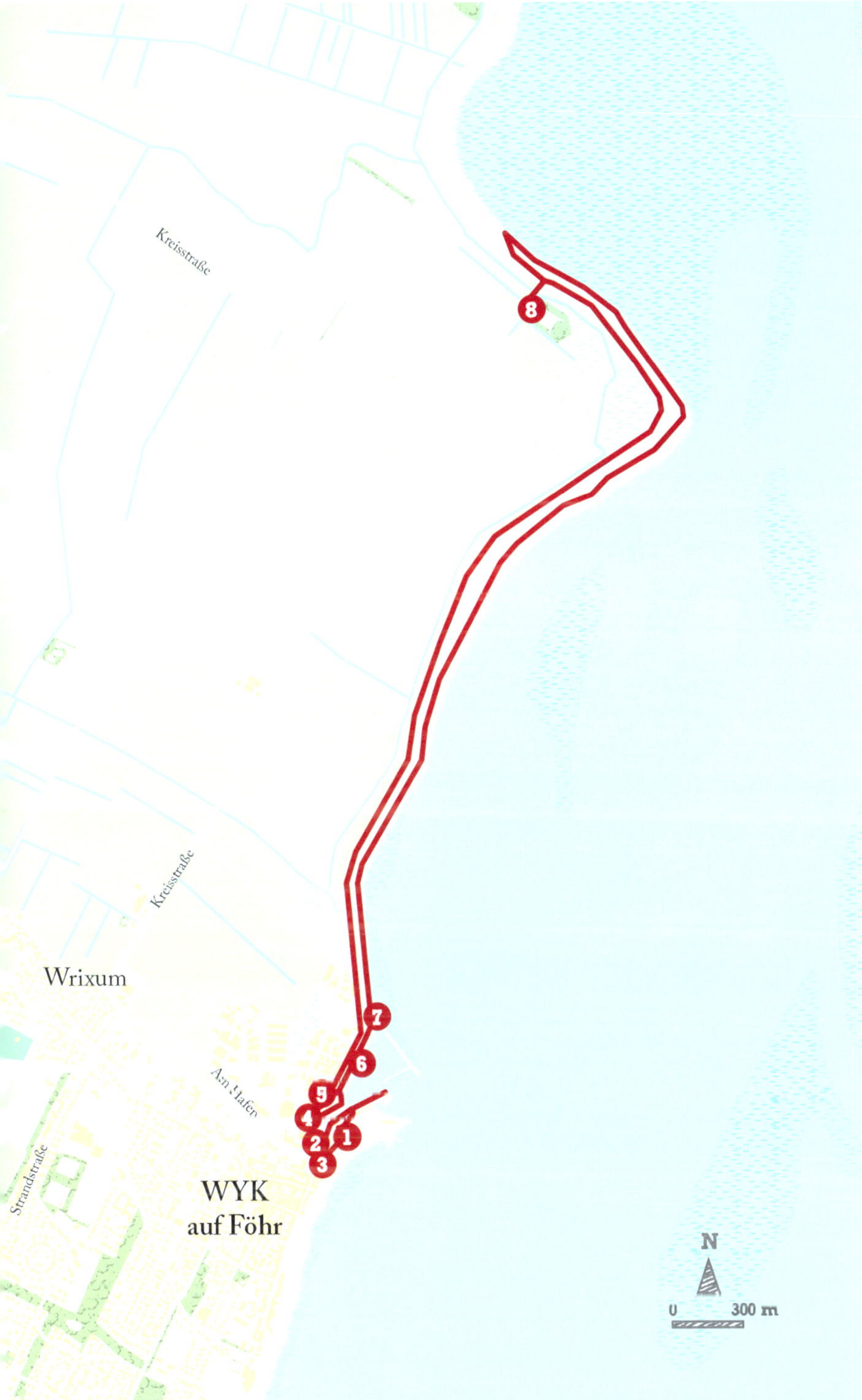
Kreisstraße
8
Kreisstraße
Wrixum
7
6
Am Hafen
5
4
1
2
3
Strandstraße
WYK
auf Föhr
N
0
300 m

11__Von Wyk in die Midlumer Marsch

Vom Nationalpark-Haus ins Vogelbeobachtungsgebiet

BESTE ZEIT: zu den Öffnungszeiten des Nationalpark-Hauses und des Andelhofes, im Sommer außerhalb der Mittagszeit fahren, da es kaum Schatten auf der Tour gibt
LÄNGE: circa 21 Kilometer
ROUTE: Diese Strecke ist nur für Radfahrer geeignet. Durch die Midlumer Marsch gibt es keine Radwege. Es herrscht wenig Verkehr, dennoch ist diese Tour für radfahrende Kinder nur bedingt geeignet.

Wo könnte eine ❶ NATIONALPARK-AUSSTELLUNG der Schutzstation Wattenmeer e.V. besser untergebracht sein als in einem Haus, das direkt am Wattenmeer liegt? Hier ist Ihr Startpunkt, wo Sie sich auf den kommenden Ausflug vorbereiten, denn die kleine Ausstellung behandelt alle wichtigen Themen rund um das Weltnaturerbe Wattenmeer sowie die Flora und Fauna der Insel.

Vier Aquarien geben Einblick in die Meereswelt, und so lassen sich zum Beispiel Einsiedlerkrebs, Strandkrabbe und Seeskorpion ganz nah beobachten.

Im Vogelraum warten spannend aufbereitete Informationen über die Brut- und Zugvögel auf der Insel. Ihr neu erworbenes Wissen testen Sie beim Blick durch das Fernrohr beim Panoramafenster gleich mal aus. Welche Vögel erkennen Sie im Watt?

Ein Besuch im kleinen Shop mit ausgesuchten Wattenmeer-Souvenirs für Groß und Klein darf natürlich auch nicht fehlen, bevor Sie sich auf eine genussvolle Radtour DURCH DIE MARSCH begeben, wo Sie über lange Strecken allein mit sich und der Natur sind. Denken Sie deshalb an ausreichend Wasser und Verpflegung.

Gegenüber: Das Nationalparkhaus im ehemaligen Kinderkurheim

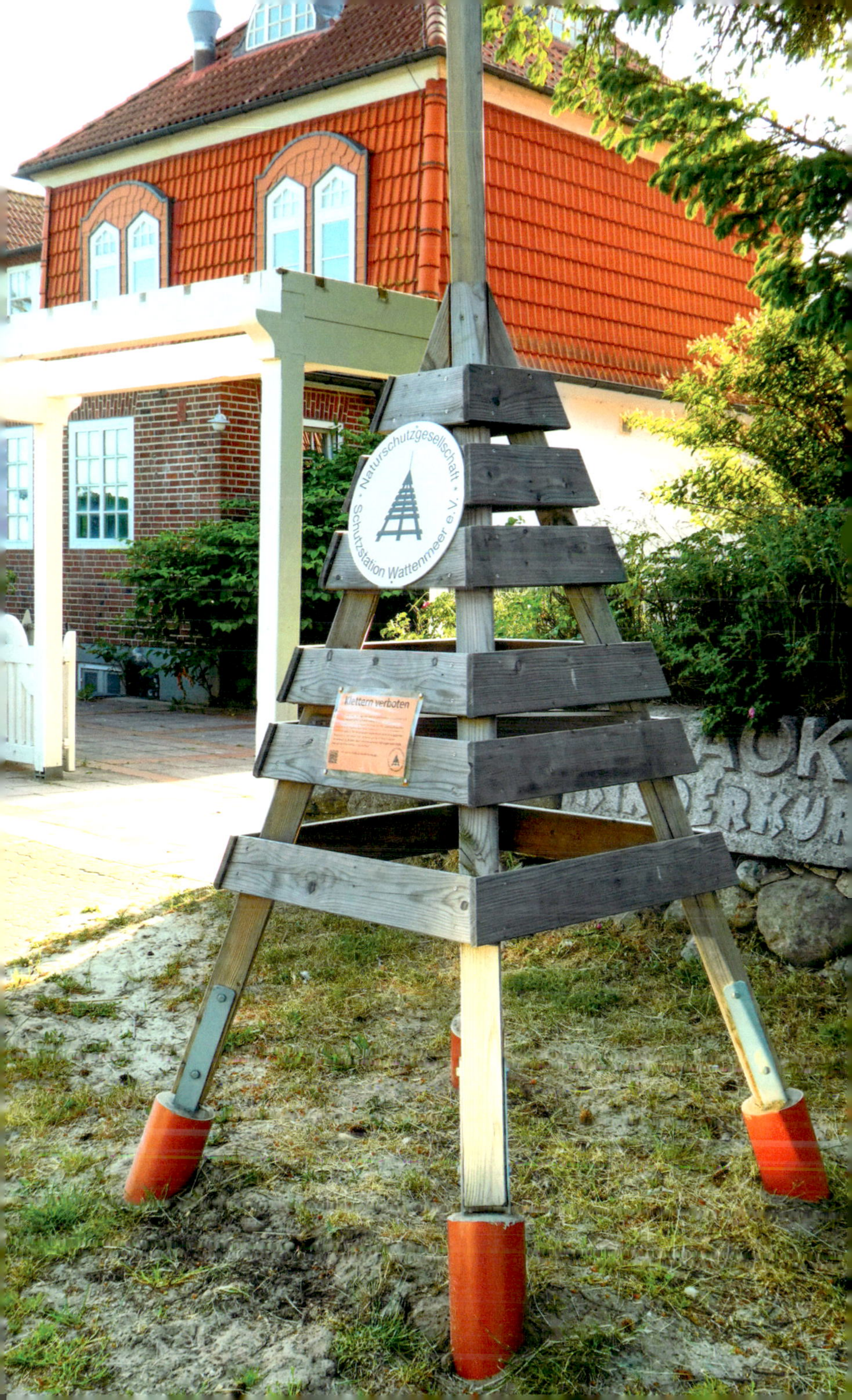
Naturschutzgesellschaft
Schutzstation Wattenmeer e.V.
Klettern verboten

Nun geht es weiter nach Midlum, um diesen über 550 Jahre alten, kleinen Ort zu erkunden, der auf einem Geestrücken am Rande der Marsch liegt und in dem derzeit rund 500 Einwohner leben.

Auf der Strandstraße fahren Sie geradeaus bis zur ersten Kreuzung, dort biegen Sie nach rechts und gleich wieder links, dann auf der Strandstraße rund eineinhalb Kilometer weiter geradeaus bis zu deren Ende. Bei der großen Kreuzung biegen Sie nach rechts auf den Nieblumstieg, den Sie an der Ampel überqueren, dann rechts weiter und in der Kurve links abbiegen in die Straße But Dörp.

Sie befinden sich nun in Boldixum (siehe Tour 12). Fahren Sie über rund zwei Kilometer am Ortsrand entlang. In Wrixum treffen Sie an der Kreuzung auf den 2 BAUERNHOF JACOBSEN, wo Sie Kartoffeln und Eier in Selbstbedienung zum Kauf vorfinden.

Verlassen Sie hier die Straße Ohl Dörp und biegen Sie rechts auf den Hanjes Weg, der Sie am Bauernhof vorbei in Richtung Felder führt. Sie überqueren den Osterlandföhrer Sielzug und entdecken auf dem Weg bis zur nächsten Kreuzung entlang der Felder, Wiesen und Hecken vielleicht schon so manches an Flora und Fauna, was Ihnen durch den Besuch im Nationalpark-Haus bekannt ist.

Biegen Sie an der Kreuzung links in den Kohdamm Weg ein, der in den Hammsquerweg übergeht, der Sie in einer Linkskurve noch einmal über den Osterlandföhrer Sielzug führt, und dann haben Sie Midlum erreicht. An der Kreuzung fahren Sie geradeaus und befinden sich nun in der Straße Buurnstraat.

An der nächsten Kreuzung werden Sie auf einen schönen Garten mit einem liebevollen Hinweisschild an Hundebesitzer aufmerksam. Machen Sie einen Abstecher in die Straße Bohnackerum, dort befindet sich 3 KATIS KLEINER FLIESENSTAND von Katharina Fuchs, bei dem es sich um einen Schaukasten vor dem Haus handelt, der jederzeit zugänglich ist.

Die Fliesenmalerei ist auch ein friesisches Kulturgut, die Fliesen zieren traditionell die Innenräume der alten Häuser, doch diese individuellen Schmuckstücke mit vielfältigen Motiven sind aktuell wieder modern geworden. Machen Sie sich vor Ort ein Bild von den Arbeiten der Künstlerin!

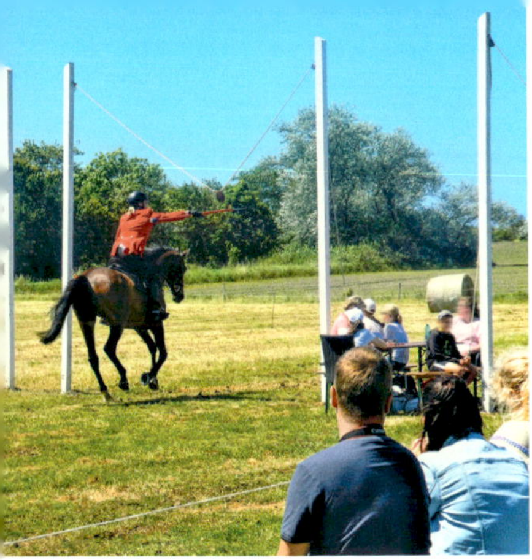

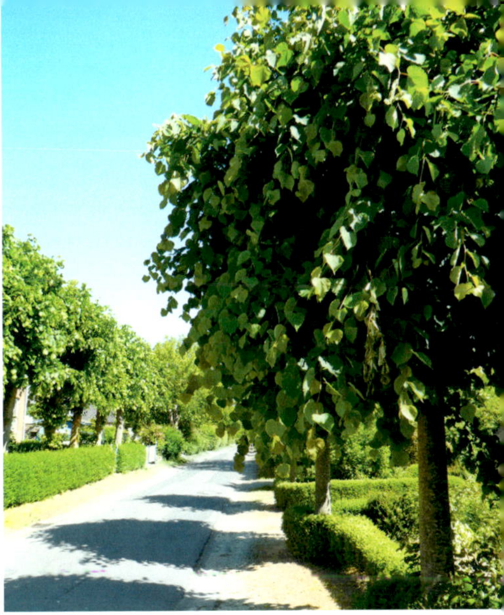

Im Uhrzeigersinn von oben links: Ringreiten ist Tradition, die Königsallee, Inseltreff beim Boule, Fliesenkunst, Heuballen in der Midlumer Marsch, Gedenkstein in der Dörpstrat

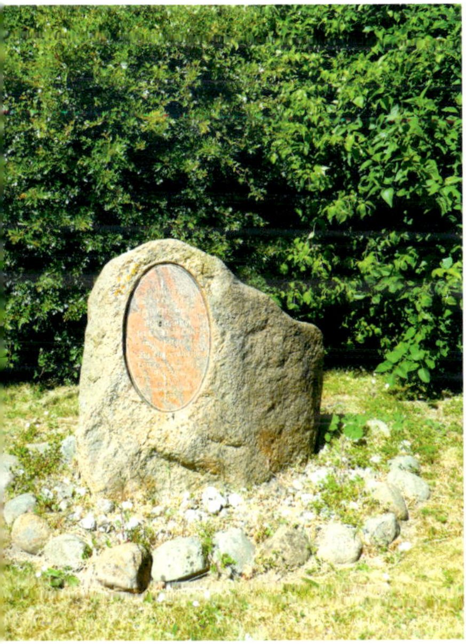

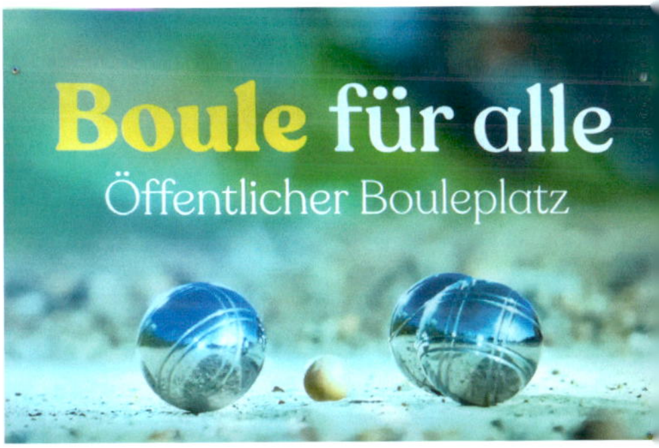

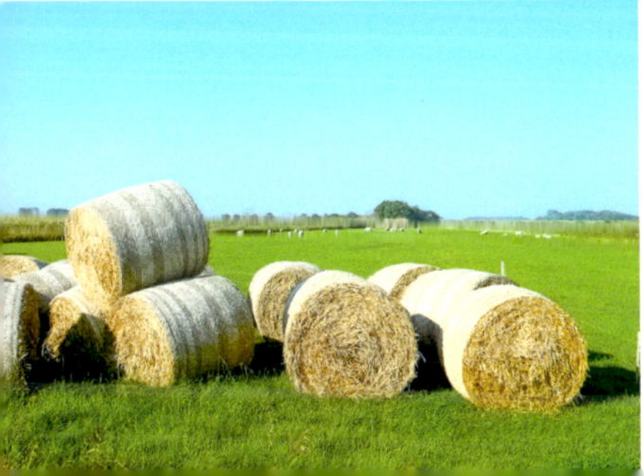

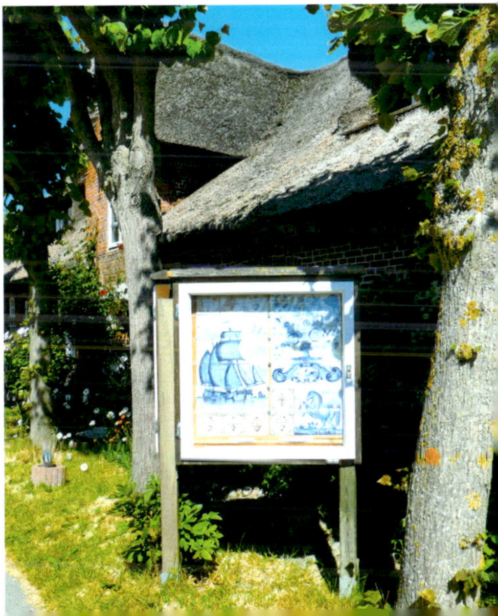

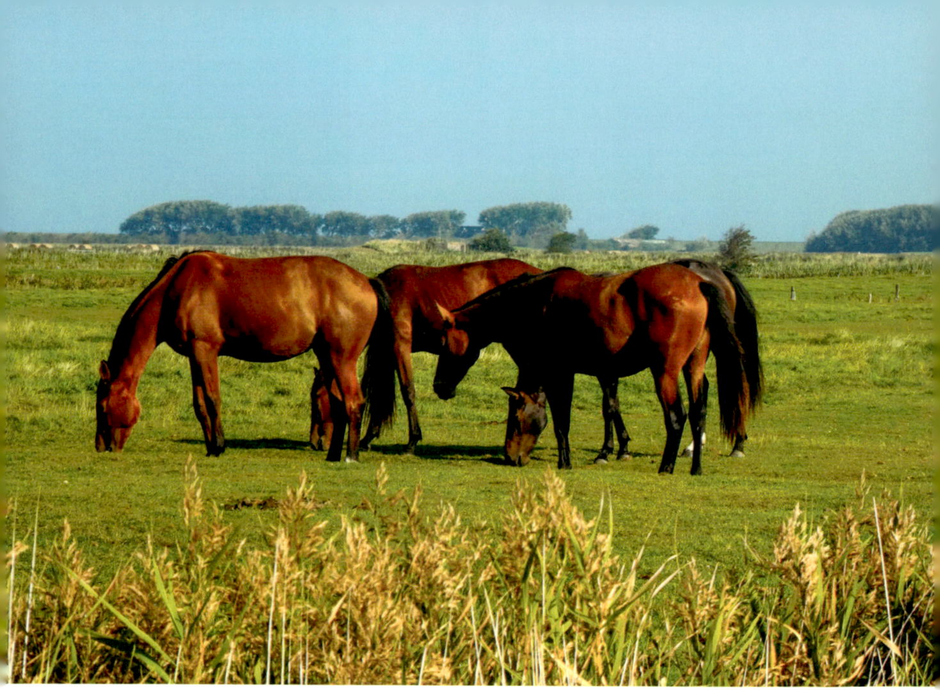

Oben: Pferde, Kühe und Schafe säumen den Weg durch die Marsch

Dort, wo die Straße Bohnackerum einen Bogen nach rechts macht, finden Sie vor dem Haus der Familie Sönksen ❹ FRISCHE EIER von hofeigenen Hühnern in einem HÖLZERNEN VERKAUFSSTAND in Selbstbedienung mit Vertrauenskasse. Diese Form des Verkaufs gibt es übrigens häufig auf Föhr, was eine tolle Sache ist. Damit das so bleibt, muss der Vertrauensvorschuss wertgeschätzt werden und das Prinzip Ware nur gegen den entsprechenden Geldbetrag eine Selbstverständlichkeit sein.

Kehren Sie zurück zur Straße Buurnstraat und folgen Sie dieser bis zum Ende. Links sehen Sie bei Hausnummer 2 eine Hofstelle, die aus einem Wohn- und Wirtschaftsgebäude besteht. Hier stand bis ins Jahr 2000 die MIDLUMER SCHEUNE aus dem 18. Jahrhundert – als separates Gebäude, was eine Seltenheit auf Föhr darstellt. Hier können Sie sich ein Bild von dem ehemaligen Standort der Scheune machen, die durch den Museumsverein abgetragen und als Kulturdenkmal im jederzeit zugänglichen Garten des Friesen-Museums wiederaufgebaut wurde (siehe Tour 4).

Die Buurnstraat trägt übrigens den Beinamen 5 KÖNIGSALLEE, wie Sie auf der Ecke am zusätzlichen roten Straßenschild lesen. Eine schöne Allee ist das allemal, aber ein König ist hier wohl nie gewesen. Allerdings wohnt hier eine ganze Ansammlung von ehemaligen Ringreiterkönigen.

Das Ringreiten ist ein traditioneller Sport, bei dem man zu Pferd und mit einer Lanze bewaffnet im Galopp einen von Runde zu Runde kleiner werdenden Ring, der an einem Seil auf Höhe des Reiters angebracht ist, während des Ritts aufspießen muss. Der kleinste Ring hat lediglich einen Durchmesser von rund einem Zentimeter! Wer am Ende die meisten Ringe eingesammelt hat, ist Sieger des Königs- oder Königinnenreiten und trägt mindestens bis zum nächsten Jahr den Titel Ringreiterkönig oder Ringreiterkönigin. Auf Föhr gibt es vier Ringreitervereine, die jeweils ein KÖNIGSRINGREITEN in Süderende, Oevenum, Nieblum und Oldsum mit Umzug durch das Dorf veranstalten, natürlich auch mit Musik und Bewirtung am Rand des Felds für die Zuschauerinnen und Zuschauer. Achten Sie auf die Termine im Veranstaltungskalender des Tourismus-Service Föhr, um dieses Ereignis, das seit 2021 zum immateriellen Kulturerbe des Landes Schleswig-Holstein zählt, einmal live zu verfolgen!

Biegen Sie nun rechts in die Straße Dörpstrat ein, und gleich links sehen Sie den 6 ORTSSTEIN VON MIDLUM, wo auch eine Bank im Schatten eines großen Baumes zum Ausruhen einlädt. Der Ort wurde erstmals 1462 als Middelum erwähnt, was so viel wie Mittlere Stätte oder Mittlere Heimstatt bedeutet. Bei der »groten Mandränke« von 1634, der verheerenden Sturmflut, versuchten viele Menschen, sich in das erhöht liegende Dorf zu retten, das von den Wassermassen verschont blieb. Dennoch hatte auch Midlum im Verlauf der Jahre mit Deichbrüchen in der Midlumer Marsch und verheerenden Ortsbränden zu kämpfen. Heute ist Midlum ein intakter und idyllischer Ort mit einer Schule, die über ein recht großes Einzugsgebiet verfügt, und einem Kindergarten, weshalb sich auch zahlreiche junge Familien hier angesiedelt haben.

Fahren Sie die Dörpstrat weiter entlang, bis Sie den 7 BOULEPLATZ erreichen, der im Sommer 2022 fertiggestellt und nun mit zwei Bahnen à 12 x 3 Metern zum Spielen einlädt. Auf diesem Platz treffen sich bei gutem Wetter Einheimische und Gäste jeden Donnerstag und Sonntag um 14 Uhr (bitte auf den aktuellen Aushang achten) zum Wettstreit. Es gewinnt, wer seine Kugel durch einen gezielten Wurf so nah wie möglich an die kleine Zielkugel heranbringt und dabei am besten noch gegnerische Kugeln durch Anstoßen zur Seite schiebt. Die Regeln sind auch für Anfänger schnell erklärt und der Spaß garantiert. Wer einfach nur mal zuschauen möchte, kann das von einer der umliegenden Bänke aus tun.

Zur Einkehr vor der Weiterfahrt haben Sie am Ende der Dörpstrat die Qual der Wahl zwischen zwei Restaurants, die nur einen Steinwurf auseinanderliegen. Der 8 MIDLUMER KROG ist bereits seit 1850 Dorfgaststätte und heutzutage ein sehr beliebtes Restaurant bei Einheimischen und Gästen, die sich neben gutbürgerlichen Speisen auch die Fischspezialitäten schmecken lassen.

Im 9 LÜTT GASTHUS finden Sie eine bunte Auswahl an Gerichten, die von Salat über Pasta und Fischgerichte bis hin zu zahlreichen Schnitzel-Variationen, aber auch vegetarischen Gerichten reicht.

Frisch gestärkt machen Sie sich gegenüber dem Lütt Gasthus über die Straße Westerham auf in Richtung Norden. Genießen Sie die Natur auf der Fahrt immer geradeaus durch die Midlumer Marsch, welche sich bis an den Deich und damit ans Meer erstreckt. Diese Lage ist kennzeichnend für MARSCHLAND an der Nordsee, ebenso werden Sie unterwegs an den typischen Entwässerungskanälen, auch Sielzüge genannt, vorbeikommen. Das dazugehörige Schöpfwerk sehen Sie auf Tour 1.

Das flache Land, von der Natur vor der Eindeichung durch Anschwemmung von Sedimenten erschaffen, ist heute hervorragendes Weideland für Kühe, Schafe und Pferde. Doch selbst wenn die Vierbeiner noch so niedlich über den Zaun gucken, denken Sie daran, dass das Füttern verboten ist. Ohnehin wollen die Tiere beim Weiden am liebsten nicht gestört werden.

Insgesamt gibt es 40 AUSSIEDLUNGSHÖFE mitten in der Föhrer Marsch, und an einigen von diesen großen landwirtschaftlichen Betrieben, die sich einst aus der dörflichen Umgebung

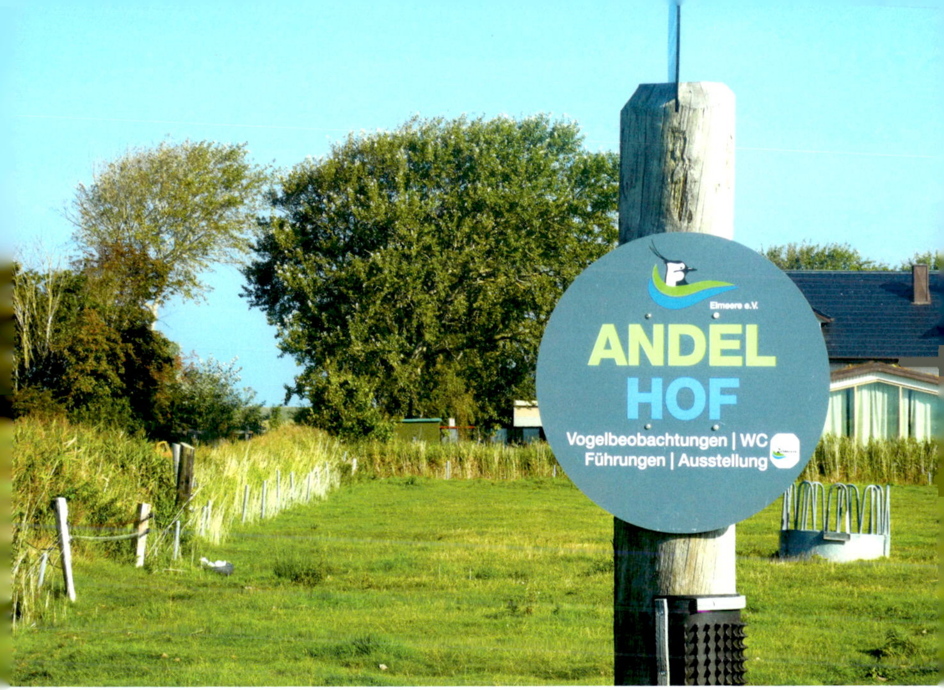

Oben: Der Andelhof als Anlaufstelle für Naturliebhaber

hauptsächlich aus Platzgründen und zur Produktionssteigerung ausgesiedelt haben, kommen Sie auf der Tour vorbei.

Nach rund dreieinhalb Kilometern erreichen Sie am Ende des Westerwegs den 10 ANDELHOF. Hier ist Urlaub in komfortablen Ferienwohnungen direkt angrenzend an die Naturschutzfläche, die Gründungsfläche von Elmeere e.V., möglich – aber es geht noch um viel mehr. Elmeere ist ein Verein, der von Natur- und Tierschützern 1993 in Wyk mit dem Ziel gegründet wurde, landwirtschaftliche Flächen zu kaufen und deren landschaftstypischen, amphibischen Charakter wiederherzustellen. Ein äußerst schwieriges Unterfangen für einen kleinen Verein, doch mittlerweile ist man im Besitz von über 110 Hektar Land, das nach und nach renaturiert wird.

Der Andelhof ist ein perfekter Beobachtungspunkt für Vogelliebhaber und solche, die es werden wollen, nicht zuletzt durch den VOGELKIEK ganz oben im Haus, wo Ihnen Spektive zur Vogelbeobachtung zur Verfügung stehen. Haben Sie schon mal Bekanntschaft mit einem Löffler gemacht? Vielleicht entdecken Sie den seltenen

Vogel, dessen markante Schnabelform ihm den Namen eingebracht hat, unter den verschiedenen Vogelarten im angrenzenden Biotop.

Die AUSSTELLUNGSRÄUME im Andelhof informieren über die Arbeit des Vereins Elmeere e.V. und die Veränderungen in der Föhrer Natur. Der Eintritt ist frei, um eine Spende wird gebeten. Auch Führungen finden statt, die Termine entnehmen Sie dem Veranstaltungskalender des Tourismus-Service. Vor dem Andelhof laden Bänke und Tische zu einer Rast ein, genug Proviant haben Sie ja hoffentlich dabei, auch stehen öffentliche Toiletten zur Verfügung.

Fahren Sie zurück zur Straße Aussiedlungshof, die in den Siedlerweg übergeht, und biegen nach rund drei Kilometern rechts in den Remsweg ein, auf dem Sie nach Wrixum gelangen. Biegen Sie links in die Straße But Dörp, falls Sie Lust haben, schließen Sie noch Tour 12 an, ansonsten fahren Sie bis zur großen Kreuzung und dort geradeaus, sodass Sie über den Marschweg wieder zurück nach Wyk gelangen.

1 NATIONALPARK-HAUS FÖHR
Strandstraße 60
25938 Wyk auf Föhr
www.schutzstation-wattenmeer.de/unsere-stationen/foehr/ausstellung

2 BAUERNHOF JACOBSEN / EIER- UND KARTOFFELSTAND
Ohl-Dörp/Ecke Hanjes Weg
25938 Wrixum

3 KATIS KLEINER FLIESENSTAND
Bohnackerum 1
25938 Midlum

4 SÖNKSEN EI / FÖHRER FREILANDEIER
Bohnackerum 7
25938 Midlum

5 KÖNIGSALLEE
Buurnstraat
25938 Midlum

6 ORTSSTEIN MIDLUM
Nähe Dörpstrat 3
25938 Midlum

7 BOULEPLATZ
vor dem Gemeindehaus
Dörpstrat 47
25938 Midlum
www.midlum-auf-foehr.de/boule

8 MIDLUMER KROG
Dörpstrat 50
25938 Midlum
https://midlumer-krog.de

9 LÜTT GASTHUS
Dörpstrat 57
25938 Midlum

10 ANDELHOF
Aussiedlungshof 18
25938 Midlum
https://elmeere.de/fuehrungen

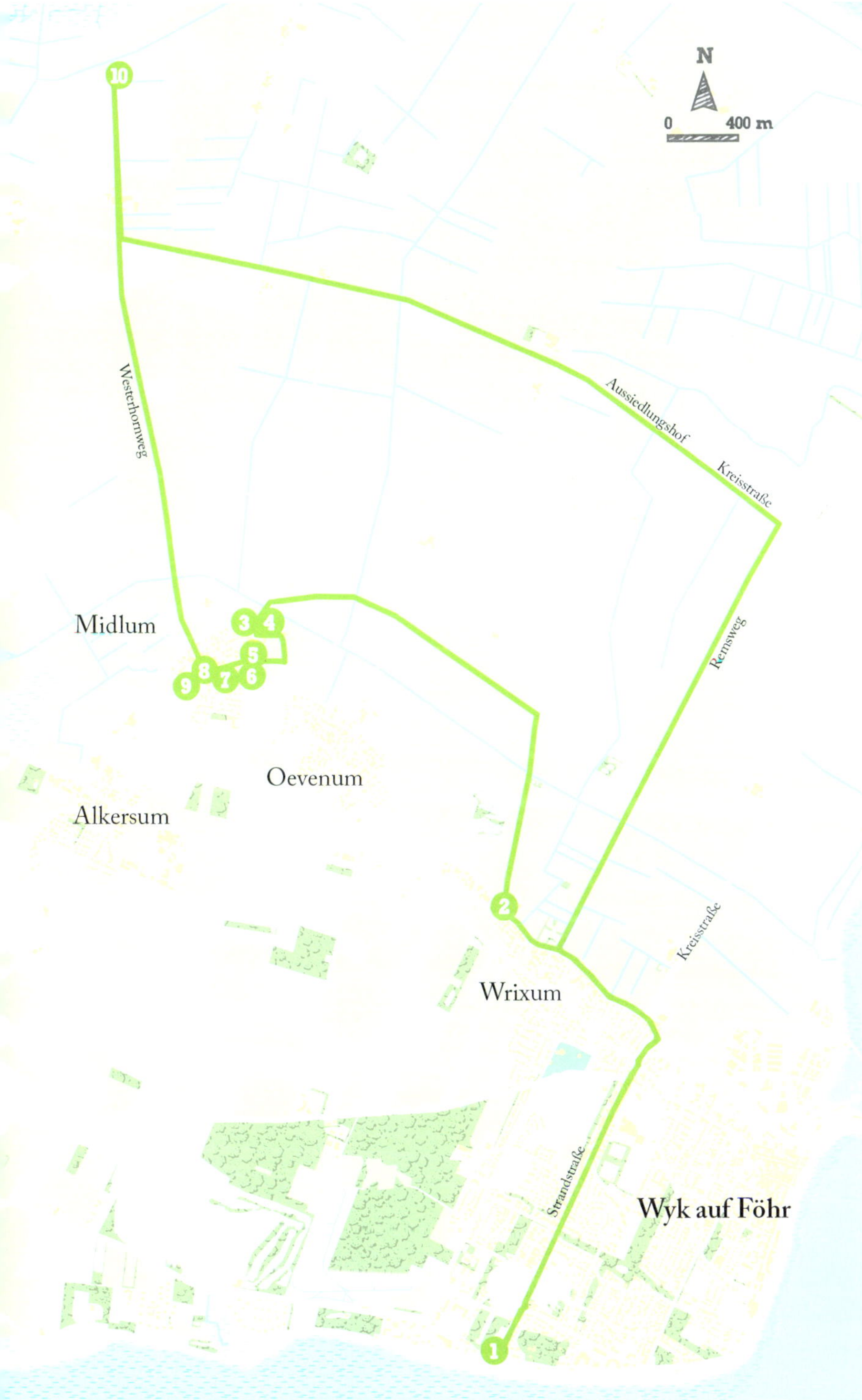
N
0
400 m
10
Westerhornweg
Aussiedlungshof
Kreisstraße
Remsweg
Midlum
3
4
5
8
7
6
9
Oevenum
Alkersum
2
Kreisstraße
Wrixum
Strandstraße
Wyk auf Föhr
1

12 Von Wyk nach Boldixum

Spuren einer verarmten Dichterin und einer Goldgräberin

BESTE ZEIT: Besichtigung der Kirche nur außerhalb der Gottesdienstzeiten, die Sie der Kirchen-Homepage entnehmen: www.kirche-st-nicolai-foehr.de/gemeinde/gottesdienste
LÄNGE: circa 4 Kilometer
ROUTE: Diese kurze Tour ist für Radfahrer (mit Kindern) und Wanderer gleichermaßen geeignet.

Sie starten die Tour auf dem großen, kostenlosen (!) Parkplatz am ❶ **HEYMANNSWEG,** direkt vor den Toren der Stadt. Dieser Parkplatz ist ideal gelegen, wenn Sie mit dem Pkw aus einem der Inseldörfer kommen, um die Stadt zu erkunden oder an den Strand zu gehen.

Nehmen Sie den Rad-/Fußweg, der entlang des Parkplatzes parallel zur L214 verläuft, in Richtung Boldixum. Folgen Sie in einem sanften Linksbogen immer dem Marschweg, weg von der Landesstraße, entlang von Feldern, Wiesen und Bäumen. Biegen Sie an der großen Kreuzung nach links auf den Rad-/Fußweg am Nieblumstieg ein.

Sie erreichen den ersten ❷ **SPIELPLATZ** auf dieser Tour, der mit einer langen Seilbahn sowie einer großen Nestschaukel, Wippe, Sandkasten und Fußballtoren für Vergnügen und jede Menge Bewegung auf der großen Fläche sorgt.

Gleich darauf sehen Sie entlang des Nieblumstiegs rechter Hand den Eingang zum Friedhof der ❸ **KIRCHE ST. NICOLAI.** Sollten Sie mit dem Fahrrad unterwegs sein, schieben Sie es über den Friedhof, da Sie ihn auf der anderen Seite verlassen.

Gehen Sie auf dem Friedhofsweg bis auf Höhe der Kirche und nach links auf diese zu. An der südöstlichen Kirchenmauer ist die **KNUTSEN-GRABPLATTE** aus dem Jahr 1604 mit starken Eisenklammern verankert. Man denkt selbstredend, dass dies schon immer ihr Platz gewesen ist. Doch weit gefehlt, wie ein Artikel in

Gegenüber: Der Miele-Gosche-Platz

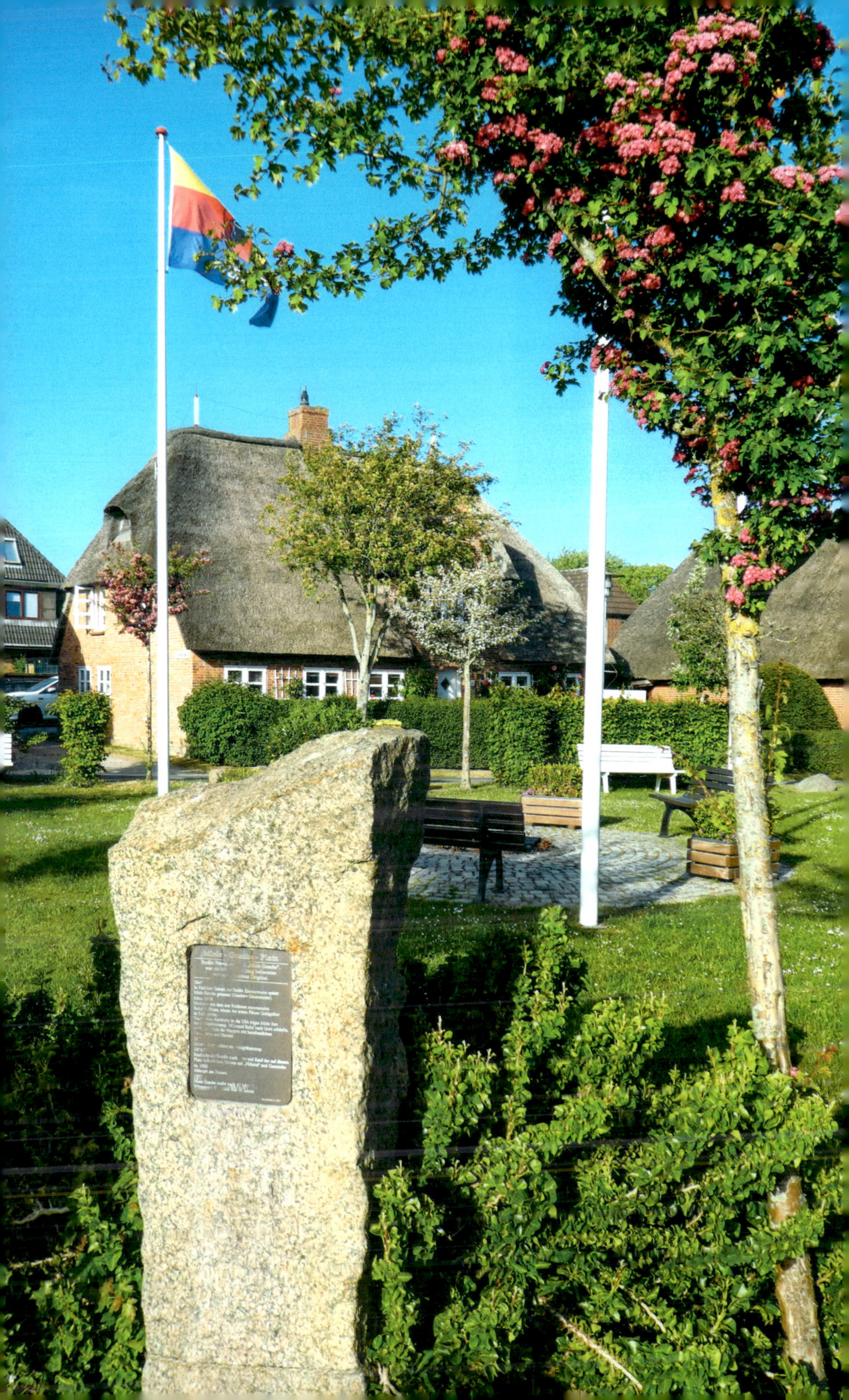

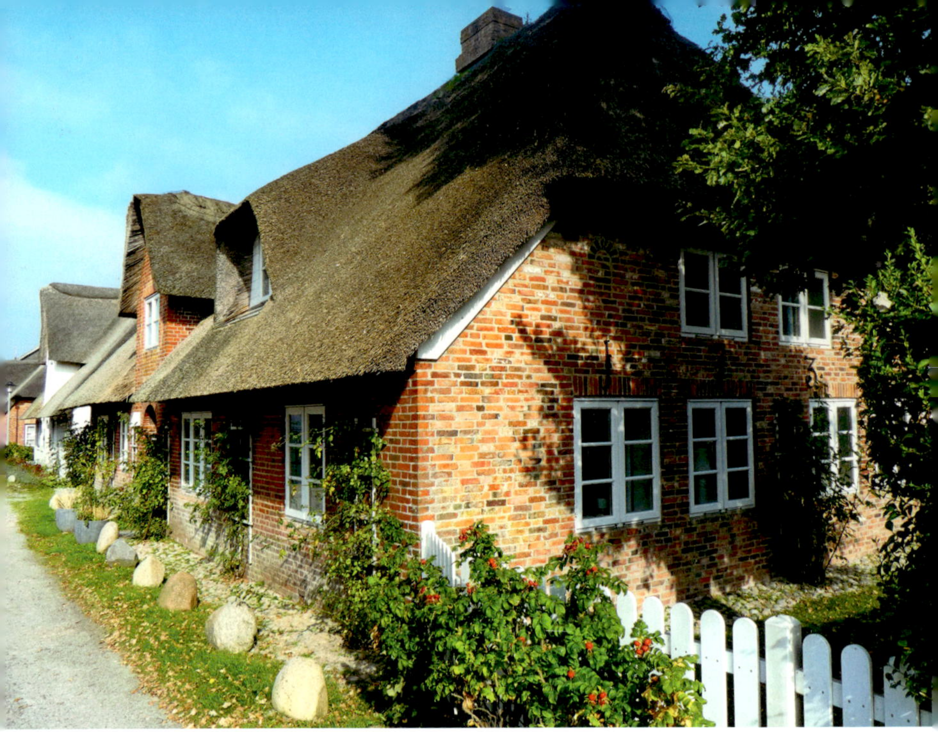

Oben: Ein Stolperstein vor dem Haus Grönland 2; unten links: Der Grabstein für die Friesen-Dichterin; unten rechts: Hofcafé MeiMi mit Wohlfühlatmosphäre

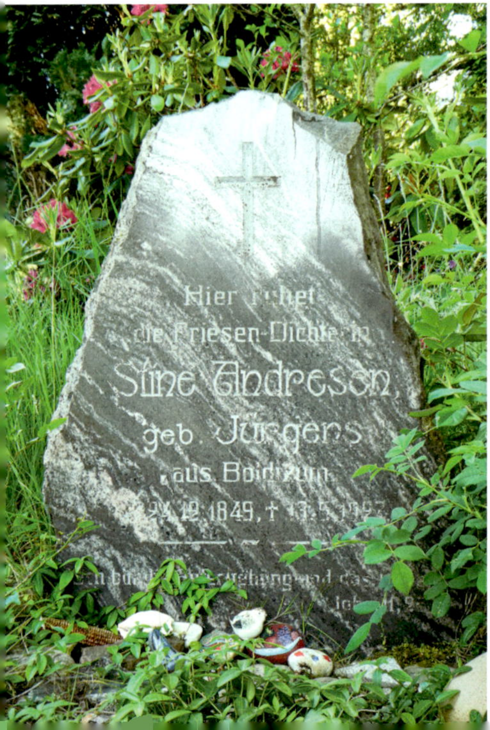

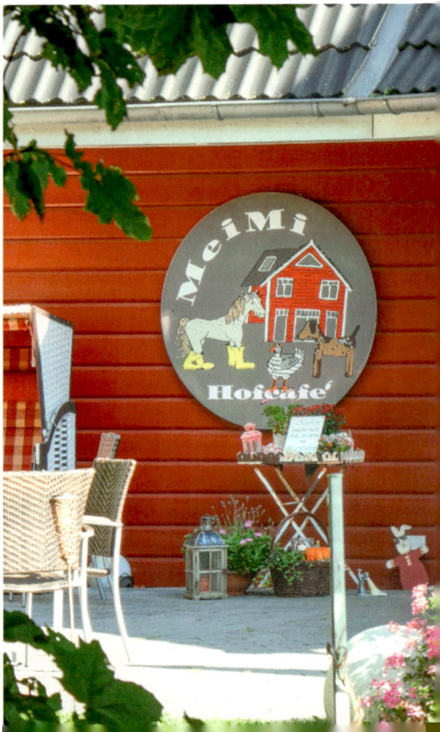

der Föhrer Zeitung aus dem Jahr 1911 mit der Überschrift »Seltsamer Leichenstein« zeigt. Darin berichtete der Gastwirt Flemming, dass er den Stein bei Umbauarbeiten vor seiner Hintertür als Wegplatte fand und sich ihm nach der Säuberung von Erde das Relief einer »Frauensperson in der altfriesischen Tracht mit Haube, Kragen, Mieder und Faltenrock« offenbarte.

Gehen Sie im Uhrzeigersinn um das Gotteshaus zum Kircheneingang und besichtigen Sie eine der drei mittelalterlichen Kirchen auf Föhr. Der romanische Bau geht auf die Zeit um 1240 zurück, was drei datierte Silbermünzen beweisen, die man im Anbau des Nordschiffs fand.

In der Kirche sehen Sie einen Taufstein aus dem 13. Jahrhundert und den Altar aus dem Jahr 1643 sowie eine sogenannte **CONFITENTENLADE.** Was hat es mit diesem hölzernen Kasten und den münzgroßen Einwurfschlitzen, die mit Wyk, Boldixum und Wrixum beschriftet sind, auf sich? Wenn Sie Tour 18 bereits unternommen haben, so kennen Sie die Lösung: In norddeutschen Kirchen warfen alle, die am Abendmahl teilnehmen wollten, einen Zettel mit ihrem Namen nach Orten sortiert in den »kirchlichen Briefkasten«.

Draußen gehen Sie den nördlichen, breiten Friedhofsweg bis fast zu seinem Ende beim Parkplatz am Kirchenweg. Dort stoßen Sie an der Weggabelung auf den **GRABSTEIN VON STINE ANDRESEN.** Sie war eine Föhrer Dichterin (1849–1927), die auch posthum, bis in die 1950er Jahre, weit über die Insel hinaus bekannt war. Nach ihrer Hochzeit mit dem Müller Emil Andresen wohnte sie in der Mühle Venti Amica in Wyk (siehe Mühlentour 18), wo eine Gedenktafel für Stine Andresen angebracht ist. Leider war dem Paar kein Glück vergönnt. Der Müller stirbt mit nur 42 Jahren und hinterlässt seiner Frau einen Schuldenberg. Die Mühle wird zwangsversteigert, da hilft auch nicht der Verkaufserfolg ihres Gedichtbandes, der mehrere Auflagen erlebt. Stine Andresen wird »schwer gemütskrank«, zieht in das Haus ihrer Eltern nach Boldixum. Sie begegnet dort dem Dichter Christian Morgenstern, die rumänische Dichterkönigin Carmen Sylva wird eine vertraute Freundin und mit der Witwe des Dramatikers Friedrich Hebbel steht sie in engem Briefkontakt. Von der Friedrich-Hebbel-Stiftung erhält sie jährlich 600 Mark, doch es reicht hinten und vorne nicht.

»Aus tiefer Not und Bedrängnis heraus« schreibt Stine Andresen am 4. Juni 1920 an ihren Schriftstellerfreund Otto Ernst und bittet um einmalige finanzielle Hilfe. »Hören Sie meinen Notschrei und retten Sie mich.« Er vermittelt ihr eine Spende von 100 Mark. Bis zu ihrem Tod im Jahr 1927 lebt sie trotz ihrer Bekanntheit in Armut.

Verlassen Sie den Friedhof durch das nahegelegene Tor und folgen Sie dem Kirchweg weiter geradeaus in nördliche Richtung, bis Sie an der Kreuzung zum ❹ **ERDBEERPARADIES** kommen. Nein, hier können Sie keine Erdbeeren pflücken, dafür aber zu später Stunde in ein Kultlokal einkehren, in dem sogar schon Otto Waalkes zu Gast war. Erdbeeren gab es jede Menge, als der Lehrer, Imker und nicht zuletzt Erdbeerzüchter Hans Rambach-Peters 1898 am Rande seines 5.000 Quadratmeter großen Erdbeerfelds ein Ausflugs- und Gartenlokal gründet, das es als »Erdbeerparadies« rasch zu großer Beliebtheit brachte. Um 1900 gab es sogar Ansichtskarten davon zu kaufen, eine davon ist uns erhalten, als Gruß ist darauf zu lesen: »Die Karte hat immer im Punsch gelegen, hatten sehr viel Spaß.«

Queren Sie die Ocke-Nerong-Straße, um geradeaus in die Straße Holm zu gelangen, der Sie im Bogen nach rechts folgen.

Unternehmen Sie nach Lust und Laune Abstecher in die kleinen Seitenstraßen mit den sehenswerten historischen Reetdachhäusern. Dieses Gebiet ist in gleichmäßige Rechtecke aufgeteilt, sodass sie von jeder der parallel verlaufenden Straßen wieder auf die Straße Holm zurückgelangen.

In die Straße Grönland sollten Sie auf jeden Fall einbiegen, denn vor dem Haus Nummer 2 liegt ein ❺ **STOLPERSTEIN,** der an die 1902 geborene Föhrerin Christine Jürgensen erinnert, die hier gelebt hat, ehe sie mit gerade mal 18 Jahren 1920 in die Heilanstalten in Schleswig und Stadtfeld verlegt wurde. Im September 1944 kam sie schließlich in die Heilanstalt Meseritz-Obrawalde, wo sie noch im selben Monat dem Euthanasieprogramm zum Opfer fiel und ermordet wurde.

Bei der Kreuzung Dörpstrat erreichen Sie den schönen ❻ **MIELE-GOSCHE-PLATZ.** Ein ungewöhnlicher Name, der so manchen an

Gegenüber: Der Kirchturm von St. Nicolai

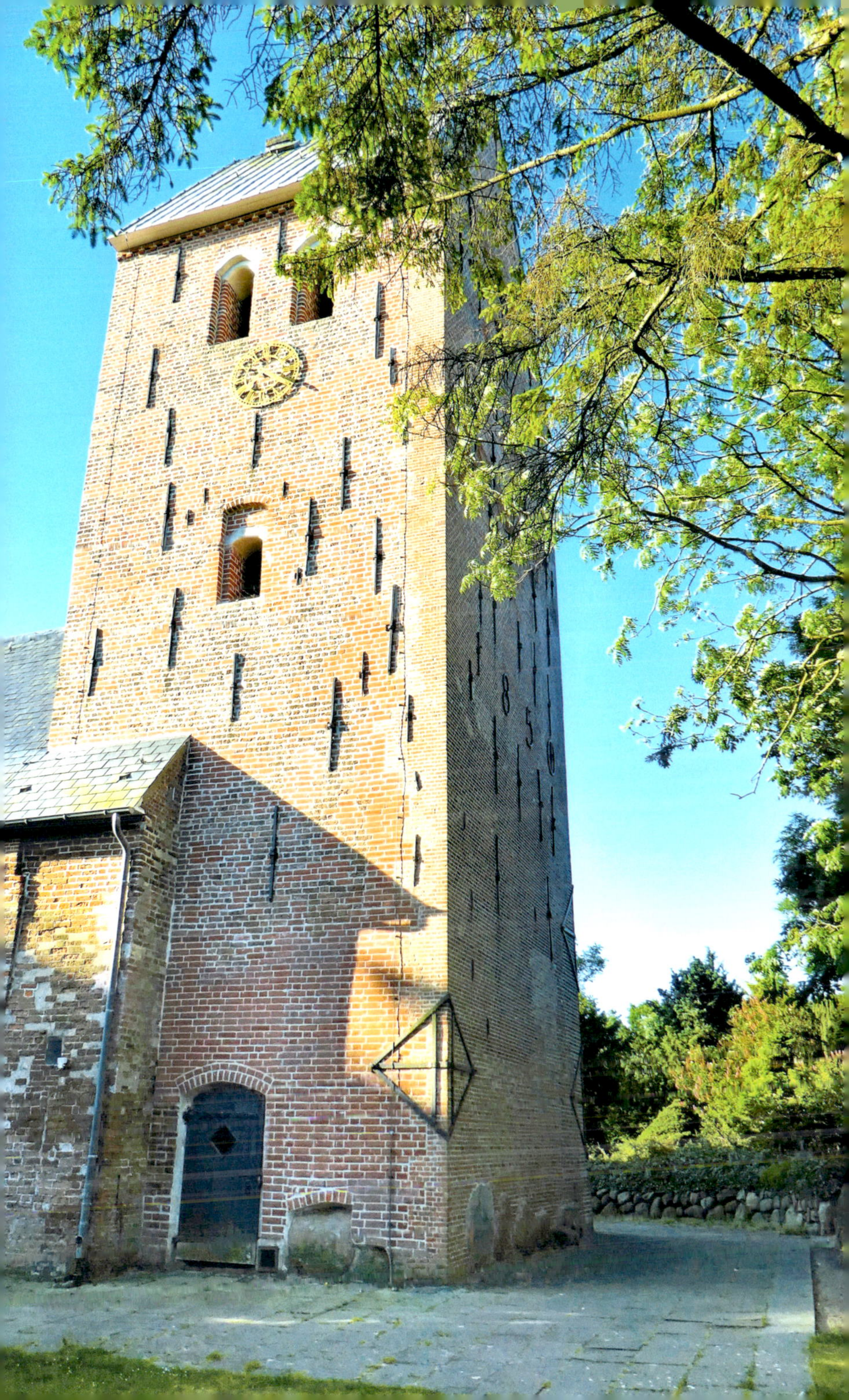

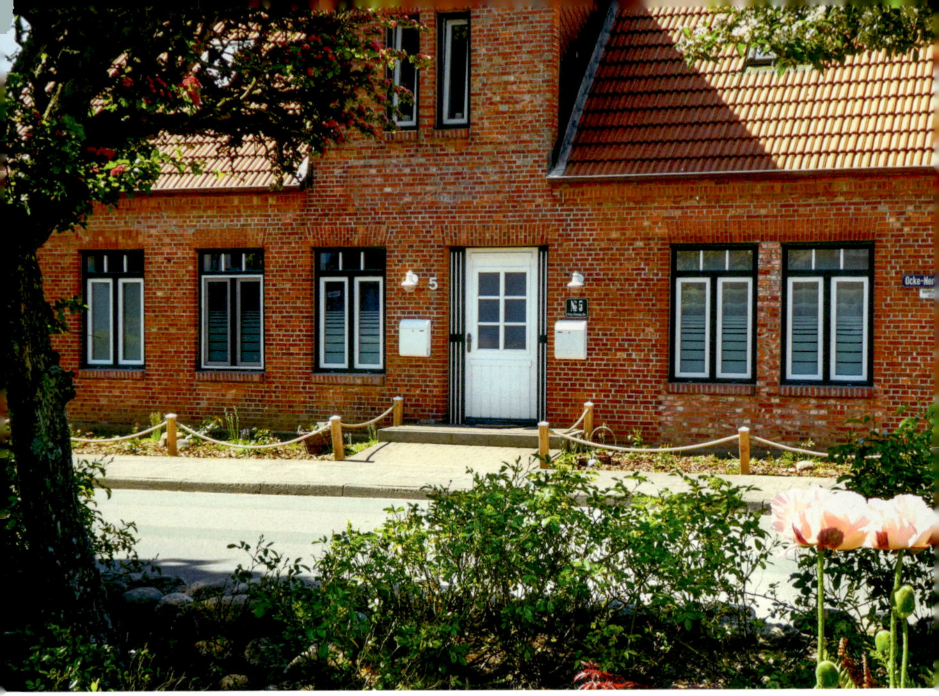

Oben: Ehemaliges Wohnhaus des Lehrers und Heimatforschers Ocke Nerong

den traditionsreichen Haushaltsgerätehersteller denken lässt. Doch die Lösung liegt näher und zwar am Rand dieses Platzes, wo bis 1930 das Haus der Emilie Lisette Caroline Peters, genannt Miele Gosche, stand. »Gosche« bedeutete übrigens Großmutter. Mit ihrem Ehemann wandert sie schon kurz nach der Hochzeit nach Kalifornien aus, wo er in einer Goldmine arbeitet und sie die Wäsche der Männer wäscht und dafür mit Gold entlohnt wird. Mit Reichtum kehren die beiden zurück und eröffnen eine Gastwirtschaft in ihrem Haus, die Miele allein bis ins hohe Alter weiterführt, nachdem ihr Mann früh verstirbt. Man erzählt sich, dass die beliebte Gastwirtin auch zu später Stunde niemanden abwies. Selbst wenn das Herdfeuer bereits gelöscht war und sie gerade zu Bett gehen wollte, bekamen die Gäste noch einen heißen Grog. Das Wasser dafür nahm sie aus ihrer Bettflasche.

2011 wurde der Miele-Gosche-Platz, hauptsächlich in Eigenregie von den Boldixumern, umgestaltet, denn ihnen liegt »ihr Platz« am Herzen. Hier können Sie sich ein Weilchen auf einer der Bänke unter den wehenden Fahnen niederlassen.

Betrachten Sie von dort aus das 7 OCKE-NERONG-HAUS, das in der gleichnamigen Straße gegenüber des Platzes mit der Nummer 5 steht. Ocke Christian Nerong (1852–1909) wurde in Oevenum auf Föhr geboren und hat sich als Heimatforscher unter anderem mit Chroniken über Föhr einen Namen gemacht, zudem war er Lehrer in der einklassigen Dorfschule in Alkersum.

Der ORTSSTEIN VON BOLDIXUM an der spitzen Ecke des dreieckigen Platzes wurde 1963 anlässlich der 500-Jahr-Feier des Ortes aufgestellt. Über lange Zeit war Boldixum der Hauptort der Insel, weshalb die Wyker jeden Sonntag stets zur St.-Nicolai-Kirche in Boldixum pilgern mussten – damit sie pünktlich erschienen, wurde der Glockenturm in Wyk errichtet (siehe Stadtrundgang 20).

Biegen Sie nun links in die Straße Reidschott ein, dort erreichen Sie nach dem Eckhaus bei der Hausnummer 1 das 8 MORGENSTERN-HAUS. Hier wohnte der an Tuberkulose erkrankte Dichter und Schriftsteller Christian Morgenstern (1871–1914) im Juli 1905, wo ihm »das gute Stübchen einer älteren Witwe eingeräumt worden ist, ein Schmuckstück von Sauberkeit und Nettigkeit«, wie er an die befreundete Schauspielerin Helene Fehdmer-Kaysser schreibt. Die Unterkunft hat ihm die Dichterin Stine Andresen vermittelt, die ganz in der Nähe wohnt, er trifft sich mit dem alten Kapitän aus dem großen Haus nebenan zum Schachspielen, und rechts von seiner Unterkunft ist »eine einfache Wirtschaft mit einer Wirtsstube, die Ihr sehen müßtet. Niedrig, alles braunes Holz, dicke Deckenbalken, quadratische Fenster, quadratische Tische, das Ganze in Form eines Winkelmaßes.« Er besucht tagsüber das Nordsee-Sanatorium von Dr. Carl Gmelin am Südstrand (siehe Tour 3) und fühlt sich so wohl auf der Insel, dass er 1907 in einem Gedicht schreibt: »Zu Niblum (sic!) will ich begraben sein.« Dieser letzte Wunsch geht leider nicht in Erfüllung. Er stirbt in Meran, und seine Urne ist mittlerweile auf dem Goetheanum-Gelände in Dornach in der Schweiz beigesetzt.

Am Ende der Straße Reidschott sehen Sie hinter hohen Bäumen das rote Holzhaus, in dem sich das 2018 eröffnete 9 HOFCAFÉ MEIMI befindet, wo Sie sich in ruhiger Lage und familiarer Atmosphäre unbedingt zum Abschluss der Tour niederlassen sollten. Es gibt leckere Eisbecher sowie neben herzhaften Snacks (vom eigenen Angus-Rind aus ökologischer Haltung) eine reichliche Auswahl an leckeren Kuchen, Torten und Waffeln zum Kaffee. Auch glutenfreier Kuchen ist im täglich wechselnden Angebot. Hier backt der Bauer noch selbst – und wundern Sie sich nicht, falls Hühner im blühenden Cafégarten umherspazieren. Die lassen sich sogar streicheln und vor allem bewundern, denn sie gehören der vom Aussterben bedrohten Rasse »Deutsche Sperber« an.

Woher der ungewöhnliche Name MeiMi rührt? Ganz einfach: Meike und Michael heißen die gut gelaunten Besitzer des Cafés, das sie zusammen mit ihren beiden Kindern voller Herzlichkeit führen.

Wenn Sie frisch gestärkt noch Lust auf einen längeren Ausflug haben, dann schließen Sie doch die Windmühlen-Tour (siehe Tour 18) an.

Vom Hofcafé aus biegen Sie an der Kreuzung zur Landesstraße nach rechts ab, überqueren diese an der nächsten Ampel nach links und setzen ihren Weg über die Boldixumer Straße fort, die Sie am Stine-Andresen-Weg vorbei direkt zurück in die Stadt und somit zum großen Parkplatz, Ihrem Ausgangsort, führt.

1 HEYMANNSWEG (PARKPLATZ)
25938 Wyk auf Föhr

2 SPIELPLATZ
Nieblumstieg 5
25938 Wyk auf Föhr (Boldixum)

3 KIRCHE ST. NICOLAI UND FRIEDHOF
Kirchweg
25938 Wyk auf Föhr (Boldixum)
www.kirche-st-nicolai-foehr.de

4 ERDBEERPARADIES
Ocke-Nerong-Straße 29
25938 Wyk auf Föhr
https://erdbeerparadies-auf-foehr.de

5 STOLPERSTEIN
Grönland 2
25938 Wyk auf Föhr (Boldixum)

6 MIELE-GOSCHE-PLATZ
Kreuzung Ocke-Nerong-Straße/ Dörpstrat
25938 Wyk auf Föhr (Boldixum)

7 OCKE-NERONG-HAUS
Ocke-Nerong-Straße 5
25938 Wyk auf Föhr (Boldixum)

8 MORGENSTERN-HAUS
Reidschott 1
25938 Wyk auf Föhr (Boldixum)

9 HOFCAFÉ MEIMI
But Dörp 4
25938 Wyk auf Föhr (Boldixum)
http://hofcafe-foehr.de

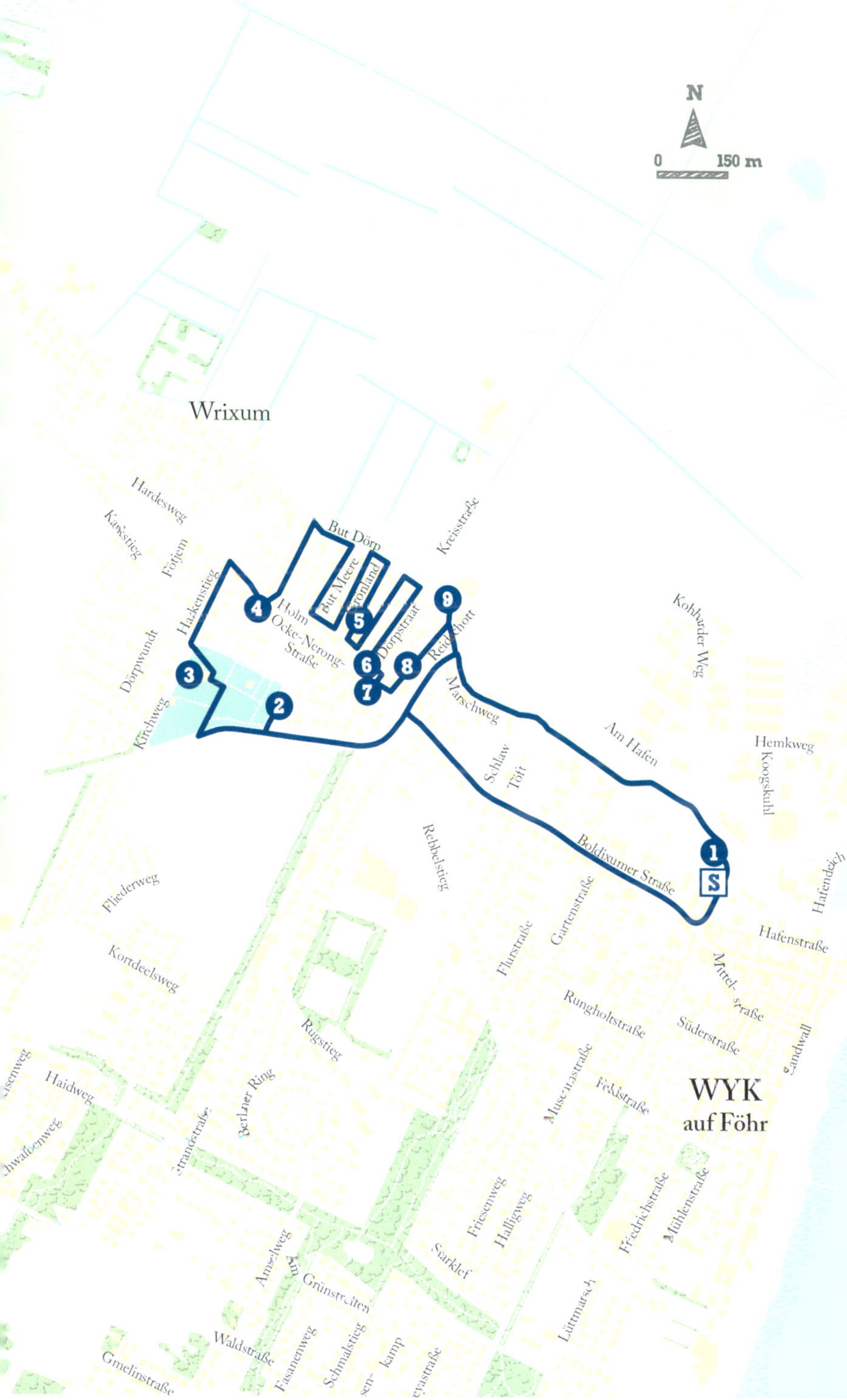
N
0 150 m
Wrixum
Hardesweg
Karkstieg
Fötjem
Hackenstieg
Dörpwundt
Kirchweg
But Dörp
But Meere
Grönland
Holm
Ocke-Nerong-Straße
Dörpstraat
Reidershott
Kreisstraße
Marschweg
Schlaw Töft
Am Hafen
Kohharder Weg
Hemkweg
Koogskuhl
Boldixumer Straße
Rebbelstieg
Fliederweg
Kortdeelsweg
Gartenstraße
Flurstraße
Hafendeich
Hafenstraße
Mittelstraße
Rungholtstraße
Süderstraße
Sandwall
Rugstieg
Haidweg
Berliner Ring
Strandstraße
Museumstraße
Feldstraße
WYK
auf Föhr
Friesenweg
Halligweg
Friedrichstraße
Mühlenstraße
Amselweg
Am Grünstreifen
Starklef
Lüttmarsch
Waldstraße
Fasanenweg
Schmalstieg
Gmelinstraße

13 Rund um Borgsum

Von Rittern und Abenteurern

BESTE ZEIT: während der Öffnungszeiten der von Ihnen favorisierten Stationen
LÄNGE: circa 5,5 Kilometer
ROUTE: Am besten machen Sie diese Tour mit dem Fahrrad, sie ist aber auch zu Fuß möglich.

Borgsum ist vor allem für seine GALERIEHOLLÄNDERWINDMÜHLE bekannt, die 1991 anstelle der baufälligen Mühle neu aufgebaut wurde, und heute den Blickfang des Ortes darstellt. Mehr über die Mühle erfahren Sie auf Tour 18. Allerdings sollten Sie sich auch mal in und um Borgsum herum umsehen – es lohnt sich!

Sie starten die Tour gleich hinter dem Ortseingang von Nieblum und Goting kommend beim 1 HOFLADEN VOM BAUERNHOF NIELSEN und machen dort Halt. Der Bauernhof blickt seit seiner Gründung 1934 auf eine bald hundertjährige Geschichte zurück und ist zu einem beliebten Anlaufpunkt avanciert.

Das könnte zum einen an Nielsens Eiertrunk liegen, dem selbst hergestellten Eierlikör, oder an den Fruchtaufstrichen und Gelees, die es in vielen leckeren Sorten gibt, von Aprikose über Erdbeer-Ingwer bis hin zu weihnachtlichem Geschmack zur entsprechenden Saison. Haben Sie schon mal Rosenblütenlikör probiert? Der wird hergestellt aus den Blütenblättern der *Rosa rugosa*, die sich auf Föhr wild ausbreitet und die Insel ab Mai in ein duftendes Blütenmeer verwandelt.

Oder wie wäre es mal mit Erdbeer-Essig? Für alle, die es nicht so ausgefallen mögen, gibt es natürlich auch Klassiker wie Kräuter-Essig oder Bärlauchöl aus eigener Herstellung.

Der Hit sind jedoch auf alle Fälle die frischen ERDBEEREN VOM FELD während der Saison – die man sogar selbst pflücken darf. In diesem Fall muss allerdings mindestens ein Kilo in den Korb

Gegenüber: Auf historischen Pfaden wandeln: die Lembecksburg

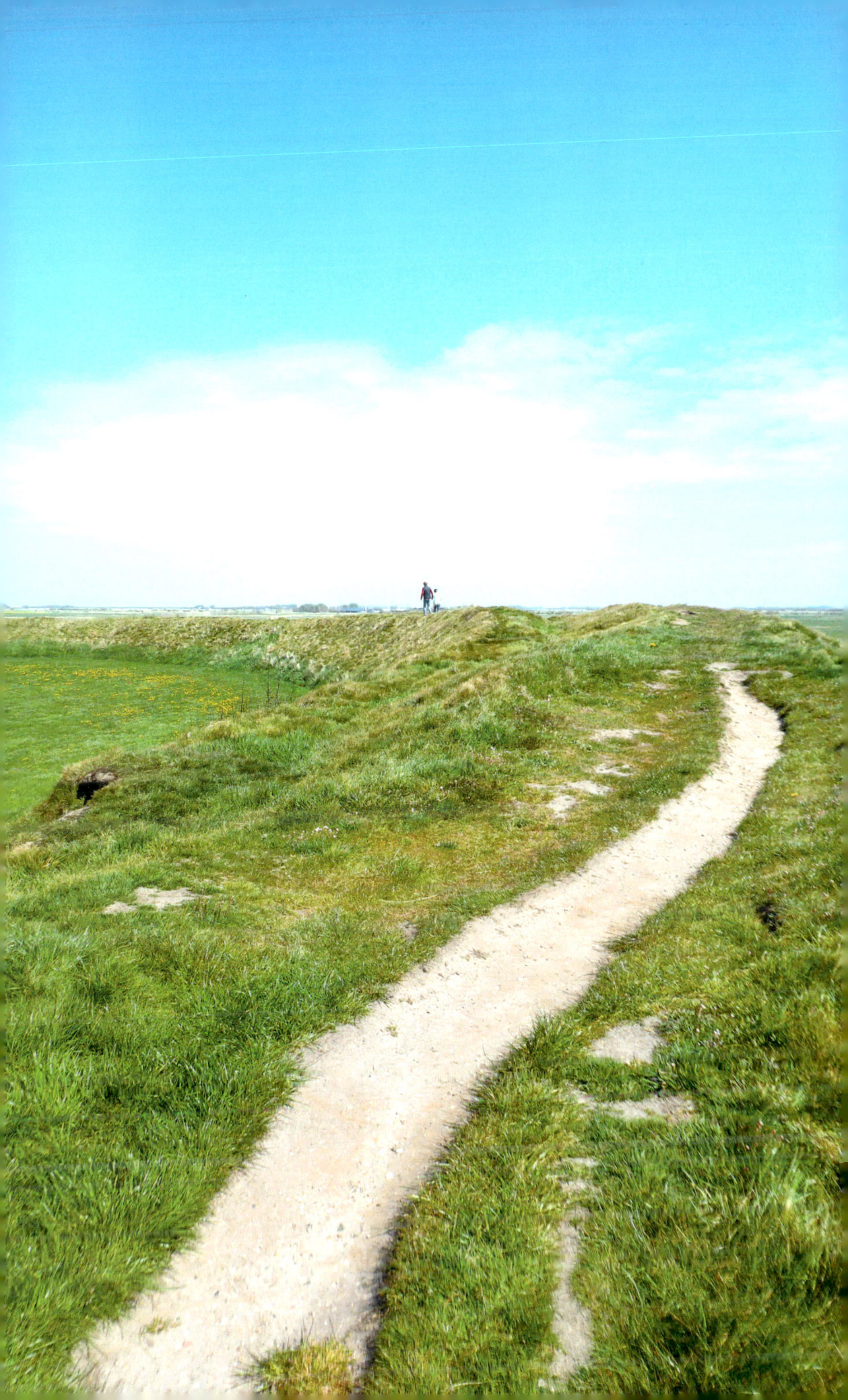

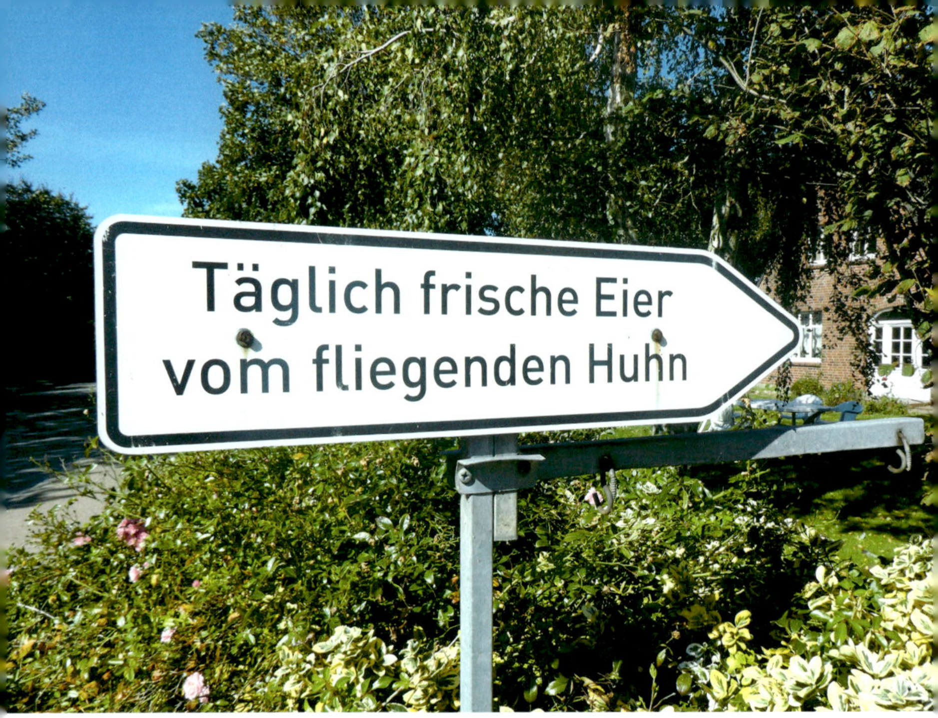

Oben: Da geht's lang zu den frischen Eiern von Jan Dieter Nielsen;
unten links: Borgsum blickt auf eine lange Geschichte zurück;
unten rechts: Ein Besuch beim Bauernhof Nielsen ist das Hüftgold wert

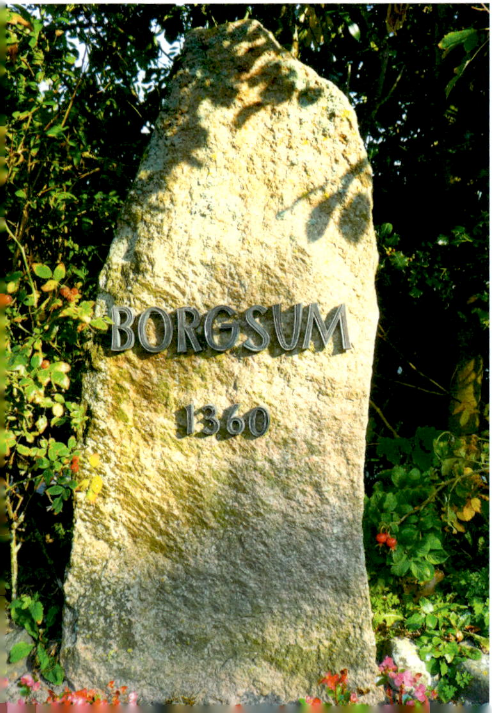

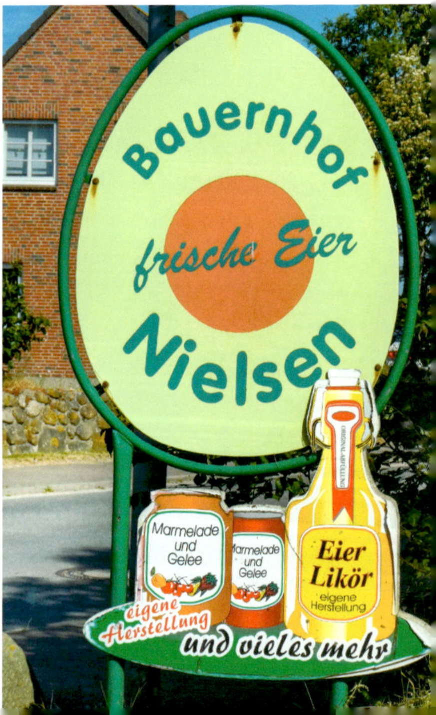

wandern – kleinere Mengen sind direkt am Verkaufsstand erhältlich.

Nehmen Sie ruhig Ihr eigenes Gefäß mit, dann haben Sie gleich die perfekte Wegzehrung für die Tour – für den Heimweg wird dann sicher nicht mehr viel übrig sein.

Fahren Sie weiter in den Ort hinein, treffen Sie kurz darauf auf ein Schild, das auf »Täglich frische Eier vom fliegenden Huhn« hinweist. Hier befindet sich der ❷ FERIENHOF VON JAN DIETER NIELSEN und seiner Frau Annegret, auf dem Sie auch Urlaub machen können, im Bauernhaus und im Gästehaus stehen Ferienwohnungen unterschiedlicher Größe zur Verfügung. Schon der Vater des heutigen Betreibers ist nicht auf den Hund, sondern aufs Huhn gekommen, als er wie viele Föhrer in den 1920er Jahren als junger Mann nach Amerika auswanderte, um dort Geld zu verdienen – und zwar nicht etwa als Goldgräber oder Tellerwäscher, sondern mit einer Hühnerfarm.

Als er nach dem Zweiten Weltkrieg nach Föhr zurückkehrte, brachte er sein Wissen mit und gründete einen landwirtschaftlichen Betrieb, in dem nun in zweiter Generation Ackerbau betrieben wird und Legehennen gehalten werden. Die frisch gelegten Eier können Sie auf dem Hof erwerben.

Weiter auf dem Weg durch den Ort kommen Sie an der noch erhaltenen ❸ ALTEN FEUERGLOCKE vorbei. Die Freiwillige Feuerwehr Borgsum wurde zusammen mit Witsum und Goting am 6. Januar 1897 gegründet. Der traurige Anlass war unter anderem der Blitzeinschlag in der Borgsumer Mühle am 13. Oktober 1893 und die Erkenntnis, dass die bereits gegründete Nieblumer Feuerwehr bei einem Brandfall nicht rechtzeitig vor Ort sein kann. Eine Feuerglocke diente zudem nachts dazu, die Dorfbewohner aus dem Schlaf zu holen, damit sie mithelfen konnten oder gewarnt waren, falls ein Feuer überzugreifen drohte.

Sie erreichen die Bäckerei ❹ DER LANDBÄCKER, die Handwerksqualität seit 1913 bietet – man schmeckt, dass hier alte Rezepte die Grundlage bilden und man keine Backwaren von der Stange erhält. Dazu gehört ebenfalls, dass auf künstliche Zusatzstoffe verzichtet wird und der Teig 24 Stunden ruhen darf, ehe er weiterverarbeitet wird. Geduld zahlt sich eben auch beim Geschmack aus.

Selbst bei den Namen der Brötchen wird die friesische Tradition hochgehalten, oder wann haben Sie zuletzt einen Moonbelk, Oterbaank oder Strunluuper bestellt? Probieren Sie das doch mal aus! Oder Sie setzen sich auf einen Kaffee und ein Stück Kuchen, auf dem sich stets nur die Früchte der Saison befinden, in einen der Strandkörbe vor der Bäckerei. Die Sitzgelegenheiten sind allerdings schnell belegt, denn Qualität spricht sich herum.

Bei aller Tradition geht dieser Bäcker mit der Zeit, denn Ihre Brötchen können Sie nicht nur per WhatsApp vorbestellen, es gibt sogar eine App, in der Sie aus dem Sortiment auswählen, gleich bezahlen, und dann holen Sie Ihre Backwaren fertig verpackt ab – so kann Ihnen auch kein Frühaufsteher Ihr Lieblingsgebäck wegschnappen.

Fahren Sie auf dem Radweg weiter durch das beschauliche Dorf mit den historischen Reetdachhäusern und sehenswerten Vorgärten, Sie werden immer wieder hübsche Details entdecken.

Biegen Sie rechts in den Borigwoi ein, der Sie zum 5 BIAR BRAUHÜS von Volker Martens führt. 2018 hat er seine kleine Brauerei eröffnet, die inzwischen gar nicht mehr so klein ist, weil er mit seiner Idee, die Craftbeer-Kultur auf Föhr zu etablieren, voll ins Schwarze getroffen hat.

Kein Wunder, denn mittlerweile avancierte der ehemalige Tischler zum Fachmann für Bierspezialitäten, die in echter Handarbeit aus besten Rohstoffen und Föhrer Brauwasser hergestellt werden. Sogar seinen eigenen Hopfen baut er mittlerweile an. Angefangen hat alles 2012 als Hobbybrauer in der Melkkammer des elterlichen Betriebs. Was zunächst zu einer Mikrobrauerei wuchs, ist mittlerweile ein ansehnliches Sudhaus mit großen Gärtanks und einer Abfüllanlage. Zu festgelegten Terminen, die Sie auf der Homepage des Biar-Brauhaus finden, haben Sie die Möglichkeit, an einer zweistündigen BRAUEREIFÜHRUNG teilzunehmen, inklusive Verkostung der aktuellen Biersorten.

Auf dem Borigwai geht es immer geradeaus weiter, bis Sie auf die 6 LEMBECKSBURG treffen. Die Entstehungszeit dieser archäo-

Gegenüber: Das Adventure-Golf

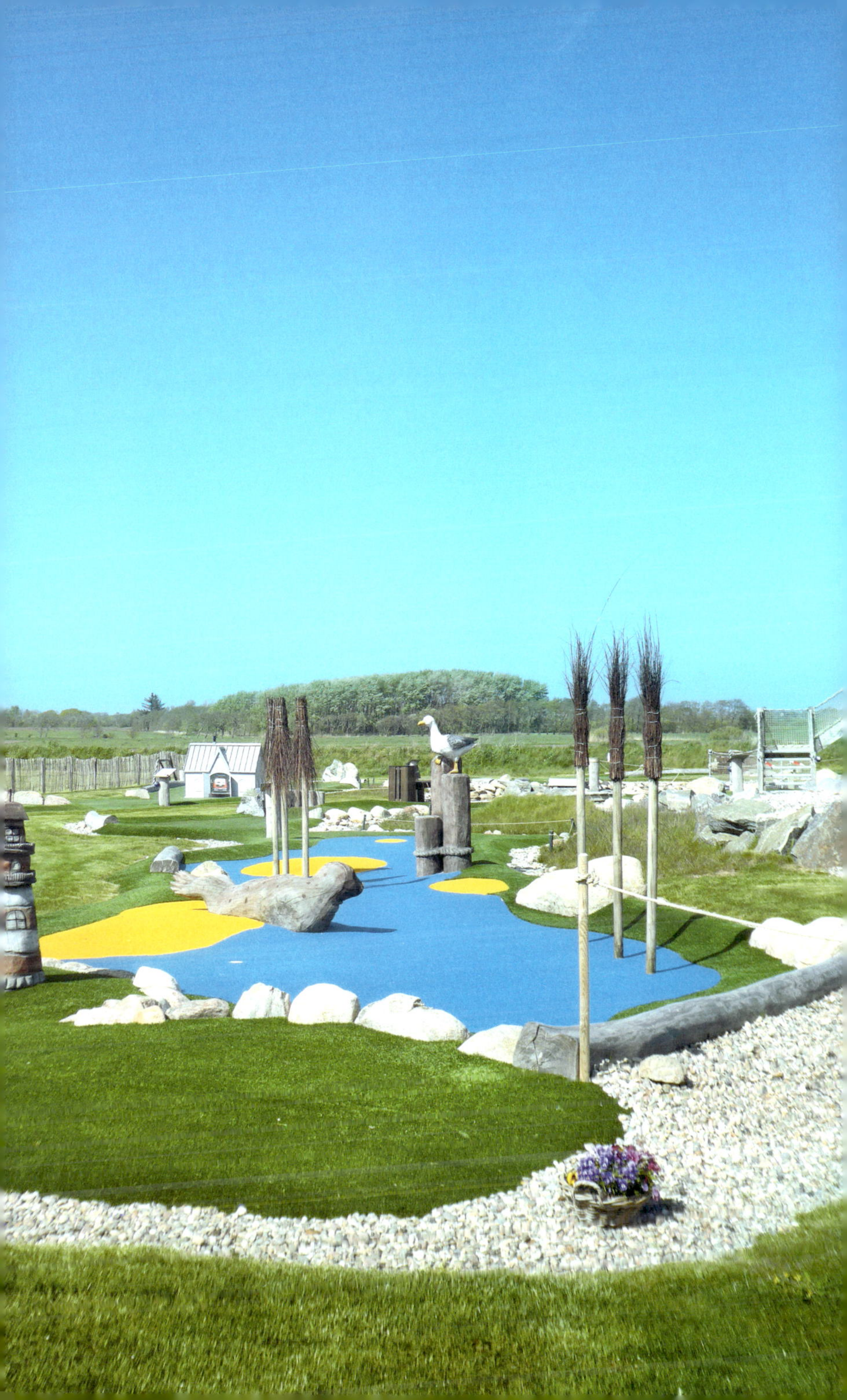

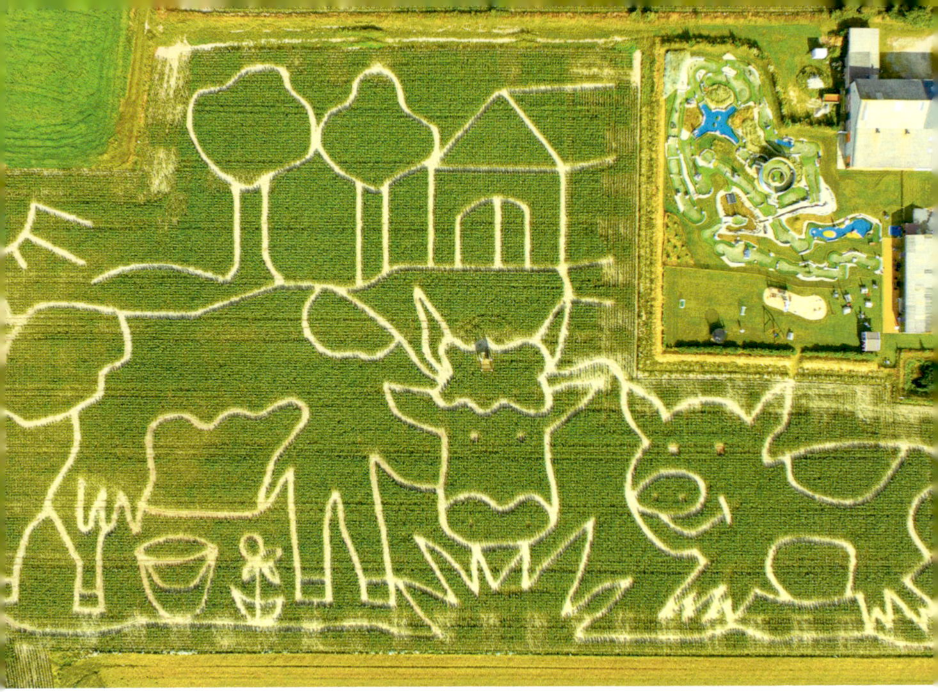

Oben: Das Maislabyrinth von oben. Jedes Jahr ein neues Motiv. Auf einer Wegstrecke von bis zu 3,5 Kilometern kann man sich fröhlich verirren

logisch bedeutsamen Ringwallanlage mit einem Durchmesser von 95 Metern und einer Höhe von acht bis zehn Metern wird auf das 10. oder 11. Jahrhundert geschätzt, da die meisten Funde aus der Wikingerzeit datieren.

Wie die Burg zu ihrem Namen kam, ist im wahrsten Sinne des Wortes eine sagenhafte Geschichte, die auf eine Fehde zwischen dem Ritter Klaus Lembeck und dem dänischen König Waldemar IV. im 14. Jahrhundert zurückgeht. Borgsum fand als Ort nachweislich erstmals in der sogenannten Burgurkunde vom 8. November 1360 Erwähnung.

Bei archäologischen Ausgrabungen wurden Reste einfacher Sodenwandhäuser, Bodendielen, eine Pfeilspitze, Keramikreste, ein Schuhlederstück und noch einiges mehr gefunden, was auf eine länger andauernde Besiedelung der Lembecksburg hindeutet. Bei einer Ausgrabung 1952 macht der Archäologe Dr. Reinhard Schindler jedoch einen unerwartet gruseligen Fund aus jüngerer Zeit, wie er im Insel-Boten berichtet: »Oh Unglück, die Grabungsstelle, die ich ausgesucht hatte, traf mitten in die Senkgrube eines ehemaligen HJ-Lagers.« Darin ruhten die »noch sehr frischen, kaum 20-jährigen menschlichen Überreste im Vorgelände der Lembecksburg«.

Auf welchem Friedhof der Leichnam beigesetzt wurde, ist nicht bekannt, die archäologischen Fundstücke können Sie im Friesen-Museum besichtigen (siehe Tour 4).

Fahren Sie den Borigwoi etwa 200 Meter zurück und biegen Sie dann in den Pastrückenweg ein, der Sie zum 7 FÖHRER ADVENTURE GOLF führt.

Minigolfbahnen findet man in Deutschland ja wie Sand am Meer, nicht jedoch einen Abenteuer-Golfplatz, auf dem man spielerisch – im wahrsten Sinne des Wortes – etwas über Land und Leute und die Geschichte der Insel erfährt. Auf den 18 Bahnen der sehr gepflegten und phantasievoll angelegten Anlage spielt man den Ball zum Beispiel durch einen Bachlauf, der der Godel nachempfunden ist (siehe Tour 15), und besteigt die Lembecksburg, die sich als hübsch bemalter, ehemaliger Güllebehälter entpuppt. Nach dem Spiel kann man sich mit warmen Snacks, Eis oder Kuchen frisch vom örtlichen Bäcker versorgen. Und wenn die Kids noch nicht genug haben, so stehen ein Spielplatz mit Sandkuhle, ein Trampolin und eine Scheune mit Airhockey, Kicker und Tischtennis zur kostenlosen Verfügung – besonders gut, wenn mal eben wieder ein Regenschauer vorbeikommt. Die Hauptattraktion in der Scheune ist jedoch die 31,5 Meter (!) lange CARRERA-BAHN, auf der bis zu sechs Spieler gegeneinander fahren, begleitet von einigen digitalen Features wie Boxenstopp oder Wetterwechsel, und natürlich wird auch der Spielstand über den großen Bildschirm angezeigt. Eine Voranmeldung ist erforderlich.

Gleich nebenan befindet sich von circa Juli bis September das MAISLABYRINTH, ein herrlicher Spaß für die ganze Familie. Wer denkt, er hätte es nur mit einem schlichten Labyrinth zu tun, der irrt schon an dieser Stelle, denn Familie Martens setzt jedes Jahr neue Motive auf einer Fläche von 4,5 Hektar um, die das Labyrinth bilden und natürlich nur aus der Vogelperspektive erkennbar sind.

Im Labyrinth gibt es Stempelstationen, die es zu finden gilt, zudem können auf einem Zettel Fragen beantwortet werden, und am

Ausgang aus dem Labyrinth wartet auf die Kinder ein kleiner Preis in der Verkaufshütte – und als wäre das nicht schon genug, kommt der Zettel im Juli und August auch noch in die Lostrommel für die wöchentliche Verlosung, bei der es richtig was zu gewinnen gibt. Damit man sich nicht heillos im Labyrinth verläuft, gibt es ein paar Stationen, an denen man einen QR-Code mit dem Handy scannt, um seinen aktuellen Standort auf dem Luftbild nebst dem schnellsten Weg zum Ausgang zu erfahren.

Nach einer schönen und abwechslungsreichen Zeit beim Adventure Golf und Maislabyrinth fahren Sie den Weg zurück zum Biar Brauhüs. Kurz vor dem Gebäude biegen Sie links in den Noorderwoi ein, an dessen Ende Sie nach rechts abbiegen. An der Weggabelung erreichen Sie einen **SPIELPLATZ MIT PICKNICKGELEGENHEIT.** Nach einer möglichen Pause fahren Sie auf dem Stianbrag weiter. An der nächsten Kreuzung halten Sie sich links. Folgen Sie der Straße Uasterguardem im Rechtsbogen, bis Sie wieder auf den Taarepswoi treffen. Schräg gegenüber sehen Sie den Bauernhof Nielsen – und damit sind Sie zurück an Ihrem Ausgangspunkt.

1 HOFLADEN BAUERNHOF NIELSEN
Taarepswoi 5
25938 Borgsum
www.bauernhof-nielsen.de

2 FERIENHOF NIELSEN/ TÄGLICH FRISCHE EIER VOM FLIEGENDEN HUHN
Taarepswoi 6-8
25938 Borgsum

3 ALTE FEUERGLOCKE
zwischen Taarepswoi 9 und 11
25938 Borgsum

4 DER LANDBÄCKER
Taarepswoi 19
25938 Borgsum
https://landbaecker-foehr.de

5 BIAR BRAUHÜS
Borigwoi 8
25938 Borgsum
www.biar-brauhues.de

6 LEMBECKSBURG
Wolken-Damm
25938 Borgsum

7 FÖHRER ADVENTURE GOLF UND MAISLABYRINTH
Borgsum-Feld 2
25938 Borgsum
www.adventuregolf-foehr.de

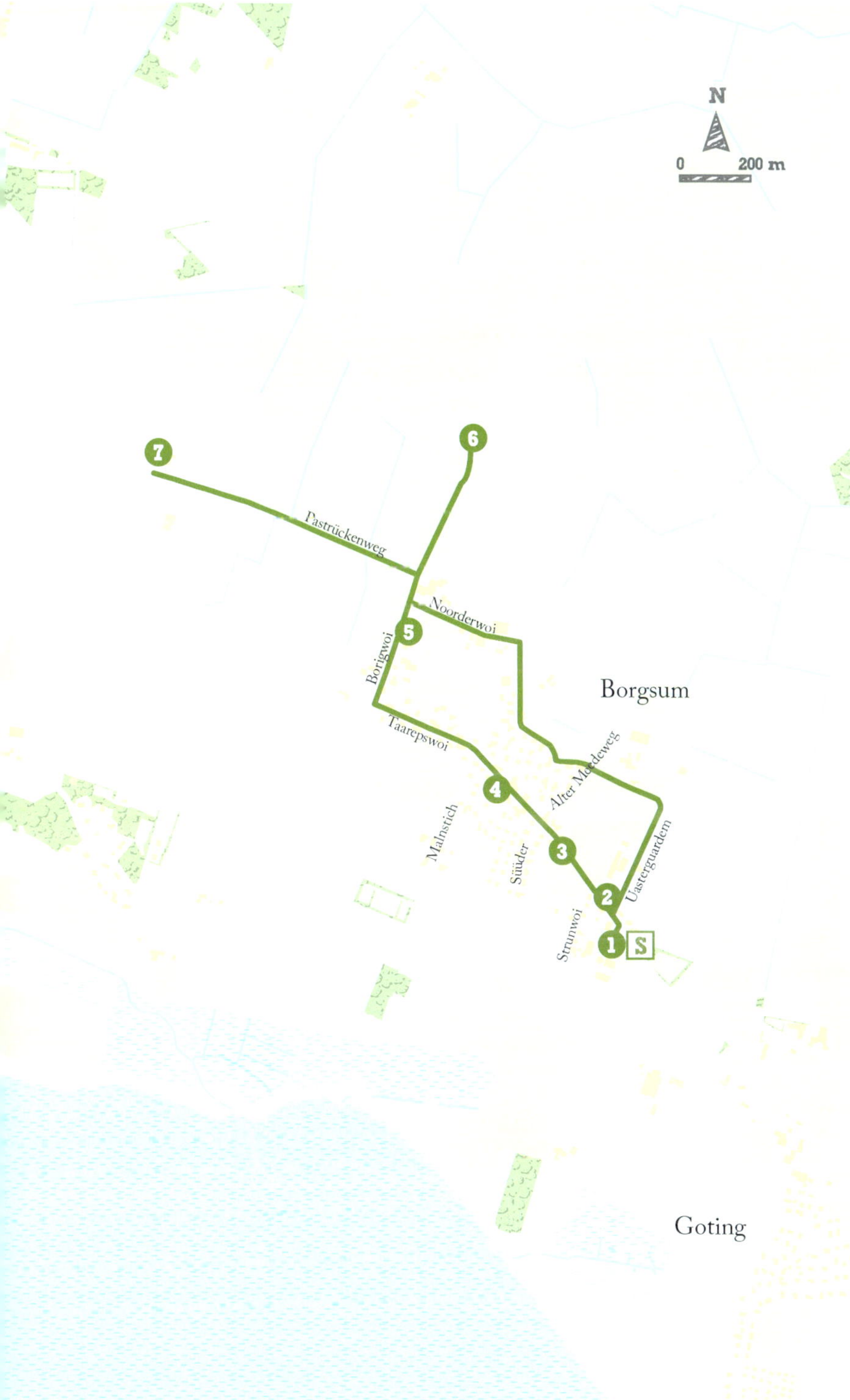
N
0
200 m
7
6
Pastrückenweg
Noorderwoi
5
Borigwoi
Borgsum
Taarepswoi
Alter Moedeweg
4
Malnstich
3
Süüder
Uasterguardem
2
Strunwoi
1
S
Goting

14__Durch das Langdorf Oldsum

Auf Spurensuche im Künstlerdorf

BESTE ZEIT: zu den Öffnungszeiten der Cafés und Galerien
LÄNGE: circa 3 Kilometer
ROUTE: Zu Fuß gewinnen Sie die meisten Eindrücke, doch auch für Radfahrer ist diese Tour geeignet

Das Dorf ist nicht nur für sein historisches Wahrzeichen bekannt, die Oldsumer Mühle, sondern auch als Künstlerdorf, da sich Galerien und eine Töpferstube hier angesiedelt haben. Die wenigsten können jedoch etwas mit dem Beinamen »Langdorf« der Gemeinde anfangen. Und da sind wir schon am springenden Punkt, denn das LANGDORF OLDSUM besteht aus den sich aneinanderreihenden Ortsteilen Oldsum (rund 550 Einwohner), Klintum (rund 50 Einwohner) und Toftum (rund 150 Einwohner). Die beiden Letzteren fallen gefühlt immer »unter den Tisch«, wenn von der Gemeinde Oldsum gesprochen wird.

Charakteristisch für die Gemeinde sind die fehlenden Straßennamen. Es gab zwar ursprünglich ein paar, diese wurden jedoch per Gemeinderatsbeschluss abgeschafft. Wundern Sie sich also nicht, wenn eine Adresse Oldsum Haus 64, Klintum Haus 167 oder Toftum Haus 232 lautet – denn die Häuser der Gemeinde Oldsum sind dem Langdorf entsprechend durchnummeriert.

Auf diesem Spaziergang erfahren Sie, welche Geschichte(n) hinter den schmucken Fassaden stecken, wie das Dorf durch Walfänger und Kapitäne geprägt wurde und was den Charme des Dorfes ausmacht.

Sie starten den Rundgang an der 1 OLDSUMER MÜHLE, über die Sie noch mehr im Rahmen der Mühlentour (siehe Tour 18) erfahren. Die Galerieholländerwindmühle, die Sie heutzutage vor sich sehen, ist ein 15.000 Mark teurer Bau, den der Oldsumer Kapitän Boy

Gegenüber: Im Paradies angekommen: das Café »Im Apfelgarten«

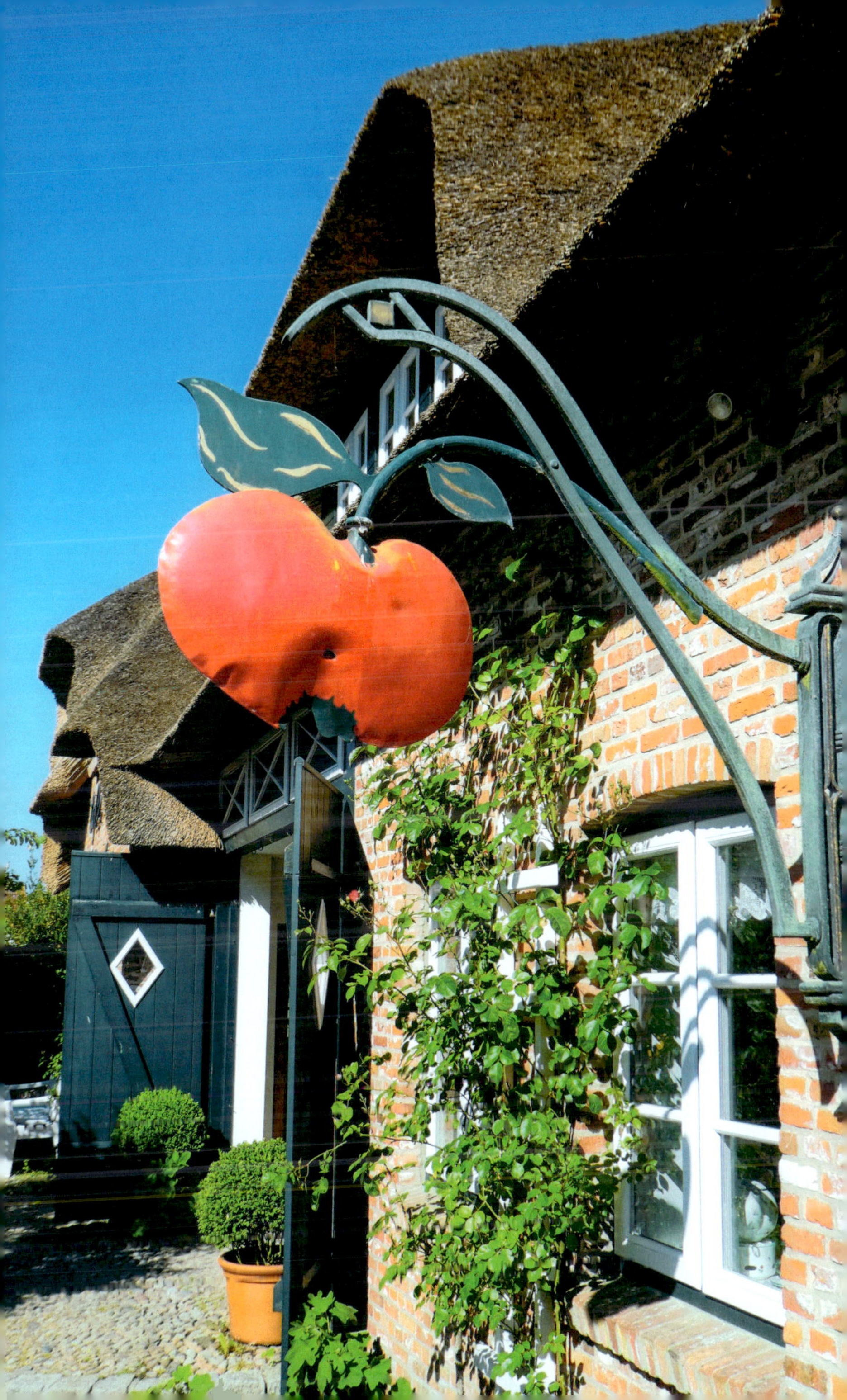

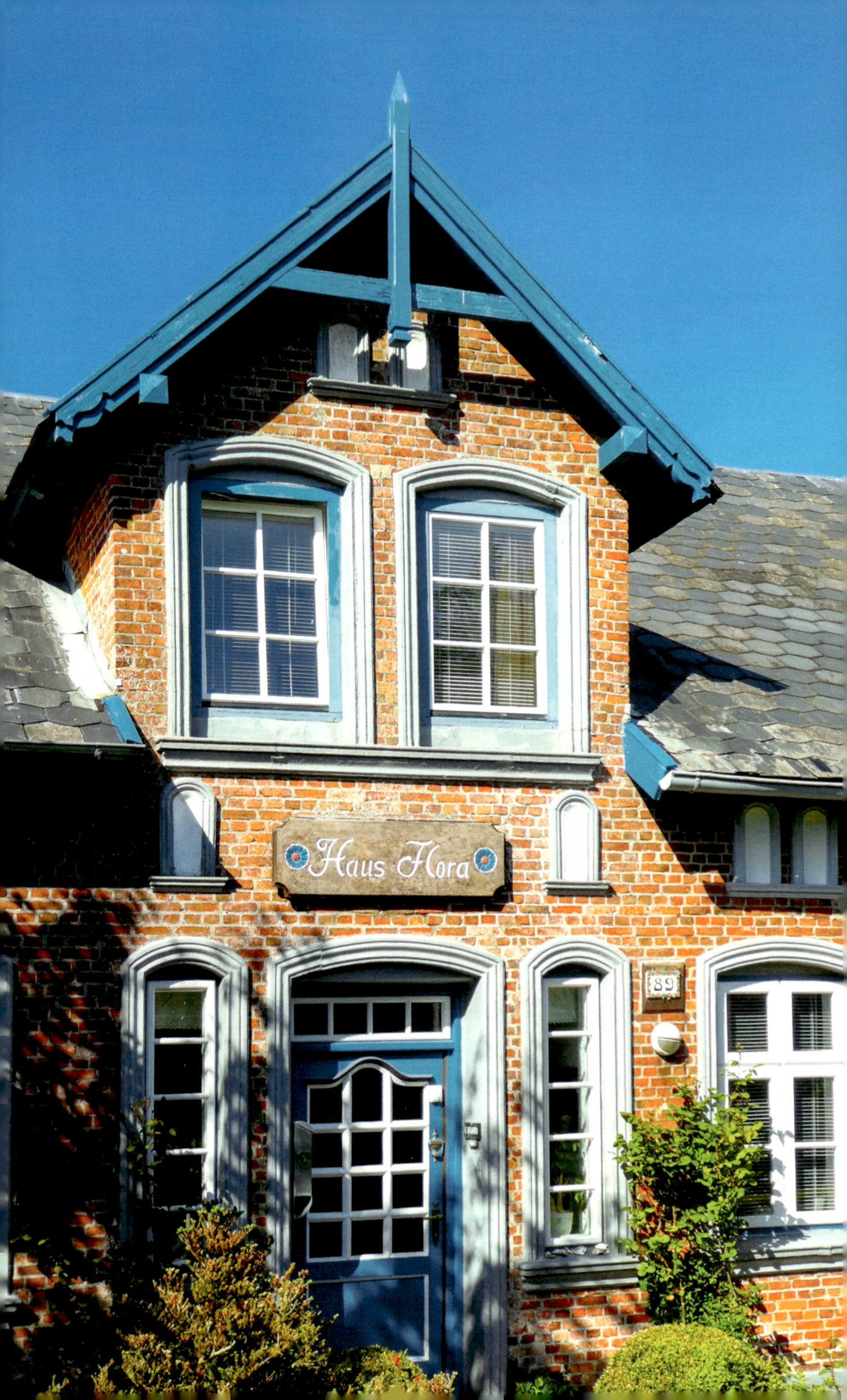
Haus Flora
89

Rickmers für seinen 16-jährigen Sohn Hinrich Martin (1885–1964) errichten ließ, um dessen berufliche Zukunft zu sichern. Der Vorgängerbau war eine im Jahr zuvor abgebrannte Genossenschaftsmühle, die von 1855 an, in den 45 Jahren ihres Bestehens, 15 Müller ein- und ausgehen sah. Sie wurde damals noch ohne Windrose erbaut, die über eine Kette und ein Getriebe das Flügelkreuz in den Wind drehte.

Der Müller Hinrich Martin Rickmers lebte seit der Hochzeit im Jahre 1908 mit seiner Frau Kelke im Haus Nummer 119 in Oldsum (nicht erhalten), wo ihnen drei Kinder geboren wurden. Er betrieb die Mühle sein Leben lang, bis er 1954 gezwungen war, sie aus Altersgründen und mangels Nachfolger stillzulegen.

Biegen Sie auf der Rundföhrstraße nach rechts in den Sütjerstigh ab, um die Mühle von der anderen Seite über das Feld hinweg zu betrachten.

Bei Nummer 51 erreichen Sie das 1857 erbaute ❸ KAPITÄN-HANSEN-HAUS, dessen Eingangstür Sie näher betrachten sollten. Der Neffe von Kapitän Hansen brachte sie aus Hongkong mit, damals noch eine britische Kolonie. In den Türfenstern sind zwei Staffordshire-Bullterrier-Statuen zu sehen – alles »very british« hier.

Kurz darauf erreichen Sie ART & WEISE, den gemütlichen Laden von Hauke und Annette Nissen, wo Sie eine Welt der Musik, Kunst und der schönen kleinen Dingen betreten.

Kurz darauf erreichen Sie ein weißes Reetdachhaus mit der Nummer 72, ❸ MARYS HAUS genannt. Die Jahreszahl 1785 als Maueranker verrät uns, dass dieses Haus eine lange Geschichte hat, und die an der Fassade angebrachte Malpalette mit dem Namen Enzian Calvados, dass hier ein weiterer Künstler sein Zuhause hatte, der das Künstlerdorf Oldsum aus der Taufe hob.

Der studierte Chemiker, mit bürgerlichem Namen Ernst Kurt Maria Boskamp, hängte 1971 seine Karriere als Manager an den Nagel und kaufte dieses Haus für 68.000 Mark. Er nannte es nach der Vorbesitzerin, die hier von 1919 bis 1944 gelebt hatte, Marys Haus und ließ es zu einem Atelier umbauen. Die Malerei hatte er

Gegenüber: Das Haus Flora (nur von außen zu besichtigen)

sich im Selbststudium angeeignet, und sein Haus war mitsamt dem blühenden Garten eines der Motive, die er tausendfach auf Postkarten vervielfältigte.

Wie er zu seinem ungewöhnlichen Künstlernamen kam? Den Vornamen verdankt er seinen Eltern nach einem beeindruckenden Alpenurlaub und den Nachnamen einer Wykerin, die sich den Namen Boskamp nicht merken konnte und ihn mit »Herr Boonekamp« ansprach. Und von diesem Schnaps war es bis zum wohlklingenden Calvados dann nicht weit.

Am Ende der Straße machen Sie einen Abstecher zum Haus Nummer 89, an dessen Fassade 4 HAUS FLORA steht.

Das 1906 errichtete Gebäude ist im Vergleich zu anderen recht jung, die Geschichte(n) seiner Bewohner jedoch umso bedeutender. Seit 1915 ist es im Besitz der Familie Riewerts, die bis heute über mehrere Generationen hinweg eine Gärtnerei mit Baumschule in Süderende betreibt. Erich Riewerts verschrieb sich nach seiner Pensionierung der Familienforschung, und für seine akribischen Recherchen und neuen Erkenntnisse erhielt er 1993 einen Preis von der Ferring-Stiftung in Alkersum

Im Haus Flora kommt am 15. August 1942 Friede Riewerts als zweites von fünf Kindern zur Welt. Heute ist sie als Dr. Friede Springer, Witwe des 1985 verstorbenen Verlegers Axel Springer und Stellvertretende Vorsitzende des Aufsichtsrats der Axel Springer SE und Vorstandsvorsitzende der Friede Springer Stiftung bekannt.

Angefangen hat alles mit einer Stellenanzeige im Sommer 1965 in der »Welt am Sonntag«: »Villenhaushalt in Hamburg sucht Kindermädchen für einen dreijährigen Jungen«, auf die sich das 23-jährige »Fräulein Riewerts« bewirbt. Am 20. Januar 1978 wird sie 13 Jahre nach dem Kennenlernen Springers fünfte und letzte Ehefrau. Ihre Biografin Inge Kloepfer schreibt: »Sie brach mit ihrer Vergangenheit. Zwar verleugnete sie nicht ihre Herkunft und ihr Elternhaus«, doch: »Radikal reduzierte sie die Kontakte zu ihrer Familie und ihren Freunden auf ein Minimum.« 2014 besuchte Friede Springer ihre Heimat, um im Garten des Friesen-Museums (siehe Tour 4) eine neue Rosensorte auf den Namen »Föhr« zu taufen.

Gehen Sie zurück zur Kreuzung, dort sehen Sie ein weißes Stadthaus mit der Nummer 85, das durch seine Architektur zwischen all den Friesenhäusern auffällt. Es wird das 5 DOKTORHAUS genannt. Peter Meinert Ketelsen (1860–1931), dessen Leben zunächst auf erfolgreicher Bahn stetig geradeaus verlief, fiel durch seine Intelligenz schon dem Oldsumer Lehrer auf. Der Junge erhielt Privatunterricht, ging zum Studium der Medizin nach Bonn, wo er mit summa cum laude promovierte. Obwohl ihm eine Assistenzarztstelle in Leipzig angeboten wurde, kehrte er auf seine Heimatinsel zu der acht Jahre jüngeren Ida Jappsen zurück, die nur ein paar Straßen weiter in Toftum aufgewachsen war, und heiratete sie 1889. Im Juni des darauffolgenden Jahres wurde ihr erstes Kind geboren, es folgten in den kommenden sieben Jahren weitere vier Kinder, zwei Mädchen und zwei Jungen – höchste Zeit für ein größeres Haus, das sich der Oldsumer Arzt von seinen Ersparnissen mittlerweile leisten konnte. Stolz präsentierte er sich 1901 mit seiner Familie und Angestellten (denn eine Landwirtschaft wurde auch noch betrieben) vor dem stattlichen Eigenheim.

Wie schlimm muss es für ihn gewesen sein, dass er als Arzt den Tod zweier seiner Töchter nicht verhindern konnte, auch seine Frau starb mit nur 49 Jahren. Immerhin musste sie die Nachricht vom Tod ihres dritten Kindes nicht mehr entgegennehmen, das im Ersten Weltkrieg gefallen war. Der Arzt Peter Meinert Ketelsen starb 1931 an einem eingeklemmten Bruch. Auf dem Familiengrabstein steht: »Wir sehen uns wieder!«

Gegenüber des Doktorhauses haben Sie vielleicht schon den großen roten Apfel als Aushängeschild an der Backsteinfassade des großen Reetdachhauses entdeckt. Dort befindet sich das 6 CAFÉ IM APFELGARTEN, das seit 30 Jahren die Gäste mit selbst gebackenen Kuchen aus Bio-Mehl und herzhaften Leckereien verwöhnt, die aus regionalen Produkten hergestellt sind und möglichst aus ökologischem Landbau stammen. Legen Sie hier eine Pause inmitten des Apfelgartens ein – bei Schietwetter ist es in der umgebauten Scheune mit rustikalen Sitzbänken urgemütlich.

Gehen Sie die Straße bis zum Ende und biegen dann rechts in die Dorfstraße ein, dort können Sie neben Haus Nummer 133 eine

7 FLUTMARKEN-TAFEL entdecken, die in den Backsteinpfosten des Zaunes eingelassen ist. Die Inschrift »Flut Höhe den 4 Februar 1825« erinnert an eine der schwersten Sturmfluten, die Föhr erleben musste. Ursprünglich befand sich die Tafel am Haus des ehemaligen Grönland-Kapitäns und Deichrichters Broder Riewerts (1773–1854, geboren als Brar Rörden). Er ist übrigens der Großvater von Friede Springer, die im Haus Flora aufwuchs. 1824 teilte er dem zuständigen dänischen König Frederik VI. mit, dass der Oldsumer Deich der nächsten Sturmflut nicht standhalten würde. Doch das Könighaus erkannte keinen dringenden Handlungsbedarf – und so kam es, wie es kommen musste: Am 4. Februar 1825 brach der Deich, und große Teile von Westerlandföhr standen unter Wasser. Zur Erinnerung und als Mahnung brachte Riewerts die Tafel an seinem Haus an, um zu zeigen, wie hoch das Wasser bis ins Dorf gekommen war.

Bis zum Herbst musste der Deich wieder stehen, so viel war klar. Das Problem nur: jeder arbeitsfähige Bürger musste mithelfen, anders war das in der kurzen Zeit nicht zu stemmen, und wer seiner Deichpflicht nicht nachkommen konnte, musste Tagelöhner bezahlen.

So oder so, viele Oldsumer trieb der Wiederaufbau des Deichs an den Rand des Ruins – dementsprechend groß war die Wut der Bürger auf ihren Deichrichter, sogar die Fensterscheiben wurden ihm eingeworfen. Dennoch, er hielt an dem Projekt fest, der Deich stand, und für seine Verdienste erhielt Riewerts 1830 das »Silberne Kreuz des Dannebrog-Ordens« vom dänischen König. Doch das größte Glücksgefühl erlebte er, als er bei der nächsten Sturmflut im Januar 1839 von seinem Haus aus auf »seinen« Deich blickte, der den Wassermassen standhielt.

Sein Haus wurde 1966 abgerissen und die Tafel daraufhin am Grundstückszaun angebracht.

Gehen Sie den kurzen Weg zwischen den Häusern bis zur nächsten Querstraße. Dort haben Sie einen weiten Blick über die Felder bis zum Deich und können sich vorstellen, welche Gewalt so eine Flut entwickeln kann, der die Oldsumer entgegensehen mussten.

Wenden Sie sich nach links und gehen Sie weiter, den Blick in die Ferne gerichtet. Sie kommen am 7 FEUERWEHRGERÄTEHAUS der Freiwilligen Feuerwehr Oldsum vorbei, die 1882 gegründet wurde.

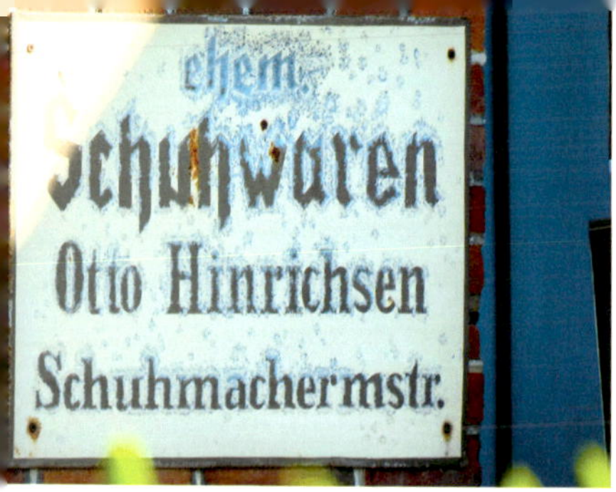

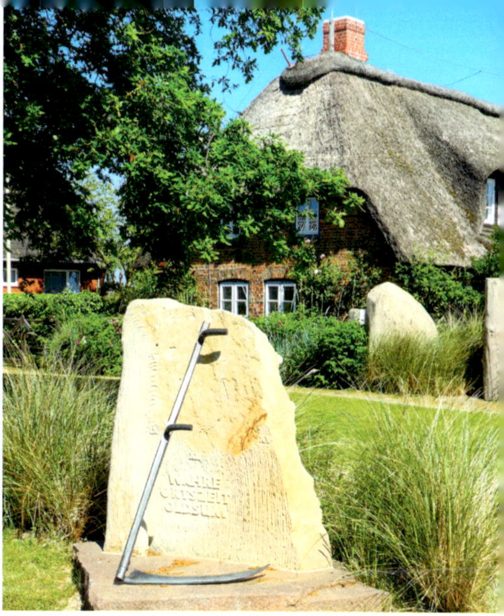

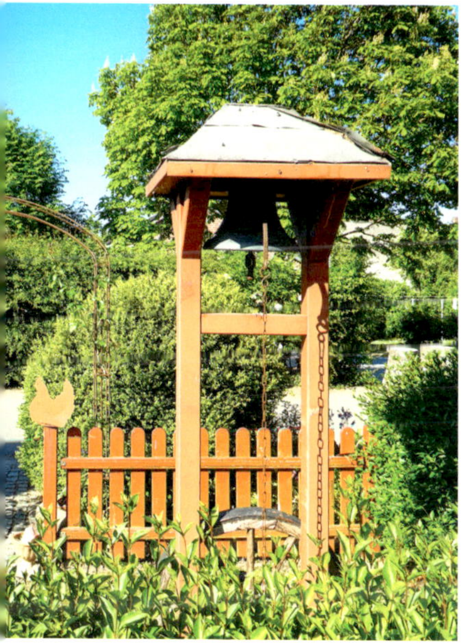

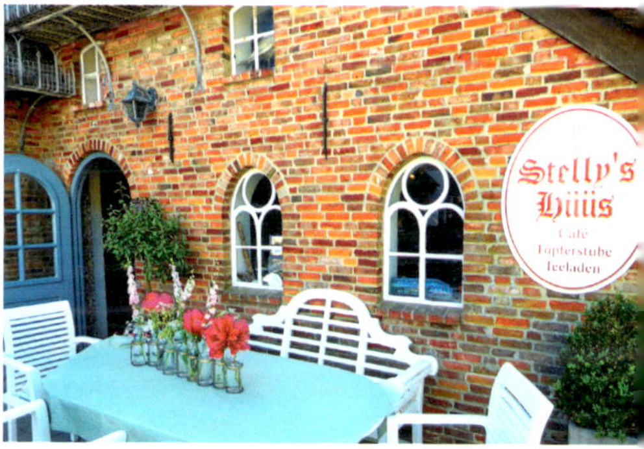

Im Uhrzeigersinn von oben links: Erinnerungen an der Hausfassade, Kunst auf dem Dorfplatz, Töpferei und Café, die alte Schulglocke

Am Haus ist das friesische Wappen angebracht mit dem Wahlspruch der Friesen »Leewer duad üüs Slaaw« – »Lieber tot als Sklave«. Daneben steht der Grütztopf als Symbol für Brüderlichkeit, die Krone für den dänischen König und der halbe Reichsadler für die Freiheit der Friesen.

Folgen Sie dem Weg im Linksbogen und gehen Sie an der nächsten Kreuzung rechts und die Hauptstraße wenige Meter entlang, bis Sie auf den 9 OLDSUMER KAPITÄNSGARTEN treffen. Dieses gelungene Verschönerungsprojekt wurde 2019 gestartet, und mittlerweile ist aus der tristen Grünfläche eine Oase geworden, in der maritime und bäuerliche Elemente miteinander vereint sind und dadurch das Dorf und seine Geschichte widerspiegeln.

Stellvertretend für alle Kapitäne und Commandeure auf Walfangschiffen steht Ocke Hinrich Flor, der von 1818 bis 1856 mit seiner Frau und drei Kindern am Ort des heutigen Kapitänsgartens lebte. Den sehr sehenswerten Grabstein, auf dem das Leben von Ocke Hinrich Flor in poetischen Zeilen wiedergegeben wird, besuchen Sie auf Tour 17.

Eine SONNENUHR von Steinmetz Markus Thiessen zeigt mittels einer Sichel die sogenannte wahre Ortszeit von Oldsum an. Ein kleiner Bauerngarten, Sitzgelegenheiten unter einem Sonnensegel und weitere maritime Elemente laden zum Ausruhen ein. Öffentliche Toiletten finden Sie übrigens im Gebäude nebenan.

Gehen Sie die Hauptstraße im Linksbogen weiter und dann die zweite links bis zur nächsten kleinen Kreuzung und dort zum Eckhaus mit der Nummer 7, vor dem eine Baumreihe steht. Der Flaschenzug am Giebel verrät etwas über die Nutzung des Hauses: Hier war von 1833 bis 1877 der 10 KAUFMANN des Dorfes zu finden, wobei der Verkauf in einem Hinterzimmer mit strohbedecktem Lehmfußboden begann, in dem es Kolonial- und Eisenwaren gab. Stetig folgte die Erweiterung, das Geschäft florierte, kurz vor dem Ersten Weltkrieg wurde es – mittlerweile in dritter Generation – zu einem »ordentlichen« Laden mit Fenster und Tür erweitert. Dann der Schicksalsschlag: 1916 verlor Klara Rickmers ihren Ehemann im Krieg und musste fortan als 32-jährige Witwe nicht nur fünf Kinder versorgen, sondern auch den Laden weiterführen – was ihr mit großem Erfolg über die Weltwirtschaftskrise und den Zweiten Weltkrieg hinweg gelang.

1977 war das Haus für das Sortiment und die Nachfrage endgültig zu klein, seither findet man den »Kaufmann Rickmers« in sechster Generation an der Hauptstraße, nur wenige Minuten entfernt.

Gehen Sie auf der Straße weiter, die Sie gekommen sind. Wo heute das Haus mit der Nummer 64 steht, lebte ab 1663 der wohl berühmteste Walfänger Nordfrieslands, Matthias Petersen, der den Beinamen »der Glückliche« trug. Mehr über sein Leben erfahren Sie auf Tour 17, auf der Sie seinen Grabstein auf dem Friedhof der Kirche St. Laurentii in Süderende besuchen, den vermutlich einzigen auf Föhr mit lateinischer Inschrift.

Die Straße parallel zum Parkplatz führt noch weiter in die Geschichte zurück: Nach nur wenigen Metern erreichen Sie den 11 BRARENHOF, dessen Gemäuer auf das Jahr 1634 zurückgeht – das Besondere: Bis heute ist der Hof, den vor gut 400 Jahren Früdde Ocken als vermutlich erstes Gehöft in Oldsum gründete, in Familienbesitz. Wo einst die Bauern wirtschafteten, finden Sie heute Unterkunft in modernen und behaglichen Ferienwohnungen – und Familie Nickelsen als Gastgeber weiß noch viel mehr über die spannende Geschichte des Brarenhofs zu erzählen.

An dieser Stelle nur noch so viel: Mit Brar Braren kam der Hof in der dritten Generation zu seinem Namen. Der älteste Sohn Oluf Braren sorgte für einen handfesten Skandal auf der Insel: Er war autodidaktischer Maler und Lehrer und mit einer Sylterin verheiratet. Die Ehe blieb kinderlos. 1814 begann er ein Verhältnis mit seiner acht Jahre jüngeren Malschülerin, mit der er im Verlauf des siebenjährigen Verhältnisses zwei Kinder zeugte. Als die Affäre aufflog, verstieß ihn sein Vater aus der Familie, den Brarenhof durfte er nie wieder betreten.

Als Maler wurde Oluf Braren posthum als Vertreter der »Tischbein-Schule« bekannt. Eines seiner bedeutendsten Werke ist ein Porträt seiner Geliebten Ing Matzen mit den beiden kleinen Kindern Gardina und Peter, der jedoch nur ein Jahr alt wurde.

Hinter Ihnen befindet sich ein Hinweisschild auf 12 STELLY'S HÜÜS an der Backsteinfassade. Gehen Sie unbedingt um das 1837 erbaute Haus herum zum Eingang – es lohnt sich! Es ist Café, Stöberlädchen, Teeladen und nicht zuletzt Töpferstube in einem. Im Inneren sitzt man in den unterschiedlich eingerichteten und dekorierten Zimmern auf individuellen Sitzmobeln, keine Ecke gleicht der anderen – dekoriert mit schönen Töpferwaren, die zum Verkauf stehen. Eben ein unverwechselbarer Ort, der zum Verweilen einlädt.

Nun geht es auf zum letzten historischen Ort dieses Dorfspaziergangs. Zurück beim Brarenhof folgen Sie der Straße wenige Meter bis zu ihrem Ende und dort nach links. Beim Haus Nummer 13, dem ⓭ KÜSTERHAUS, steht im Vordergrund ein überdachtes Holzgestell, an dem eine Glocke hängt. Vom Schulgebäude, auf dessen Dach die Glocke einst stand, ist nichts mehr übrig.

Das große Gebäude nebenan ist übrigens die 1927 eingeweihte Turnhalle – zu jener Zeit ein Luxusbau mit Bühne für schulische und dörfliche Veranstaltungen. 1976 wandelte man die Turnhalle sogar in ein Schwimmbad um, heute ist es ein restauriertes Firmengebäude.

Biegen Sie nach der ehemaligen Turnhalle rechts ab und am Ende der Straße links, und dann sehen Sie Ihren Ausgangspunkt wieder – die Oldsumer Mühle.

Wenn Sie Lust haben, schließen Sie noch einen Entdeckungsspaziergang durch Klintum und Toftum an – verlaufen können Sie sich nicht. Oder möchten Sie noch eine Tour machen? Wie wäre es dann mit einem Dorfrundgang durch Süderende (siehe Tour 17)?

❶ OLDSUMER MÜHLE
Haus 190
25938 Oldsum

❷ KAPITÄN-HANSEN-HAUS
Haus 51
25938 Oldsum

❸ MARYS HAUS
Haus 72
25938 Oldsum

❹ HAUS FLORA
Haus 89
25938 Oldsum

❺ DOKTORHAUS
Haus 85
25938 Oldsum

❻ CAFÉ IM APFELGARTEN
Haus 86
25938 Oldsum
http://imapfelgarten.de

❼ FLUTMARKEN-TAFEL
Haus 133
25938 Oldsum

❽ FEUERWEHRGERÄTEHAUS
Haus 1
25938 Oldsum

❾ OLDSUMER KAPITÄNSGARTEN
Haus 9
25938 Oldsum

❿ KAUFMANNS-HAUS
Haus 7
25938 Oldsum

⓫ BRARENHOF
Haus 44
25938 Oldsum
www.insel-idylle.de

⓬ STELLY'S HÜÜS
Haus 38
25938 Oldsum
www.stellys-cafe.de

⓭ KÜSTERHAUS
Haus 43
25938 Oldsum

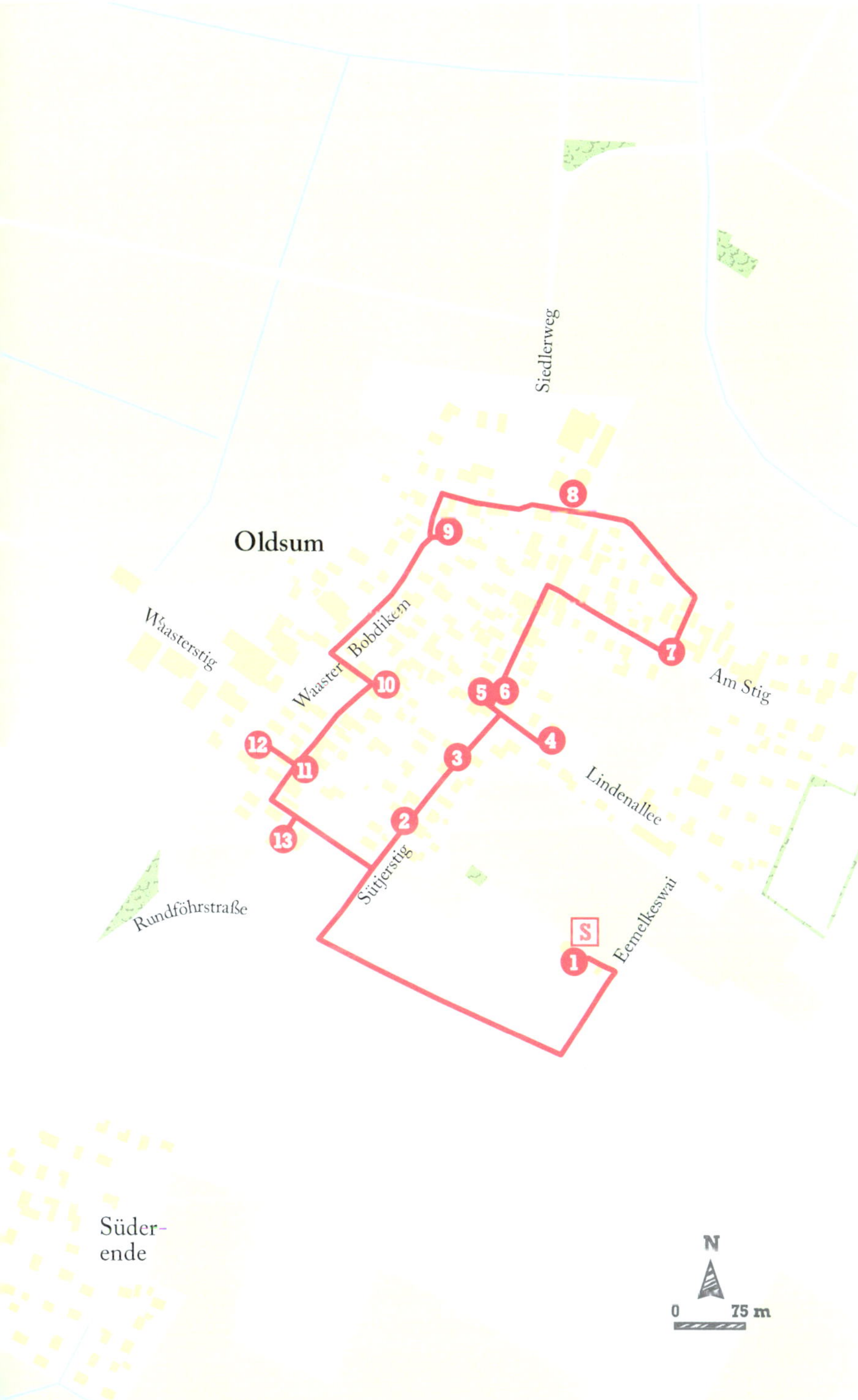
Oldsum
Siedlerweg
Waasterstig
Waaster Bobdikem
Am Stig
Lindenallee
Sütjerstig
Rundföhrstraße
Eemelkeswai
S
1
2
3
4
5
6
7
8
9
10
11
12
13
Süder-
ende
N
0
75 m

15__ Von Utersum durch die Godelniederung bis nach Witsum

Entdeckungen entlang des Naturschutzgebiets

BESTE ZEIT: in den frühen Morgen- oder Abendstunden die Ruhe genießen, außerdem kommen die Farben in diesem einmaligen Naturschutzgebiet dann besonders intensiv zur Geltung
LÄNGE: circa 17 Kilometer
ROUTE: Diese Tour ist nur für Radfahrer geeignet. Auf einer kurzen Strecke ist kein Radweg vorhanden. Nehmen Sie sich ein Picknick mit, denn Sie werden unterwegs viele schöne Plätze dafür finden. Wenn Sie die Wanderwagen-Sauna nutzen möchten, müssen Sie Ihre Auszeit vorab via Internet oder Telefon buchen.

Sie beginnen die Tour beim ❶ PARKPLATZ VOR DEM HAUS DES GASTES in Utersum, denn hier ist kostenloses Parken möglich, falls Sie zum Beispiel von Wyk bis hierher den Fahrradträger Ihres Pkw genutzt haben.

Biegen Sie beim Parkplatz rechts in die Straße Klaf, dann gleich wieder links in die Straße Noorder Kaalkamp, an der Kreuzung links und gleich wieder rechts in die Straße Bi Trentaft. Am Ende der Straße biegen Sie rechts in den Jaardenhuug ein und fahren bis zur abknickenden Vorfahrtstraße, hier geht es geradeaus in den Sandscheerweg. Diesem folgen Sie durch zwei Kurven und ein kleines Waldstück – an dessen Ende sich überraschend das Meer vor Ihnen ausbreitet.

Stellen Sie Ihr Fahrrad hier für eine kleine Pause ab und genießen Sie den ❷ AUSBLICK NACH AMRUM von den Sitzbänken aus.

Gegenüber: Ruhiger Picknickplatz mit Blick über die Godel-Landschaft

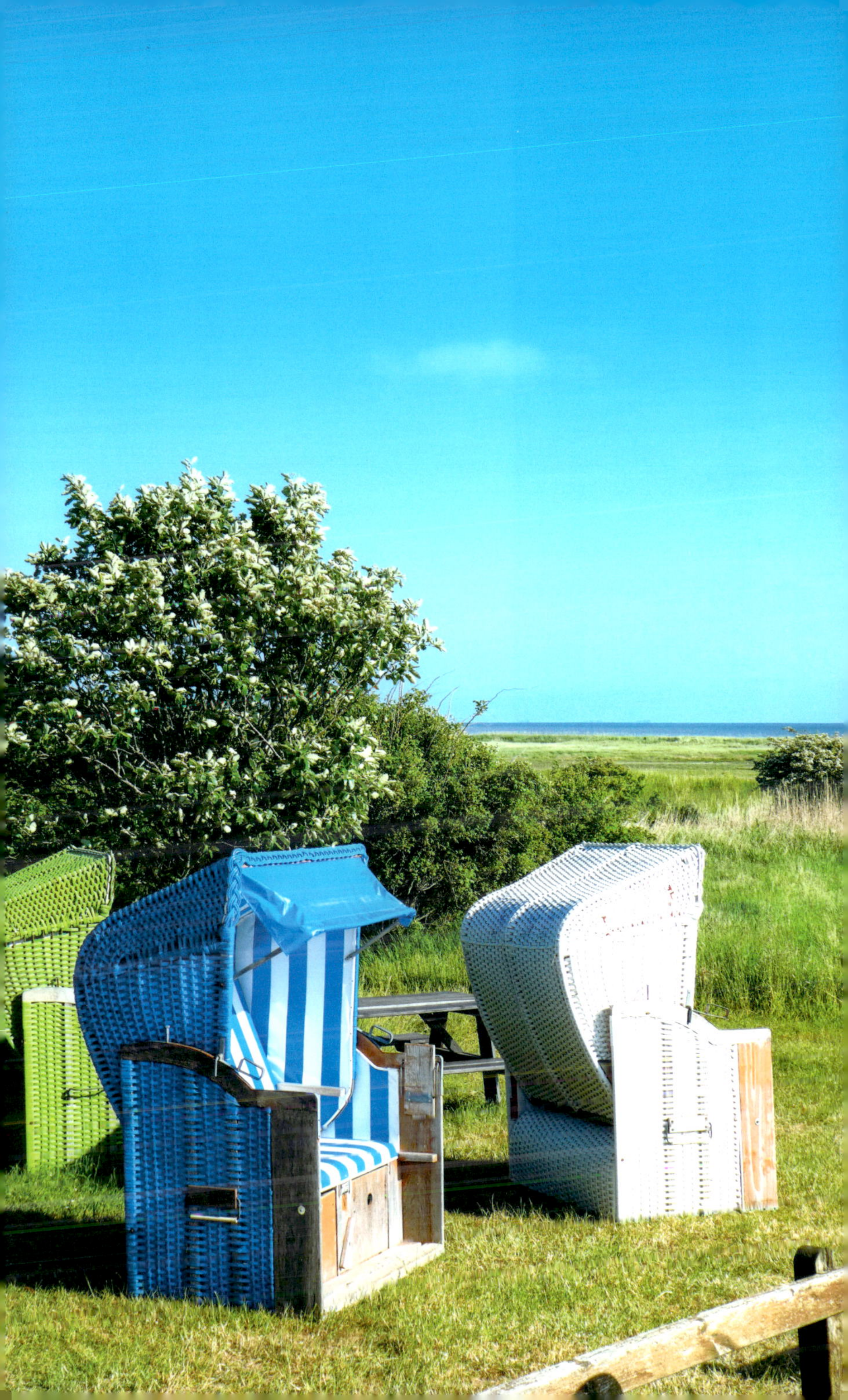

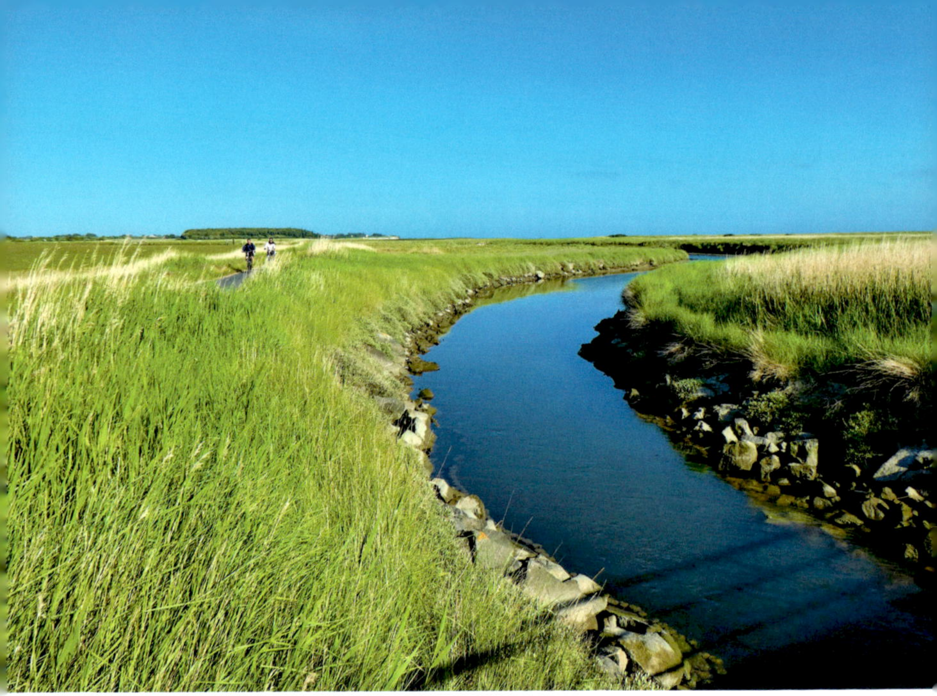

Oben: Die Godel fließt durch die Lagunensalzwiese – ein einzigartiges Biotop unter besonderem Naturschutz

Gehen Sie den Fußpfad an der Dünenkante entlang, die Nachbarinsel immer im Blick, und biegen Sie dann in den kleinen MISCHWALD ein, der durch seine Farbenpracht und Ruhe bezaubert. Hier finden Sie Rundtouren unterschiedlicher Länge ausgeschildert – nutzen Sie diese schöne Möglichkeit eines schattigen Spaziergangs, ehe Sie wieder zu Ihrem Fahrrad gehen.

Fahren Sie den Weg zurück bis zur abknickenden Vorfahrt und biegen Sie dort rechts in die Traumstraße ein. Auf dieser recht vielbefahrenen Straße gibt es keinen Radweg, aber auf den rund 400 Metern leider auch keine Alternative, um zu ihrem nächsten Ziel zu gelangen. Biegen Sie bei der nächsten Kreuzung rechts in den Weg Wester Bergen ein, der Sie an zwei 3 HÜGELGRÄBERN vorbeiführt, die aus der Bronze- und der Wikingerzeit stammen. In diesem Gebiet vermutet man um 2000 vor Christus die ersten Besiedelungen auf Föhr, da hier auch die Godel fließt – ein einzigartiger Fluss in einem wunderschönen Naturschutzgebiet, das Sie gleich noch erkunden.

Nachdem Sie das zweite Hügelgrab vom Weg aus betrachtet haben, kehren Sie zur Kreuzung zurück und biegen dort rechts in die Straße Poolstich ein, an deren Ende sich eine öffentliche Toilette und eine Wiese mit kleinem Spielplatz befinden.

Nach der begrünten Verkehrsinsel fahren Sie geradeaus weiter, dann gleich rechts auf den asphaltierten Feldweg. Bleiben Sie auf dem Bann-Siekens-Weg, um das Gebiet der ❹ GOLDELNIEDERUNG zu erkunden, wo sich Süß- und Salzwasser vereinen.

Aber wie ist das möglich – ein Bach, der in den Salzwiesen entspringt? Das liegt an den Süßwasserprielen, die südöstlich von Witsum zusammenfließen und in denen sich das Regenwasser aus dem Marschland sammelt – und jetzt kommt die eigentliche Besonderheit: Die Godel mündet als einziger deutscher Marschenbach ungedeicht in die Nordsee und kann deshalb ihre Fließrichtung ändern. Bei Ebbe führt der Fluss also Süßwasser ins Meer ab, bei Flut dringt das Salzwasser in die Godel ein. Diese Vermischung von Suß- und Salzwasser hat eine LAGUNENSALZWIESE mit einem einzigartigen Biotop hervorgebracht, einen 149 Hektar großen, besonders geschützten und sensiblen Lebensraum für Tier- und Pflanzenarten, die teilweise sogar vom Aussterben bedroht sind. Bleiben Sie also auf den ausgeschilderten Wegen und nehmen Sie Ihren Hund unbedingt an die Leine – die Natur dankt es Ihnen mit phantastischen Eindrücken und Beobachtungen.

Am Ende des Bahn-Siekens-Wegs ist rechts ein Abstecher an den Strand möglich, wo zwei Bänke für eine schöne Rast bereitstehen. Machen Sie sich aber bewusst, dass Sie sich am Rande eines ausgewiesenen Vogelbrutgebiets befinden und jede Störung für den Vogel Stress bedeutet. Für seine Flucht benötigt er Energie und verbraucht dadurch Fettreserven, zudem ist das Nest ungeschützt. Mit dem Fernglas haben Sie die Chance, Wiesenvögel wie Kiebitz, Wasserpieper oder Feldlerche sowie Seevögel wie Brand- und Zwergseeschwalbe zu beobachten.

Leider ist es nicht möglich, den Weg bis zur GODELMÜNDUNG fortzusetzen, da dieses Gebiet ganzjährig nicht betreten werden darf, selbst wenn von Oktober bis März die bis ins Meer reichende Absperrung abmontiert wird. Doch an Ihrem Rastplatz bekommen Sie eine Idee davon, wo die Godelmündung liegt.

Fahren Sie nach dem Abstecher auf dem Strandweg zurück und bei der ersten Möglichkeit nach rechts auf den Klavertsweg, wo Sie die Godel noch mal auf einer der niedrigen Brücken überqueren. Beim nächsten Abzweig nach rechts ist noch einmal ein Abstecher in die Nähe der Godelmündung an den Strand möglich. Der Weg geht zum Ende hin allerdings in Sand über, und Sie müssen Ihr Rad entlang eines schmalen Grünstreifens schieben – doch es lohnt sich.

Wenn Sie etwa 100 Meter nach links am Strand entlanggehen, gelangen Sie zu einer sehr fotogenen ❺ KLEINEN STEINBRÜCKE. Überqueren Sie diesen schmalen Zufluss zum Meer – auch hier bekommen Sie eine Vorstellung von der eigentlichen Godelmündung.

Kehren Sie zurück zum Klavertsweg und fahren Sie auf diesem weiter, bis Sie über den Meetweg zur nächsten Kreuzung gelangen, wo Sie rechts in den Hockstedeweg einbiegen und diesen bis zum Ende Richtung Meer fahren.

Dort angekommen sehen Sie den ❻ WANDERWAGEN, eine Wellness-Oase der besonderen Art, direkt am FKK-Strand von Hedehusum gelegen. In dieser Fass-Sauna schwitzen Sie durch Wärme aus einem Sauna-Ofen, der mit Holz befeuert wird, und genießen den Blick aufs Meer durch das große verspiegelte Panoramafenster. Zur Abkühlung geht's dann in die Wellen – wenn nicht gerade Ebbe herrscht. Eine Stranddusche steht bereit, und öffentliche Toiletten gibt es hier natürlich auch. Und selbst wenn Sie kein Saunafan sind, ist der Wanderwagen durch die Spiegelung des Meeres im Panoramafenster doch wenigstens ein spannendes Fotomotiv.

Fahren Sie nun geradeaus zurück bis zur Hauptstraße, der TRAUMSTRASSE, die ihren Namen dem stetigen Meerblick verdankt, allerdings auch viel befahren ist.

Wenn Sie für Ihr Picknick noch ein bequemes Plätzchen suchen, so biegen Sie nach rund 350 Metern erneut in den Klavertsweg ein, dann erreichen Sie nach wenigen Metern am Rand des Wegs einen idyllischen ❼ PICKNICKPLATZ mit Strandkörben und Tischen, wo Sie den Blick über die Godel-Landschaft schweifen lassen.

Kehren Sie zurück zur Traumstraße, fahren Sie auf dieser nach links weiter, und nach etwa 400 Metern erreichen Sie das KLEINSTE

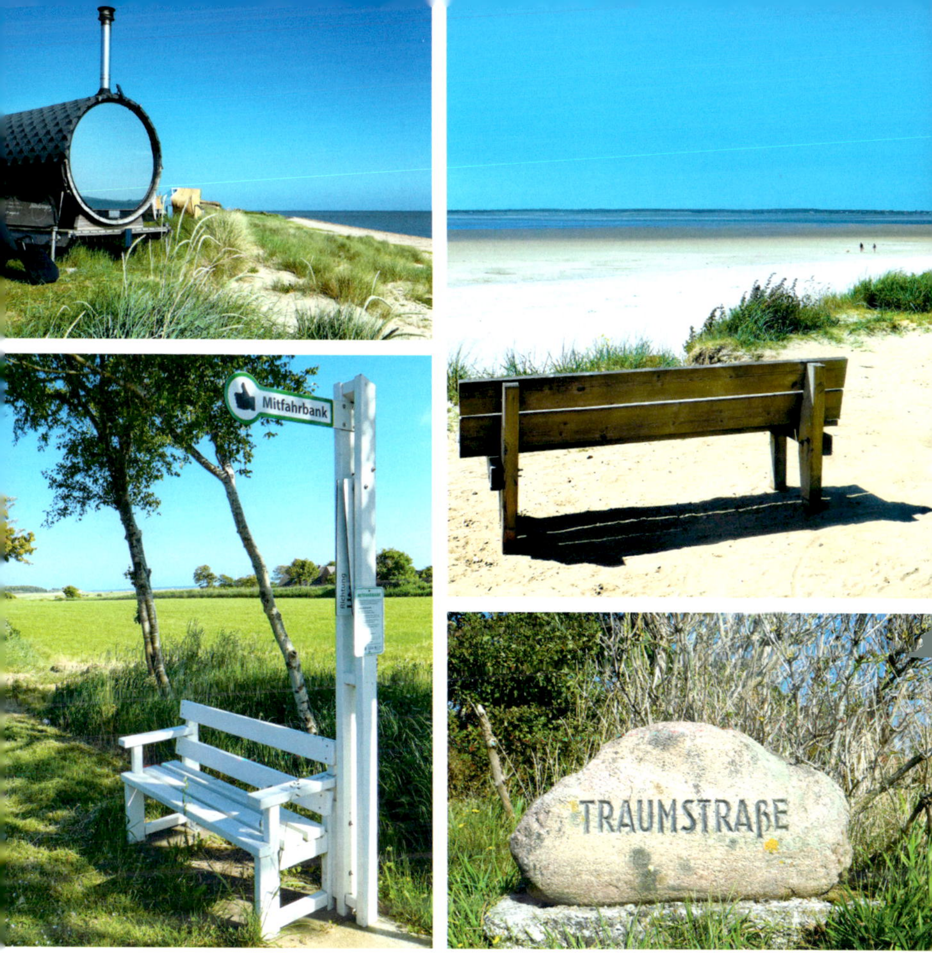

Im Uhrzeigersinn von oben links: Fass-Sauna mit Meerblick, traumhafter Ausblick nach Amrum, die Traumstraße macht ihrem Namen alle Ehre, Hilfsbereitschaft wird auf der Insel großgeschrieben

DORF DER INSEL, was Sie auch an dem Ortsstein erkennen. Witsum wurde 1509 erstmals urkundlich erwähnt und bringt es auf gerade mal rund 50 Einwohner – die alle in einer Versammlung über die Pläne ihren Ort betreffend abstimmen.

Den Ort (es gibt sogar eine Bushaltestelle) mit seinen sehenswerten Häusern und Vorgärten haben Sie schnell durchquert, und um dem Verkehr auf der Traumstraße zu entgehen, biegen Sie bei der nächsten Gelegenheit links in die Straße Ban Taarep ein und dann rechts in die Dorfstraße/Salwertstich. Am Ende der beiden Sackgassen sind Sie auch schon auf der höchsten Erhebung der Insel, auf dem 8 SYLVERT, angekommen, liebevoll auch der Föhrer Mount Everest genannt. Sie sind gar nicht aus der Puste von der Steigung? Das könnte daran liegen, dass er nur zehn (!) Meter hoch ist. Die Aussicht ist trotzdem gewaltig, bei gutem Wetter reicht der Blick sogar bis zur Hallig Hooge.

Der Abzweig rechts von der Dorfstraße führt Sie zurück zur Traumstraße, der Sie bis zum Ortseingangsschild von Hedehusum führt, das mit nur rund 100 Einwohnern ebenfalls zu den kleinsten Dörfern der Insel zählt und 1462 erstmals urkundlich erwähnt wurde.

Direkt hinter dem Ortseingangsschild befinden sich der 9 ORTSSTEIN HEDEHUSUM und der Traumstraßen-Stein als hübsches Fotomotiv zur Erinnerung an diese Tour.

Biegen Sie bei der nächsten Möglichkeit rechts in die Straße Klant ein, an deren Ende Sie links in den Gron Stieg fahren, der Sie entlang von Wiesen und Feldern zurück nach Utersum führt.

1 PARKPLATZ VOR DEM HAUS DES GASTES
Klaf 2
25938 Utersum

2 AUSBLICK NACH AMRUM
am Ende Sandscheerweg
25938 Utersum

3 HÜGELGRÄBER
Weg an Wester Bergen
25938 Utersum

4 GODELNIEDERUNG
Klavertsweg
25938 Witsum

5 KLEINE STEINBRÜCKE
Stichweg Klavertsweg, am Strand
25938 Hedehusum

6 WANDERWAGEN-SAUNA
am Ende des Hockstedewegs
25938 Hedehusum

7 PICKNICKPLATZ
Klavertsweg / Abzweig Traumstraße
25938 Hedehusum

8 SYLVERT
Dorfstraße
25938 Witsum

9 ORTSSTEIN HEDEHUSUM UND TRAUMSTRASSEN-STEIN
Traumstraße,
Nähe Haus 36 am Straßenrand
25938 Utersum

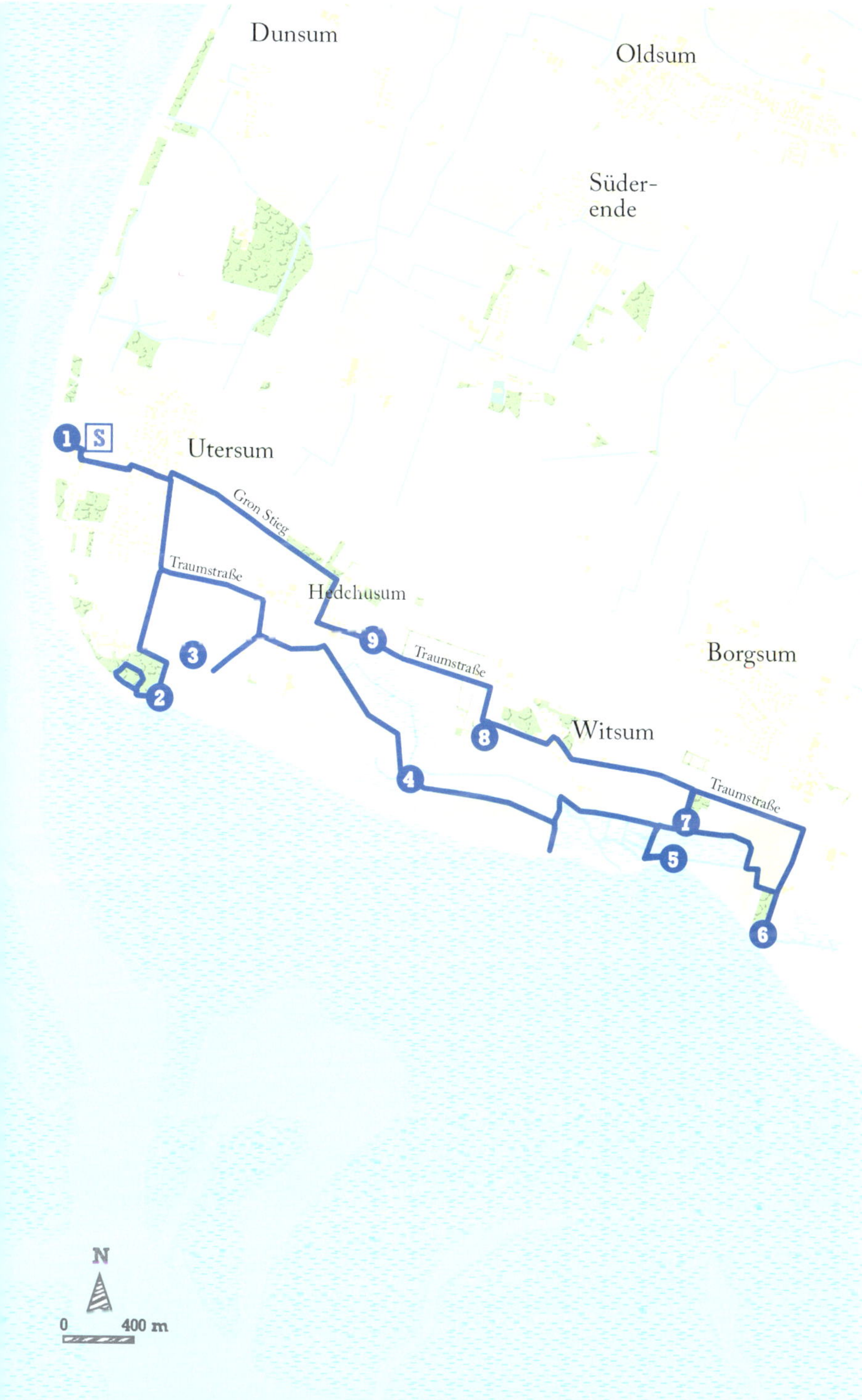

Dunsum
Oldsum
Süder-
ende
Utersum
Gron Stieg
Traumstraße
Hedehusum
Traumstraße
Borgsum
Witsum
Traumstraße
1
S
2
3
4
5
6
7
8
9
N
0
400 m

16_ Rund um Utersum

Sagengestalten auf der Spur

BESTE ZEIT: zum Sonnenuntergang besonders schön
LÄNGE: circa 4 Kilometer
ROUTE: Die Tour ist gleichermaßen für Wanderer und Radfahrer geeignet. Radfahrer müssen auf der Promenade schieben und vor dem Abstecher an den Strand das Rad abstellen.

Sie beginnen den Dorfrundgang am Ortseingang an der Kreuzung Oner Taarep/Lung Jaat, wo sich ein Parkplatz befindet, falls Sie mit dem Pkw anfahren. Schon am Willkommensschild begrüßt Sie ein 1 OTERBAANKIN, und auf dem Spaziergang begegnen Ihnen noch zahlreiche Vertreter dieser Sagengestalten. Zählen Sie doch mal, wie viele dieser Zwerge Sie unterwegs finden. Die lustigen Gesellen sitzen, liegen oder turnen als steinerne Figuren auf Findlingen am Wegesrand herum, und der Schalk sitzt ihnen sichtlich im Nacken.

Doch sind sie wirklich so harmlos? Ganz sicher ist man sich der Sage nach da nicht. Viele Inselkinder kennen den mahnenden Satz: »Kem'am föör't jonken tüs, ölers kem a oterbaankin beeft jam uun.« Aus dem Fering, dem Föhrer Friesisch übersetzt: »Kommt vor der Dunkelheit nach Hause, sonst verfolgen euch die Unterirdischen.«

Die Unterirdischen? Ja, denn die wohnten in den Hügeln von Triibergem, wo Sie am Ende des Rundgangs vorbeikommen. In Zeiten des blühenden Aberglaubens war man vor den Oterbaankins nirgends sicher – im Guten wie im Schlechten. Mal schenkten sie einen Beutel Gold, mal musste man fürchten, dass das Neugeborene gestohlen und stattdessen ein Wechselbalg in die Wiege gelegt wurde, wenn der Säugling nicht binnen drei Tagen getauft wurde.

Sie möchten einen Oterbaankin als Souvenir mit nach Hause nehmen? Zum Ende der Tour werden Sie im »Haus des Gastes« fündig – aber behaupten Sie nachher nicht, Sie seien nicht gewarnt worden.

Gegenüber: Kaum zu glauben, wie hoch das Meer steigen kann

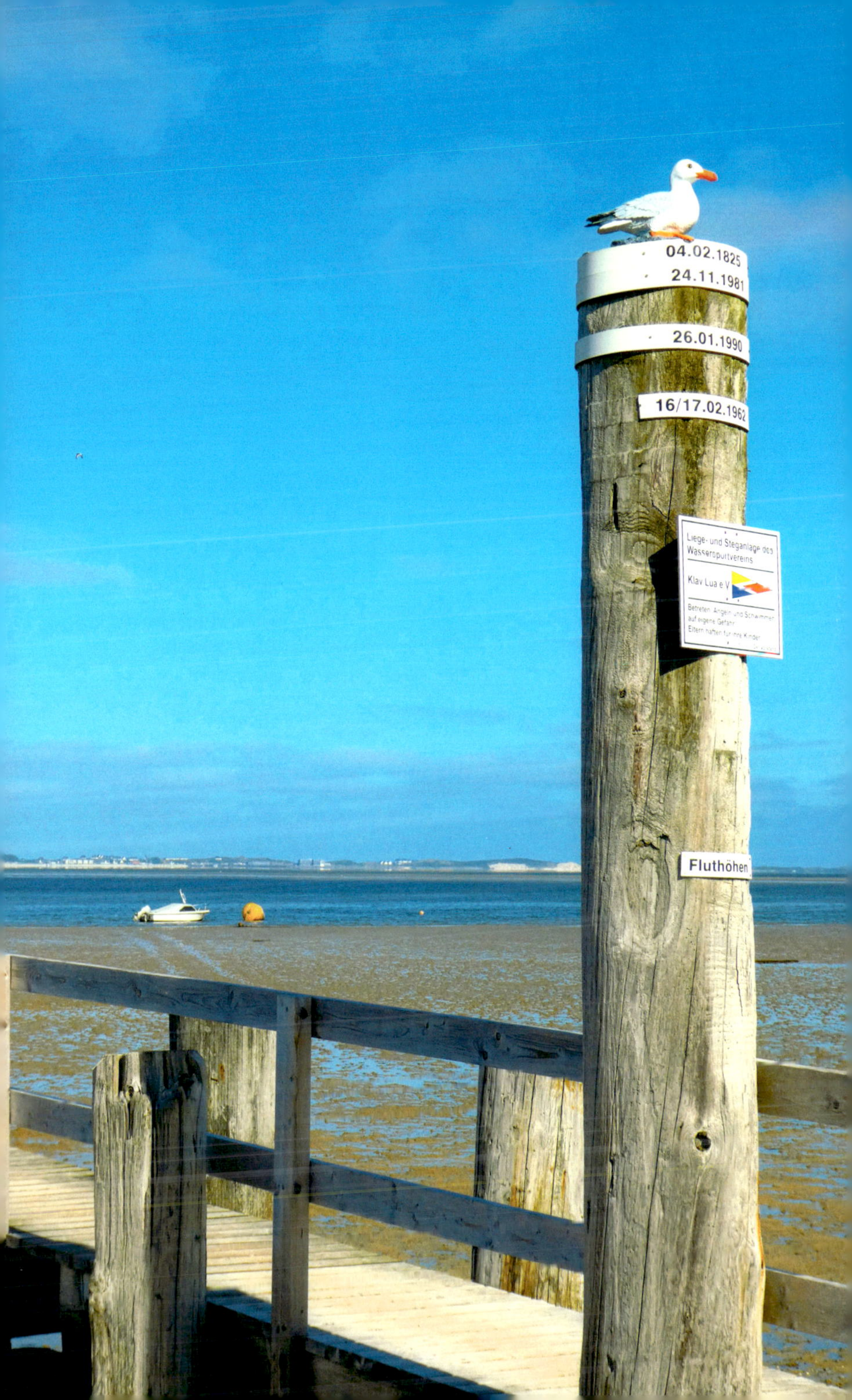
04.02.1825
24.11.1981
26.01.1990
16/17.02.1962
Liege- und Steganlage des Wassersportvereins
Klav Lua e.V.
Betreten, Angeln und Schwimmen auf eigene Gefahr
Eltern haften für ihre Kinder
Fluthöhen

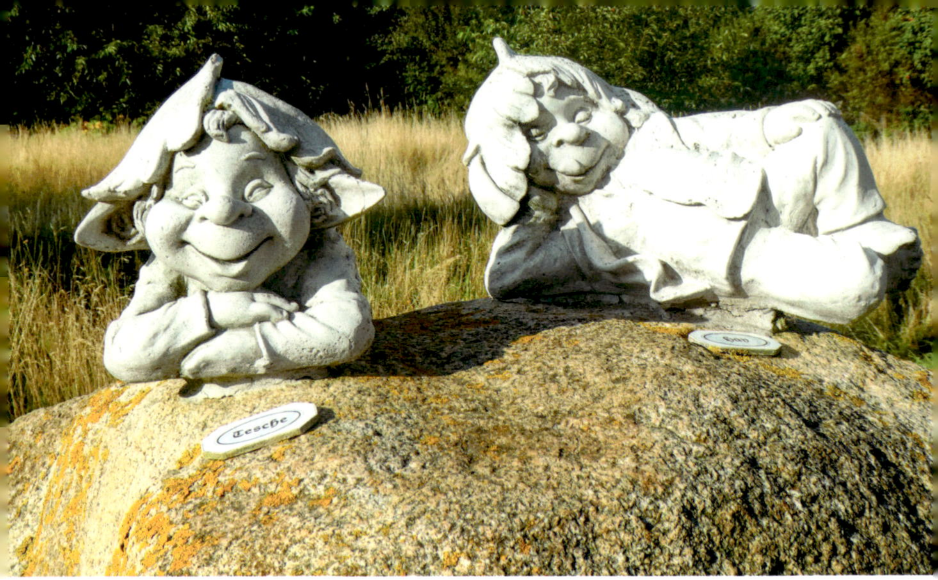

Oben: Den Oterbaankins steckt der Schalk im Nacken

Folgen Sie der Straße Lung Jaat bis zu dem kleinen Dorfplatz, wo Sie im Strandkorb oder am Picknicktisch eine Pause machen, falls Sie bereits Tour 15 oder 17 in den Beinen haben.

Anschließend gehen Sie die Straße Boowen Taarep am Dorfplatz entlang – entdecken Sie auf dem Weg weitere Oterbaankins?

Bei der Hausnummer 11 erreichen Sie das Café und Restaurant ❷ UAL SKINNE – die alte Scheune, deren gemütlicher kleiner Cafégarten zum Verweilen einlädt, zum Beispiel bei süßen oder herzhaften Waffeln. Sogar die Teekanne ist ein Hingucker – falls Sie so eine Kippkanne noch nicht kennen, entdecken Sie hier, wie die »umgekippte« Kanne in verschiedenen Positionen ihren Zweck der Teezubereitung erfüllt.

Gehen Sie vor bis zur Straße Triibergem, die dort kreuzt. Als Fußgänger wählen Sie den Weg geradeaus, der Sie zwischen den Wiesen und Feldern hindurchführt, und gehen am Ende des Pfads nach rechts die Straße Klaf entlang. Falls Sie Ihr Fahrrad dabeihaben, fahren Sie die Straße Triibergem nach rechts und biegen links in den Strunwai ein.

Bei der Kreuzung Klaf/Strunwai haben Sie Blick auf den einzigen offiziellen ❸ WOHNMOBILSTELLPLATZ der Insel. Vielleicht ist der ruhige, schön angelegte Ankerplatz mit modernen Sanitärgebäuden eine Idee für Ihren nächsten Urlaub? Für die Hauptsaison müssen Sie allerdings rechtzeitig reservieren.

Hören Sie das Meer rauschen? Der Deich ist nur 300 Meter entfernt, und dahinter wartet der Strand. Gehen Sie die Straße Strunwai bis zum Abzweig, der auf den Deich hinaufführt.

Dort entdecken Sie den versteckt gelegenen STURMFLUTSTEIN, der an die Sturmflut vom 16./17. Februar 1962 erinnert, die durch das Sturmtief Vincinette verursacht wurde. Ein ziemlich niedlich klingender Name für den Auslöser einer der größten Sturmfluten an der deutschen Nordseeküste, aber was sich da zusammenbraute, erkannten selbst Meteorologen damals nur schrittweise. Auf Föhr gab es hier im Nordwesten der Insel schwere Schäden, bei Dunsum konnte ein Deichdurchbruch gerade noch verhindert werden.

Öffnen Sie das Schafgatter und gehen Sie die Schräge auf den Deich hinauf. Achten Sie grundsätzlich darauf, derartige Gatter immer wieder gut zu schließen, damit die vierbeinigen Deichpfleger nicht auf Abwege geraten.

Oben angekommen liegt der 4 BOOTSSTEG MIT FLUTMARKENPFAHL vor Ihnen – und wo ein Bootssteg ist, würde man auch Wasser erwarten, doch das ist nur zweimal am Tag für rund sechs Stunden da, wenn Flut herrscht. Der Blick in den Gezeitenkalender verrät Ihnen, wann der beste Zeitpunkt für ein interessantes Fotomotiv ist. Die Möwe sitzt übrigens immer auf dem Pfahl – auf die täuschend echte Dekoration ist schon so mancher reingefallen und hat auf die Entfernung an einen tollen Schnappschuss geglaubt.

Ein ganz anderes Bild zeigt sich bei einer Sturmflut. Wie hoch die Nordsee steigen kann, erkennen Sie an dem obersten Ring am Flutmarkenpfahl. Am 4. Februar 1825 kam das Wasser über den Deich herüber, wie man in den Provinzialberichten nachlesen kann, und »bedrohte die Dörfer Utersum, Süderende und Dunsum mit Niedersturz und Untergang, als der größte Teil der Bevölkerung der Insel noch im tiefen sicheren Schlummer ruhte und nicht die leiseste Ahnung von der Gefahr hatte, die schon zur Mitternachtsstunde sie umringte«.

Insbesondere bei Ebbe ist ein solches Szenario kaum vorstellbar.

Und nun sehen Sie mal genauer hin, was sich hinter Ihnen im hohen Dünengras versteckt. Achten Sie auf den (im Sommer fast zugewachsenen) Trampelpfad im nördlichen Teil der Promenade, denn an seinem Ende entdecken Sie ein verstecktes Relikt aus der Jungsteinzeit: eine 5 GRABKAMMER. Als Naturschützer mag man versucht sein, diesen steilen Trampelpfad mit einem Kopfschütteln links liegen zu lassen, doch tatsächlich verbirgt sich an dessen Ende das vom Museumsverein Föhr e.V. touristisch erschlossene, rund 5.000 Jahre alte Megalithgrab Sunberig, das bereits im Jahr 1895 geöffnet und untersucht wurde.

Zurück auf der DEICHPROMENADE haben Sie einen schönen Blick über den Utersumer Strand, wo es zum Sonnenuntergang besonders stimmungsvoll ist. Aber Achtung, dann ist ordentlich was los, denn es ist kein Geheimtipp, dass sich die Sonnenuntergänge hier am besten beobachten lassen. Nur wer an einem lauen Sommerabend frühzeitig da ist, sichert sich noch einen Platz auf der Bank. Nehmen Sie also die Picknickdecke mit und setzen Sie sich an den Strand oder gesellen Sie sich zu den Grüppchen auf dem Deich.

Zu dieser Stimmung passen ein kaltes Getränk oder ein toller Cocktail to go aus dem 6 TRII EILUN, wo Sie natürlich auch schon tagsüber einen Snack für den Strand holen können. Doch auch für den größeren Hunger bietet die Speisekarte vielfältige Gerichte, der Meerblick von der windgeschützten Terrasse aus ist unschlagbar – und ein Tisch zum Abendessen mit Blick auf den Sonnenuntergang ist ohnehin das Highlight. Unbedingt reservieren!

Der Name des Restaurants bedeutet übersetzt übrigens »drei Inseln«, und das aus gutem Grund, denn von Ihrem Standort aus können Sie ein imaginäres Dreieck zu den Inseln Amrum und Sylt zeichnen – und wenn die Sonne hinter Sylt versinkt, dann wird der berühmte Schlager »Wenn bei Capri die rote Sonne im Meer versinkt« spontan angestimmt und umgedichtet.

SYLT ist mit knapp 100 Quadratkilometern die größte der deutschen Nordseeinseln. Vom Utersumer Deich aus fallen besonders die sandige Südspitze der Insel, die Hörnum Odde, und der Leuchtturm ins Auge, der seit 1907 den großen Passagierdampfern aus

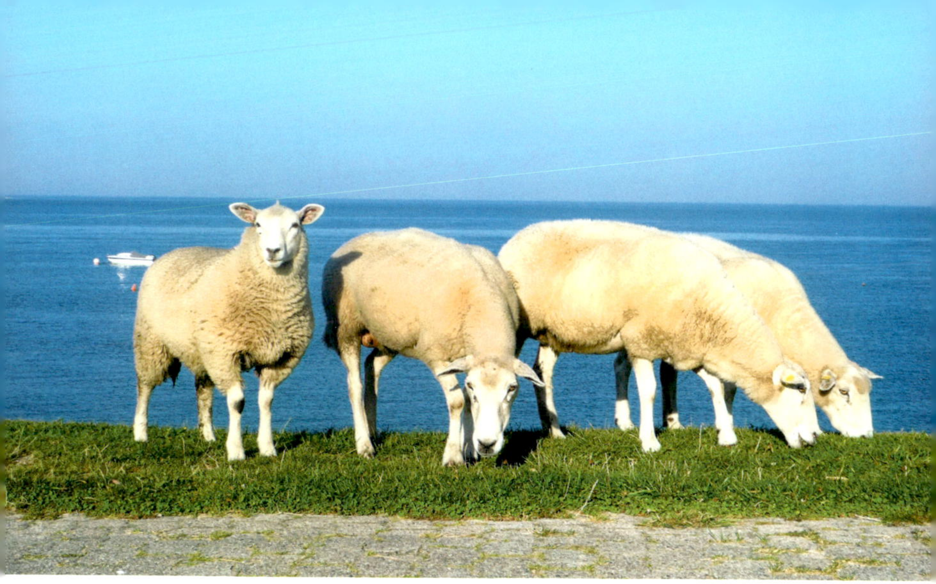

Oben: Was, wir sind auf Abwegen? Hier ist das Gras aber viel grüner

Hamburg den sicheren Weg zum Hafen gewiesen hat – bis 1927 der Hindenburgdamm eröffnet wurde. Es gibt drei Wege, wenn Sie einen Ausflug nach Sylt, auf die »Insel der Reichen und Schönen«, machen wollen: per Schiff und Zug über Dagebüll und Niebüll oder ausschließlich per Schiff mit der Adler-Linie von Wyk aus mit Umstieg auf Amrum. Besonders abenteuerlich ist natürlich das Inselhopping per Charterflugzeug. Ja, auch Wyk hat einen eigenen Flugplatz (siehe Tour 8). Doch wie auch immer Sie nach Sylt gelangen, Sie werden feststellen, dass die Insel jenseits des Klischees besonders reich an schöner Natur ist und Inseldörfer mit ganz unterschiedlichem Charakter hat.

Ein Besuch auf AMRUM als Tagesausflug liegt im wahrsten Sinne des Wortes nahe, denn die acht Kilometer Entfernung können Sie bei Ebbe sogar zu Fuß zurücklegen – allerdings unbedingt nur im Rahmen einer geführten (!) Wattwanderung (siehe Tour 2). Bequemer geht es in einer Stunde Fahrtzeit mit dem Schiff von Wyk aus bis zum Hafen von Wittdün.

Neben dem Strandrestaurant gehen Sie auf einem kurzen Abstecher die Stufen hinunter zum Eingang des 7 HAUS DES GASTES, wo Sie nicht nur einen Strandkorb mieten und touristische Informati-

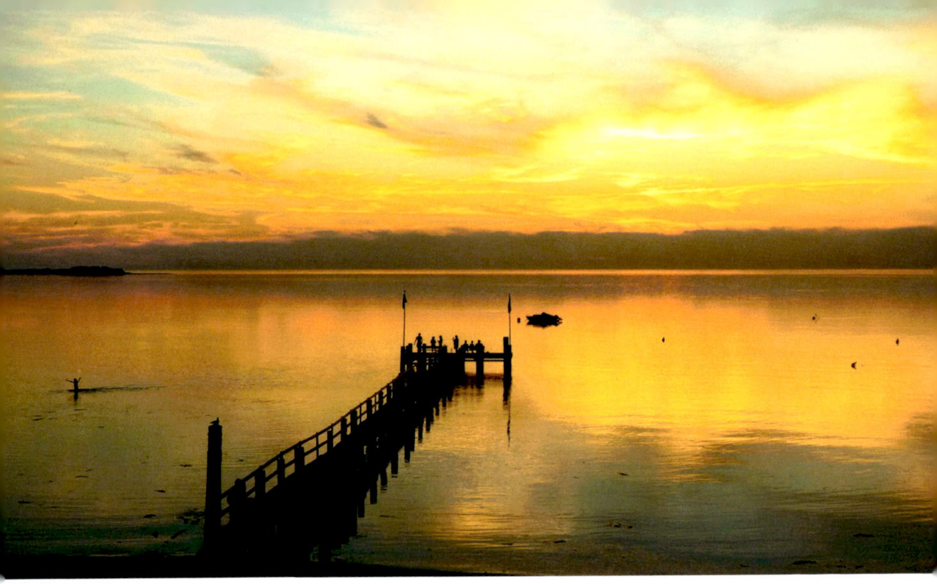

Oben: Traumhaft schöne Sonnenuntergänge in Utersum

onen erhalten können, sondern auch öffentliche Toiletten und bei Regen einen netten Aufenthaltsraum mit Sesseln finden – und nicht zuletzt gibt es hier die Oterbaankins zu kaufen.

Schräg gegenüber des Eingangs steht der 8 GEDENKSTEIN FÜR HANS ROSENTHAL, den man im Schatten der Bäume am schmalen Fußweg leicht übersehen kann.

Wenn man einer Person aus der Generation 40+ den Namen »Hans Rosenthal« zuwirft, kommt wie aus der Pistole geschossen zurück: »Dalli Dalli« oder »Sie sind der Meinung, das war … spitze!« Seinen legendären Luftsprung hat man dabei vor Augen. Im Gedächtnis der Nation ist er als Quizmaster fest verankert, doch kaum einer würde ihn mit Föhr verbinden. Dabei trug er mit seinem Werbefilm von 1978 »Mit Hans Rosenthal auf der Insel Föhr«, der bei YouTube zu finden ist, zur landesweiten Bekanntheit der Insel als Urlaubsdomizil bei. Er selbst fand Föhr so »spitze«, dass er sich hier ein Haus kaufte, das Sie auf dieser Tour auch noch sehen werden.

Gehen Sie zurück zur Promenade und nach links bis ans Ende, wo ein Bohlenweg an den Strand führt. Dort stoßen Sie auf einen STRANDKORB FÜR ROLLSTUHLFAHRER, der es durch seine Größe und passende Aussparung in der Sitzfläche erlaubt, den

Rolli rückwärts einzuparken und den Meerblick zu genießen, während eine Begleitperson daneben sitzen kann.

Doch damit nicht genug der speziellen Strandkörbe. Am Strand steht zwischen den bunten Korbgeflechten ein grauer 9 **SCHLAF-STRANDKORB.** Übernachten am Strand unterm Sternenzelt – was für ein Abenteuer! Zum Einschlafen dem Meeresrauschen lauschen und morgens vom Sonnenaufgang geweckt werden, für bis zu zwei Personen mit einem maximalen Aufenthalt von einer Nacht ist das an den Stränden von Utersum und Nieblum möglich. Dank der verschließbaren Plane liegen Sie nicht nur ungestört, sondern auch wind- und wettergeschützt, sogar die Bullaugen lassen sich verdunkeln.

Nach einer möglichen Badepause verlassen Sie den Strand und machen sich auf den Weg in Richtung Dorf, wo Sie nach wenigen Metern einen Spielplatz und ein Beachvolleyball-Netz finden.

Dann biegen Sie rechts in die Straße Klaf ein. Achten Sie gleich ums Eck auf das Haus mit dem großen schmiedeeisernen »R« an der Backsteinfassade. Dieser Buchstabe ist der Hinweis darauf, dass in diesem 10 **HAUS HANS ROSENTHAL** lebte, wenn er auf Föhr seine Ferien verbrachte und sich von den Dreharbeiten erholte. Doch trotz seines Wunsches nach Ruhe war er stets dabei, wenn auf dem Fußballplatz des Dorfes Promis der »Hans-Rosenthal-Elf« gegen Insulaner für den wohltätigen Zweck um den Ball kämpften.

Am Ende der Straße Klaf führt der Strandübergang zu 11 **WEST-END SURFING,** einer Surfschule – falls Sie sich auf dem Wasser sportlich austoben möchten. Außerdem gibt es hier leckeren Kaffee von der Föhrer Kaffee Kultur (siehe Tour 19). Hier befindet sich auch der Hundestrand, falls Ihr Vierbeiner mit Ihnen Urlaub macht.

Nach dem möglichen Abstecher an den Strand folgen Sie der Straße Söler Kaalkamp, wo uns an der nächsten Ecke zwei Oterbaankins erwarten. Von dort sind es nach rechts nur noch ein paar Schritte bis zur Wohnstätte der Unterirdischen, 12 **TRIIBERGEM** in der gleichnamigen Straße. Aus dem Friesischen übersetzt bedeutet das »bei den drei Hügeln«. In den bronzezeitlichen Grabhügeln, die bereits 1360 erstmals urkundlich erwähnt wurden, haus(t)en der Sage nach die umtriebigen Zwerge. Die Grabhügel sind zwischen 1800 und 500 vor Christus entstanden, haben einen Durchmesser von rund 30 Metern und sind etwa sechs Meter hoch. Über den schmalen Trampelpfad dürfen die Hügel sogar betreten werden. Aber verhalten Sie sich dem archäologischen Denkmal angemessen rücksichtsvoll – denken Sie an die Oterbaankins.

Kehren Sie danach um und folgen Sie der Straße Triibergem zurück Richtung Ort und biegen Sie rechts in die Straße Bi Trentaft ein, dann links in die Straße Jaardenhuug, bis Sie auf den kleinen Dorfplatz vom Beginn der Tour treffen, wo Sie sich weiter rechts halten und zum Parkplatz am Ausgangspunkt gelangen.

Nun haben Sie einen Eindruck von dem herrlich ruhigen Urlaubsort gewonnen, wo allein schon die Straßennamen Geschichte erzählen. Wie in keinem anderen Ort der Insel sind die Namen hier durchgängig auf Fering, dem Föhrer Friesisch, verfasst.

1 OTERBAANKIN
zum Beispiel an der Kreuzung
Lung Jaat/Oner Taarep
25938 Utersum

2 CAFÉ UND BISTRO UAL SKINNE
Boowen Taarep 11
25938 Utersum

3 WOHNMOBILSTELLPLATZ SÖRENSEN-HINRICHSEN
Strunwai 16
25938 Utersum
https://wohnmobile-foehr.de

4 UTERSUMER BOOTSSTEG
am Strand, Übergang zum Deich
zum Bsp. beim Haus des Gastes
Klaf 2
25938 Utersum

5 GRABKAMMER/ MEGALITHANLAGE SUNBERIG
Promenade Utersum, Richtung Norden
auf den Trampelpfad achten
25938 Utersum

6 TRII EILUN
Klaf 2
25938 Utersum

7 HAUS DES GASTES
Klaf 2
25938 Utersum
www.foehr.de/tourist-info-utersum

8 HANS-ROSENTHAL-GEDENKSTEIN
Klaf 2, links vom Haus des Gastes
am Fußweg
25938 Utersum

9 SCHLAFSTRANDKORB
Informationen und Kontakt
über www.foehr.de/schlafstrandkorb

10 HANS ROSENTHALS HAUS
Klaf 8
25938 Utersum
nur von außen zu besichtigen

11 WESTEND SURFING SURFSCHULE
Klaf 27
25938 Utersum
http://westendsurfing.com

12 TRIIBERGEM
Straße Triibergem
25938 Utersum

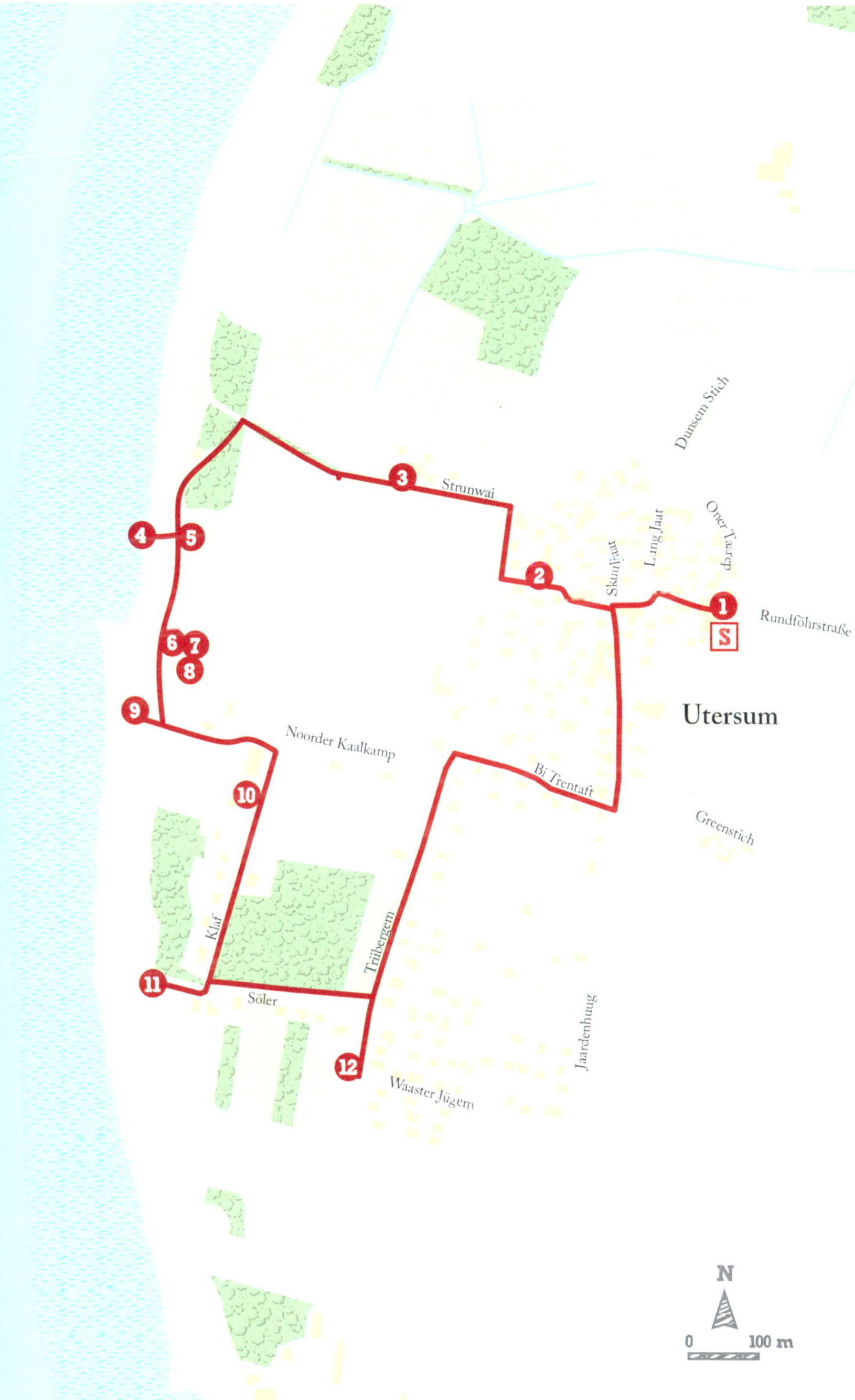
Utersum
Dunsem Stich
Oner Taarep
Lung Jaat
Skuuljaat
Strunwai
Rundföhrstraße
Noorder Kaalkamp
Bi Trentaft
Greenstich
Klaf
Triibergem
Söler
Jaardenhuug
Waaster Jügem
1
2
3
4
5
6
7
8
9
10
11
12
S
N
0
100 m

17 Von Utersum nach Süderende

Von Wikingern und Walfängern

BESTE ZEIT: Besichtigung der Kirche außerhalb der Gottesdienstzeiten, siehe www.st-laurentii.de/termine, und zu den Öffnungszeiten der Einkehrmöglichkeiten, wenn dort eine Pause gewünscht ist
LÄNGE: circa 8,5 Kilometer
ROUTE: Diese Strecke ist nur für Radfahrer geeignet, allerdings ist auf dieser Tour kein Radweg vorhanden. Es herrscht wenig Verkehr, dennoch ist die Route mit jüngeren radfahrenden Kindern nur bedingt empfehlenswert.

Sie starten diese Tour beim ❶ GASTHAUS KNUDSEN in Utersum, das auf eine fast zweihundertjährige Tradition zurückblickt und mittlerweile in sechster Generation als beliebtes Restaurant und modernes Hotel geführt wird.

Alles begann mit Julius Conrad Knudsen (1871–1957), auch Jul Göntj genannt, der als Kind von Föhrer Eltern nach einer Auswanderung nach Amerika auf die Insel zurückkehrte. 1840 übernahm er eine kleine Gaststube, die er renovierte und um einen Saal erweiterte. Gemeinsam mit seiner Ehefrau, die von Pellworm stammte, führte er die Gaststätte bis in den Zweiten Weltkrieg hinein, dann übernahm seine Tochter Göntje. Die Gastwirtschaft erlebte kurz vor der Jahrtausendwende erneut einen großen Umbau und wurde zum Hotel mit Wohlfühlatmosphäre. In der Restaurantküche kombiniert der Urenkel Erik Schwab heute regionale Inselprodukte wie Föhrer Gemüse, Fleisch und Fisch sowie selbst erlegtes Wild zu beliebten Gerichten.

Fahren Sie auf der Straße Boowen Taarep in nordöstliche Richtung bis zur Kreuzung, dort biegen Sie rechts in die Straße Oner

Gegenüber: Friesenhaus in Süderende

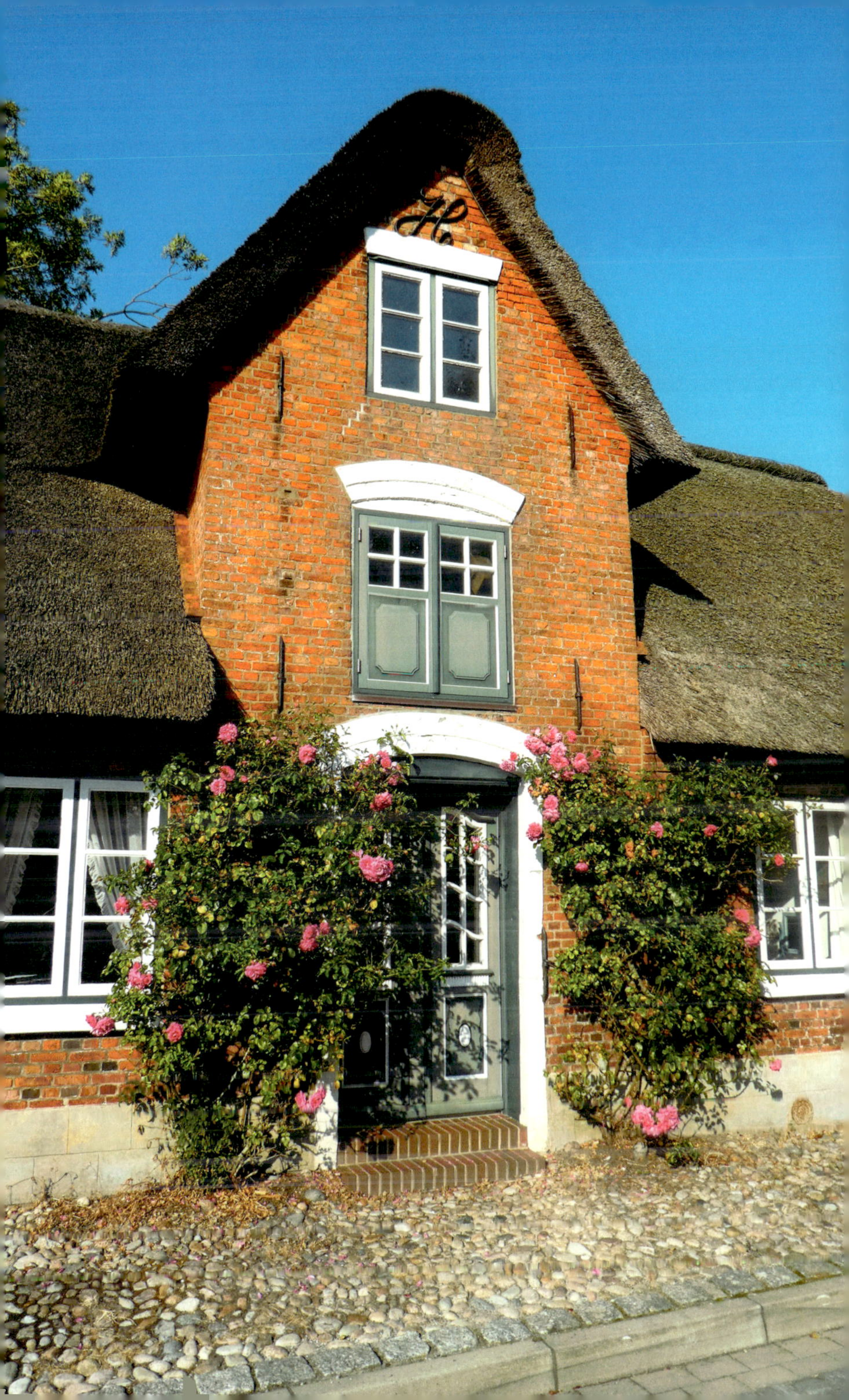

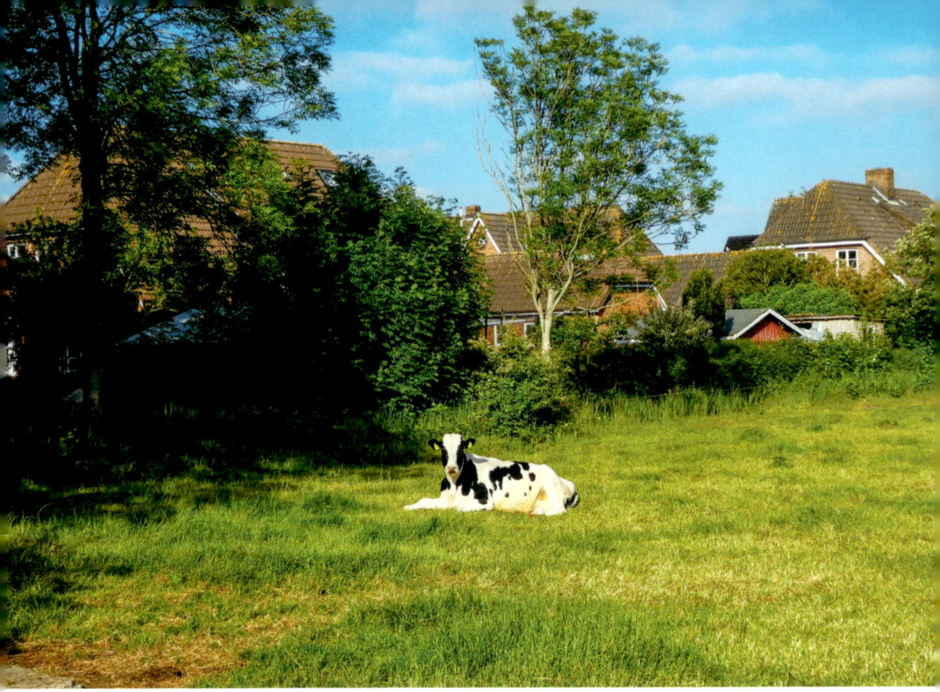

Oben: Die Landwirtschaft ist eng mit dem täglichen Leben verknüpft

Taarep ab, dann die zweite links in den Hoofstich. Bitte beachten Sie, dass es auf dieser schmalen Straße keinen Radweg gibt. Nach rund zwei Kilometern immer geradeaus entlang von Wiesen und Feldern erreichen Sie die Kirche von Süderende. Das Gotteshaus ist hinter Bäumen versteckt und kommt erst in Ihr Blickfeld, wenn Sie schon fast davorstehen. Rechter Hand beim Parkplatz befinden sich auch Fahrradabstellplätze.

Die romanische 2 ST.-LAURENTII-KIRCHE wurde erstmals 1240 im Kirchenverzeichnis erwähnt. Sie wurde ursprünglich als rechteckiger Bau ohne Turm errichtet, doch noch im 13. Jahrhundert entfernte man die Westwand, um die Kirche um neun Meter zu verlängern – zeitgemäß mit Backsteinen. Die Granitquader der Westwand wurden ebenfalls wiederverwendet, was man noch heute deutlich erkennen kann.

Die Pfarrkirche ist auch für die sieben umliegenden Dörfer zuständig, was man an der Confitentenlade im Inneren der Kirche erkennt, denn dort sind die Einwurfschlitze eines Holzkastens mit den

Namen der umliegenden Dörfer versehen. Ein Opferstock, nach Gemeinden sortiert? Könnte man meinen. In der Bezeichnung Confitentenlade steckt die aus dem lateinischen übersetzte Bedeutung »eingestehen, beichten« – und damit sind Sie auf der richtigen Spur. Wer am Abendmahl teilnehmen wollte, warf einen Zettel mit seinem Namen ein, damit er vom Pfarrer kontaktiert werden konnte, um zuvor die Beichte abzulegen – was Voraussetzung für die Zulassung zum Abendmahl war.

Die Deckenmalereien stammen aus dem 17. Jahrhundert und wurden 1954 bei Renovierungsarbeiten wieder freigelegt, leider hat man sie jedoch mit sehr weitgehenden Ergänzungen und Übermalungen restauriert.

Beim Nordausgang, Richtung Süderende, befindet sich der wenig bekannte GRABSTEIN VON ELEN FLOHR, die von 1685 bis 1697 zur kirchlichen Juratin bestellt worden war. Ein Amt, das unter dem Begriff Kirchenvater besser bekannt ist und, der Name sagt es, üblicherweise nur von Männern bekleidet wurde.

Ebenfalls hier nördlich der Kirche befindet sich das GRAB DES GRÖNLANDFAHRERS Julius August Ketels (1839–1916), das aufgrund der Bemalung mit einem schmucken Dreimaster mit weißen Segeln auf hellblauem Grund gut zu finden ist. Es handelt sich um einen sogenannten SPRECHENDEN GRABSTEIN, wie sie auch auf dem Friedhof des Friesendoms zu finden sind (siehe Tour 5), das heißt, durch recht ausführliche Inschriften auf den Grabsteinen erfährt man einiges über das Leben des jeweiligen Verstorbenen.

Ob der Sohn Heinrich Cornelius Ketels allerdings wirklich so glücklich aus dem Ersten Weltkrieg heimgekehrt war, wie es der Grabstein besagt, mag bezweifelt werden, denn erst drei Jahre zuvor hatte er seinen Vater aufgrund eines Schlaganfalls verloren und ein halbes Jahr vor seinem eigenen Tod 1919 starb seine Mutter. Hinrich selbst wurde nur 35 Jahre alt – doch das verrät uns der Grabstein nicht.

Ganz in der Nähe befindet sich der optisch mit einem Dreimaster auf hellblauem Hintergrund sehr ähnlich gestaltete Grabstein für Ocke Hinrich Flor, der Kapitän bei der Reederei Sloman war, die Fahrten nach New York durchführte. Deshalb trägt der Dreimaster auf dem Grabstein drei Flaggen: die der Reederei, von Hamburg und von den USA. Anstelle seines Wohnhauses befindet sich heute der Kapitänsgarten in Oldsum (siehe Tour 14).

Im südöstlichen Teil des Friedhofs befindet sich der WALFÄNGER-GRABSTEIN, wo »Matthias, der Glückliche« glücklos begraben ist. Doch sein Leben verlief zunächst sehr glücklich, weshalb er sich selbst diesen Beinamen gab, wie sein Grabstein verrät, der als vermutlich einziger auf Föhr eine lateinische Inschrift trägt. Diese besagt in Übersetzung: »Er war in der Schifffahrt nach Grönland sehr kundig, wo er mit unglaublichem Erfolg 373 Wale gefangen hat, sodass er von da an mit Zustimmung aller den Beinamen ›Der Glückliche‹ annahm.« Aus heutiger Sicht ein zweifelhaftes Glück, das er in der »Goldmine des Nordens« in 50 Jahren Seefahrt fand. Außerdem musste er sieben seiner Kinder während seines Lebens zu Grabe tragen – so glücklich kann er nicht gewesen sein. Und sein letzter Wusch ging auch nicht in Erfüllung: Zwar wurde er zunächst am 16. September 1706 vor dem Altar in der St.-Laurentii-Kirche bestattet, doch die Erben blieben die versprochenen 100 Goldtaler für diesen ruhmvollen Bestattungsort schuldig. Nach 14 Jahren (!) riss Pastor Wedel der Geduldsfaden, und der »glückliche Matthias« wurde kurzerhand auf den Friedhof umgebettet.

Fahren Sie beim östlichen Friedhofsausgang geradeaus in den Weg Taftem Hoofstieg und achten Sie gleich rechts auf einen Fußweg, der Sie zum versteckt gelegenen 3 EHRENMAL FÜR DIE GEFALLENEN führt.

Am Ende des Ersten Weltkriegs hatten 81 Männer allein aus Wyk ihr Leben auf dem Feld gelassen – angesichts von rund 300 Häusern, die es zum damaligen Zeitpunkt im Ort gab, bedeutete das, dass im Schnitt jeder vierte Haushalt einen Toten zu beklagen hatte. Auf dem Mahnmal in Süderende sind 27 gefallene Soldaten verzeichnet, und um die Stele herum sind wie zur Mahnwache im Halbkreis 56 Gedenksteine für die Opfer des Zweiten Weltkriegs angeordnet.

Hinter dem Ehrenmal steht mittig in der Reihe dieser Gedenksteine ein Findling mit einer Inschrift auf Fering, der Sprache, die nur auf der Insel gesprochen wird. Übersetzt lautet sie: »Euer Grab

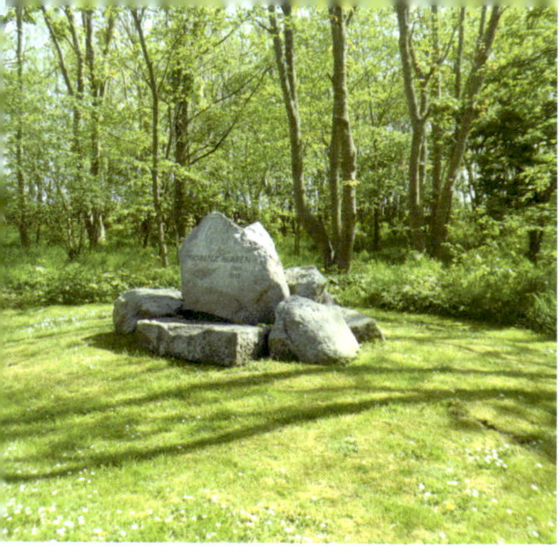

Im Uhrzeigersinn von oben links: Der Braren-Gedenkstein, die Kirche St. Laurentii, hübsche Vorgärten in Süderende, Gasthaus in Utersum mit langer Tradition, Wikinger-Grabstätte, selbst die kleinen Hofläden tragen Reetdach

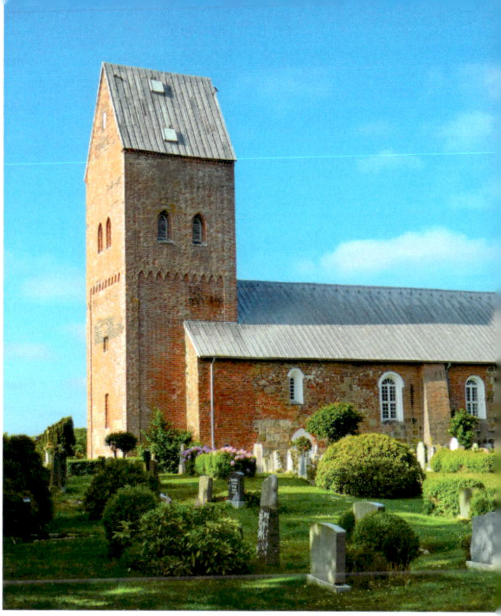

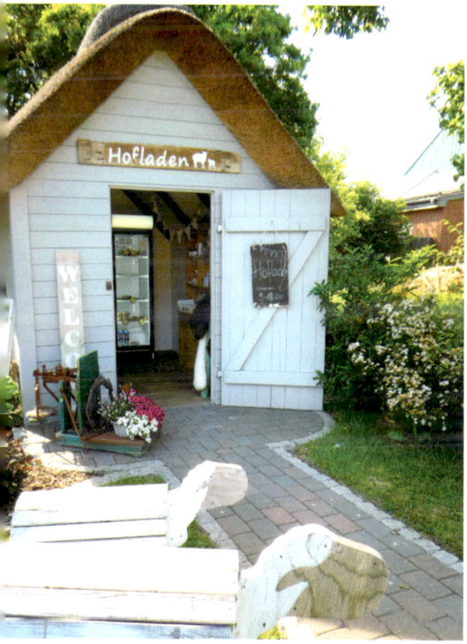

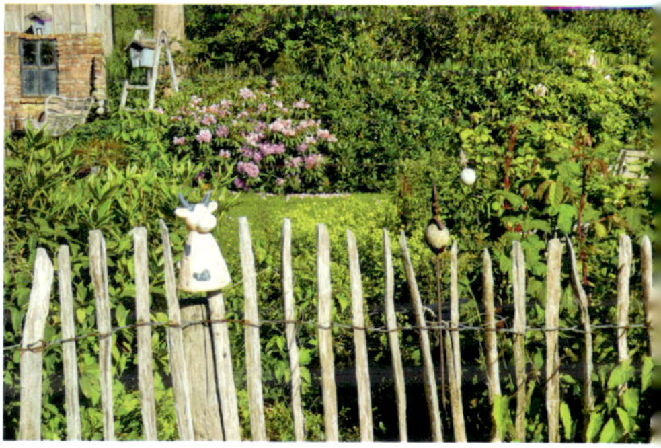

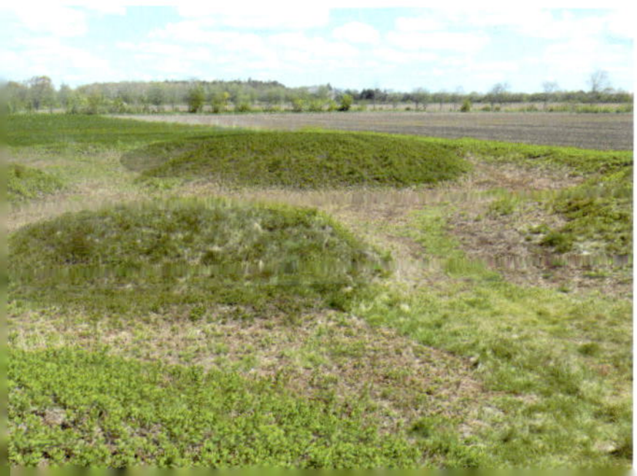

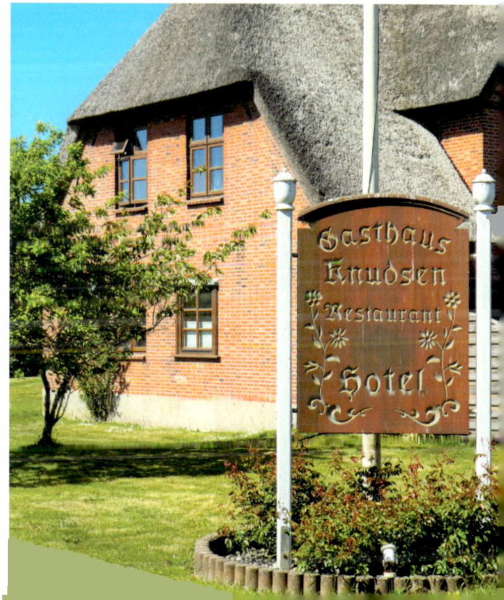

in der Fremde, wo Ihr seid geblieben, hier stehen Eure Namen in Stein gemeißelt und Blumen blühen Euch zur Ehre. Herrgotts Friede ist hier und dort.«

Auf dem Taftem Hoofstigh geht es nun weiter, bis Sie einen asphaltierten Weg sehen, der nach rechts führt. In der Kurve zweigt ein Fußweg in ein kleines Waldstück ab, den Sie für einen Abstecher nutzen – Achtung, nach starken Regenfällen kann es hier matschig sein.

Schon nach wenigen Metern stoßen Sie auf den wiederum versteckt gelegenen ❹ BRAREN-GEDENKSTEIN, der an den Heimatforscher und Genealogen Lorenz Braren (1886–1953) erinnert. An seinem unübertroffenen Hauptwerk zur Ahnenforschung »Geschlechter-Reihen St. Laurentii Föhr« arbeitete er über 40 Jahre lang, ebenso beschäftigte er sich sein halbes Leben lang mit Strömungsverhältnissen und Siedlungsspuren im Wattenmeer. Zudem setzte er sich für die Pflege des Föhrer Brauchtums ein, indem er den Utersumer Trachtenverein gründete und für die Wiederbelebung des Fering Ferian, eines 1920 gegründeten Vereins zur Sprach- und Kulturpflege, auf Föhr sorgte. Zusätzlich kümmerte er sich auch noch um den Ausbau des Friesen-Museums, die Kanzelrestaurierung von St. Laurentii und um vorgeschichtliche Ausgrabungen – und das alles neben seiner Tätigkeit als Erfinder, Ingenieur und Firmenchef seiner 1931 gegründeten Deutsche CYCLO Lorenz Braren KG, die über 1.000 Mitarbeiter hatte.

Gehen Sie den Fußweg noch ein paar Meter weiter, dann stoßen Sie auf die nächste Überraschung: ❺ MONKLEMBERGEM, so der Name dieses rätselhaften Friedhofs. Vor Ihnen befinden sich Grabhügel von unterschiedlicher Höhe, die von einem rechteckigen Wall von rund 50 Meter Länge und 40 Meter Breite eingefasst sind und in die Zeit um 900 nach Christus und damit in die Wikingerzeit datiert werden.

Im Jahr 1952 war es Lorenz Braren, der hier die ersten Ausgrabungen und wissenschaftlichen Untersuchungen durch den Archäologen Dr. Reinhard Schneider aus Hamburg finanzierte und mit gespanntem Blick verfolgte. Zur feierlichen Öffnung eines Grabhügels war auch Dr. Carl Häberlin anwesend, über den Sie mehr auf

Tour 20 und 21 erfahren. Das Gelächter war groß, als dem ebenfalls anwesenden Prähistoriker Peter la Baume nach Stunden ergebnisloser Grabungen der Geduldsfaden riss und er kurzerhand selbst zur Schaufel griff – und einen verrosteten Marmeladeneimer durch die Luft schwenkte. Tatsächlich gefunden wurde eine Urne mit Leichenbrand und eine Eisenklinge, die eine Datierung in die Wikingerzeit ermöglichen. Weitere Funde aus der Wikingerzeit auf Föhr sind im Friesen-Museum in Wyk ausgestellt (siehe Tour 4).

Fahren Sie auf dem Taftem Hoofstigh weiter und biegen Sie an der zweiten Kreuzung links in den Uasterslaawswai ein, dem Sie in einer Rechtskurve auf dem asphaltierten Weg weiter in Richtung des Dorfes folgen, bis Sie Süderende erreicht haben, wo es keine Straßennamen gibt. Es genügt, dass die Häuser Nummern haben, um sich zurechtzufinden – zumindest den Einheimischen.

Die Durchgangsstraße Sarkstigh, auf die Sie nun treffen, bildet die einzige Ausnahme. Biegen Sie nach rechts ab, und kurz darauf erreichen Sie die liebevoll gestaltete Verkaufshütte des 6 HOFLADENS WOLLE & SCHAF – unbedingt empfehlenswert. Hier finden Sie zum Beispiel Schafsmilchseife, Strickkleidung, Wolle, Körperpflegeprodukte, aber auch Lebensmittel wie frisch abgepacktes Lammfleisch in der Kühlung sowie Eier und Kartoffeln. Auch hier steht wieder eine Vertrauenskasse bereit.

Gegenüber sehen Sie den STURMFLUTSTEIN, der an die Sturmflut am 16./17. Februar 1962 erinnert, über die Sie mehr auf Tour 16 erfahren.

Fahren Sie ein kurzes Stück weiter, dann erreichen Sie 7 KARINS LANDCAFÉ, wo sich eine Einkehr unbedingt lohnt. In einer umgebauten Scheune sitzen Sie in einem liebevoll eingerichteten Café in hellem Ambiente und haben die Qual der Wahl zwischen leckerem selbst gemachtem Kuchen, Waffeln oder herzhaften Snacks. In der Saison können Sie hier auch ab 9 Uhr frühstücken. Achten Sie auf die Aktionstage, an denen zum Beispiel Kohlpudding oder Fisch vom Grill angeboten werden – allerdings nur nach vorheriger Anmeldung.

Der absolute Hit ist das Übernachten in der angegliederten HEUHERBERGE. Hier haben Sie ein Zimmer für sich – mit Heugefüllten Kojen. Schlafsäcke können gegen eine Gebühr geliehen werden. Das Abenteuer wird mit den Ponys, Eseln und Hühnern auf dem Hof komplett – nicht nur für Kinder.

Unternehmen Sie nun einen kleinen Dorfrundgang durch die Gassen. Am Ende der Straße Sarkstigh erreichen Sie den ORTSSTEIN VON SÜDERENDE, ein schmuckes Dorf, in dem rund 200 Einwohner leben, die die friesische Kultur hochhalten. Das zeigt sich neben den Dorfveranstaltungen nicht zuletzt darin, dass in fast jedem Haushalt noch Fering, das Föhrer Friesisch, gesprochen wird.

Um nach Utersum zurückzufahren, biegen Sie beim Ortsausgang links auf die L 214, die in den Dusum Stich übergeht, und fahren Sie entlang einer schönen Allee, in der man sehen kann, wie widerstandsfähig die Bäume gegen den Wind sein müssen. In Dunsum fahren Sie auf der abknickenden Vorfahrtstraße zurück bis nach Utersum.

1 GASTHAUS KNUDSEN
Boowen Taarep 15
25938 Utersum
www.gasthaus-knudsen.de

2 ST.-LAURENTII-KIRCHE UND FRIEDHOF
Sarkstigh
25938 Süderende

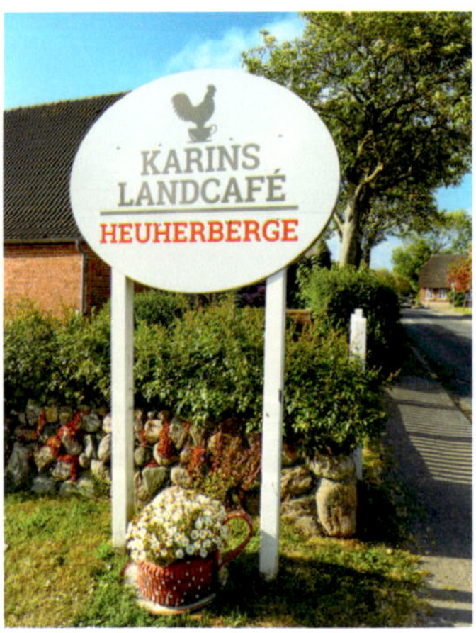

3 EHRENMAL FÜR DIE GEFALLENEN
Zugang über ersten Fußpfad
rechts vom Taftem Hoofstigh
25938 Süderende

4 BRAREN-GEDENKSTEIN
Zugang über zweiten Fußpfad
rechts vom Taftem Hoofstigh
25938 Oldsum

5 MONKLEMBERGEM
Zugang über zweiten Fußpfad
rechts vom Taftem Hoofstigh
25938 Oldsum

6 HOFLADEN WOLLE & SCHAF
Haus 26 a
25938 Süderende

7 KARINS LANDCAFÉ UND HEUHERBERGE
Haus 26 b
25938 Süderende
www.heuherberge-foehr.de

Links: Immer ein Besuch wert

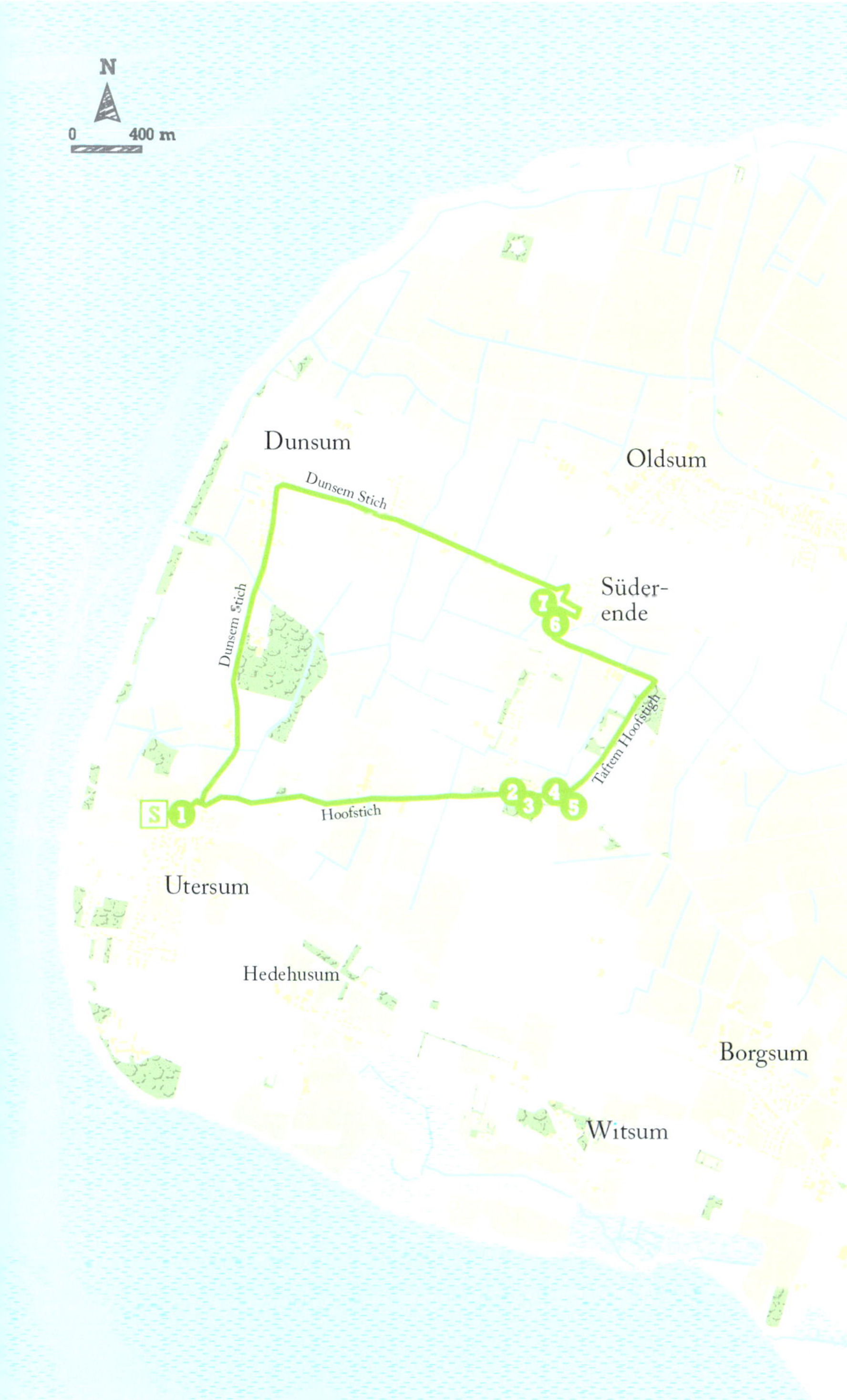
N
0 400 m
Dunsum
Oldsum
Dunsem Stich
Dunsem Stich
Süder-
ende
Taftem Hoofstigh
Hoofstich
S
1
2
3
4
5
6
7
Utersum
Hedehusum
Borgsum
Witsum

18 Die Windmühlen-Tour

Fünf auf einen Streich

BESTE ZEIT: zum Sonnenaufgang und -untergang fotografisch besonders reizvoll
LÄNGE: circa 22 Kilometer
ROUTE: Aufgrund der Streckenlänge und Wegführung ist diese Tour nur für Radfahrer geeignet. Stellenweise sind keine ausgewiesenen Radwege vorhanden.

Auf der Insel sind noch **FÜNF WINDMÜHLEN** erhalten, die ihrem Typus entsprechend ein unterschiedliches Aussehen haben und tolle Fotomotive sind. Sie erfahren einiges zur Funktion und der Geschichte der Mühlen, von denen leider keine zur Besichtigung von innen freigegeben ist.

Sie beginnen mit der Tour bei der ❶ **WRIXUMER MÜHLE,** die bis 2022 den Beinamen »ohne Flügel« trug. Doch die Gemeinde Wrixum und der Wrixumer Mühlenverein e.V. setzen sich mit großem Engagement für die Renovierung der Mühle ein, die 1960 nach mehreren Besitzerwechseln stillgelegt worden war. Damit das Wahrzeichen erhalten bleibt, ist der Mühlenverein auf Spenden angewiesen. Halten Sie beim örtlichen Einkauf Ausschau nach Spendenboxen und unter www.damit-sie-sich-wieder-dreht.de erfahren Sie mehr über die Arbeit des Vereins und die vielfältigen Spendenmöglichkeiten. Seither ist schon viel geschehen. Das Reetdach und die Kappe wurden erneuert, neue Mühlenflügel angefertigt und montiert. Nun fehlen noch dringend notwendige Sanierungsarbeiten im Inneren des historischen Erdholländers aus dem Jahr 1851.

Bei der Erbauung der Wrixumer Mühle war schon einmal die finanzielle Hilfe der Einwohner gefragt, denn am 25. Oktober 1850 brannte der Vorgängerbau, eine Graupenmühle, und der Besitzer Arfst Oluf Volkerts stand vor den rauchenden Ruinen seiner Exis-

Gegenüber: Die Borgsumer Mühle

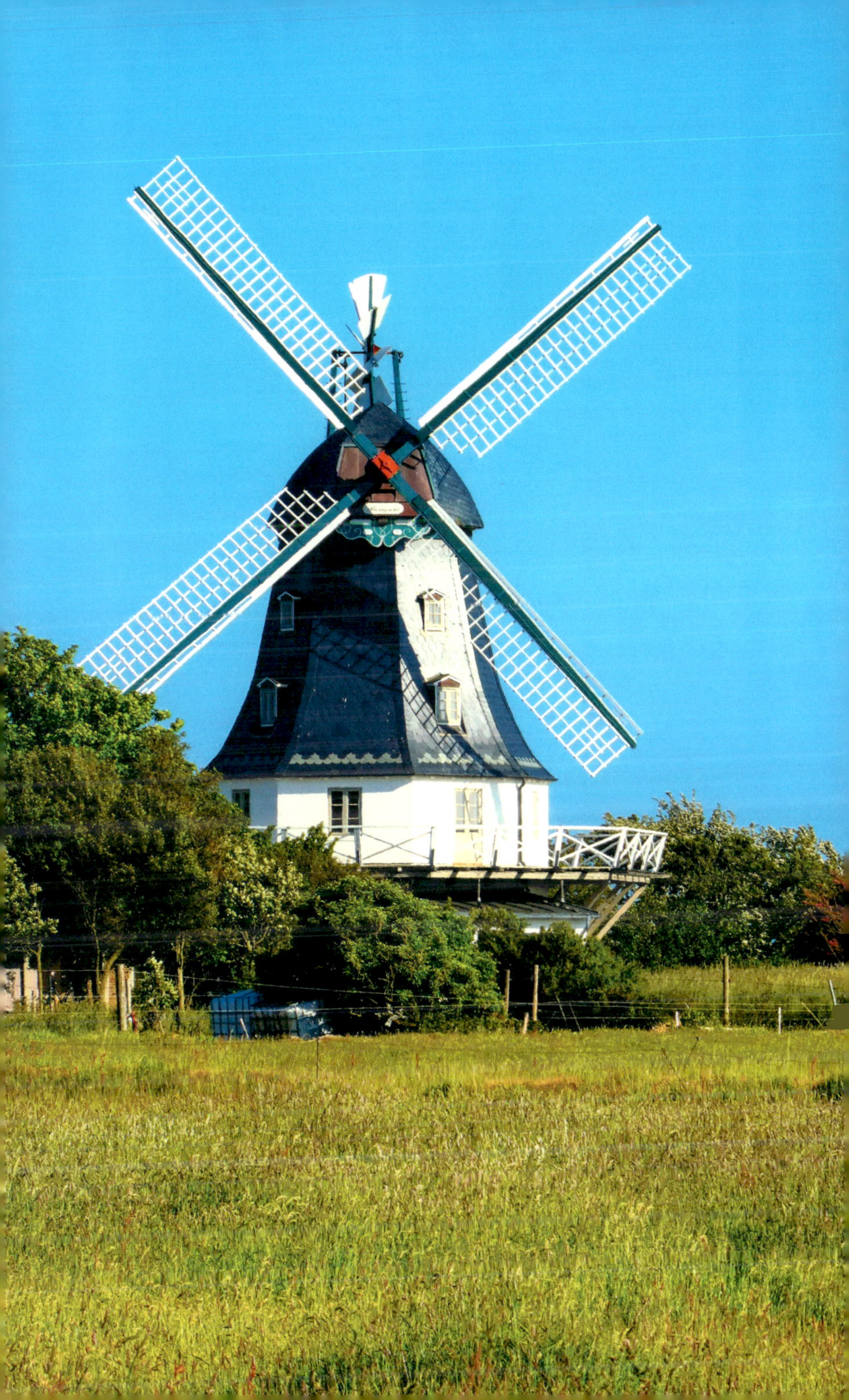

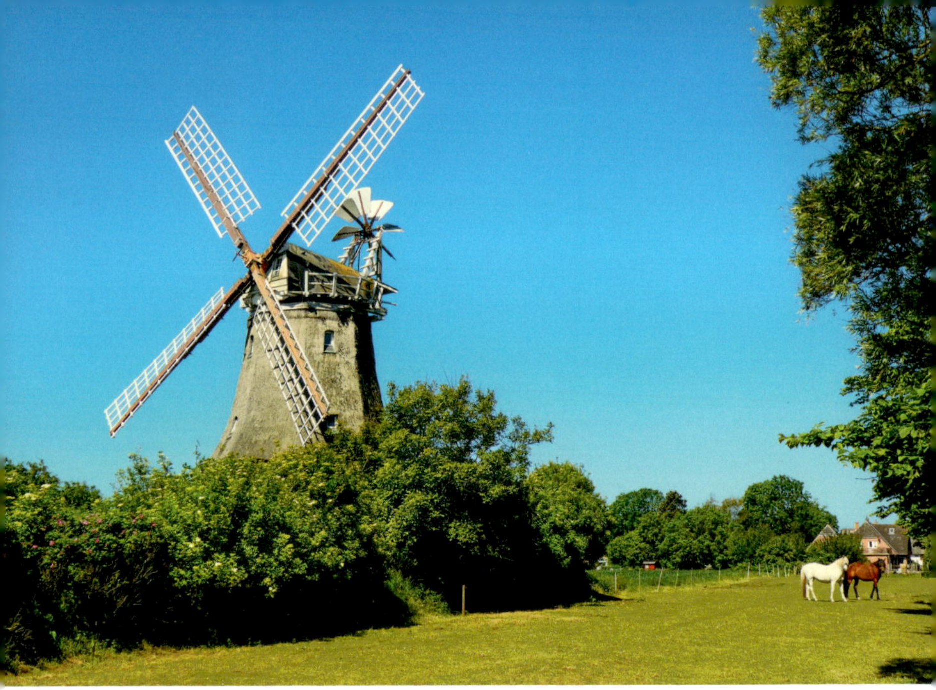

Oben: Die reetgedeckte Oldsumer Mühle

tenz. Zwar hatte man ihn schnell wegen Brandstiftung in Verdacht, weil seine alte Mühle nicht mehr genug Ertrag abgeworfen hatte, letztendlich konnte man ihm jedoch nichts nachweisen. Und so halfen die Föhrer ihm, die Baukosten von 13.894 Mark aufzubringen. Im selben Jahr wurde dem Müller ein Sohn geboren, und so mancher Insulaner, der nicht von der Unschuld des Müllers überzeugt war, hielt es für eine Strafe Gottes, dass der knapp dreijährige Sohn Julius Theodor 1854 von einem Windmühlenflügel erschlagen wurde, der sich bei einem Erdholländer typischerweise in Bodennähe befindet.

1922 geriet die inzwischen motorbetriebene Mühle in die Schlagzeilen, als Theaterdirektor Mielke beim »Todesflug am Mühlenflügel« ungesichert 13 rasante Umdrehungen am Flügel hängend in einer Minute hinlegte – und überlebte.

Diese Mühle kann wahrlich Geschichte(n) erzählen.

Falls Sie mit Kindern unterwegs sind, haben die natürlich längst den **MÜHLENSPIELPLATZ** entdeckt, denn das 40.000 Euro teure, neue Kletter-Spielgerät ist ja auch ein Hingucker und wird gern von allen abenteuerlichen Seiten bespielt. Auf der großen Wiese nebenan laden zwei Fußballtore zum Spielen ein. Oder Sie machen einfach mal Pause in einem der etwas abseits stehen Strandkörbe mit Blick auf die Mühle, umgeben von jungen Apfelbäumen und einer blühenden Wiese.

Fahren Sie danach entlang des Hardeswegs auf dem Fahrradweg aus dem Ort hinaus in Richtung Alkersum, immer entlang von **WIESEN, FELDERN UND PFERDEKOPPELN.**

Biegen Sie bei der Einfahrt zum Reiterhof Jacobsen links in den Kirchweg ab und folgen Sie diesem entlang von Pferdekoppeln und Feldern weiter. Biegen Sie nun an der zweiten rechts in den Marschweg ein, fahren eine kleine Baumallee entlang und schließlich an der Kreuzung Nieblumweg den Marschweg geradeaus weiter. Links sehen Sie ein großes **WEINFELD,** das sich entlang Ihres Wegs erstreckt. Richtig, kein Weinberg, denn in Ermangelung entsprechender Hänge wird der Inselwein ganz einfach auf der Ebene angebaut – und das funktioniert mit hervorragendem Ertrag (wie genau, erfahren Sie auf Tour 8).

An der Kreuzung mit der dreieckigen, begrünten Verkehrsinsel biegen Sie links auf den Schlaafsweg ab. Ab hier kann der Autoverkehr etwas zunehmen, und da Sie sich die schmale Straße teilen, fahren Sie bitte besonders achtsam.

Folgen Sie dem Weg knapp 1,5 Kilometer, bis er einen leichten Knick nach links macht und in Alter Meedeweg übergeht, auf dem Sie noch 500 Meter bleiben. Bei der ersten Möglichkeit biegen Sie rechts in den Borgsummeedesquerweg (und üben diesen Zungenbrecher auf dem nächsten Kilometer) und fahren auf diesem weiter, bis Sie beim Aussiedlungshof inmitten der weiten Natur ankommen.

Bei Familie Faltings auf dem **FERIENHOF »INSELWEITE«** ist Urlaub möglich, Kinder dürfen hier nach Herzenslust spielen und das Leben auf dem Bauernhof hautnah erkunden. Pferde füttern, Eier einsammeln, Kälber umsorgen, beim Melken zusehen – und noch viel mehr. Hausgäste erhalten die Milch für ihren Bedarf übrigens kostenlos.

Und weiter geht es mit den Zungenbrechern. Fahren Sie links weiter auf den Uasternööswai und nach 600 Metern bei der zweiten rechts in den Huughuastemerswai. An dessen Ende biegen Sie links auf den Fahrradweg der Rundföhrstraße und haben auf dem nächsten Kilometer Ihr nächstes Ziel bald fest im Blick. An der Kreuzung Eemelkeswai fahren Sie nach rechts.

Sie erreichen die ❷ **OLDSUMER MÜHLE,** die 1901 vom berühmten Oldsumer Kapitän Boy Rickmers für seinen Sohn Hinrich Martin erbaut wurde. Kostenpunkt: 15.000 Mark. Da wurde nicht gespart, und so war die Galerieholländerwindmühle zum Zeitpunkt ihrer Einweihung die modernste auf Föhr. Der junge Müller betrieb sie mit großem Erfolg, denn die Utersumer hatten seit dem Brand ihrer Windmühle 1894 keine Möglichkeit mehr, Korn zu mahlen, und so fuhr er mit dem Müllerwagen bis nach Utersum und holte die prall gefüllten Kornsäcke ab.

Nach dem Zweiten Weltkrieg ließ der Müller einen Motor in die Mühle einbauen, doch alle Modernisierung half nichts gegen seine zunehmenden Altersbeschwerden. Ab 1950 versuchte er seine Mühle zu verkaufen oder zu verpachten – ohne Erfolg. Also war er gezwungen, sie 1954 stillzulegen. Zehn Jahre später starb er und musste so nicht mehr mit ansehen, wie das Erbe seines Vaters und der Ort, an dem er sein gesamtes Arbeitsleben verbracht hatte, zunehmend verfiel und Ende der 1960er einem Bild des Jammers glich. Seit 1972 erstrahlt das hübsche Wahrzeichen des sogenannten Künstlerdorfs Oldsum wieder im Glanz der alten Zeiten und befindet sich seither in Privatbesitz.

Wenn Sie Lust haben, begeben Sie sich von hier aus auf einen Streifzug durch das Künstlerdorf Oldsum (siehe Tour 14), andernfalls geht es über den Eemelkeswai wieder zurück zur Kreuzung, links rund 200 Meter entlang der Rundföhrstraße auf dem Radweg, den Sie bereits von der Hinfahrt kennen, doch nun biegen Sie bei der nächsten Möglichkeit rechts ab, überqueren dazu die Rundföhrstraße und fahren auf dem Taftem Hoofstigh, einem von Hecken gesäumten Weg, wo Sie die Landschaft der Felder und Wiesen an sich vorüberziehen lassen.

An der zweiten Kreuzung biegen Sie links in den Uasterslaawswai und gleich bei der nächsten Möglichkeit rechts in den Greenhagstig, eine idyllische Allee aus niedrigen Bäumen und Sträuchern. Weiter geht es bis zum Ende des Wegs immer geradeaus.

Hier biegen Sie links auf den Wolken-Damm und fahren bis zur Kreuzung, an der die **LEMBECKSBURG** steht. Die Besichtigung steht auf Tour 13 auf dem Programm, dort erfahren Sie mehr darüber, wie die Burg zu ihrem Namen kam und was es mit einem gruseligen Fund dort auf sich hat. Wenn Sie die Runde um Borgsum nicht anschließen wollen, dann besichtigen Sie jetzt die sagenhafte Ringwallanlage, deren Entstehung auf das 10. bis 11. Jahrhundert geschätzt wird, da die meisten Funde aus der Wikingerzeit datieren. Möglicherweise wurde sie als Fluchtburg für die einheimische Bevölkerung genutzt, oder die Anlage diente den skandinavischen Wikingern um 1000 nach Christus als Stützpunkt für ihre Seezüge.

Fahren Sie geradeaus weiter, der Wolken-Damm geht in den Rode Damm über, dem Sie rund 400 Meter bis zur nächsten Kreuzung folgen, wo Sie rechts in den Noorderwoi abbiegen, an dessen Ende Sie zu einem kleinen **SPIELPLATZ** gelangen, wo etwas abseits auch ein paar Picknickbänke zu einer Rast einladen. An der Kreuzung biegen Sie rechts auf den Stianbrag ein, an dessen Ende Sie den kreuzenden Taarepswoi überqueren und dann geradeaus in den Malnstich fahren. Kurz darauf gelangen Sie zur ❸ **BORGSUMER MÜHLE.**

Auf den ersten Blick betrachtet ist sie die jüngste der fünf Windmühlen auf Föhr, da sie erst 1991 nach dem Vorbild historischer Zeichnungen gebaut wurde. Doch ihre Geschichte reicht bis ins Jahr 1744 zurück. Alles begann mit dem geschäftstüchtigen Müller Nickels Peters, der ein Darlehen von 10.000 Mark bei einem Hooger Schiffskapitän aufnahm, um eine Bockmühle auf dem Festland zu kaufen – aber nicht etwa, um sich dort niederzulassen. Nein, er ließ sie abbauen und südwestlich von Borgsum wieder aufbauen. Damit besaß er die erste Mühle der Insel, die auch Gerste schälen konnte, und so kaufte er drei Schiffsladungen voll Gerste und verkaufte die Graupen anschließend bis nach England. Sein Sohn Paul Nickels führte die Mühle zusammen mit seinem taubstummen Bruder fast 40 Jahre lang weiter, doch auf politischer Ebene verscherzte er es sich so sehr mit seinem Umfeld, dass die Frauen zu seiner Beerdigung 1810 aus Protest mit weißen Schürzen erschienen.

Die Mühle blieb 132 Jahre lang in Familienbesitz, bis sie 1876 an den Müller Boy Johann Knudsen aus Alkersum verkauft wurde. Der hatte nur siebenzehn Jahre lang Freude an seinem teuer erworbenen Besitz, denn am 14. Oktober 1893 äscherte ein Blitz die Mühle ein. Bei diesem Gewitter erwischte es übrigens auch die Gotinger Mühle, die nicht wiederaufgebaut wurde. Die Geschichte der Borgsumer Mühle jedoch begann von vorn, als der Müller Knudsen im Christian-Albrechts-Koog auf dem Festland eine Mühle kaufte und auf Föhr neu aufbaute. In den 1960er Jahren war die Borgsumer Mühle die letzte auf Föhr, die noch Korn mahlte. Als kein Nachfolger gefunden wurde, verfiel die Mühle zusehends und war Anfang der 1990er zum Schandfleck verkommen, was zu einem Neubau in Privatinitiative führte.

Im Schatten der Mühle befindet sich gleich gegenüber das urige Café Restaurant ❹ LETJ LEMBECK'S, wo man auf der eingewachsenen Terrasse gemütlich und windgeschützt sitzt. Das Motto der Betreiber »Klein, aber friesisch« trifft es genau – wobei sich »klein« auf das Lokal und sicher nicht auf die vielfältige Speisekarte bezieht. Typisch friesisch sind nicht nur die Gerichte, sondern auch viele der Zutaten, die sogar von der Insel stammen.

Nun geht es zurück nach Wyk, denn dort erwarten Sie zwei weitere Mühlen. Fahren Sie auf direktem Weg über die Traumstraße und Rundföhrstraße über Nieblum, dann immer der Jens-Jacob-Eschel-Straße folgen, die auf den nächsten Kilometern ihren Namen wechselt und schließlich als Nieblumstieg auf der großen Kreuzung in Wyk endet, wo Sie rechts in den Rebbelstieg einbiegen, der bis zum Dr. Carl Häberlin Friesen-Museum führt.

Auf dem jederzeit zugänglichen Außengelände finden Sie die ❺ BOCKWINDMÜHLE. Obwohl sie auf Föhr steht, war die in den 1930er Jahren erbaute Mühle nie auf der Insel, sondern auf der Hallig Langeneß-Nordmarsch in Betrieb. Doch sie steht exemplarisch für die vielen Bockwindmühlen, die es bis ins 19. Jahrhundert auf Föhr in jedem Dorf gab. Diese Mühlen waren relativ einfach zu erbauen, mit einem Mahlwerk im Inneren, das auch in der Museumsmühle noch erhalten ist. Typisch ist der drehbare Bock, auf dem die Mühle sitzt (daher auch der Name). Je nach Windrichtung musste der gesamte Korpus von Hand gedreht werden, damit die Flügel ihre Arbeit aufnahmen und das Mahlwerk antrieben. Über

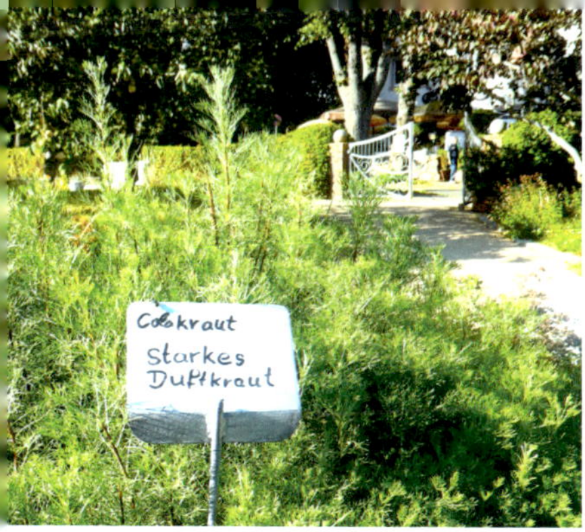

Im Uhrzeigersinn von oben links: Der Kräutergarten im Park an der Mühle, Spielplatz mit der Wrixumer Mühle im Hintergrund, Park an der Mühle in Wyk, Spenderliste zum Erhalt der Wrixumer Mühle, Café/Restaurant am Fuße der Borgsumer Mühle, die Bockwindmühle in Wyk

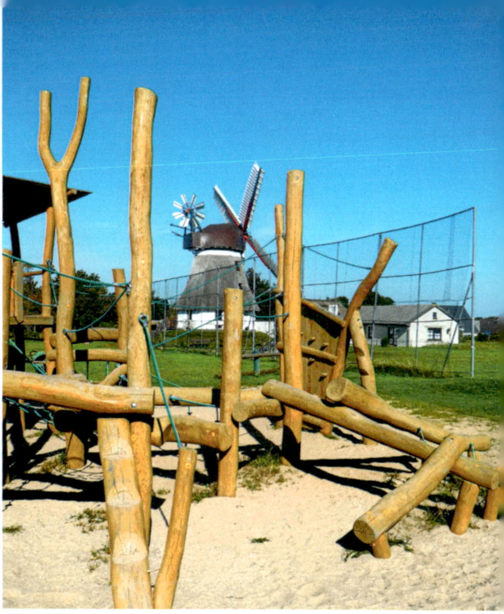

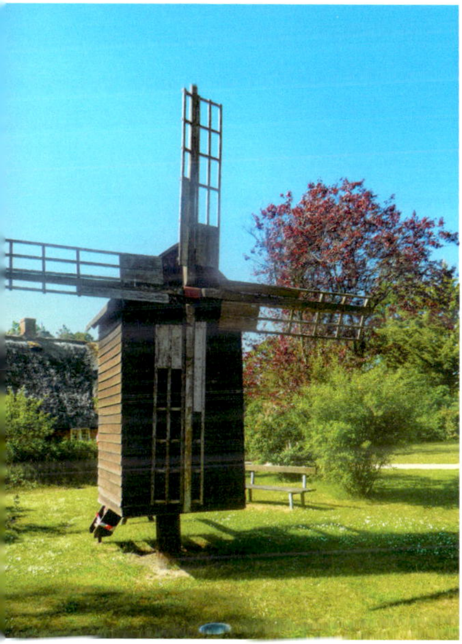

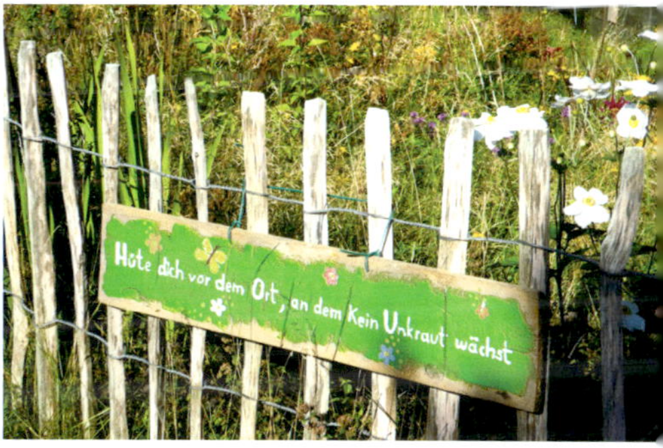

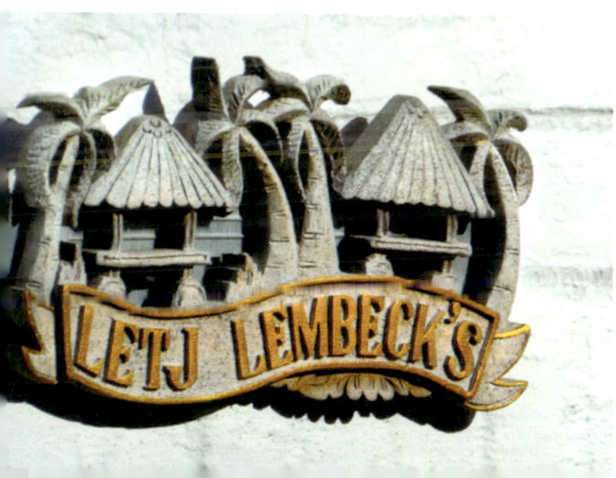

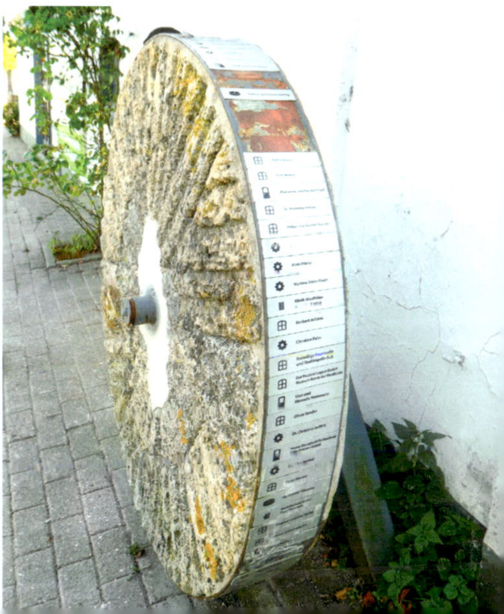

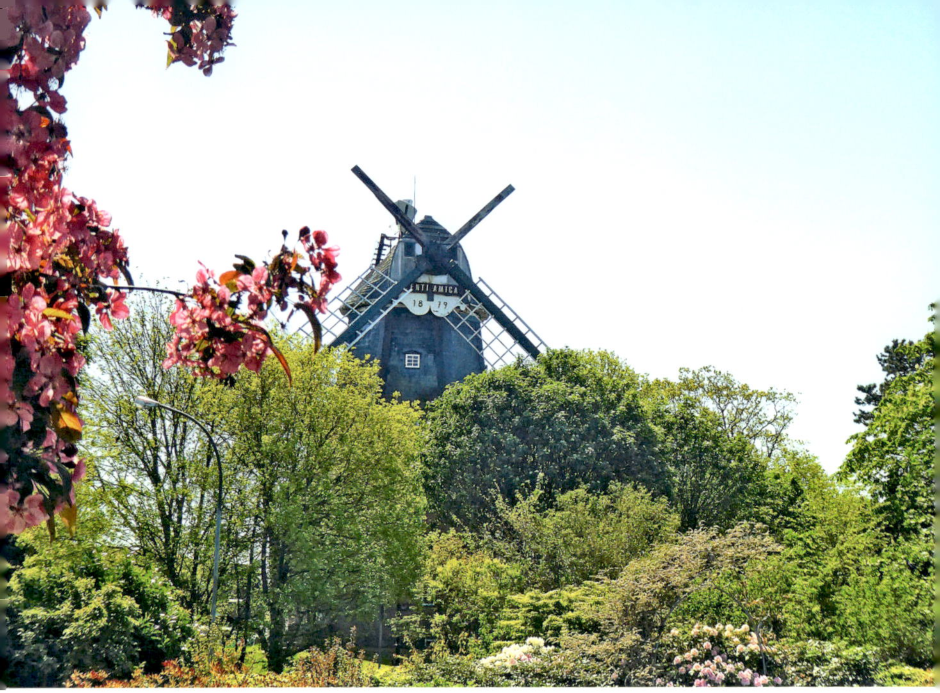

Oben: Die Venti Amica – die Freundin des Windes in Wyk

die kleine Leiter an der den Flügeln gegenüberliegenden Seite gelangte man ins Innere des Mühlenkastens, der nicht sonderlich groß ist – da durfte der Müller keinen dicken Bauch haben. Eine mühsame Arbeit und der Ertrag war verhältnismäßig gering, weshalb dieser älteste Windmühlentyp Europas durch die effektiveren Holländerwindmühlen nach und nach ersetzt wurde.

Fahren Sie auf dem Rebbelstieg weiter und biegen Sie dann die dritte links in die Mühlenstraße ein.

Die ❻ **VENTI AMICA** sehen Sie erst vor sich, wenn Sie praktisch schon davorstehen. Kaum zu glauben, dass an dieser Stelle westlich von Wyk eine Bockwindmühle, 1745 vom Schlachter Hansen und seinem Sohn Christian erbaut, seinerzeit allein auf weiter Flur stand und weithin sichtbar war, sodass sie den Kapitänen wie ein Leuchtturm den Weg zur Insel wies. Die heutige Holländerwindmühle mit Schieferdach trägt nicht nur die Jahreszahl ihrer Erbauung, 1879, sondern auch den poetischen Namen Venti Amica – die Freundin des Windes.

Der Vorgängerbau geriet am 19. September 1878 bei einem Gewitter durch Blitzschlag in Brand, und der junge Müller Emil Andresen, zu diesem Zeitpunkt erst 25 Jahre alt und frisch verheiratet, steht vor den Ruinen seiner Existenz, die er gerade von seinem Vater übernommen hat. Für die Wyker Bürger war dieses Unglück übrigens der Anlass, die Freiwillige Feuerwehr Wyk zu gründen.

Nun hatte der Vater von Emil Andresen die Mühle selbst erst 13 Jahre zuvor für 20.000 Mark erworben, also musste der Sohn Schulden machen, um die Mühle in ihrer heutigen Gestalt neu aufzubauen. An der Wand ist eine Steintafel angebracht, die darüber Auskunft gibt, dass er mit seiner Ehefrau Stine Andresen, die unterdessen als Heimatdichterin bekannt geworden war, von 1879 bis 1896 hier lebte. Dazu ein zusammengesetztes Motiv aus Kreuz, Herz und Anker, ein Symbol aus der christlichen Ikonografie, das »Glaube, Liebe, Hoffnung« bedeutet. Doch warum lebte das Paar hier nur 17 Jahre?

Am 2. September 1895 geschah das nächste Unglück: Der Müller Emil Andresen verstirbt unerwartet mit nur 42 Jahren. Für Stine Andresen bricht mit dem Tod ihres Ehemannes eine Welt zusammen, denn sie hat ihn sehr geliebt – und ihm vertraut. Doch jetzt kommen die desolaten finanziellen Verhältnisse zutage, die er geschickt vor ihr verborgen hat. Stine Andresen bleibt keine Wahl, die Venti Amica muss 1896 zwangsversteigert werden, und sie zieht zurück in ihr Elternhaus nach Boldixum, wo sie schwer »gemütskrank« wird, wie man es damals ausdrückte. Mehr über Stine Andresen erfahren Sie auf Tour 12.

Bei der Versteigerung wurde die Mühle von einem Konsortium Wyker Bürger gekauft, seither haben noch zahlreiche Besitzerwechsel stattgefunden. 1923 erfolgte ein umfangreicher Innenumbau, der Milliarden kostete – es war die Zeit der Inflation. Danach war es als Kurgast möglich, in der Mühle zu übernachten, heute ist die Mühle in Privatbesitz und das Betreten leider verboten.

Im Jahr 2023 wurde sie innen und außen saniert – nach immerhin 100 Jahren gab es viel Nachholbedarf: unter anderem waren zwei Flügel so marode geworden, dass sie abgenommen werden mussten.

Zum Abschluss der Tour lassen Sie sich schräg gegenüber im 7 PARK AN DER MÜHLE nieder und genießen diese Ruhe-Oase mitten in der Stadt. Kaum zu glauben, dass an dieser Stelle mal ein Tennisplatz war, wo heute verschlungene Wege an Obstbäumen, Blühpflanzen und Kräutern, Kunstwerken, Zierbrunnen und Sitzbänken vorbeiführen. Im Seerosenteich spiegelt sich die Venti Amica, dort sitzt man besonders schön.

Wundern Sie sich nicht, wenn Sie dabei von ein oder zwei Störchen beobachtet werden, die haben ihr Nest nämlich auf einem hohen Mast am Rande des Parks gebaut. Mehr über das Leben der Störche erfahren Sie im Storchenpark (siehe Tour 7).

Halten Sie außerdem Ausschau nach dem Cola-Kraut, das im Park in der Kräuterspirale angepflanzt wurde. Reiben Sie die dünnen, nadelartigen Blätter vorsichtig zwischen den Fingern und riechen Sie daran – tatsächlich, Cola! Die Eberraute, wie das Cola-Kraut auch genannt wird, gilt als Heilpflanze, und ein Tee aus frischem Cola-Kraut schmeckt wie das berühmte Erfrischungsgetränk. Aber probieren Sie das nur mit Ihrer eigenen Pflanze aus, die es im Garten-Fachhandel zu kaufen gibt. Sie kennen ja das Sprichwort: Gottes Mühlen mahlen langsam, aber gerecht.

1 WRIXUMER MÜHLE MIT SPIELPLATZ AN DER MÜHLE
Hardesweg 54
25938 Wrixum

2 OLDSUMER MÜHLE
Haus 190
25938 Oldsum

3 BORGSUMER MÜHLE
Malnstich
25938 Borgsum

4 LETJ LEMBECK'S
Malnstich 5
25938 Borgsum
www.lembecks.de

5 BOCKWINDMÜHLE
im Garten des Dr. Carl-Häberlin Friesen-Museums
Rebbelstieg 34
25938 Wyk auf Föhr

6 VENTI AMICA
Mühlenstraße 31
25938 Wyk auf Föhr

7 PARK AN DER MÜHLE
Ecke Mühlenstraße/Feldstraße
25938 Wyk auf Föhr

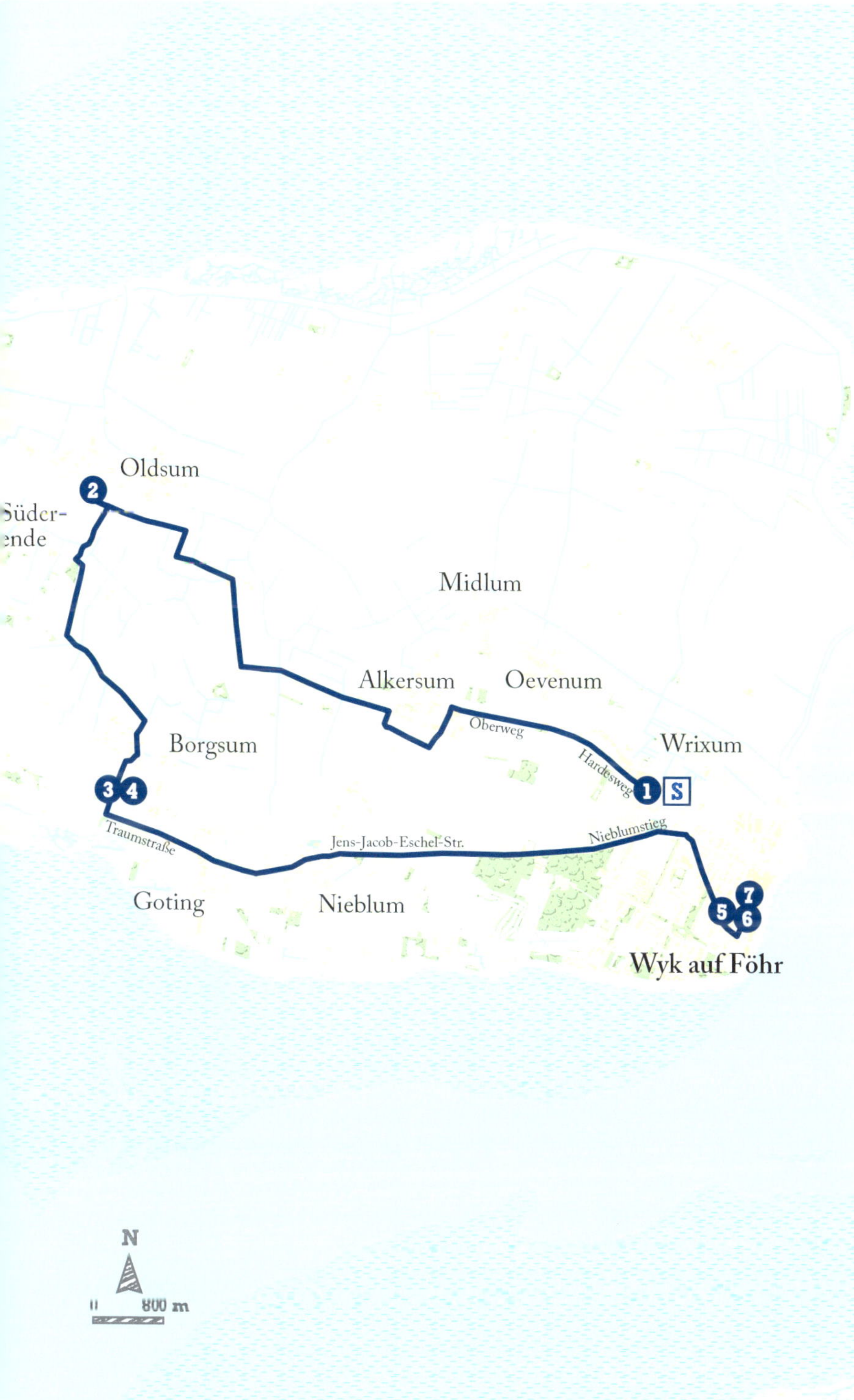
Oldsum
Süder-
ende
Midlum
Alkersum
Oevenum
Borgsum
Oberweg
Hardesweg
Wrixum
S
Traumstraße
Jens-Jacob-Eschel-Str.
Nieblumstieg
Goting
Nieblum
Wyk auf Föhr
N
0
800 m

19 Rund-Föhr – die große Genießertour

Föhrer Spezialitäten und Manufakturen

BESTE ZEIT: am Vormittag losfahren, sodass Sie auf der Tagestour ausgiebig Zeit für Genuss haben.
LÄNGE: circa 36 Kilometer
ROUTE: Aufgrund der Streckenlänge ist diese Tour nur für Radfahrer geeignet, teilweise sind keine Radwege vorhanden.

Diese Tour startet nach dem Motto »Morgens erstmal FKK« in Wyk – wobei das nichts mit Nacktbaden am Strand zu tun hat, sondern mit echtem Genuss, den sich Fabian Kruse von der ❶ FÖHRER KAFFEE KULTUR auf die Fahnen geschrieben hat. Seine KARUSO KAFFEERÖSTEREI, eine Mikrorösterei in der Westerstraße 1, zählt zu den kleinsten Manufakturen auf Föhr und hat hohe Qualitätsansprüche. Und die kommen nicht von ungefähr, denn er hat auf Kaffeefarmen in Lateinamerika gelebt und auf Plantagen gearbeitet.

Die Kaffeebohnen, die er in seinem kleinen Trommelröster verarbeitet, der für zwei Kilo eine halbe Stunde benötigt, stammen aus Indien und El Salvador, importiert von einem kleinen Händler aus Süddeutschland, dem es ebenfalls nicht ums große Geschäft, sondern um die Wiederbelebung alter Sorten geht.

Fabian Kruse macht daraus Kaffee mit so klangvollen Namen wie »Die Pforte zum Tag« oder »Bagalut«, der im Geschmack etwas draufgängerischer daherkommt. Das liegt nicht zuletzt an den ausgefallenen Kombinationen seltener Sorten.

Wer den Kaffee mal probieren möchte, geht in das Café des Friesen-Museums (siehe Tour 4). Dort werden Sie von Ewelina Lipinska empfangen, die durch ihre Barista-Ausbildung den hervorragenden Kaffee der FKK in vollmundiger Vollendung serviert.

Gegenüber: Die Föhrer Genussmanufaktur mit Aussicht

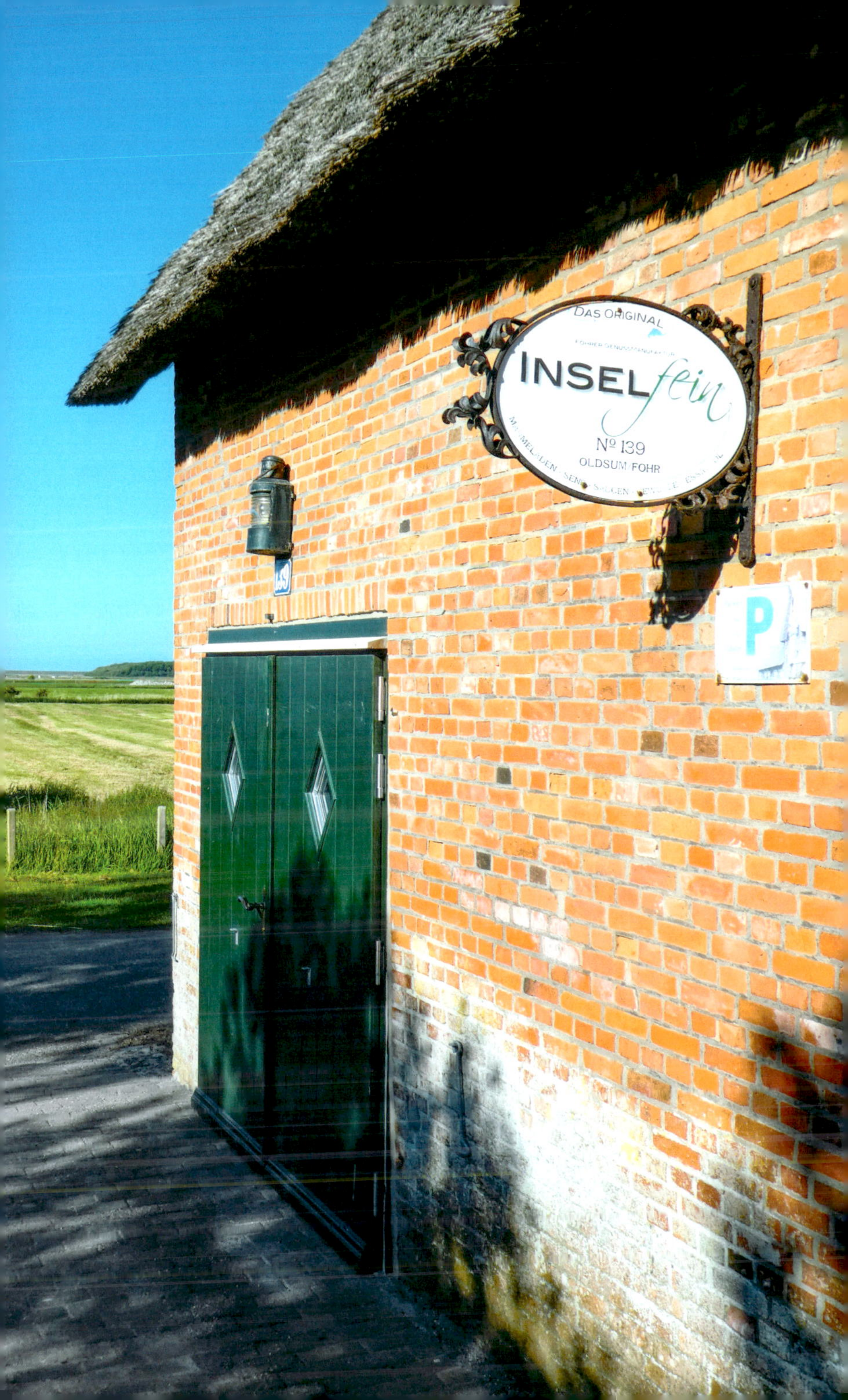
DAS ORIGINAL
INSELfein
№ 139
OLDSUM/FOHR
P

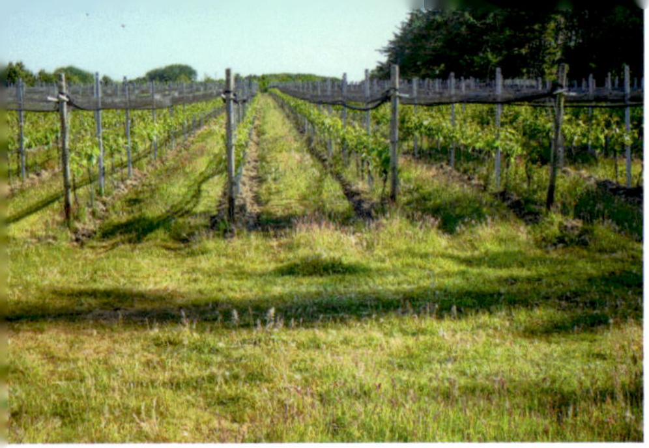

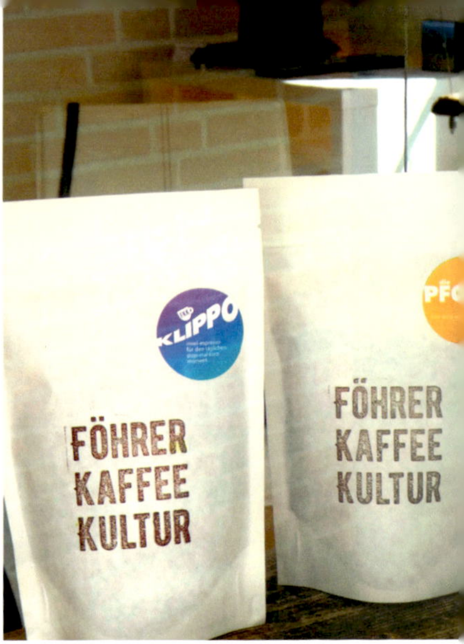

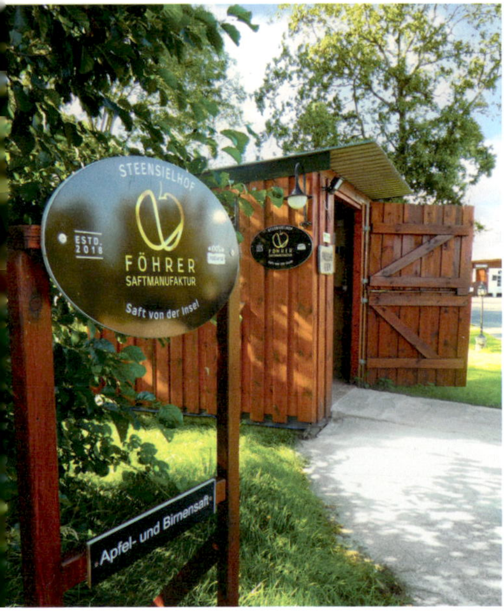

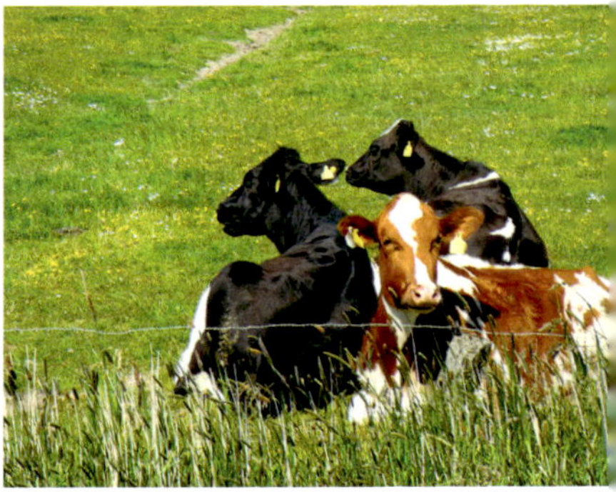

Im Uhrzeigersinn von oben links: Weinfeld anstelle von Weinberg, FKK mal anders, Natur pur bei der Fahrt durch die Midlumer Marsch, diesen Saftladen besucht man doch gern

Biegen Sie am Ende der Westerstraße nach links in die Hafenstraße und an der nächsten Kreuzung rechts in den Heymannsweg ab. Überqueren Sie die Straße am Hafen an der Ampel und fahren Sie geradeaus weiter in den Koogskuhl. An der nächsten Kreuzung fahren Sie rechts in den Hemkweg, dann die nächste links in den Ziegeleiweg, und dann sind Sie gleich beim ersten Haus rechts im verlockenden Paradies von ❷ KLEINE SÜNDEN FÖHR angekommen – und behaupten Sie nachher nicht, Sie seien nicht gewarnt worden, denn der Fülle dieser Versuchungen können Sie kaum widerstehen. Überhaupt ist es unmöglich, alles aufzuzählen, was hier an Köstlichkeiten von der Insel, aber auch an kulinarischen Highlights aus der ganzen Welt präsentiert wird.

Das Angebot reicht von erlesenen Aufstrichen, ausgefallenen Sorten von Senf und Saucen, Gewürzen bis zu einer phantastischen Auswahl an Getränken mit und ohne Alkohol. Zum Genuss gehören natürlich auch das passende Geschirr und die perfekten Accessoires.

Und wer es überhaupt nicht abwarten kann, in den paradiesischen Apfel zu beißen, kein Problem: Vor Ort gibt es hausgemachte Kuchen und Törtchen, die ein wahres Gedicht sind und dazu leckeren Kaffee. Wer von zu Hause aus schon mal im Paradies vorbeischauen möchte, dem sei der Online-Shop ans Herz gelegt. Sie sind ja vor dem Eintritt ins Paradies vor den kleinen Sünden gewarnt worden, nicht wahr?

Fahren Sie zurück zur Hafenstraße und wechseln Sie auf den Radweg gegenüber, der Sie über den Marschweg nach Boldixum führt. An der nächsten Kreuzung fahren Sie geradeaus und biegen dann rechts in den Siedlerweg ein.

Achten Sie nach rund 200 Metern linker Hand auf die Einfahrt zum Steensielhof. Hier befindet sich die 3 FÖHRER SAFTMANUFAKTUR – und die macht als Manufaktur ihrem Namen wirklich alle Ehre, denn die Äpfel werden von Hand gewaschen, bevor der Häcksler sie zerkleinert und die entstandene Maische dann in Tuchpakete verpackt in die Presse kommt. Die Früchte stammen von hofeigenen Streuobstwiesen, wo die Bäume naturbelassen wachsen dürfen, nicht gedüngt oder gespritzt werden und im Frühjahr von den Bienen eines Föhrer Imkers bestäubt werden. Angepflanzt wurden insbesondere alte Sorten, deren klangvolle Namen dem Supermarkt-Käufer kein Begriff sind: »Rote Sternrenette« oder die Birne »Köstliche von Charneux«. Aus dem Obst entstehen neben dem Klassiker »Föhrer Apfelsaft« so leckere Säfte wie Föhrer Apfel Quittensaft, Apfel-Birnensaft und Apfel-Traubensaft. Die Flaschen mit dem geschmackvollen Etikett kann man auch unabhängig von den Öffnungszeiten des Hofladens am Saftautomaten kaufen. Natürlich gibt es nach jeder Saison immer nur so viel Saft, wie die Obsternte

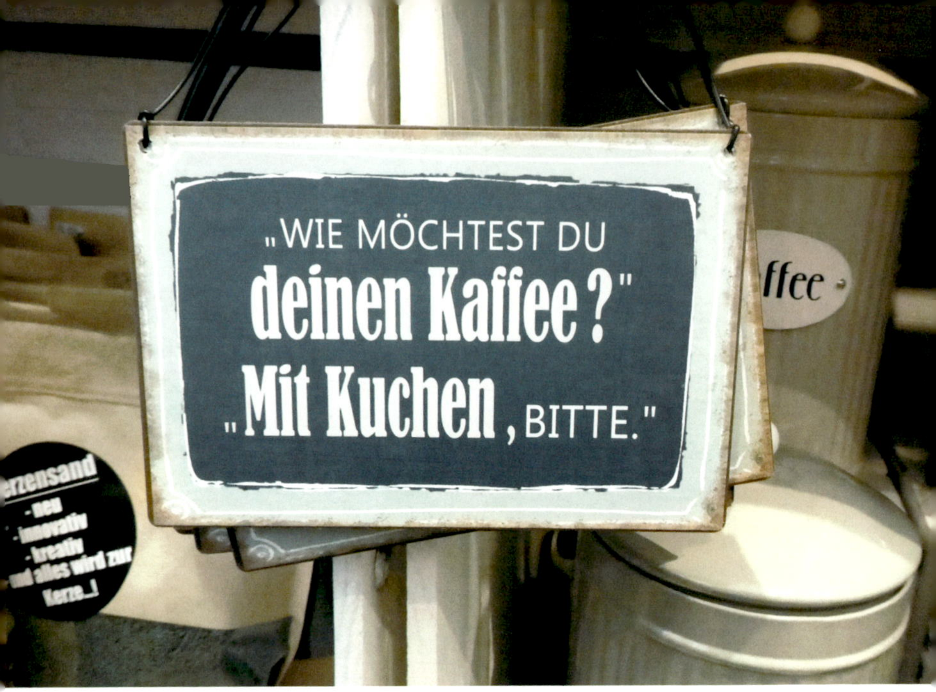

Oben: Noch Fragen? Wo es das Schild zu kaufen gibt, möchten Sie wissen? Bei LandART Föhr in Nieblum

hergibt. Wer es etwas hochprozentiger mag, dem seien die Mixgetränke empfohlen. Da gibt es die »Föhrer Deern« aus Föhrer Apfelsaft und Bitter-Aperitif sowie den »Föhrer Jung«, in dem Föhrer Apfelsaft mit besonderem Gin gemischt ist.

Das Sortiment wird außerdem durch Fruchtaufstriche und Gelees sowie Eier von hofeigenen Hühnern erweitert.

Auf dem Siedlerweg geht es weiter DURCH DIE MARSCH, entlang von Wiesen, Weiden und Feldern. Bei der nächsten Gelegenheit biegen Sie links ab, dann die zweite schräg rechts. Fahren Sie auf den Feldwegen weiter, bis Sie wieder auf den Siedlerweg stoßen, auf den Sie links einbiegen. Fahren Sie acht Kilometer weit durch die Marsch – zwischendurch finden Sie bestimmt ein Plätzchen für eine Pause.

Der Weg geht in die Straße Aussiedlungshof über, und an deren Ende biegen Sie nach links und erreichen wiederum über den Siedlerweg und die Straße Olersem den Ort Oldsum.

Biegen Sie bei der ersten Gelegenheit im Ort links in die Straße Bütjthaarepswai ein, und nach rund 150 Metern erreichen Sie das 4 INSELFEIN – die Föhrer Genussmanufaktur, in der ausgesuchte Zutaten nach alten Familienrezepten und als neue kreative Zusammenstellungen zum Beispiel zu Fruchtaufstrichen verarbeitet werden. Zudem werden in der eigenen kleinen Senfmühle Senfkörner gemahlen und neben dem geschmacklich bekannten Klassiker zu Kräutersenf, fruchtigem Senf oder richtig scharfem Chilisenf verarbeitet. Auch Gewürzmischungen ohne künstliche Zusatzstoffe, basierend auf Himalaya-Salz, sind im Sortiment, hinzu kommen Essige und Öle aus eigener Herstellung und mit verschiedenen, auch ausgefallenen Aromen wie Erdbeere oder Orange-Koriander.

Eine weitere Besonderheit ist der Föhrer Honig, der von Bienen stammt, die bei den Wiesenblumen im Bereich Hedehusum, Dunsum und Oldsum unterwegs waren.

Die vielfältige Auswahl in der Genussmanufaktur lässt jedenfalls keinen Geschmacksnerv unberührt.

Weiter geht es ein kurzes Stück auf der Durchgangsstraße des Ortes Am Stieg nach links, dann biegen Sie die erste rechts in den Eemelkeswai und an der nächsten Kreuzung links in den Maachstig. Hinter dem Oldsumer Spielplatz geht es gleich wieder links in den Taftem Hoofstigh, dem Sie bis zu einem kleinen Waldgebiet folgen, wo Sie links in den Uasterslaawswai einbiegen.

Nach etwa 600 Metern gelangen Sie zum Hofladen 5 FÖHRER GEMÜSE. Familie Arfsten führt den landwirtschaftlichen Betrieb in der fünften Generation, seit 1993 ist er ein Gemüseanbaubetrieb. In erster Linie wachsen auf den Äckern rund um den Hof Kartoffeln, außerdem gibt es jedoch noch jede Menge Tomaten, Gurken, Kohlrabi, Brokkoli, aber auch Zucchini und Auberginen, die entweder im Gewächshaus oder Freiland wachsen. Gleiches gilt für verschiedene Kräuter. Außerdem werden vier Apfelsorten angebaut, und es gibt frische Eier von hofeigenen Hühnern.

Mit einem Verkaufsstand ist die Familie Arfsten von Mitte Mai bis Mitte Oktober jede Woche auf dem Bauernmarkt von Wyk. Praktisch, um auf kurzem Weg für Nachschub zu sorgen

Fahren Sie den Uasterslaawswai zunächst zurück bis zum Waldstück und dort geradeaus weiter Richtung des Dorfes Süderende, das Sie beim Sarkstigh erreichen.

Wenn Sie Lust auf einen Dorfrundgang durch Süderende haben, schauen Sie bei Tour 17 nach.

Biegen Sie links in den Sarkstigh ein und folgen Sie diesem über rund einen Kilometer bis zum Utersumer Kirchenweg, auf den Sie rechts abbiegen.

Fahren Sie über zwei Kilometer immer geradeaus, bis Sie nach Utersum gelangen. Biegen Sie nach rechts, dann nach links und dann wieder rechts in die Straße Letj Jaat ab, entlang derer Sie zu 6 STEFANS TORTENMANUFAKTUR kommen – wobei der Name im Grunde zu kurz gegriffen ist, denn hier gibt es auch Brot und Brötchen aus eigener Herstellung – und mit jedem Bissen schmeckt man die Liebe zum Handwerk. Von Apfelkuchen über Rote-Grütze-Torte bis hin zur Hochzeitstorte ist alles möglich. Wer möchte, kann gleich vor Ort ein Stück Kuchen oder Torte zum Kaffee vernaschen, allerdings muss man Glück haben, einen der wenigen Außenplätze zu ergattern – aber ein paar Brötchen für unterwegs oder Kuchen mit Meerblick haben schließlich auch ihren Reiz.

Verlassen Sie Utersum über den Lung Jaat und folgen Sie dem Radweg auf der Rundföhrstraße, bis Sie kurz vor dem Ortseingang von Borgsum links in den Neese Weg einbiegen. Dann biegen Sie rechts in den Wolken-Damm und gleich wieder links in den nicht asphaltierten Schlafhörnsweg, weiter entlang von Wiesen und Feldern, dann rechts in den Borgsummeedesquerweg und wieder links in Alter Meedeweg.

Kurz bevor Sie Alkersum erreichen, biegen Sie rechts in den Schlaafweg, an dessen Ende Sie nach rund 600 Metern links abbiegen. Hinter dem Hotel Landliebe fahren Sie rechts, und nach etwa 300 Metern auf dem Nieblumweg erreichen Sie den 7 VOLKERTSHOF, dessen Spargelproduktion noch als Geheimtipp gilt, da erst in der Saison 2021 erstmals Föhrer Spargel geerntet werden konnte – geschmacklich mit sehr überzeugendem Ergebnis!

Gegenüber: Tortengenuss im Strandkorb

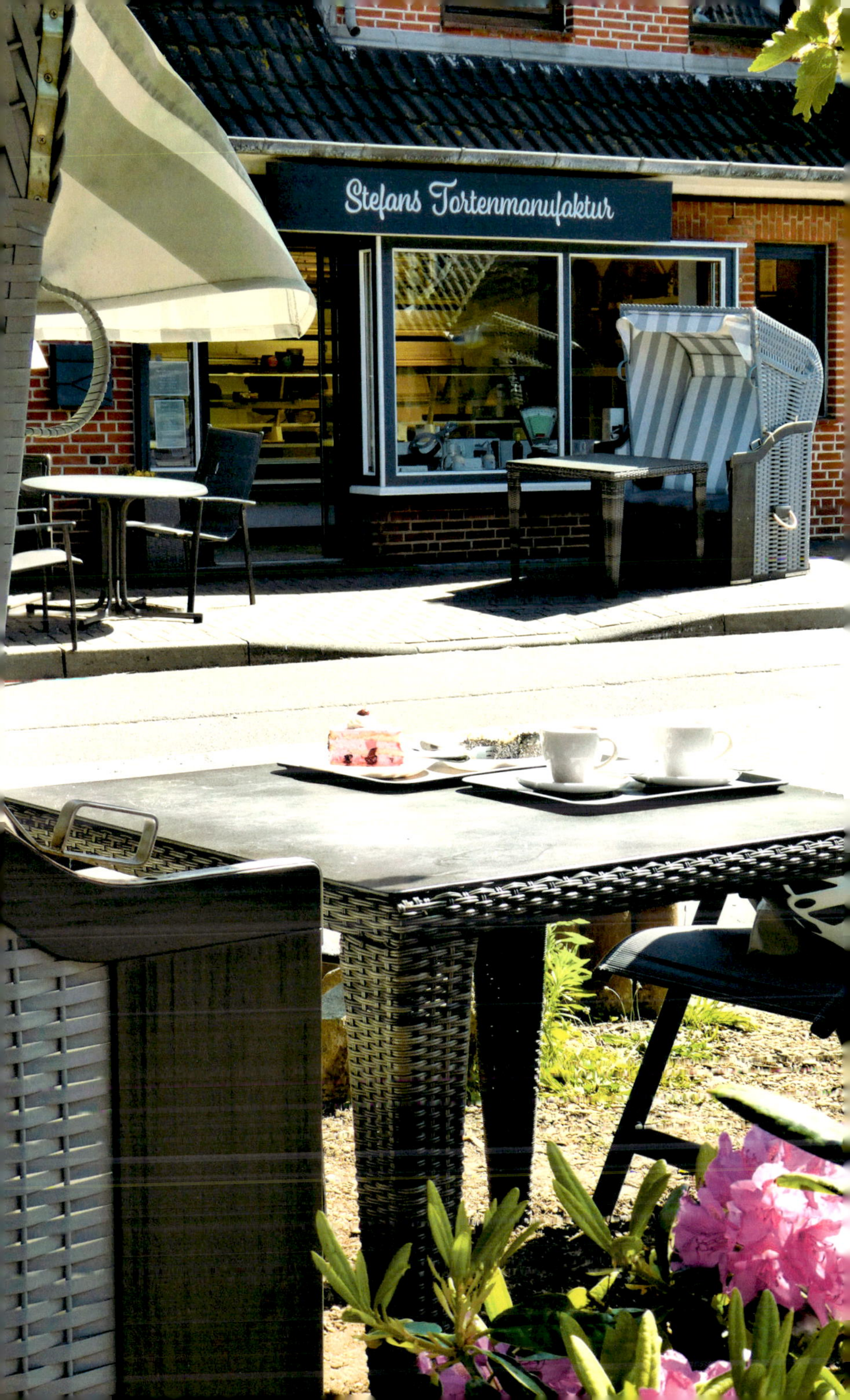
Stefans Tortenmanufaktur

Und falls gerade keine Spargelzeit ist – Eis geht immer, oder? Deshalb fahren Sie zurück zum Hotel Landliebe und biegen dort rechts ab und die Nächste wieder rechts, dann erreichen Sie die Selbstbedienungsstation von 8 FÖHRER HOFEIS. Dort sind derzeit sechs leckere Sorten wie zum Beispiel Salziges Karamell, Vanille oder Haselnuss in Bechern zum Mitnehmen erhältlich. Selbstverständlich wird das Eis aus der Milch der hofeigenen Kühe hergestellt, die man bei der Gelegenheit auch noch beobachten kann. Rund 100 Kühe und mindestens ebenso viele Jungtiere bevölkern den Hof von Familie Carstensen, die den Milchviehbetrieb in fünfter Generation betreibt – und von der Kuh zum Eis ist es ja bekanntlich nicht weit. Hier muss man nur eine Treppe hinaufgehen.

Kugeln, nein fahren Sie jetzt über den Kirchenweg nach Nieblum und von dort entlang des Radwegs über die Rundföhrstraße zurück nach Wyk – und denken Sie daran, ein runder Bauch ist nichts anderes als ein Feinkostgewölbe.

1 KARUSO KAFFEERÖSTEREI/ FÖHRER KAFFEEKULTUR
Westerstraße 1
25938 Wyk auf Föhr
https://fkk.coffee

2 KLEINE SÜNDEN FÖHR
Ziegeleiweg 2
25938 Wyk auf Föhr
https://kleine-suenden-foehr.de

3 FÖHRER SAFTMANUFAKTUR/ STEENSIELHOF
Kreisstraße 1
25938 Wyk auf Föhr
www.steensielhof-foehr.de

4 INSELFEIN – DIE FÖHRER GENUSSMANUFAKTUR
Haus 139
25938 Oldsum
www.inselfein.com

5 FÖHRER GEMÜSE – FAMILIE ARFSTEN
Aussiedlungshof 31
25938 Süderende
www.hofarfsten.de

6 STEFANS TORTEN-MANUFAKTUR
Boowen Taarep 14
25938 Utersum

7 VOLKERTSHOF – FÖHRER SPARGEL
Alkersumer Stieg 1
25938 Niebüll
www.volkertshof-foehr.de

8 FÖHRER HOFEIS
Nieblumweg 27/Zugang Kirchenweg
25938 Alkersum
www.foehrer-hofeis.de

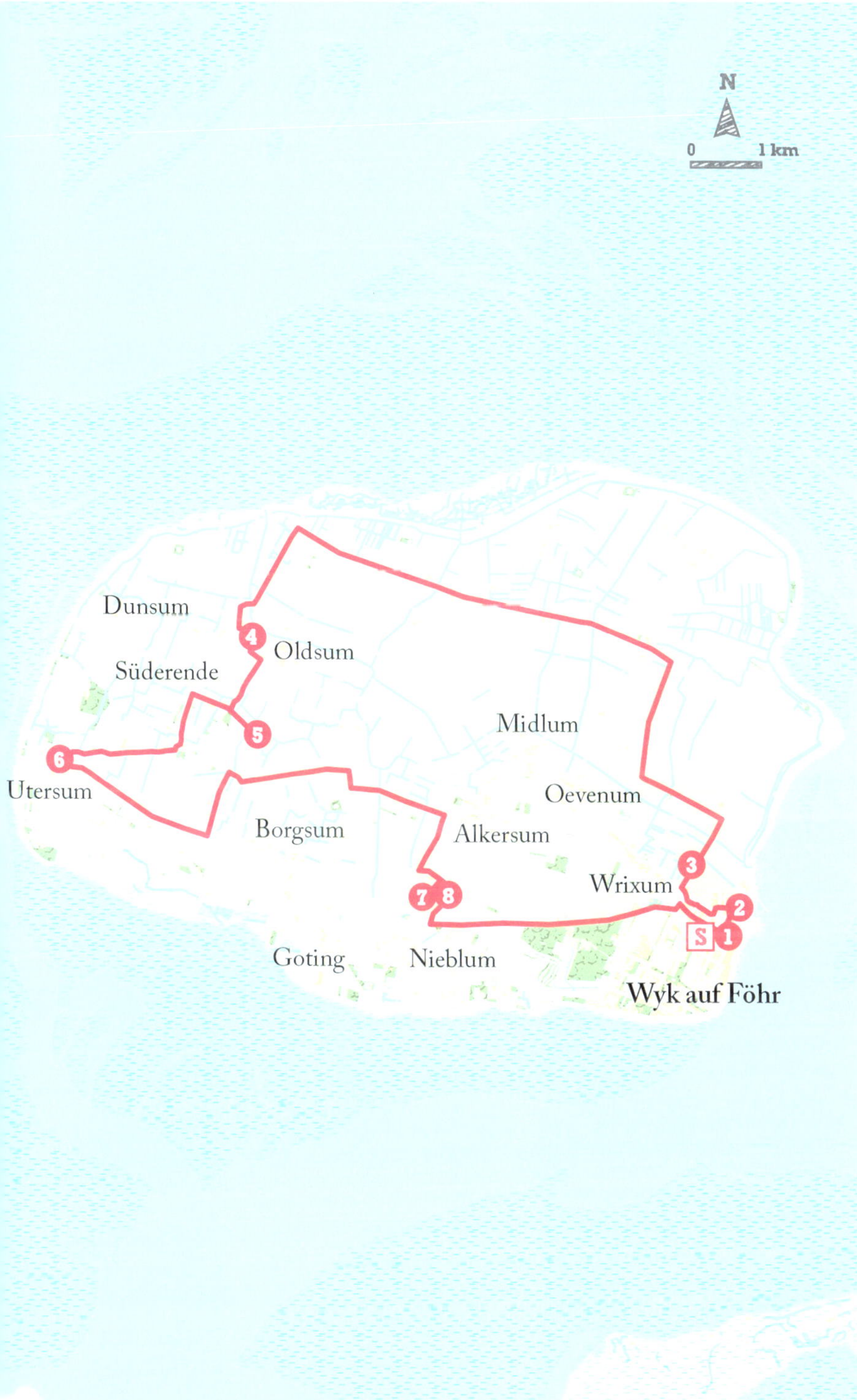
N
0
1 km
Dunsum
Oldsum
Süderende
Midlum
Utersum
Oevenum
Borgsum
Alkersum
Wrixum
Goting
Nieblum
Wyk auf Föhr
S
1
2
3
4
5
6
7
8

20 Stadtrundgang Wyk I

Von Dichtern, Denkern und Denkmälern

BESTE ZEIT: für einen Stadtbummel zu Ladenöffnungszeiten, mittwochs und samstags findet in der Saison der Bauernmarkt statt
LÄNGE: circa 1,5 Kilometer, mit Stadtrundgang II und III insgesamt circa 4 Kilometer
ROUTE: Am besten unternehmen Sie diese Tour zu Fuß. Ihr Rad müssen Sie in der Fußgängerzone schieben.

Zum ersten Stadtrundgang durch Wyk begrüßt uns ❶ FIETE FÖHR. Nein, das ist nicht der Spitzname eines Fremdenführers, er ist das inoffizielle Maskottchen von Wyk. Auf der erhöhten Plattform zwischen Hafenstraße und Strand steht die große hölzerne Skulptur mit Blick über den Hafen und grüßt alle ankommenden Gäste selbst bei Schietwetter mit erhobenem Arm und unverdrossenem Lächeln. Bei so einer netten Geste lächelt man unwillkürlich zurück, und manch einer grüßt mit einem »Moin«. Denken Sie daran, »Moin, Moin« gilt unter Nordfriesen bereits als Gesabbel.

Der Entwurf zu dieser Skulptur stammt von Lutz Ermert aus Borgsum, der Flensburger Holzbildhauer Heinrich Oetinger übernahm die Umsetzung.

Gehen Sie die Stufen hinunter und nach links zur Hafenstraße, Ecke Am Hafen zum ❷ STÖPE-TOR.

Nein, das ist nicht nach einer berühmten Person benannt. Aber was ist dann eine Stöpe? Noch nie gehört? Wenn diese Frage mal in einer Quiz-Sendung auftaucht, sind Sie ab sofort gewappnet und können sogar die Erklärung liefern: Eine Stöpe ist eine gewollte Öffnung im Durchlass eines Deiches für Fußgänger, Straßen- oder Schienenverkehr. Das für Wyk bedeutendste Stöpe-Tor sehen Sie nun vor sich – und wenn dort keine Messlatte hinge, würden Sie dem Durchgang gar keine Beachtung schenken.

Gegenüber: Der Eingang zum Haus von Carl Häberlin

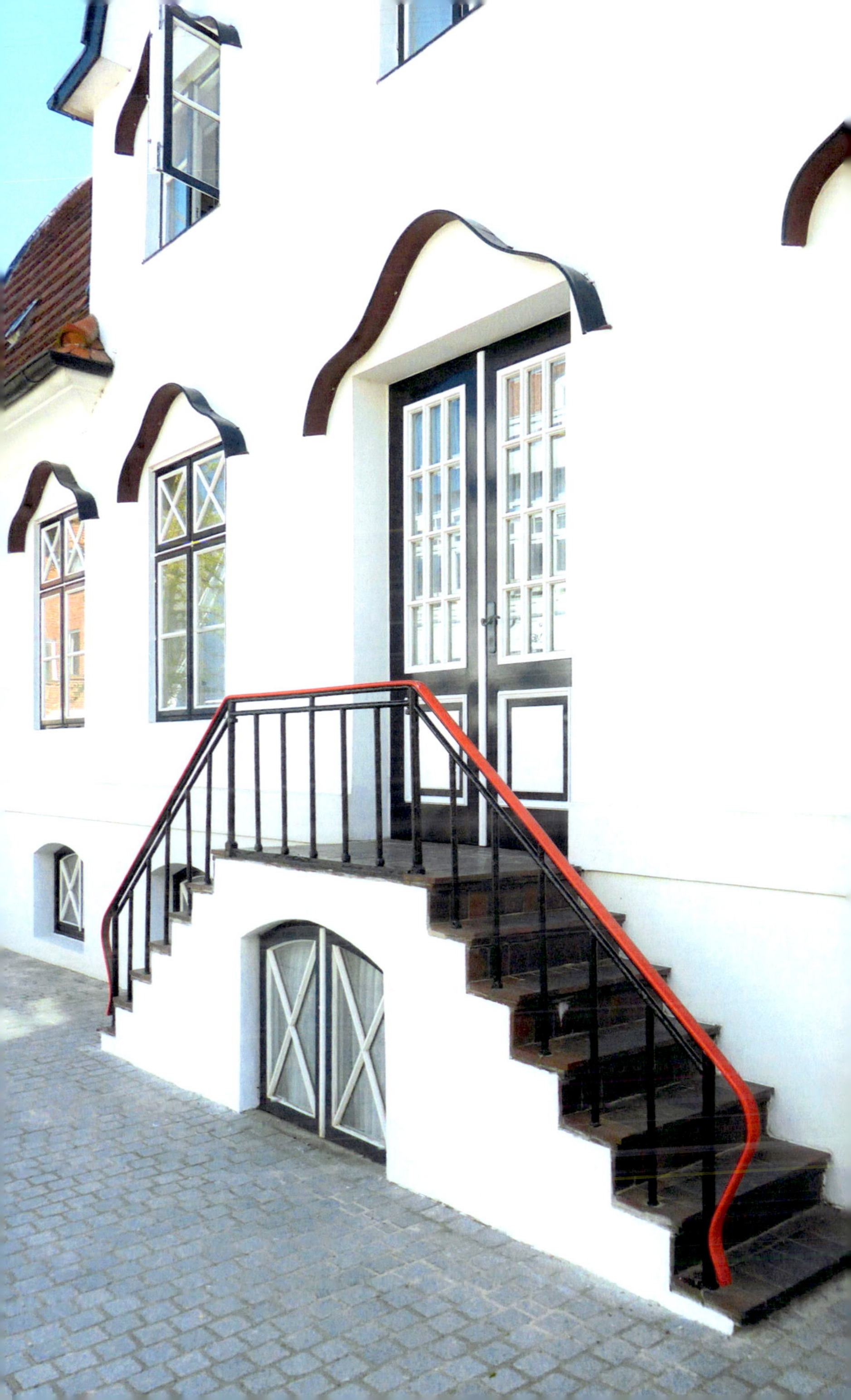

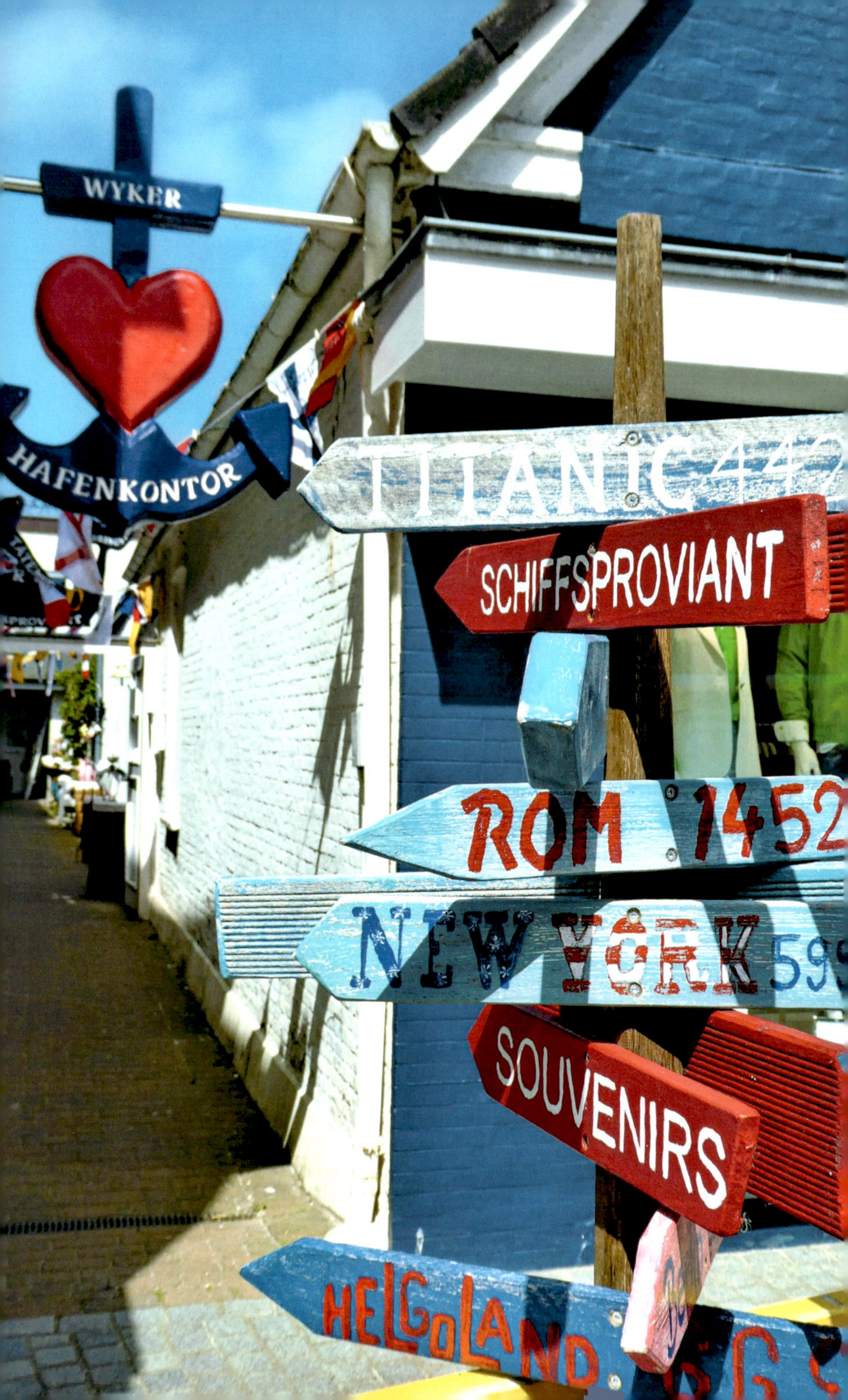
WYKER
HAFENKONTOR
TITANIC
SCHIFFSPROVIANT
ROM 1452
NEW YORK
SOUVENIRS
HELGOLAND

Seit 1966 wird das Stöpe-Tor bei Vorhersage von hohen Wasserständen geschlossen, damit die Wellen nicht noch einmal die Stadt überfluten und gegen das Strandhotel schlagen, wie bei der Jahrhundertsturmflut von 1962 geschehen.

Wenden Sie sich nach dem Durchgang durch das Stöpe-Tor nach links, an den öffentlichen Toiletten vorbei und umrunden Sie das Gebäude, in dem sich der »FÖHR TO HUUS«-SOUVENIRSHOP befindet. Dabei stoßen Sie auf die Fußgängerstöpe, die kaum jemand auf den ersten Blick bemerkt. Doch wenn Sie genauer auf die Mauer achten, fällt Ihnen die Ausbuchtung als Lagerstelle für die Dammbalken auf.

Weitere Beispiele für Stöpen in Wyk finden Sie auf Tour 22.

Nachdem Sie wieder am großen Stöpe-Tor angekommen sind, gehen Sie über den RATHAUSPLATZ, wo von Mai bis Mitte Oktober jeweils mittwochs und samstags der KLEINE FÖHRER BAUERNMARKT stattfindet. Am Gebäudeeingang des roten Backsteingebäudes der Stadtverwaltung Amt Föhr-Amrum ist das STADTWAPPEN als Bronzetafel in die Mauer eingelassen. Die lateinische Inschrift »Incertum quo fata ferunt« bedeutet übersetzt: »Es ist ungewiss, wohin das Schicksal führt.« Deutlicher ist das Stadtwappen am Haus Nummer 16 in der Hafenstraße zu erkennen, der Sie nun folgen. Achten Sie unterwegs auf die schmucken maritimen Symbole an zahlreichen Hauswänden.

Sie erreichen das 3 KAISERDENKMAL FÜR WILHELM I. Doch die etwa zwei Meter hohe Sandsteinstele steht nicht etwa auf einem prominenten Platz. Nein, auf einem abgelegenen kleinen Parkplatz, und so wird das Denkmal sogar meist von Autos und dicht bewachsenen Büschen und Bäumen halb verdeckt. Jedoch ist das wohl noch nicht versteckt genug, denn in der Nacht zum 3. Oktober 2020 hebelten unbekannte Täter das eiserne Kreuz an der Südseite des Denkmals ab und entwendeten es.

Als die Engländer nach dem Zweiten Weltkrieg auf die Insel kamen, versteckte man das Denkmal übrigens kurzerhand, indem man es im Garten des Friesen-Museums (siehe Tour 4) vergrub. Erst 1994 grub man es wieder aus und stellte es auf den Parkplatz.

Gegenüber: Führen nicht alle Wege nach Rom?

Als das Denkmal am 2. September 1895 inmitten des Königsgartens aufgestellt wurde, fand unter »starker Beteiligung der Inselbewohner eine eindrucksvolle Feier statt«. Der Königsgarten war 1844 mit gemütlichen Bänken, Bäumen und Zierpflanzen von der Gattin des dänischen Königs Christian VII. »eingerichtet« worden, doch schon 1853 musste das Königshaus nebst Königsgarten versteigert werden. Die Stadt Wyk erwarb ihn für 1.200 Mark, und die Wyker wollten »ihren Garten« laut Beschluss »niemals ohne höhere Genehmigung zu anderen Zwecken« verwenden. Nun ja.

Immerhin, der vermutlich letzte Baum, der aus dem Königsgarten bis in unsere Tage erhalten geblieben ist, steht am Ende der Straße Am Königsgarten, links am Hafendeich. Gehen Sie die Stufen auf den Deich hinauf, von dort haben Sie eine gute Übersicht über die Umgebung.

Wenden Sie sich mit Blick Richtung Hafen nach links und gehen den Weg auf dem Deich bis fast zu seinem Ende, wo eine Treppe Sie zu der parallel verlaufenden Straße Am Königsgarten führt. Ein paar Meter weiter in Richtung des kleinen Spielplatzes finden Sie 4 EVAS SELBSTBEDIENUNGSSCHRANK, zu dem ein roter Wegweiser führt. Darin finden Sie alles, was der jungen Wahl-Föhrerin so einfällt – kreativ und handgemacht: hauptsächlich liebevoll gestaltete Kerzen, passende Kerzenständer und hübsche Deko aus Holz. Auf Anfrage personalisiert sie ihre Bastelarbeiten auch gern. Bei der Bezahlung setzt Eva Woelfer auf Vertrauen: Eine Handkasse mit Einwurfschlitz steht bereit, ebenso ist die Bezahlung per PayPal möglich. Und weil der Platz mittlerweile nicht mehr ausreicht, steht nun auf der Grünfläche hinter dem Spielplatz, parallel zum Heymannsweg, eine rote Holzhütte als zweiter kleiner Selbstbedienungsshop. Die Klappe ist bei guter Witterung auf, sodass man das Angebot auch von draußen bestaunen kann. Die Hüttentür ist täglich von 8 bis 22 Uhr geöffnet und lädt zu mehrfachen Besuch ein, denn das Angebot wird ständig durch neue Kreationen erweitert und den Jahreszeiten angepasst.

Gehen Sie weiter auf die Kreuzung zu und machen Sie linker Hand einen kleinen Abstecher in die Hafenstraße zum HOTEL SPIEKERHOF, um dessen maritim bemalte Fassade sowie die Galionsfigur und die Sonnenuhr zu bestaunen. Im Schatten des danebenstehenden

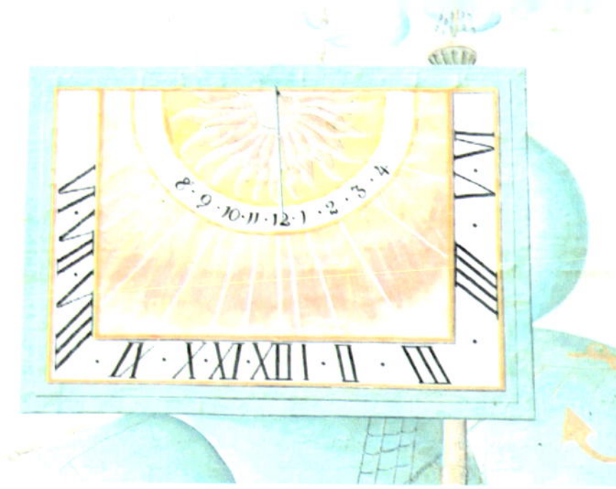

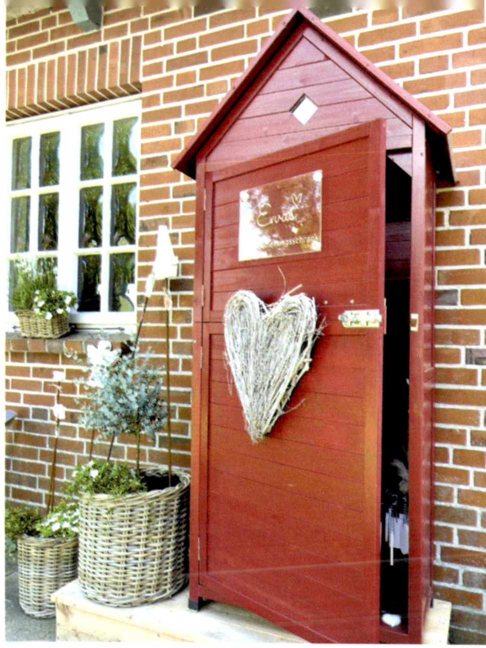

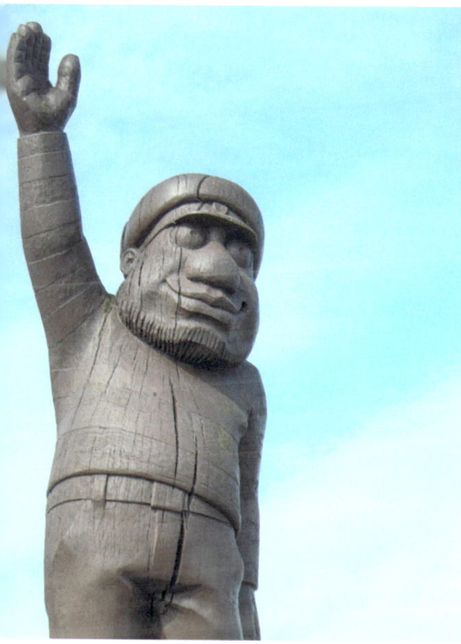

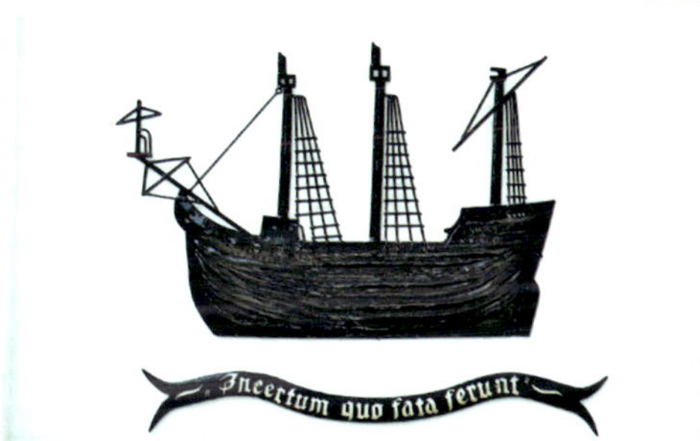

Im Uhrzeigersinn von oben links: Wandbemalung an der Fassade des Spiekerhofs, Evas Selbstbedienungsschrank, Fassadendekoration mit einem Teil des Föhrer Wappens, Fiete Föhr grüßt alle Anreisenden

Eckhauses erinnert eine HISTORISCHE WASSERPUMPE an die Zeit, als es in Wyk noch keine zentrale Wasserversorgung gab. Auf dem Stadtspaziergang Tour 21 finden Sie ein größeres Exemplar einer historischen Wasserpumpe.

Biegen Sie an der Kreuzung bei der abknickenden Vorfahrt links in die Badestraße ein und wenden Sie sich danach gleich wieder nach links in die Große Straße, dann sehen Sie bereits das Wahrzeichen von Wyk – den 5 GLOCKENTURM.

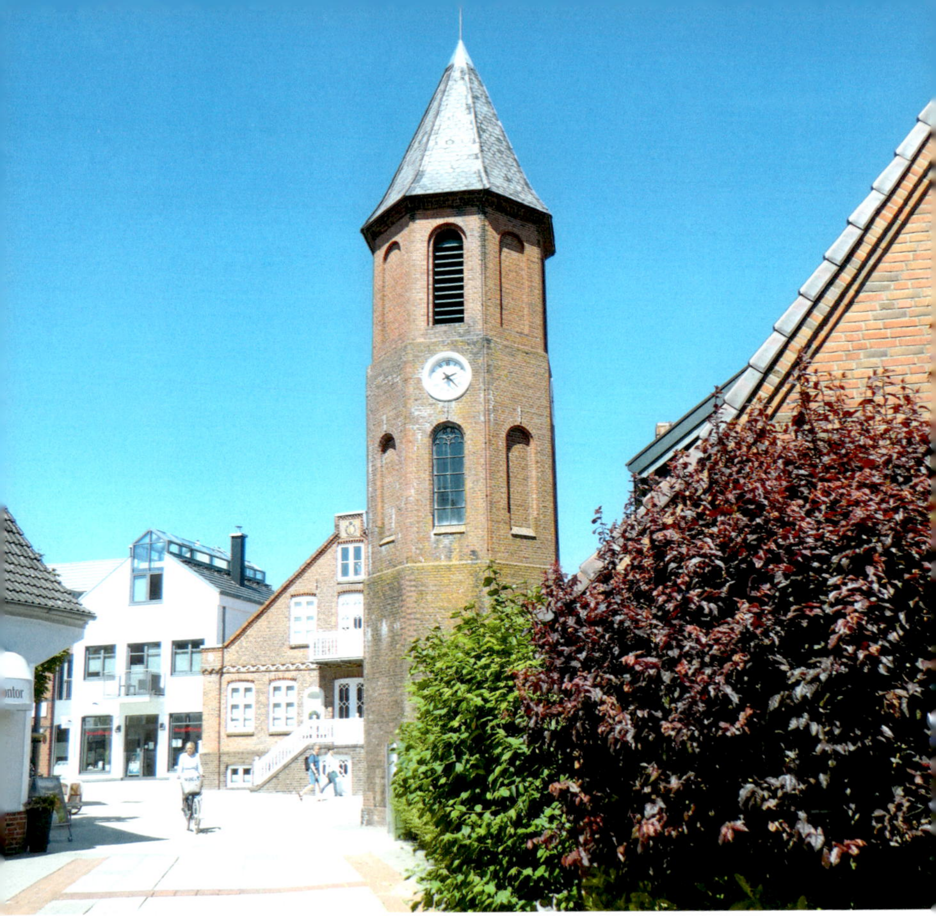

Oben: Der Glockenturm als Wyker Wahrzeichen

Seit 1701 ist er das geliebte Wahrzeichen der Stadt, die Wyker feiern seinen runden Geburtstag und schreiben Lieder über seine Glocke, dass Schiller vor Neid erblassen würde. Allerdings war der Turm zunächst ein einfaches Balkengerüst. Die Glocke wurde installiert, damit die damaligen Stadtbewohner, rund 300 an der Zahl, keine Ausrede mehr hatten und fortan pünktlich zum Gottesdienst in der Boldixumer Kirche erschienen. Im Verlauf der kommenden 200 Jahre wurde das Gerüst neu aufgebaut und mit Brettern verschalt, sodass der Glockenturm zugleich als Spritzenhaus diente, sowie als Unterstellplatz für den Posttransporter – eine Schubkarre.

Wie durch ein Wunder blieb der hölzerne Turm auch bei Sturm und Feuer unbeschädigt. 1824 fiel er bei einem Unwetter um, quer über die Straße. Mit Seilwinden wurde er wieder aufgerichtet. Die Glocke blieb unbeschädigt, ebenso bei den verheerenden Stadtbränden von 1857 und 1869. Der Turm überdauert 180 Jahre, muss 1883 schließlich baufälligkeitshalber abgebrochen werden. Drei Jahre vermissen die Wyker schmerzlich ihren Turm (haben aber auch für das verspätete Erscheinen beim Gottesdienst wieder eine Ausrede), bis im April 1886 der Grundstein für den neuen Turm gelegt wird. Ein Darlehen der örtlichen Sparkasse von 6.000 Mark hatte den Neubau ermöglicht, woran die EINGELASSENE TAFEL im Turm erinnert. Mit der zweiten Tafel gedachte man 1864 dem Deutsch-Dänischen Krieg, als Föhr vorübergehend preußisch wurde, und die 1930 enthüllte Tafel erinnert an das Jahr 1920, als die Föhrer gegen die dänische Herrschaft und für den Verbleib bei Deutschland stimmten. Mit der vierten Strophe des Deutschlandlieds ist sie heute zugleich eine Mahnung.

Wenden Sie sich nach rechts und machen Sie einen Abstecher in die Mittelstraße zur 6 ALTEN STADTGLOCKE mit der rührenden Inschrift, die unter anderem darüber Auskunft gibt, dass die Glocke 1701 in Hamburg gefertigt sowie 1730 und 1833 umgegossen wurde. Diese »Sturm- und Betglocke« versah bis ins Jahr 2008 ihren Dienst im Glockenturm, doch dann wurde ein Riss im Guss festgestellt, und eine neue Glocke musste her. Vorbei ist damit die Zeit, in der alle Viertelstunde am Strick gezogen wurde – das Geläut der 2009 eingeweihten Glocke wird nun mittels elektronischer Steuerung geregelt.

Eines bleibt jedoch, was ein Wyker schon im Juni 1953 im Insel-Boten feststellte: »Für uns, die wir mit Wyker Pumpenwasser getauft sind, ist der Glockenturm seit jeher das Wahrzeichen unserer Heimatstadt am Meer. Der einfache, tropfende Klang seiner Glocke hat für uns etwas Rührendes, und immer, wenn wir nach langer Abwesenheit heimkommen, war dieser schlichte, vertraute Glockenturm unser allerinnigster Willkommensgruß.«

Gehen Sie zurück zum Glockenturm und von dort die Große Straße hinunter. Sie treffen auf das Ladengeschäft 7 BERNSTEIN ZOO, das seinem Namen alle Ehre macht. Hier können Sie neben

Schmuckstücken aus eigener Herstellung, die allesamt Unikate sind, den größten Bernsteinzoo der Welt bestaunen. Rund 100 Kilogramm Bernstein hat Uwe Petersen, besser bekannt unter dem Namen Uwe Bernstein, zu 400 handgeschnitzten Tieren verarbeitet. Vom Affen bis zur Ziege ist alles dabei – Strandkrabbe und Fische fehlen natürlich auch nicht. Schauen Sie mal zu ihm rein!

Danach führt Sie die zur Fußgängerzone ausgebaute Straße zum 8 HAUS NUMMER 15 mit dem sehenswerten Eingang, allerdings weist kein Schild darauf hin, welche später berühmte Person hier ein paar Tage lang ein und aus gegangen ist und seine erste große Liebe gefunden hat: der Schriftsteller und Dichter Theodor Storm. Er war auf Verwandtschaftsbesuch und seiner Erinnerung nach etwa zwölf Jahre alt, als er dem Föhrer Mädchen Emma Kühl begegnet, die in dem besagten Haus als Tochter des Zollverwalters aufwächst. »Wir spielten zusammen, fuhren zusammen aus und waren ganz verliebt ineinander; ich erinnere deutlich, daß wir uns mehrfach heimlich hinter der Küchentür geküßt haben, beide damals Kinder.«

Als junge Erwachsene treffen sich die beiden zufällig wieder, verloben sich, doch schon am selben Nachmittag bereut Theodor Storm den Schritt, wagt jedoch nicht, die Verlobung aufzuheben, weil er einen Eklat fürchtet. Stattdessen flüchtet er zurück ins Studium nach Kiel, schickt keinen einzigen Brief, und fünf Monate später nimmt Emma Kühl ihr Wort »mit dem Rechte einer Schwergekränkten« zurück.

Gleich gegenüber machen in die Backsteinfassade eingelassene Steintafeln auf Deutsch und Dänisch darauf aufmerksam, dass sich der dänische Dichter 9 H.-C.-ANDERSEN in diesem Haus auf Einladung des dänischen Königs Christian VIII. für zehn Tage aufhielt, während auch das Königspaar auf Föhr weilte, mit dem er speiste, Ausflüge unternahm und dem er seine Märchen vorlas, unter anderem »Prinzessin auf der Erbse«. Genauer müsste es jedoch heißen, dass er »an dieser Stelle« wohnte, denn das Logierhaus von H.-C. Andersen wurde beim Stadtbrand von 1857 zerstört.

Kurz vor dem Ende der Straße kommen Sie am HAUS ALT WYK vorbei, wo Sie innehalten, um drei Jahrhunderten voller Geschichte(n) nachzuspüren, die sich an dieser Stelle zutrugen. 1701 beherbergte

Johannes Feddersen hier die ersten Reisenden, das königliche Postkontor eröffnete 1813 und 1857 fällt das Haus dem Stadtbrand zum Opfer. Nach dem Wiederaufbau wird es 1864 während des Deutsch-Dänischen Kriegs zum Lazarett erklärt und bis um 1950 war hier ein kleines Kinderheim für bis zu 20 Kinder eingerichtet. Der erhöhte Hauseingang bewährte sich bei der Hamburger Flut von 1962 – das Wasser reichte bis zur obersten Treppenstufe. Was für ein Glück, sonst hätte das Haus noch mehr Geschichte(n) zu erzählen.

Am Ende der Straße angelangt, sehen Sie den LETZTEN KAUFMANN VOR DAGEBÜLL, wie die humorvollen Ladeninhaber ihr Geschäft bezeichnen, das sich in Wyks erstem Hochhaus befindet. 1965 wurde es anstelle des Hotels Redlefsen erbaut, das im Volksmund lange als KÖNIGSHAUS bekannt war. Damit ist auch geklärt, wie die Straße zu ihrem Namen kam, in der Sie sich jetzt befinden.

Mit seinem ersten Besuch im Jahr 1842 läutete der dänische König und Herzog von Schleswig, Christian VIII. die sogenannte Königszeit für Wyk ein. Fünf Sommer in Folge verbrachte er auf Föhr und wurde damit zum frühen »Werbebotschafter« für die Insel. Am 7. Mai 1857 brach bei Renovierungsarbeiten im Dach des Königshauses ein Feuer aus, das für den ersten großen Stadtbrand verantwortlich war. »In 6–8 Stunden war die Hälfte des Fleckens in Asche gelegt. Über 100 Gebäude, darunter 96 Wohnhäuser, verbrannten, 180 Familien obdachlos.«

Unternehmen Sie einen Abstecher zum Strand, der über einen Durchgang neben dem Haus erreichbar ist, wo Sie nochmals ein Stöpe-Tor vorfinden. Vom Strand aus können Sie sich die prächtige Lage des einstigen Königshauses noch besser vorstellen, und hier finden Sie auch noch RESTE VON BUHNEN, die heute Stolperfalle und hübsches Fotomotiv zugleich sind und von der Geschichte verschiedener Küstenschutzversuche mit Holz, Stein und Stahl zeugen.

Zurück in der Königsstraße gehen Sie nach links bis zum Sandwall Nummer 11, dem ⑩ HÄBERLIN-HAUS. Auf dem Weg dorthin achten Sie auf die Baumbepflanzung. GINKGO-BÄUME? Richtig! Dieses Fossil unter den Bäumen, dem schon Goethe ein Gedicht widmete, ist widerstandsfähig und sieht mit seinen ungewöhnlichen Blättern hübsch aus. Früher zogen sich die Ginkgo-

Bäume über den gesamten Stadtbereich. Doch stellenweise drückte das Wurzelwerk die Gehwegplatten hoch und bedrohte auch die Gebäudefundamente. Zuletzt mussten im Zuge der Sanierung der Fußgängerzone in der Großen Straße elf Bäume weichen, die durch jungen Feldahorn ersetzt wurden.

Einer der Ginkgo-Bäume steht vor dem Haus, das der schwäbische Arzt Dr. Carl Häberlin 1904 nach seiner Übersiedelung auf die Insel kaufte und darin Wohnung und Praxis einrichtete. In seinem Haus brannte immer Licht, und die Wyker mutmaßten, dass Häberlin nie schlief, denn er war ein Hansdampf in allen Gassen: niedergelassener Arzt, Chefarzt des Seehospizes, Heimatforscher, Museumsgründer, Autor, heilklimatologischer Forscher und Leiter der Volkshochschule.

Mehr über den Wyker Ehrenbürger, nach dem 1940 eine Straße in Wyk benannt wurde, erfahren Sie auf der Tour 21, die Sie an diesen Spaziergang anschließen können.

1 SKULPTUR FIETE-FÖHR
auf der Plattform zwischen
Hafenstraße und Strand
25938 Wyk auf Föhr

2 STÖPE-TOR
Am Hafen/Ecke Hafenstraße
25938 Wyk auf Föhr

3 KAISERDENKMAL FÜR WILHELM I.
Parkplatz bei Hafenstraße 20
25938 Wyk auf Föhr

4 EVAS SELBST-BEDIENUNGSSCHRANK UND HANDMADESHOP
Hafenstraße 3a und 3
25938 Wyk auf Föhr

5 DER GLOCKENTURM
Große Straße/Ecke Mittelstraße
25938 Wyk auf Föhr

6 ALTE STADTGLOCKE
Mittelstraße, am Grünstreifen
auf Höhe von Haus Nummer 33
25938 Wyk auf Föhr

7 BERNSTEIN ZOO
Große Straße 28
25938 Wyk auf Föhr
www.uwebernstein.de

8 HAUS NUMMER 15 (THEODOR STORM)
Große Straße 15
25938 Wyk auf Föhr

9 H.-C. ANDERSEN-HAUS
Große Straße 16
25938 Wyk auf Föhr

10 HÄBERLIN-HAUS
Sandwall 11
25938 Wyk auf Föhr

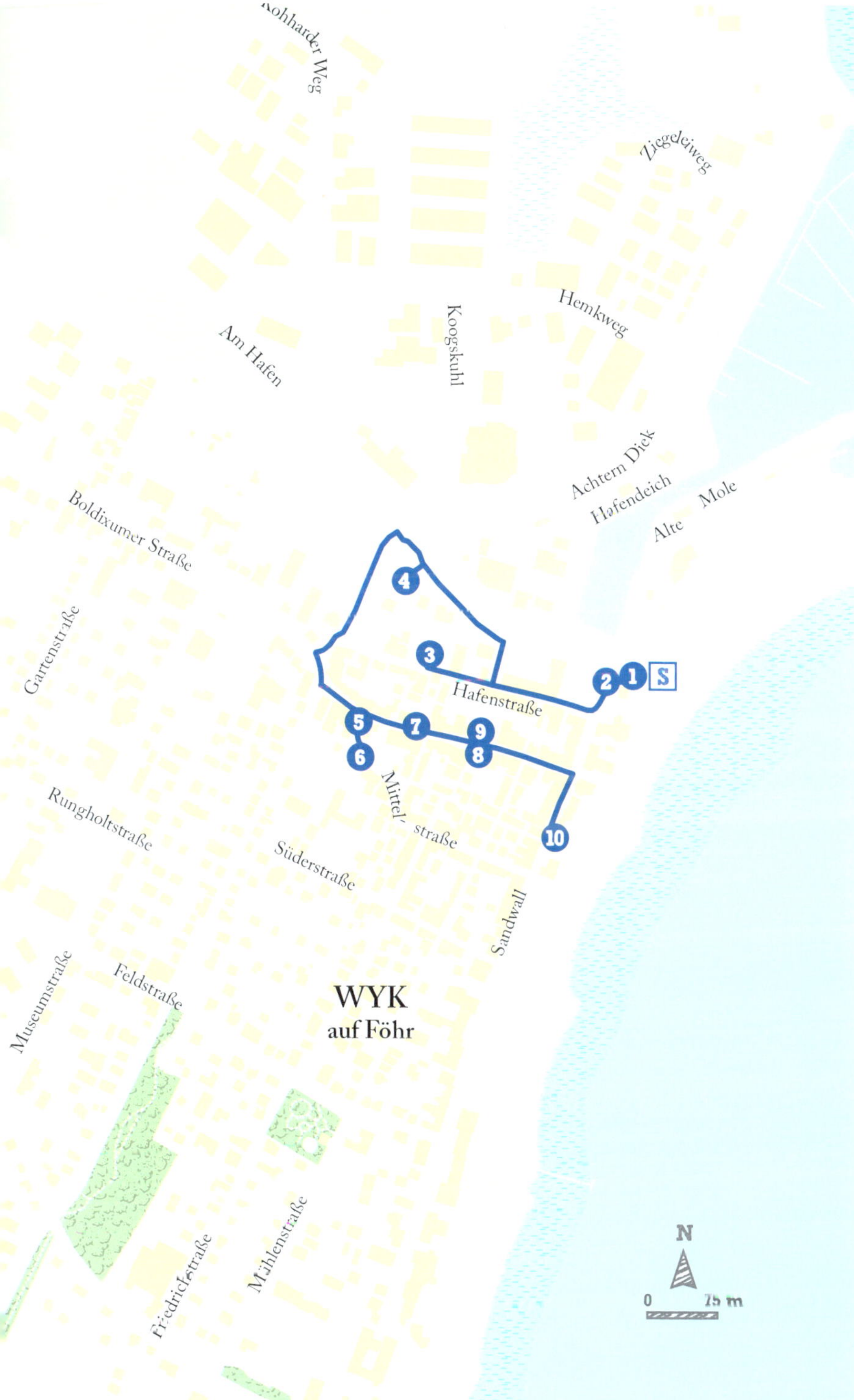
Kohharder Weg
Ziegeleiweg
Hemkweg
Am Hafen
Koogskuhl
Achtern Diek
Hafendeich
Alte Mole
Boldixumer Straße
Gartenstraße
Hafenstraße
S
1
2
3
4
5
6
7
8
9
10
Mittelstraße
Rungholtstraße
Süderstraße
Sandwall
WYK
auf Föhr
Museumstraße
Feldstraße
Mühlenstraße
Friedrichstraße
N
0
75 m

21_Stadtrundgang Wyk II

Von Traditionen und Taschendieben

BESTE ZEIT: zu den Öffnungszeiten der Cafés
LÄNGE: circa 1 Kilometer
ROUTE: Am besten unternehmen Sie diese Tour zu Fuß. Dieser Stadtrundgang ist auch im Anschluss an Tour 20 möglich.

Sie starten in der ① CARL-HÄBERLIN-STRASSE. Der Schwabe Dr. Carl Häberlin (1870–1954) kam auf Einladung seines Studienfreunds Dr. Carl Gmelin, nach dem ebenfalls eine Straße in Wyk benannt ist, nach Föhr. Die Insel wurde sein Leben – sein Lebenswerk die Erforschung der Insel. Es hat einen guten Grund, weshalb ausgerechnet diese Straße 1940 nach dem Ehrenbürger Häberlin benannt wurde. Er ging sie täglich, denn an ihrem Ende lag sein Schrebergarten, als Vegetarier zog er sein Gemüse selbst. In der Gesellschaft seiner beiden Langhaardackel Waldi und Susi, die auf dem Weg zum Garten hinter ihrem Herrchen hertrödelten. Auf dem Rückweg rannten sie voraus, denn sie wussten, zu Hause wartete der gefüllte Fressnapf. Über sein Wohnhaus erfahren Sie mehr auf Tour 20. Zur ROSENBLÜTE ist diese Straße besonders sehenswert und ein tolles Fotomotiv. Übrigens brachte Carl Häberlin als Arzt seinen Patienten bei Hausbesuchen oft Blumen mit, denn »aus blühenden Blumen wächst tausend Trost«, so seine Meinung.

Vor dem Haus mit der Nummer 4 steht ein historischer ② PUMPBRUNNEN im grünen Holzkleid und erinnert an die Zeit, als Föhr noch keine zentrale Wasserversorgung hatte. Lange her, denken Sie? Ein Irrtum. Noch bis 1969/70 verfügten viele Insulaner mangels Wasserleitungen über eigene Hausbrunnen, was nicht zuletzt angesichts der florierenden Gästezahlen kaum vorstellbar ist.

Eigentümer der öffentlichen Pumpen war der Pumpenverein, der von den Benutzern ein Pumpengeld erhob. Wir treffen uns »bi de Pump«

Gegenüber: Die Carl-Häberlin-Straße zur Zeit der Rosenblüte

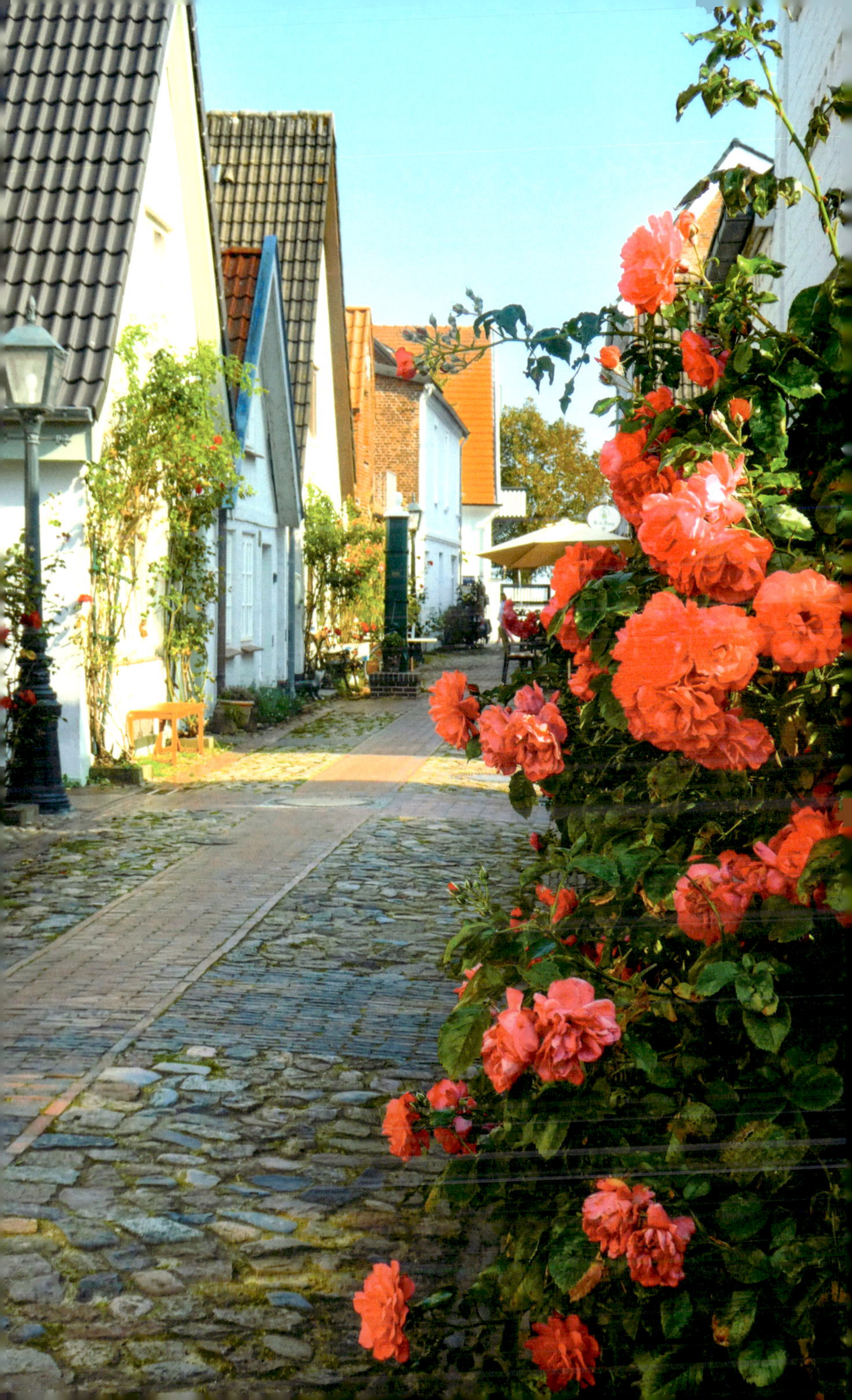

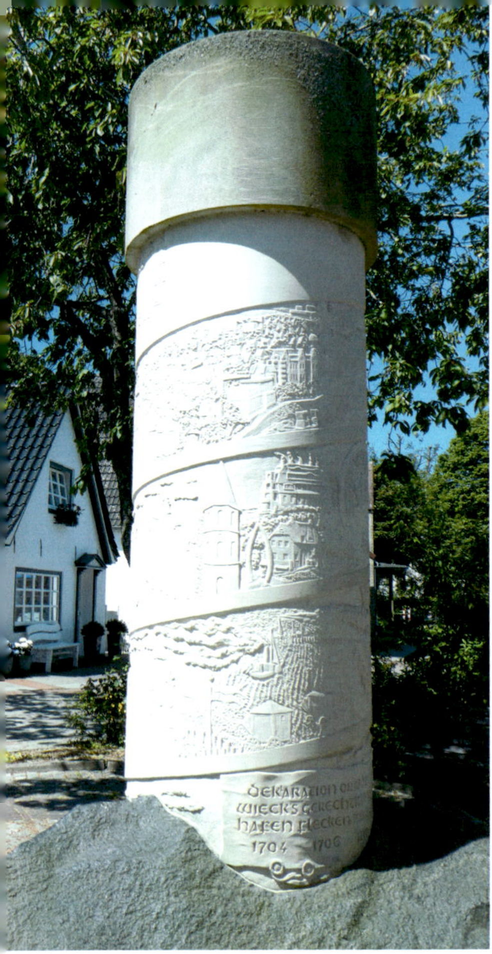

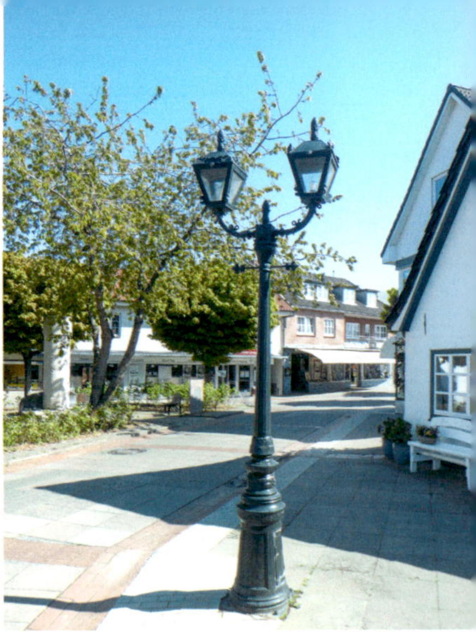

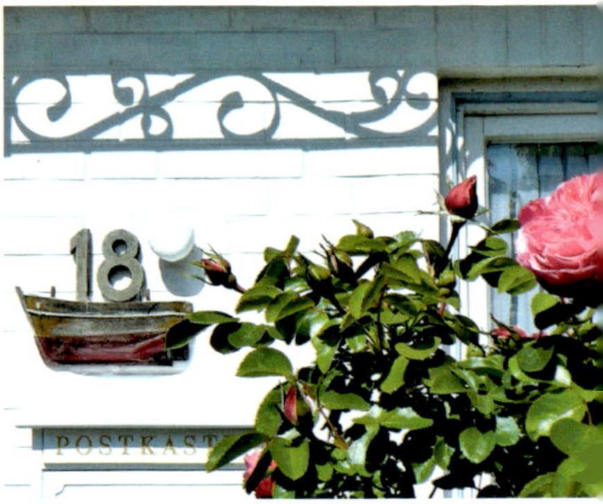

Im Uhrzeigersinn von oben links: Die Stadtsäule erzählt in vollendeter Steinbildhauerkunst Geschichte(n), die Mittelstraße, schmucke Hausfassade zur Rosenblüte

sagt man noch heute, und Kenner wissen, wo sie hinmüssen. Schon 1953 wünschte sich der »Insel-Bote«, dass sich die Pumpe »hoffentlich noch lange Zeit als ein schönes Wahrzeichen einer schmalen, sauberen und anmutigen Straße unseres Kurorts erhalten lässt, zur Freude aller Wyker Bürger und der vielen Freunde unserer kleinen Stadt«.

Am Ende der Carl-Häberlin-Straße gelangen Sie zur 3 STADTSÄULE, die als Meisterwerk der Steinbildhauerkunst von dem Föhrer Markus Thiessen erschaffen wurde. In zahlreichen Flachreliefs stellt er rund um die Säule mit symbolischen Bildern die Geschichte Wyks von ihren Anfängen bis zur Gegenwart dar. Ein perfekter geschichtlicher Stadtrundgang, für den Sie nur wenige Schritte benötigen.

Übrigens, nebenan sehen Sie das ❹ RESTAURANT LÜTTJE KÖK im Haus Nummer 20, wo Sie heute hervorragende Fisch- und Fleischgerichte in einem gemütlichen Gastraum serviert bekommen. Dort befand sich seit 1885 die Wildenten-Konservenfabrik von Heinrich Boysen, über die Sie mehr auf Tour 10 erfahren.

Wenden Sie sich nun links der Mittelstraße zu, wo Sie ein kleines Haus mit der Nummer 21 sehen – folgerichtig ❺ DAS LÜTTE HÜS genannt. Ein Schild an der Hauswand besagt: »Lieber Gast! Bitte keine Halme (Reet) rausziehen. Wenn jeder einen Halm nehmen würde, hätten wir bald kein Dach mehr über dem Kopf. Der Eigentümer.« Tatsächlich ist das 1778 erstmals erwähnte Haus so niedrig gebaut, dass selbst kleine Menschen das Dach anfassen können.

Wie durch ein Wunder hat das Lütte Hüs als eines der wenigen Gebäude in diesem Bereich die großen Stadtbrände von 1857 und 1869 unbeschadet überstanden.

Vor dem Haus macht die MITTELSTRASSE EINEN KNICK und verläuft parallel zur Carl-Häberlin Straße. Das war bis zum großen Stadtbrand von 1869 anders, damals führte die Mittelstraße vom Glockenturm aus schräg durch den Ort bis zur Mühlenstraße, wo das Feuer ausbrach. Im Zuge des Wiederaufbaus änderte man die Straßenführung, was heute an dem Knick zu erkennen ist.

Bevor Sie zu der kleinen historischen Pumpe neben dem Lütte Hüs gehen, schauen Sie ein paar Meter weiter zum Haus Nummer 15, wo eine farbig gestaltete Holztafel an den letzten ❻ KLINGELMANN Knudt Kloborg erinnert, der im Oktober 2023 verstarb. Durch seinen plötzlichen Tod hat eine rund 150 Jahre währende Tradition ein jähes Ende gefunden – die Verbreitung wichtiger Nachrichten durch einen Mann, der mit seiner Glocke durch die Straßen von Wyk zog. Ein Ortspolizist, ein Polizeidiener, ein Fischer, ein Schuldiener, ein Schlachter und ein Schiffskoch – auf den ersten Blick haben diese Männer nichts gemeinsam, und doch eint sie eine gemeinsame Tradition: Sie waren der »Klingelmann«

Zurück bei der historischen kleinen Pumpe sehen Sie einen schmalen Gang, der bis in die Süderstraße führt – der 7 SCHWARZE-LOCH-GANG, der als einer der letzten Zeugen des Wyker Gängeviertels noch existiert und begehbar ist. Bis zum großen Stadtbrand war Wyk von einem Adernetz an Gängen durchzogen. Woher der Schwarze-Loch-Gang seinen Namen hat? Von der Mittelstraße her kommend gelangte man zum Haus des Ortspolizisten und damit unter Umständen direkt ins schwarze Loch: die Gefängniszelle.

Heute hat der Gang seinen Schrecken verloren, geblieben ist das Gefühl von Abenteuer, wenn man hindurchgeht. Nehmen Sie sich Zeit, dann entdecken Sie in den bunt blühenden Vorgärten der ohnehin sehenswerten historischen Reetdachhäuser schöne Details.

Das hübsche reetgedeckte Eckhaus an der Süderstraße sieht so aus, als würde es schon immer dort stehen, doch man nennt es nicht ohne Grund 8 DAS WANDERNDE HAUS. Bis 1848 stand es auf dem Grundstück an der Feldstraße, wo sich heute das Restaurant »Zum glücklichen Matthias« befindet. Ausgerechnet dieses Grundstück gefiel dem dänischen König Christian VIII. so gut, dass er beschloss, dort ein Sommerschlösschen für seine alljährliche Kur auf Föhr zu errichten. Das 1809 erbaute Haus musste weichen. Also trug man es sorgsam ab, fuhr die Steine durch den halben Ort und baute es am heutigen Platz in der Süderstraße wieder auf. Den König ereilte übrigens noch vor der Realisierung seines Plans der Tod, weshalb Föhr heute leider nicht mit einem königlichen Schloss aufwarten kann.

Folgen Sie der Süderstraße in Richtung Meer und biegen Sie dann nach rechts in die MÜHLENSTRASSE ein.

Das Haus Nummer 24 ist das 9 ÄLTESTE NOCH ERHALTENE HAUS VON WYK aus dem Jahr 1711, wie uns die Jahreszahl verrät. Die weiteren Inschriften geben zunächst Rätsel auf. Wobei man »Letj man dach min« noch recht einfach aus dem Fering, dem Föhrer Friesisch, herleiten kann: »Klein, aber das Haus ist mein.« Schwieriger wird es bei »Mulalo u vhe na inwi«. Dies kann man sich nur herleiten, indem man sich näher mit dem letzten Bewohner des Hauses, Christian Fobbe (1915–1985) beschäftigt. Er war als Missionar in Afrika tätig, und mit diesem Wissen lässt sich die Sprache als Afrikaans

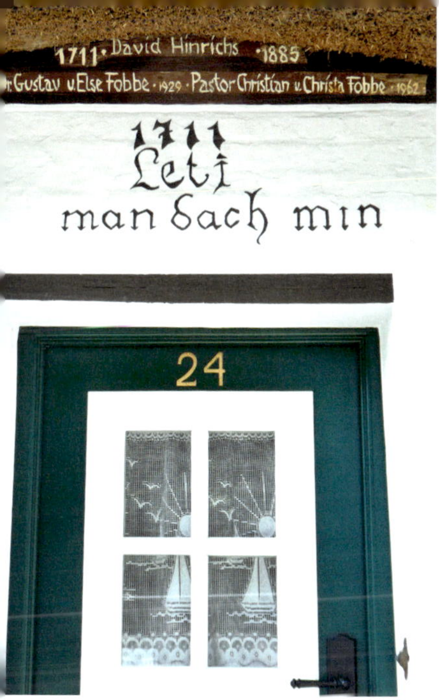

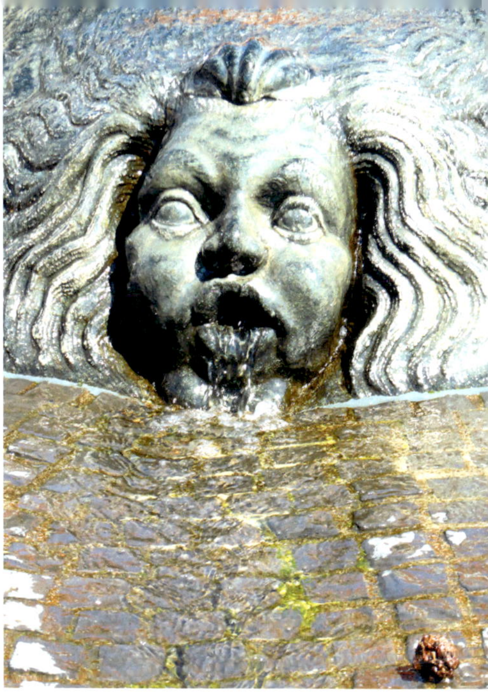

Links: das älteste, noch erhaltene Haus in Wyk; rechts: Detailansicht des Gezeitenbrunnens

identifizieren und der Bibelstelle Lukas 24, Vers 36 zuordnen: »Friede sei mit euch«, und nun erschließt sich auch das in den Türvorhang eingearbeitete Wort Mulalo im Zusammenhang mit der Taube.

Ein paar schöne Rosenstöcke zeugen noch von dem einst üppig blühenden Garten, den die vorherige Bewohnerin Elsa Louise Fobbe, genannt Else, angelegt hatte. Sie war jedoch nicht die Frau von Dr. Gustav Fobbe, wie man meinen könnte, sondern die Schwester. Ihr gehörte das Haus seit 1929. Ein Glücksfall, denn nachdem die gemeinsame Wohnung in Berlin ausgebombt wurde, zogen sie sich hierher zurück.

Drehen Sie um und gehen Sie die Mühlenstraße entlang, in deren Verlauf Sie zahlreiche hübsche Details am Wegrand entdecken, zum Beispiel eine Haustür mit eingearbeitetem Mühlensymbol. Bei der Mittelstraße angekommen, biegen Sie nach rechts und gehen bis zu deren Ende, das Meer immer im Blick. So gelangen Sie zum Abschluss der Tour zum ⑩ GEZEITENBRUNNEN. Dort beobachten Sie Ebbe und Flut im Zeitraffer, denn das Wasser steigt alle zehn Minuten im oberen Becken, das Sie sich genauer ansehen sollten. Sie erkennen dann die Steinsilhouetten der Halligen Langeneß und Oland sowie der Inseln Föhr, Amrum und Sylt mit dem Hindenburgdamm. Zwei Minuten lang läuft das Becken über – sehr zur Freude der planschenden Kinder – und entleert sich über die Münder der beiden Sagengestalten, des Meeresgottes Ecke Nekkepenn und seiner Frau Ran.

Falls Ihnen der Sinn nach einer Stärkung steht, finden Sie viele Cafés in der Nähe, die auch kleine warme Speisen anbieten. Gleich gegenüber zum Beispiel das ⓫ CAFÉ »DIE INSEL«, drinnen mit nordisch modernem Design, draußen mit Strandkörben und Blick über Strand und Meer auf die Halligen. Oder lassen Sie sich mit einem Getränk to go auf den Steinstufen am benachbarten Beach-Volleyballfeld nieder und sehen Sie dort dem Treiben zu.

Gleich nebenan, bei der Schifferbank, setzen Sie den Stadtrundgang mit Tour 22 fort.

❶ CARL-HÄBERLIN-STRASSE
25938 Wyk auf Föhr

❷ PUMPBRUNNEN
Carl-Häberlin-Straße,
vor dem Haus Nummer 4
25938 Wyk auf Föhr

❸ STADTSÄULE
auf dem Dreiecksplatz am Rosenbeet
Ecke Mittelstraße,
Carl-Häberlin-Straße
25938 Wyk auf Föhr

❹ RESTAURANT LÜTTJE KÖK
Carl-Häberlin-Straße 20
25938 Wyk auf Föhr

❺ DAS LÜTTE HUS
Mittelstraße 21
25938 Wyk auf Föhr

❻ KLINGELMANN-TAFEL
Mittelstraße 15
25938 Wyk auf Föhr

❼ DER SCHWARZE-LOCH-GANG
Gang zwischen Mittelstraße
und Süderstraße
25938 Wyk auf Föhr

❽ DAS WANDERNDE HAUS
Süderstraße 20
25938 Wyk auf Föhr
www.ferienhaus-insel-föhr.de

❾ ÄLTESTES HAUS VON WYK
Mühlenstraße 24
25938 Wyk auf Föhr

❿ GEZEITENBRUNNEN
Sandwall, vor der Mittelbrücke
25938 Wyk auf Föhr

⓫ CAFÉ DIE INSEL
Sandwall 18
25938 Wyk auf Föhr
www.cafedieinsel.de

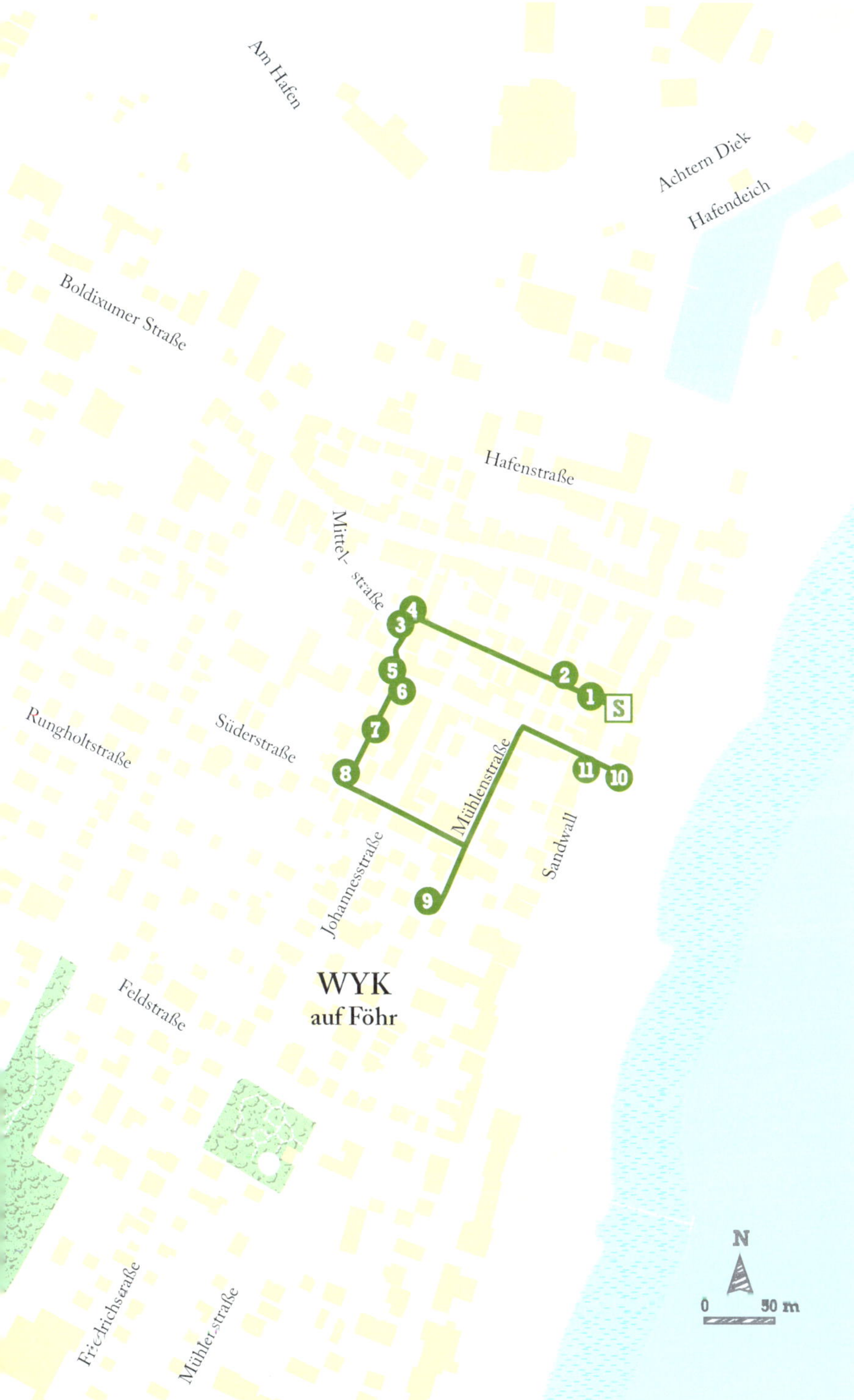
Am Hafen
Achtern Diek
Hafendeich
Boldixumer Straße
Hafenstraße
Mittel- straße
Rungholtstraße
Süderstraße
Mühlenstraße
Sandwall
Johannesstraße
WYK
auf Föhr
Feldstraße
Friedrichstraße
Mühlenstraße
N
0
50 m
S
1
2
3
4
5
6
7
8
9
10
11

22_Stadtrundgang Wyk III

Von Wetterfröschen und seekranken Musikern

BESTE ZEIT: zu Ladenöffnungszeiten und wenn im Musikpavillon Konzerte stattfinden
LÄNGE: circa 1,5 Kilometer
ROUTE: Am besten unternehmen Sie diese Tour zu Fuß. Schließen Sie diesen Stadtrundgang an die Tour 21 an.

Sie beginnen den Stadtrundgang bei der ❶ MITTELBRÜCKE, die eine lange Geschichte hat. Die erste fotografische Aufnahme dieser Brücke wurde um 1860 gemacht, von Wyks erster professioneller Fotografin (!) Caroline Hammer. Damals hieß das Bauwerk noch Dampferbrücke, weil die großen Fahrgastschiffe hier anlegten, denn der Wyker Hafen kam als ewiges Sorgenkind als Anlegestelle nicht in Betracht. Schon seit 1885 legten die Schiffe der W.D.R., der Wyker Dampfschiffs-Reederei, an der Mittelbrücke an, sehr zur Bequemlichkeit der Kurgäste, die nicht wie heute einen viel längeren Weg vom Hafen bis in die Stadt haben.

Anfang des Jahres 2023 erfolgte der Abriss der alten Mittelbrücke. Der Neubau des großen Bruders kostet die Stadt rund 10 Millionen Euro – wobei das nur zehn Prozent der Kosten sind, der Rest wird aus einem Förderprogramm finanziert. Ein umstrittenes Projekt hinsichtlich der Kosten und der Größe.

Sie folgen dem Promenadenweg, der parallel zur »Shoppingmeile Am Sandwall« verläuft, die Sie auf dem Rückweg entlangbummeln, bis Sie auf den ❷ MUSIKPAVILLON treffen.

Bereits seit dem Sommer 1892 versammeln sich hier die Kurgäste, um mit Meerblick den musikalischen Darbietungen zu lauschen. Früher durfte man die Kurkapelle durchaus als Wanderorchester bezeichnen, denn sie spielte täglich an verschiedenen Standorten wie vor dem Kurhaus, im Königsgarten und in Hotels, die es heute nicht

Gegenüber: Tradition im Kurhaus-Hotel

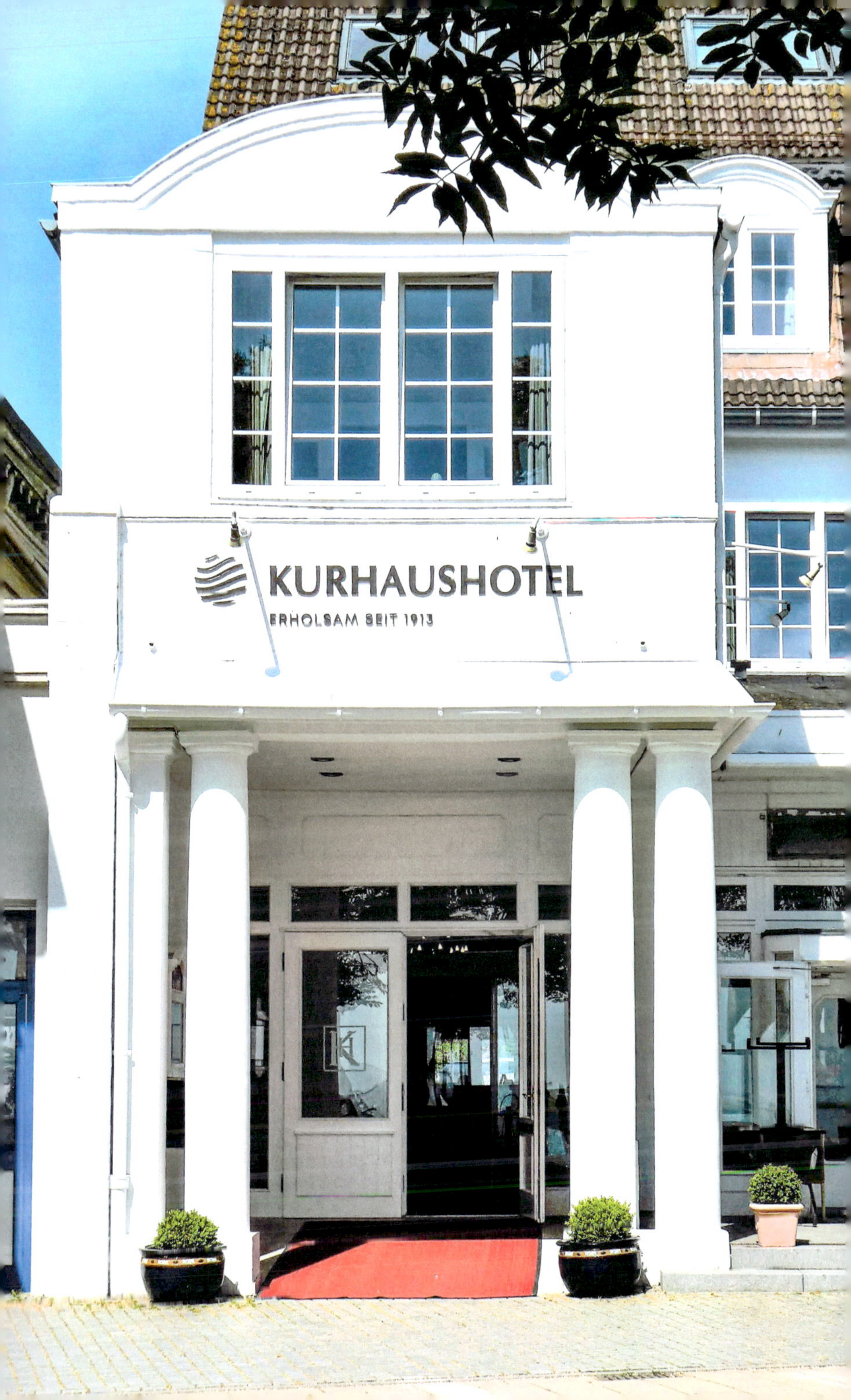
KURHAUSHOTEL
ERHOLSAM SEIT 1913

mehr gibt. Eines stimmt jedoch bis heute: »Durch das von uns verwendete Holz, durch die zierliche und saubere Ausführung der Arbeit, können wir für eine hübsche, geschmackvolle Gesamtwirkung des Pavillons Garantie leisten.« So klang Werbung früher. Die Kosten inklusive Bau, Lieferung und Aufstellung betrugen übrigens rund 2.000 Mark. Eine gute Investition in die Zukunft. Das Programm heutzutage ist vielfältig: Tanzmusik, Inselchöre, Kinderchor und moderne Konzerte bekannter Musiker – da ist für jeden Geschmack etwas dabei. Schauen Sie in den Veranstaltungskalender und lassen Sie sich auf einer der Bänke nieder, falls Sie gerade zufällig an einer Aufführung vorbeikommen.

Und wo wir gerade bei Musik sind: Wenn Sie sich umdrehen, stehen Sie vor dem 3 KURHAUS-HOTEL, das eng mit Johann Strauss Sohn verbunden ist, denn im Gebäude nebenan hat er seinen Nordsee-Walzer komponiert. Daran erinnert eine Gedenktafel, die im August 1929 enthüllt wurde. Der Komponist hielt sich mehrmals auf Föhr auf, 1878 und 1879 bewohnte er »zwei Parterrezimmer in dem der Witwe Petersen gehörenden, nördlich dem Kurhaus gelegenen Hause, das später ausgebaut und seine gegenwärtige Gestalt erhielt«.

Bei seinem ersten Föhr-Besuch ließ sich Strauss übrigens von Kurgast H.W. Müller zu einer kleinen Segeltour überreden – obwohl er lieber festen Boden unter den Füßen hatte. Es kam, wie es kommen musste. Als sie von Dagebüll zurückfuhren, »war der Wind aus S.-W. aufgefrischt; es dampfte fortwährend stark über«, ihr Segelboot »Taube« schwankte, als würde es Walzer auf den Wellen tanzen. Zurück auf der Insel sagte Strauss zu Müller, dass die Fahrt »ein Nordseebild« für ihn gewesen sei, und er fügte hinzu: »Mit Ihnen fahre ich nimmermehr.« Immerhin, nun wissen wir, woher der Musiker seine Inspiration zu seinem später berühmten Stück hatte.

Nebenan dem Musikpavillon liegen mehrere Freiluft-Schachfelder, wo das Schachspielen mit Meerblick doch gleich doppelt Spaß macht. Die Figuren stehen bereit – wie waren noch mal die Regeln? Bestimmt ist jemand in der Nähe, der sie erklären kann. Hier werden schnell Kontakte geknüpft und Urlaubsbekanntschaften geschlossen.

Hinter Ihnen befindet sich das 4 CAFÉ MILCHBAR, hier wohnte früher der Wyker Wetterfrosch. Ja, wo man heute mit Meerblick genüsslich Milchreis schlemmt, befand sich das WARMBADEHAUS, in dem seit 1819 warme Bäder verabreicht wurden. Dort wohnte der Seebadbesitzer Georg Weigelt d. Ä. (1816–1885), der seine Leidenschaft für die Wetterbeobachtung an seinen Sohn Georg Weigelt d.J. (1850–1941) weitergab. Nach dem frühen Tod seines Vaters beobachtete dieser dreimal täglich Temperatur, Barometerstand, Bewölkungsart, Windrichtung und Windstärke »über ein Menschenalter hinweg mit beispielloser Treue« und übertrug die Zahlen penibel in Listen, die er bis 1937 führte. Als er vier Jahre später mit 91 Jahren starb, trauerten viele »ihrem Wyker Wetterfrosch« nach, der täglich seine Wettermeldungen in einen kleinen Schaukasten an einem Baum vor der heutigen Milchbar aufhing. Denken Sie doch mal bei einer Kaffeepause an ihn.

Danach halten Sie sich weiter links auf dem Promenadenweg und achten gleich hinter dem möglichen Zugang zum Strand auf das Haus mit der Nummer 15a. Hier ist eine STÖPE, ein Wasserschutztor als Zugang zum Grundstück zu sehen, wie Sie es in größerer Ausführung schon auf der Tour 20 kennengelernt haben. Beim Haus Irma mit der Nummer 21 erfolgt der Zugang zum Gebäude von der Promenade aus ebenfalls durch eine Stöpe. Solche Hauseingänge hat nicht jeder!

Nun haben Sie einen guten Blick auf die SEGLERBRÜCKE, die kleine Schwester der Mittelbrücke. Hier haben vor dem Bau des Sportboothafens, den Sie auf Tour 10 besichtigen, die Segelboote festgemacht. Nomen est omen.

Gehen Sie auf der Promenade weiter und bitte beachten Sie, dass auf diesem Weg nicht mit dem Fahrrad gefahren werden darf, auch wenn die Breite dazu verführt.

Sie gelangen zum 5 FÖHR-STEIN, der ein beliebtes Fotomotiv ist und Ihnen einen Überblick über den Insel-Grundriss gibt. Wenn Sie bereits auf Tour 3 unterwegs waren, dann ahnen Sie schon, dass auch dieses Kunstwerk aus der Hand des Steinbildhauermeisters Markus Thiessen stammt. Hier fand Recycling auf eine besondere

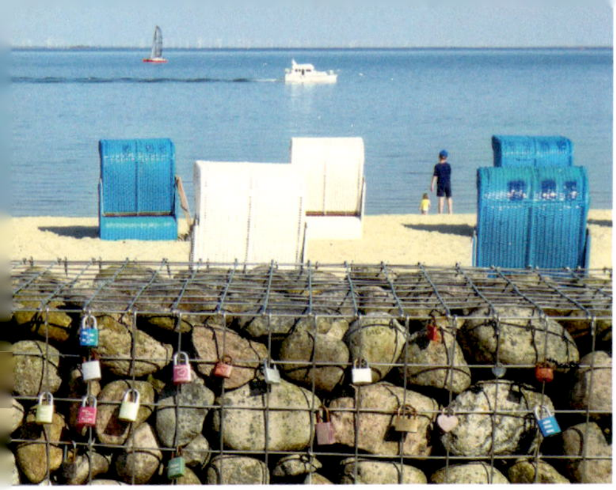

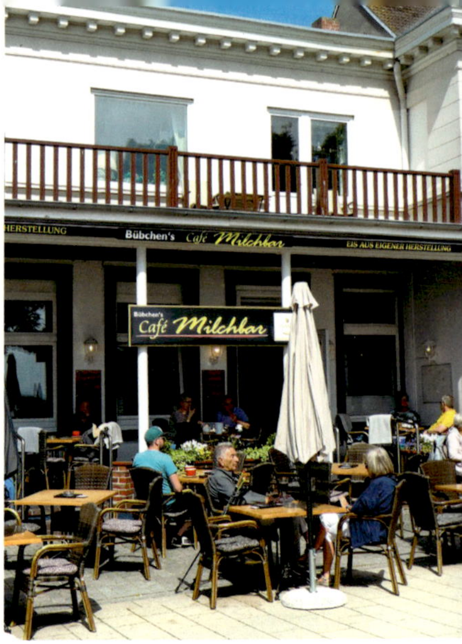

Im Uhrzeigersinn von oben links: Auch hier haben die Liebesschlösser Einzug gehalten, wo der Wyker Wetterfrosch wohnte, die Schifferbank, ein Restaurant, wo man glücklicher nicht sein könnte, die Inselsilhouette als Fotomotiv auf der Promenade

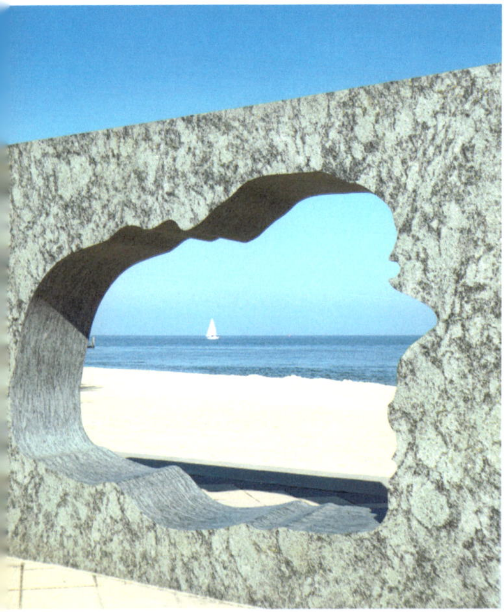

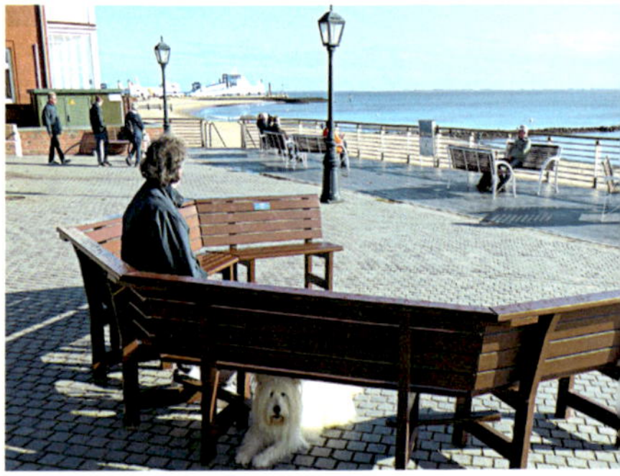

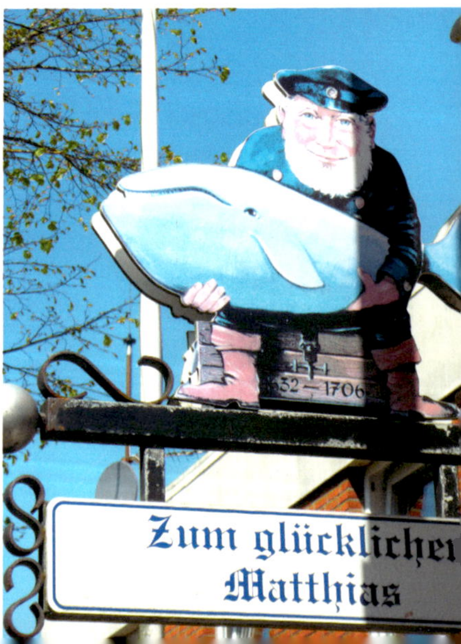

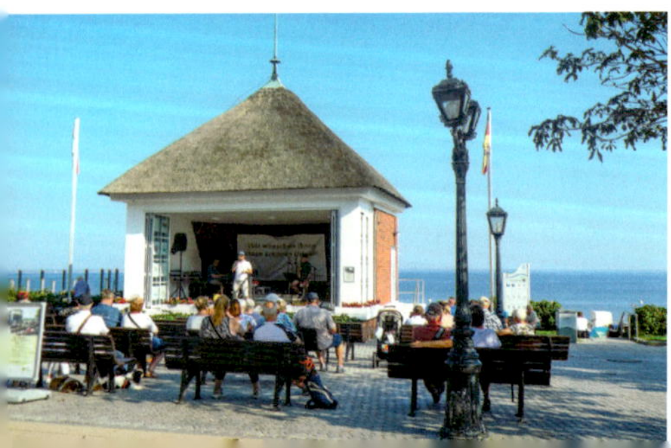

Art statt, denn der »Rest« dieses Ausschnitts findet sich in der Gestaltung des Gezeitenbrunnens wieder. Gleiches gilt für die Amrum- und Halligsteine, die ebenfalls als Kunstwerke auf der Promenade aufgestellt sind.

Folgen Sie dem Promenadenweg bis zum 6 CAFÉ VALENTINO, wo Sie in erster Reihe den Meerblick genießen. Hier gibt es auch eine große Teeauswahl und Schwarzbier vom Fass. Falls Sie unterwegs Hunger bekommen haben – von Kuchen über herzhafte Snacks bis hin zu Rumpsteak ist für jeden etwas dabei.

Nutzen Sie jetzt den Durchgang (auch hier wieder eine Stöpe, die bei Hochwasser geschlossen wird) zur Straße Sandwall, in die Sie nach rechts einbiegen.

Auf dem Weg zurück in die Stadt sehen Sie ein paar historische HÄUSER IM SEEBÄDERSTIL und gelangen schließlich zur Kreuzung Feldstraße, wo sich unter der Hausnummer 2 das 7 RESTAURANT »ZUM GLÜCKLICHEN MATTHIAS« befindet. Dort gibt es Fisch, Schnitzel und überhaupt leckere Hausmannskost in einem traditionellen Lokal mit einmaligem maritimen Ambiente. Unbedingt reservieren! Und hier erfahren Sie noch mehr über die Geschichte vom »Glücklichen Matthias«, auf den das Aushängeschild prominent hinweist: Matthias Petersen (1632–1706), der in Oldsum auf Föhr geboren wurde und als Walfänger zur See fuhr. Sein Grabstein auf dem Friedhof St. Laurentii in Süderende ist wohl der einzige auf Föhr mit lateinischer Inschrift (siehe Tour 17).

Der SANDWALL ist die »Shoppingmeile« von Föhr, die Sie nun ausgiebig erkunden, oder vielleicht machen Sie noch in einem der zahlreichen Lokale eine Zwischenstation. Auf jeden Fall sollten Sie sich das 8 FONTANE-HAUS mit der Nummer 32 genauer ansehen und sich vorstellen, wie der Schriftsteller Theodor Fontane (1819–1898) dort im August 1891 allein seine Zeit verbringt – aus gutem Grund: »Maurer, Maler, Anstreicher, Tapezierer treiben mich aus dem Haus. Emilie bleibt zurück, um alles zu überwachen.« In der Pension Lolly, die von Jenny Lolly geführt wurde, fühlte er sich sehr wohl. »Das Bild von meinem Fenster aus ist nach wie vor entzückend, die breakers, die ihren Schaum ans Ufer rollen, die Boote, die Möven, die auf dem Wasser tanzen, und zahlreiche Kinder in roten und weißen Kappen, die am Strand ihre Festungen bauen.«

Im Haus befindet sich die GALERIE der Fotografenmeisterin Ane Ingwersen. Hier gibt es exklusive Poster und Plakate, Kameras und Zubehör sowie ein Fotostudio, in dem auf Wunsch auch Sofortbilder möglich sind. Ein Highlight ist die Sammlung Tausender historischer Inselaufnahmen, die auch als Postkarte zu erwerben sind. Da ist auch etwas aus der Zeit dabei, als Fontane auf Föhr weilte.

Die Tour endet bei der Mittelbrücke. Setzen Sie sich hier zum Abschluss auf die 9 SCHIFFERBANK und lassen Sie Ihren Eindrücke beim Blick aufs Meer Revue passieren. Es ist zwar nicht mehr »die« Schifferbank, die über Jahrzehnte fest in der Hand alter Seeleute wie Peter »Schnuffke« Lund oder des betagten Paul Levsen aus Boldixum war, die das Kommen und Gehen zu Wasser und zu Land beobachteten und kommentierten, aber man kann sich vorstellen, wie sie hier sitzend so allerlei Seemannsgarn sponnen, wenn sich ein Badegast mit neugierigen Fragen näherte.

1 MITTELBRÜCKE
Sandwall auf Höhe Mittelstraße
25938 Wyk auf Föhr

2 MUSIKPAVILLON
auf Höhe Sandwall 38
25938 Wyk auf Föhr

3 NACHBARHAUS DES KURHAUS-HOTELS
Sandwall 38
25938 Wyk auf Föhr

4 CAFÉ MILCHBAR
Sandwall 42
25938 Wyk auf Föhr
www.cafemilchbar-wyk.de

5 FÖHR-STEIN
Promenadenweg auf Höhe des Hotels Atlantis am Meer
Sandwall 29
25938 Wyk auf Föhr

6 CAFÉ VALENTINO
Sandwall 35
25938 Wyk auf Föhr

7 RESTAURANT »ZUM GLÜCKLICHEN MATTHIAS«
Feldstraße 2
25938 Wyk auf Föhr
www.zgm-foehr.de

8 FONTANE-HAUS (NUR VON AUSSEN ZU BESICHTIGEN) UND FOTOGALERIE
Sandwall 32
25938 Wyk auf Föhr

9 SCHIFFERBANK
Sandwall/Ecke Mittelbrücke
25938 Wyk auf Föhr

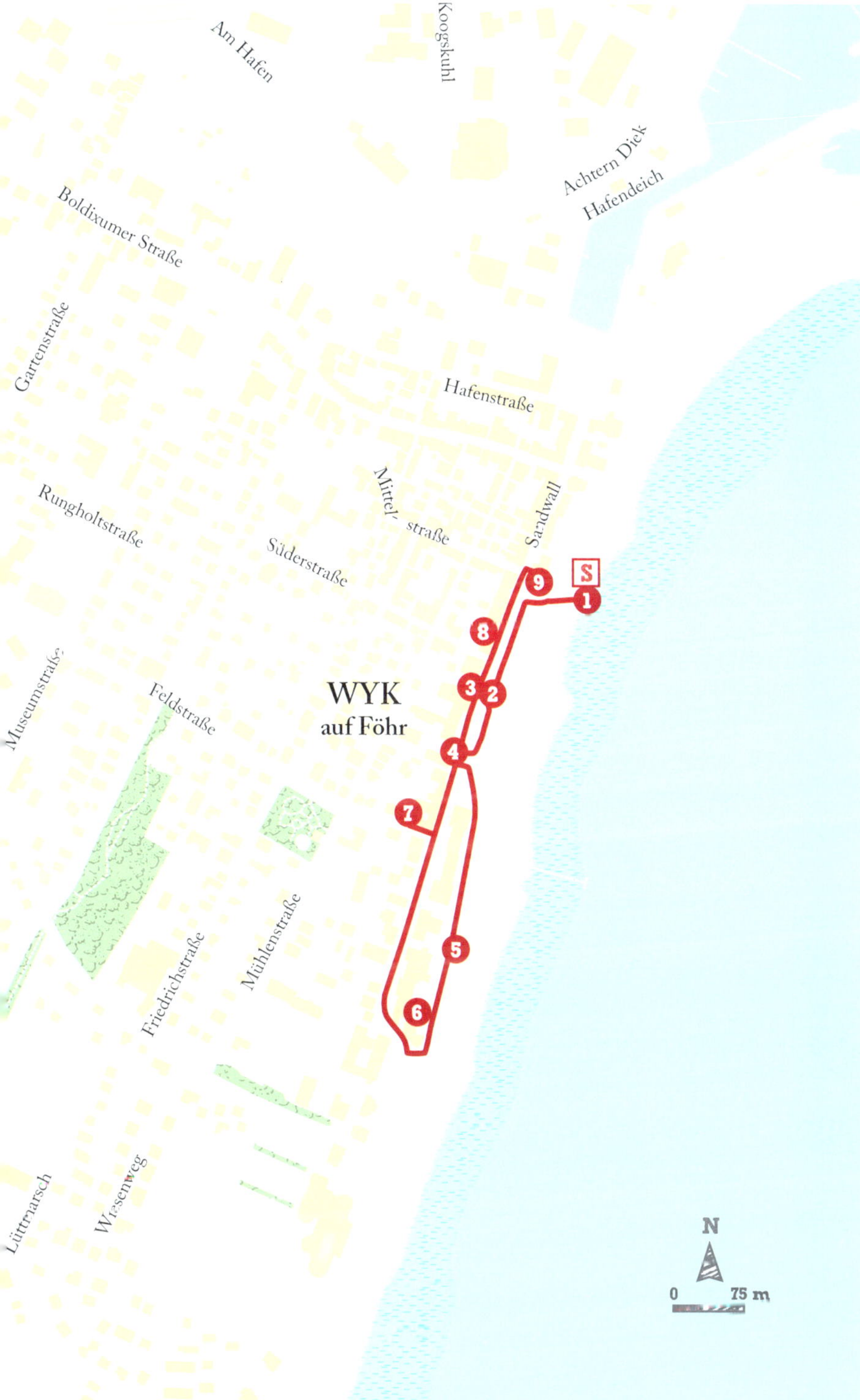
Am Hafen
Koogskuhl
Achtern Diek
Hafendeich
Boldixumer Straße
Gartenstraße
Hafenstraße
Rungholtstraße
Mittelstraße
Sandwall
Süderstraße
S
9
1
8
3
2
WYK
auf Föhr
Museumstraße
Feldstraße
4
7
Mühlenstraße
Friedrichstraße
5
6
Wiesenweg
Lüttmarsch
N
0
75 m

Gut zu wissen

Nützliche Links:
Tourismus-Service Föhr: www.foehr.de
Online-Veranstaltungskalender für die gesamte Insel:
www.foehr.de/veranstaltungskalender
Strandabschnitte: www.foehr.de/strandabschnitt-wyk-auf-foehr
Gezeitenkalender: www.foehr.de/gezeiten

Gästeführungen:
Sie möchten noch mehr über die Insel wissen? Kein Problem, auf Föhr werden insbesondere während der Saison zahlreiche verschiedene Führungen angeboten. Auskünfte erhalten Sie beim Tourismus-Service, außerdem haben Sie die Möglichkeit, im Online-Veranstaltungskalender mittels Stichwortsuche und entsprechender Filter nach Interessengebieten und Orten zu suchen.

Sie haben die Wahl zwischen klassischen Ortsführungen, Kirchen- und Friedhofsführungen sowie Natur- und Erlebnisführungen – und ganz (lebens)wichtig: die Wattführungen. Ganz gleich, welche Sie wählen, stets sind Sie mit sachkundigen Führern unterwegs, die mit Witz und Charme von »ihrer« Insel erzählen.

Urlaub mit Hund:
Für ein harmonisches Miteinander gilt es ein paar wichtige Regeln zu beachten. Mit Rücksicht auf andere Strandbesucher sind Hunde nur an den Wyker Strandabschnitten 1, 12, 29 und 30 sowie in Nieblum am ausgewiesenen Hundestrand (Strandübergang Langstringensweg) und in Goting (am Strandübergang westlich des Südwester Kiosk) erlaubt – allerdings muss Ihr Vierbeiner auch an den Hundestränden an der Leine bleiben. Frei laufen dürfen Hunde nur am Hundestrand in Utersum (Strandübergang Straße Klaf, bei der Westend Surfing) und auf der Hundefreilauffläche in Wyk (Zugang unter anderem über die Strandstraße).

In den Restaurants sind Hunde meist gern gesehen, allerdings sollten Sie bei der Reservierung stets nachfragen.

In den Naturschutzgebieten gilt strenge Leinenpflicht. Bitte bedenken Sie, dass sich dort Brut- und Rastvögel in den Wiesen und Dünengräsern versteckt aufhalten, deren Kraft- und Fettreserven nicht durch Flucht beansprucht werden dürfen. Auch die frei laufenden Schafe im Bereich der Deiche müssen geschützt werden. Selbstverständlich sollte es außerdem sein, die Hinterlassenschaften Ihres Lieblings zu entfernen. Dafür stehen auch kostenlose Hundekotbeutel an öffentlichen Stellen zur Verfügung.

Baden & Gezeiten:
Damit das Baden in der Nordsee zum Vergnügen wird, müssen Sie nicht nur die allgemeinen Baderegeln beachten, Sie dürfen auch die Gefahren durch Strömungen (Wechsel von Ebbe und Flut) und Wellengang absolut nicht unterschätzen, selbst wenn das Wasser nicht tief ist und man weit »hinauslaufen« kann – da liegt schon der Fehler. Denn gegen die Strömung reicht oft die Kraft nicht zurück an Land.

Während der Saison sind folgende Strandabschnitte durch gut ausgebildete Rettungsschwimmer der Deutschen Lebens-Rettungs-Gesellschaft (DLRG) bewacht:
Wyk: Strandabschnitte 1, 5, 10, 11, 19, 24
Nieblum und Goting: Strandabschnitt 3 (Nieblum)
und auf Höhe der Strandkorbvermietung (Goting)
Utersum: Strandabschnitt 4

Beachten Sie die gehissten Badeflaggen. Grün bedeutet: uneingeschränktes Baden erlaubt. Bei gelber Flagge ist das Baden wegen möglicher Strömungen nur im gekennzeichneten Badefeld erlaubt, bei roter Flagge herrscht absolutes Badeverbot.

Die Frage nach Ebbe und Flut ist für manche Strandabschnitte wichtig, wenn Sie schwimmen wollen, ansonsten paddeln Sie auf dem Trockenen. Gehen Sie jedoch niemals auf eigene Faust weit hinaus ins Watt! Davor kann man nicht oft genug warnen. Ziehen Sie den Gezeitenkalender zu Rate, der online einsehbar ist, und bedenken Sie, dass für Nieblum 10 Minuten und für Utersum 20 Minuten von der entsprechenden Uhrzeit abgezogen werden müssen – ohnehin kommt die Flut immer schneller, als man denkt.

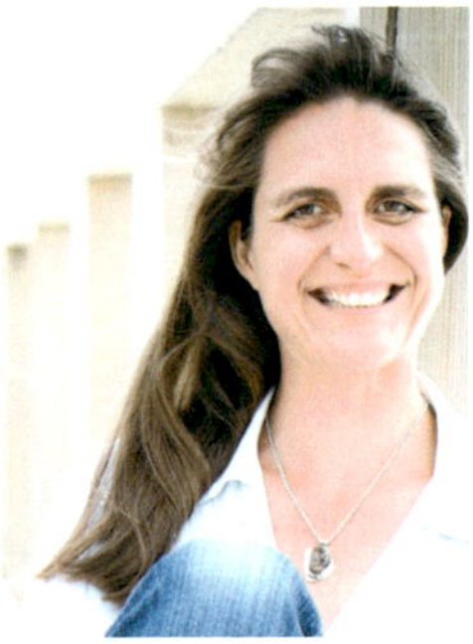

Sina Beerwald, 1977 in Stuttgart geboren, wanderte 2008 mit zwei Koffern und vielen Ideen im Gepäck auf die Insel Sylt aus und lebt dort seither als freie Autorin. Seitdem sind zahlreiche erfolgreiche Romane und weitere Erlebnisführer erschienen, darunter *111 Orte auf Föhr, die man gesehen haben muss.* Sie ist Preisträgerin des NordMordAward und des Samiel Award, zudem war sie viermal auf der Shortlist beim größten deutschsprachigen Leserpreis von LovelyBooks vertreten.